V&R

Hans Hübner

Das Gesetz in der synoptischen Tradition

Studien zur These einer progressiven Qumranisierung und Judaisierung innerhalb der synoptischen Tradition

2., erweiterte Auflage

Vandenhoeck & Ruprecht
in Göttingen

CIP-Kurztitelaufnahme der Deutschen Bibliothek

Hübner, Hans:
Das Gesetz in der synoptischen Tradition :
Studien zur These e. progressiven Qumranisierung
u. Judaisierung innerhalb d. synopt. Tradition /
Hans Hübner. – 2., erw. Aufl. – Göttingen :
Vandenhoeck und Ruprecht, 1986.
1. Aufl. im Luther-Verl., Witten
ISBN 3-525-53572-4

Satz: Bukowski, Wuppertal
Druck und Einband: Hubert & Co., Göttingen

Inhaltsverzeichnis

IN MEMORIAM WOLFGANG PHILIPP

Vorwort

Die vorliegende Untersuchung ist 1971 von der Evangelisch-theologischen Fakultät der Ruhr-Universität Bochum als Habilitationsschrift angenommen worden. Die nun publizierte Arbeit weist gegenüber der Form, in der sie 1970 der Fakultät eingereicht wurde, nur geringfügige Änderungen und Kürzungen auf. Wichtige, seit diesem Zeitpunkt erschienene Literatur, die in Beziehung zum hier behandelten Thema steht, ist in einem Anhang zum Literaturverzeichnis genannt. Eine Auseinandersetzung mit ihr konnte jedoch wegen anderer Verpflichtungen nicht mehr erfolgen. Soweit ich diese neueren Veröffentlichungen überschaue, besteht aber kein Anlaß zu einer Korrektur der hier vorgelegten Ergebnisse. Was ich, um nur einen Titel zu nennen, auf *Klaus Berger*s »Die Gesetzesauslegung Jesu« zu erwidern hätte, ist implizit in meiner Darstellung enthalten.

Den entscheidenden Anstoß zu dieser Habilitationsschrift gab der so früh verstorbene Frankfurter Professor *Wolfgang Philipp*. Mein Dank an ihn kann leider nur ein dankbares Gedenken sein. So sei dieses Buch eine Erinnerung an den Mann, der der evangelischen Theologie neue Wege als sein Vermächtnis hinterließ und von dem sie noch vieles hätte erwarten dürfen! Die Anregung zur Thematik dieses Buches ging von Herrn Prof. *Werner Kümmel* aus. Ihm und Herrn Prof. *Heinrich Greeven* sei für viele Anregungen, für so manchen kritischen Einwand, vor allem aber für die Zeit, die beide für mich aufbrachten, herzlich gedankt.

Auch der Deutschen Forschungsgemeinschaft gilt mein Dank für ihre Druckkostenbeihilfe, ohne die das Buch nicht hätte erscheinen können, und dem Luther-Verlag für seine Bemühungen um sorgfältige Drucklegung dieser Schrift.

Erkrath bei Düsseldorf, im Januar 1973

Hans Hübner

Vorwort zur 2. Auflage

Seit einiger Zeit ist die 1. Auflage des Buches, die damals beim Luther-Verlag, Witten, erschienen war, vergriffen. Nun bringt dankenswerterweise der Verlag Vandenhoeck & Ruprecht, Göttingen, die 2. Auflage heraus, und zwar, was den Text als solchen angeht, als Reprint. Den Literaturnachtrag der Neuauflage hat weitgehend Frau stud. theol. Cornelia Ressler besorgt, das Stellenverzeichnis, das in der 1. Auflage noch fehlte, wurde von Frau Ressler und Herrn stud. theol. Burkhard Straeck erstellt. Beiden danke ich herzlich für Mühe und Sorgfalt. Da es aus technischen Gründen nicht möglich war, Druckfehler der 1. Auflage im Text zu beseitigen, wurde dem Buch eine Corrigenda-Liste beigegeben.

Angesichts der heutigen Forschungssituation ist es bestens zu verantworten, das Buch in nahezu unveränderter Form neu erscheinen zu lassen. Die damals in meiner Habilitationsschrift vorgetragenen Ergebnisse haben hinsichtlich ihrer Grundtendenz keine ernsthaften Einwände gefunden. Auch die jüngste Publikation über diese Frage, der TRE-Artikel Gesetz (im Neuen Testament) von Günter Klein, bietet eine Bestätigung meiner Konzeption, jedenfalls im Blick auf das Gesetz in der synoptischen Tradition (in der Frage nach dem Gesetz bei Paulus differieren wir freilich). Für die weithin positive und äußerst freundliche Aufnahme des Buches in Rezensionen und sonstiger wissenschaftlicher Kritik bin ich sehr dankbar. U.a. scheint vor allem die Herausarbeitung des jüdischen Hintergrundes von Mk 7 überzeugt zu haben, wie eine Reihe von Publikationen seither ausweist. Zur Gegenposition von Klaus Berger habe ich mich in New Testament Studies 22, 319ff., zur Genüge und deutlich geäußert. Zuweilen wird heute Jesus in seiner Haltung zum Gesetz in entschieden größerer Affinität zum Judentum gesehen, als ich es in meiner Monographie darstelle. Diese Auffassung dürfte freilich mehr auf einer bestimmten theologischen Grundüberzeugung, die ich selbst nicht zu teilen vermag, beruhen als auf eigentlicher exegetischer Detailarbeit. Ich fürchte, daß hier ein nicht ungefährlicher modischer Trend, sicherlich aus zu achtender Motivation erwachsen, letztlich weder dem Judentum noch der christlichen Theologie gerecht wird. So dürfte angesichts dieser Sachlage der Neudruck gerade zur jetzigen Zeit angebracht sein.

Göttingen, Pfingsten 1986

Hans Hübner

Einleitung

1959 wurde *Herbert Brauns* zweibändiges Werk »Spätjüdisch-häretischer und frühchristlicher Radikalismus, Jesus von Nazareth und die essenische Qumransekte« von *Ethelbert Stauffer* in der ThLZ angezeigt und besprochen.[1] Der Rezensent läßt Sympathie für diese Untersuchung erkennen, weithin geht er sogar in den Ergebnissen mit dem Autor überein. Doch erhebt er auch grundsätzliche Kritik: *Braun* habe die Entwicklung innerhalb der synoptischen Tradition nicht recht bedacht. Obwohl redaktionsgeschichtliche Vorarbeiten von *Marxsen, Stendahl, Conzelmann* u.a. vorliegen, kämen die innersynoptischen Differenzen »bei der summarischen Darstellung der ›Jesusüberlieferung‹ nicht diakritisch genug zur Geltung«.[2] Diese Kritik *Stauffer*s an dem Mainzer Exegeten besteht grundsätzlich zu Recht. Schon die Formulierung des Untertitels ist nicht ganz korrekt: »Jesus von Nazareth und die essenische Qumransekte«. Denn *Braun* behandelt ja nicht nur Jesus im Verhältnis zu Qumran, sondern auch die Aussagen der Synoptiker im Blick auf die Sektentexte.

Bereits vor der genannten Rezension hat *Stauffer*, vor allem in dem Taschenbuch »Die Botschaft Jesu, damals und heute« (1957), ein Bild von der synoptischen Entwicklung gezeichnet: Markus enthält an wenigsten qumranisches Gedankengut. Bei Matthäus schnellt der Prozentsatz sprunghaft hoch. Bei Lukas treten wieder andere Qumranmotive in den Vordergrund.[3] Aus diesem »statistischen Tatbestand« zieht er den »historischen Schluß«: Die antiqumranischen Elemente der Evangelien gehen auf Jesus zurück, die philoqumranischen stammen aus der Gemeinde.[4] Da aber in den ältesten Stücken der Jesusüberlieferung diese qumranischen Elemente so gut wie völlig fehlen, um dann in den späteren Traditionsschichten immer zahlreicher zu werden, spricht *Stauffer* von einer »*progressiven Qumranisierung der Jesusüberlieferung*«, die er als »Teilerscheinung einer *Judaisierung* des Urchristentums« begreift.[5] Somit sei »Entjudaisierung der Jesusüberlieferung« die Aufgabe der Jesusforschung.[6] Inhaltlich bestehen diese Qumranisierung und Judaisierung in einer sich immer stärker zur Geltung bringenden *Verschärfung des Thoragehorsams.*[7]

*Stauffer*s Absicht besteht also u.a. darin, eine *redaktionsgeschichtliche* Hypothese vorzutragen. Mit der Behauptung einer Requmranisierung und Rejudaisierung des Mt steht er – im Prinzip! – jenen Forschern nahe, die im ersten Evangelium eine typisch judenchristliche Schrift sehen (*Bornkamm*,

[1] ThLZ 84 (1959), 284ff. [2] ib. 286 [3] Das Johannesevangelium enthält nach *Stauffer* mehr qumranische Elemente als die drei anderen Evangelien zusammen. In dieser Untersuchung soll aber Joh nicht berücksichtigt werden; allein die synoptische Tradition ist Gegenstand der Untersuchung. [4] *Stauffer*, Botschaft, 16 [5] ib. 9 [6] ib. 10 [7] ib. 17

G. Barth) oder die gar die Kirche des Matthäus als noch dem jüdischen Synagogenverband angehörend betrachten (*Hummel*). Doch die These eines judenchristlichen Mt wurde inzwischen sehr energisch bestritten (*Nepper-Christensen*, *Strecker*, *Walker*). Gerade die redaktionsgeschichtliche Forschung des Mt ist also ein typisches Beispiel dafür, wie Exegeten trotz immer verfeinerter Methoden zu entgegengesetzten und geradezu widersprüchlichen Ergebnissen gelangen. Der bereits erwähnte *Rolf Walker*, ein *Käsemann*-Schüler, bezeichnet z.B. den Evangelisten Matthäus als »radikalen Antinomisten«[8], während eben *Stauffer* in ihm den Prototyp jener Richtung erblickt, der es »um die unantastbare Geltung der Thora im gegenwärtigen Äon« geht[9]; in dieser Schrift komme ja die progressive Rejudaisierung und Qumranisierung innerhalb der synoptischen Tradition zu ihrem Ziel. In ihr trete die Rejudaisierung triumphal in Erscheinung.[10] Matthäus, hier radikaler Antinomist – dort radikaler Nomist! Schärfer können die Gegensätze in der exegetischen Forschung nicht sein. Somit stellt sich in diesem Zusammenhang die Aufgabe, dem nachzugehen, was denn nun Matthäus, der immerhin an acht (!) meist programmatischen Stellen den Begriff νομος geradezu emphatisch verwendet, darunter versteht.

Aber *Stauffer* bringt ja nicht nur eine *redaktionsgeschichtliche* Konzeption. Er kontrastiert sie auch mit seinem *historischen* Jesusbild: Während Jesus die mosaische Thora lediglich als die geschichtliche Erscheinungsform einer juristischen Lebensordnung überhaupt angesehen und *als solche* grundsätzlich abgelehnt hat[11], ist im Matthäuskreis durch typisch legislativen Stil, rigoristische Supermoral, massivste Verbote, Lohnverheißungen und Höllendrohungen das eigentliche Anliegen Jesu in sein Gegenteil verkehrt worden.[12] In der Tat absolute und sich ausschließende Gegensätze! *Stauffers* These heißt also: *Jesus* war absolut *gegen* die Thora – *Matthäus* war absolut *für* die Thora. Jesus hat somit in diesem zentralen Punkte nichts mehr mit Matthäus gemein.

Dieses Ergebnis *Stauffers* steht in Kontrast zu jener Anschauung, die Jesus aus dem Essenertum erklären bzw. ihn diesem zumindest sehr annähern will, etwa im Sinne *Dupont-Sommers*, der *Ernest Renan* zustimmend zitiert: »Das Christentum ist ein Essenertum, das weitgehend geglückt ist.«[13] Dabei ist Christentum a parte potiori als Lehre Jesu verstanden.[14] Allerdings darf nicht übersehen werden, daß *Dupont-Sommer* gerade im Blick auf die Haltung zum Gesetz einen gravierenden Unterschied zwischen Jesus und Qumran erkennt.[15] *Braun* dagegen sieht, wiederum im Blick auf die Thora,

[8] *Walker*, 8 [9] *Stauffer*, Botschaft, 33 [10] ib. 39
[11] ib. 30 [12] ib. 39 [13] *Dupont-Sommer*, 400
[14] Im übrigen s. zum Verhältnis Jesus-Qumran die kommentierte Literaturübersicht bei *Braun*, Qumran II, vor allem § 5.
[15] *Dupont-Sommer*, 407

ein verbindendes Element zwischen Jesus und Qumran: »Unübersehbar ist, was beide Bewegungen (sc. Sekte und Jesusbewegung, wobei letztere die Lehre Jesu großenteils impliziert) in gleicher Weise charakterisiert: der Ernst der Toraverschärfung auf dem Boden der eschatologischen Andringlichkeit und so eine vielfach parallele Radikalisierung der einzelnen Torainhalte.«[16] Allerdings: »Auseinander gehen beide Bewegungen in der Beurteilung der Stellung des Menschen vor Gott. Das totale Angewiesensein auf Gott, in welches Jesus – anders als die Sekte – handelnd und lehrend den Menschen hineinstellt, macht gegen die Torafrömmigkeit kritisch.«[17]
Vergegenwärtigen wir uns diese Differenzen, diese im einzelnen so unterschiedlichen, oft widersprüchlichen Auffassungen exegetischer und historischer Fragen, so schält sich eine Grundfrage heraus: Wie wurde im Verlauf der Entwicklung, angefangen bei Jesus bis hin zu den beiden synoptischen Großevangelien, das mosaische Gesetz verstanden? Welche Variationen erfuhr das Gesetzesverständnis im Verlauf dieses halben Jahrhunderts? Wie stand man jeweils zum je verschieden verstandenen Gesetz? Ist es ein Weg der kontinuierlichen Vergesetzlichung? Ist es, um mit *Stauffer* zu reden, ein Prozeß der progressiven Qumranisierung und Judaisierung innerhalb der synoptischen Tradition?
Gegenstand unserer Untersuchung soll daher das Gesetz im Verlauf der synoptischen Entwicklung sein, und zwar unter Einschluß der historischen Frage: Wie stand Jesus zum Gesetz? Anders formuliert: *Inwiefern wurde in der synoptischen Tradition durch ihre verschiedenen Schichten hindurch der Standpunkt Jesu durchgehalten bzw. nicht durchgehalten?* Dabei empfiehlt es sich, zunächst bei einer Position der achtziger Jahre des ersten Jahrhunderts einzusetzen, nämlich bei der nomistischen oder angeblich nomistischen des Matthäus, wie sie sich in der programmatischen Stelle Mt 5,17–20 kundtut. Von da aus soll der Weg über die Konkretionen dieses Programms in den Antithesen einen ersten Durchblick von Matthäus bis zu Jesus freigeben. Für Jesu Haltung zum Sabbat und zur kultischen Reinheit und für deren Variation in der synoptischen Entwicklung bietet sich je eine Mk-Perikope als Ausgangspunkt an. Deshalb wird hier der Weg gewählt: Markus, vormarkinische Tradition, Jesus, Matthäus, Lukas. Sind diese – für das Thema »Gesetz« symptomatischen – Komplexe behandelt, so sind die Voraussetzungen geschaffen, um jene sich im Verlauf der Untersuchung immer mehr aufdrängende Frage zu beantworten: Wie wird jeweils im Laufe der synoptischen Tradition die *Autorität* Jesu verstanden, mit der er über das Gesetz redet bzw. sich über das Gesetz stellt?
Ist nun im direkten Sinne das Gesetz in dem soeben abgesteckten Rahmen Gegenstand dieser Arbeit, so ist es im indirekten Sinne die *Stauffer*sche These einer progressiven Requmranisierung und Rejudaisierung innerhalb

[16] *Braun*, Radikalismus II, 135

der synoptischen Entwicklung, die die erste Anregung zu dieser Untersuchung gab. Doch bedeutet die Auseinandersetzung mit *Stauffer* lediglich einen Teilaspekt für das hier gestellte Thema.
Der eben skizzierte vierfache Durchgang durch das synoptische Material einschließlich der Schlußfolgerung deckt nicht alles, was in irgendeiner Beziehung zum Thema »Gesetz« steht. Er deckt auch nicht alles, was innerhalb der synoptischen Tradition über das Thema »Requmranisierung und Rejudaisierung« zu sagen wäre. Doch dürfte durch die hier getroffene Auswahl Symptomatisches und somit Wesentliches im Blick auf das Problem der Requmranisierung und Rejudaisierung und vor allem im Blick auf das Gesetz in der synoptischen Tradition zur Darstellung kommen. Von daher ist der Untertitel »Studien...« gewählt.

Zur Terminologie eine Anmerkung! Nicht überall ist man über das gegenseitige Verhältnis von Literarkritik, Formgeschichte und Redaktionsgeschichte einer Meinung.[18] Ob die Formgeschichte der Literarkritik unterzuordnen sei oder nicht[19], ist für unsere Fragestellung ohne Belang. Wichtiger ist schon die Voraussetzung, daß die redaktionsgeschichtliche Forschung sowohl in Kontinuität zur alten literarkritischen Schule als auch zur formgeschichtlichen Forschung steht. Wenn auch nicht mit *Strecker* die Evangelienredaktion als »geradlinige Fortsetzung« der formgeschichtlichen Entwicklung angesehen wird[20], so soll jedoch mit ihm eine allzu schroffe Gegenüberstellung von Form- und Redaktionsgeschichte abgelehnt werden: »...die Abfassung des Evangeliums (ist) jeweils von einem Plan bestimmt..., der in der Verarbeitung des Traditionsstoffes – durch Auswahl, Kürzung und Erweiterung – zum Ausdruck kommt. Dies aber scheidet den Evangelienredaktor im Grundsätzlichen nicht von der Traditionsgeschichte.«[21] Unter diesen Voraussetzungen wird der Begriff »*synoptische Tradition*« so verstanden, wie ihn *Bultmann* in seiner »Geschichte der synoptischen Tradition« auffaßt. Tradition wird also im weitesten Sinne

[17] ib. 135
[18] Die jüngste Veröffentlichung zur exegetischen Methodologie ist die ziemlich aggressive Schrift von E. *Güttgemanns*, Offene Fragen zur Formgeschichte des Evangeliums, München 1970. Auf die dort angeschnittenen Probleme kann hier nicht eingegangen werden.
[19] *Koch*, 84 [20] *Strecker*, 9
[21] ib. 10; *Strecker* soll auch im folgenden grundsätzlich zugestimmt werden: »Gegenüber einer Überschätzung der formgeschichtlichen Arbeit ist es notwendig, sich auf den Wert der *Quellenkritik* zu besinnen. Ihre Ergebnisse sind für die Frage nach der Evangelienredaktion eine unumgängliche Voraussetzung, denn sie fixiert das stabile Element in der Überlieferung, die schriftlichen Quellenvorlagen, so daß sich relativ sichere Aussagen über die Abgrenzung des Redaktionsgutes gewinnen lassen. Jedoch kann die Quellenanalyse an den Erkenntnissen der formgeschichtlichen Methode nicht mehr vorübergehen. Die Formgeschichte befreit sie

des Wortes begriffen, nämlich sowohl im Blick auf das Stadium vor der literarischen Fixierung des Traditionsstoffes in Mk und Q als auch im Blick auf die literarisch kontrollierbare Epoche von Mk bis Mt und Lk.[22] Tradition wird als *mündliche und schriftliche* Überlieferung verstanden. Wenn dementsprechend von Traditionsgeschichte immer wieder die Rede sein wird, dann ist dies nicht im Sinne der »traditionsgeschichtlichen Schule« in Skandinavien (*Nyberg*, *Birkeland*, *Engnell* u.a.) gemeint, die unter Tradition lediglich die mündliche Überlieferung in sog. Traditionskreisen versteht (allerdings innerhalb der alttestamentlichen Forschung).[23]
Was die Kontroverse bezüglich des Sonderguts von Mt angeht, so sei offengelassen, ob mit *Streeter*, *Manson*, *Hirsch* u.a. eine schriftliche Quelle M oder mit *Kümmel* u.a. nur mündliche Überlieferung anzunehmen ist.[24] Manche Aussage könnte in dieser Arbeit mit größerer Bestimmtheit gemacht werden, wenn wir hier auf festem Boden ständen. Doch sollen diese Ausführungen nicht mit vermeidbaren Hypothesen belastet werden. Auch *Strecker*s Folgerung, das »Sondergut« des Matthäus gehe teilweise auf Q zurück, dürfte nicht genügend fundiert sein – trotz der Wahrscheinlichkeit, daß zwischen Q und den verschiedenen Rezensionen, die von den beiden Evangelisten benutzt wurden, ein Entwicklungsprozeß liegt. Jedoch ist es wiederum fraglich, ob dieser Entwicklungsprozeß die Erweiterung der Logiensammlung »zum Ziel« hatte.[25]
Was die *Logienquelle* Q selbst angeht, so sei hier an der Auffassung festgehalten, daß es sich um eine *schriftliche Quelle* handelt, die freilich in verschiedenen Rezensionen kursierte. Damit setzen wir uns von zwei Auffassungen ab: erstens, daß es sich bei dem Mt und Lk gemeinsamen Material, das Mk nicht bringt, (weithin) um mündliche Überlieferung ge-

durch den Hinweis auf die Mannigfaltigkeit der vorredaktionellen Überlieferung von der Tendenz, die Tradition einseitig literarisch auszulegen. Indem sich beide Methoden gegenseitig ergänzen und korrigieren, sind sie für unsere Untersuchung gleichermaßen wichtig.« (ib. 10f.)

[22] *Bultmann*, Trad., 7

[23] s. u.a. *Koch*, 98f.; für die neutestamentliche Forschung: ib. 108ff. Gegen *Koch* ist jedoch zu sagen, daß seine Skepsis gegenüber einer schriftlichen Fixierung von Q und seine Vermutung, Q sei vielleicht eine mündliche Sammlung gewesen, aufgrund der weithin sprachlichen Übereinstimmung der in Mt und Lk Q zugeschriebenen Teile nicht überzeugen kann; s. *Kümmel*, Einl., 37

[24] *Kümmel*, Einl., 63

[25] *Strecker*, 12; 12f.: »Wenn unser Verständnis der Logiensammlung als einer variablen Größe richtig ist, besteht im Grundsätzlichen keine Notwendigkeit, das Sondergut des Matthäus einer Sonderquelle zuzuweisen. Dazu kommt, daß – wie *Kilpatrick* selbst erkennt... – weder Struktur noch Charakter der Vorlage ›M‹ konkretisiert werden können. Eine sachliche oder formale Abgrenzung gegen Q ist nicht möglich. Daher wird man die Q-Rezension, wie sie Matthäus vorlag, jedenfalls für den Großteil des Materials in Anspruch nehmen dürfen und im übrigen im wesentlichen mündliche Tradition und Redaktionsgut als Ursprung vermuten.«

handelt habe (*J. Jeremias*[26], *Koch*[27], *Wrege*[28]), und zweitens, daß wir es mit einer wachsenden Traditionsschicht zu tun haben (*Dibelius*[29]). Mit *Kümmel* wird hier angenommen, daß sich die schriftliche Quelle Q in verschiedener Richtung entwickelt hat. [30] Wenn also in dieser Arbeit von Q die Rede ist, so sind damit nicht nur in rein formaler Bestimmung jene Abschnitte gemeint, die Mt und Lk über Mk hinaus gemeinsam sind, sondern konkret eine literarische Quelle, deren Anfänge sicherlich in die palästinensiche Urgemeinde reichen.[31] Damit ist keineswegs aus dem Auge verloren, daß eine solche literarische Quelle nur hypothetisch erschlossen ist. Andererseits kann aber Q, genauer: können aber die Matthäus und Lukas vorgelegenen, jeweils verschiedenen Rezensionen von Q keineswegs soweit rekonstruiert werden, daß man mit *Lührmann* die Frage stellen könnte, »ob sich innerhalb des für Q zu erschließenden Materials eine Absicht erkennen läßt, unter der die hier gesammelte Überlieferung zusammengestellt worden ist«, daß man also die Intention ihrer »Redaktion« genauer bestimmen könnte.[32]

[26] *J. Jeremias*, Zur Hypothese einer schriftlichen Logienquelle Q = Abba, 90–92; ders., Theol. I, 46f. Gegen die Konklusion von *J. Jeremias*, der bei dem Mt und Lk, nicht aber Mk gemeinsamen Material auffällige Stichwortanschluß mache mündliche Tradition deutlich, erklärt *Michaelis* mit Recht: »Doch zeigen Mt und Lk ja gerade, daß Stichwortzusammenhang sich auch noch in schriftliche Überlieferung hinüberretten kann.« (Einl., 84)

[27] s. Anm. 23 [28] *Wrege*, passim

[29] *Dibelius*, 236: »... eher von einer *Schicht* als von einer *Schrift* zu reden.«

[30] *Kümmel*, Einl., 37 [31] *Bultmann*, Trad., 354; *Kümmel*, Einl., 36

[32] *Lührmann*, 19

ERSTES KAPITEL

Das Programm: Mt 5,17—20

1. Mt 5,18

Wenn unsere Untersuchung mit der Exegese von Mt 5,17–20 beginnt, dann soll dies geschehen, weil dieser Abschnitt grundsätzlich über das Gesetz handelt. Natürlich könnte man dies als petitio principii bezeichnen, da ja die Behauptung, hier werde vom Evangelisten eine grundsätzliche Aussage über das Thema »Gesetz« gemacht, erst das Resultat der Exegese sein kann. In der Tat ist grundsätzlich mit der Möglichkeit zu rechnen, daß diese Verse der Bergpredigt für den Evangelisten irgendwelches Traditionsmaterial bedeuten, das er eben nur noch mitschleppt und somit nicht mehr im eigentlichen Sinne versteht. Da sich jedoch bereits beim flüchtigen Überlesen diese Sätze als programmatisch aufdrängen, soll aufgrund dieses Vorverständnisses als Arbeitshypothese gelten, daß in Mt 5,17ff. ein Akzent durch den Evangelisten gesetzt ist.

Nun ist nicht unumstritten, inwiefern v. 17–20 ursprünglich zusammengehören: Haben ursprünglich v. 18f. eine Einheit gebildet, die vom Evangelisten als solche übernommen wurde?[1] Oder stammt nur 5,18 aus Q, während 5,19 aus dem Sondergut des Evangelisten herrührt?[2] Ist 5,20 Bildung des Evangelisten, und zwar als Überschrift für die Antithesen?[3] Vor allem: wie steht es mit 5,17? Ist dieser Vers, wie *Bultmann* will, zusammen mit 5,18f. ein auf die Debatte mit der hellenistischen Gemeinde zurückgehendes Gemeindeprodukt?[4] Oder ist v. 17 als ganzer redaktionellen Ursprungs?[5]

Angesichts dieser Vielfalt von Auffassungen allein im Blick auf die Redaktionsgeschichte dieser wenigen Verse bietet sich als Einstieg v. 18 an, weil er in Lk 16,17 eine materiale Parallele[6] und in Mk 13,30f./Mt 24,34f. formale Parallelen besitzt.[7]

Mt 5,18 ist, wie ein erster Blick zeigt, überladen.[8] Das zweimalige εως stört; es ist nicht klar, ob der erste εως-Satz inhaltlich mit dem zweiten kongruent ist, ob also eine Tautologie vorliegt, oder ob mit dem εως αν παντα γενηται auf etwas anderes angespielt wird als auf das Vergehen von Himmel und Erde. Entweder ist dassselbe Ziel doppelt ausgesagt, oder in ein und demselben Satz sind zwei verschiedene Ziele angegeben.

[1] *G. Barth*, 61; cf. *Schürmann*, Mt 5,19 = TrU 127; *Trilling*, 181
[2] *Strecker*, 145 [3] *Bultmann*, Trad., 161 [4] ib. 157; cf. ib. 146f.
[5] *Strecker*, 144 [6] Diese Begründung gibt z.B. auch *Trilling*, 167.
[7] ib. 168 [8] u.a. *M'Neile*, 59; *Lohmeyer*, Mt, 108; *Strecker*, 143f.; *Hummel*, 67; *Wrege*, 38ff.; *Grundmann*, Mt, 146f.; *Trilling*, 168ff.

So bieten sich folgende Erklärungsmöglichkeiten an:

1. Mt 5,18d (εως αν παντα γενηται) ist *redaktionelle Hinzufügung* des Evangelisten.[9] Dann hat dieser nur Mt 5,18bc (Mt 5,18a, αμην γαρ λεγω υμιν, sei hier ausgeklammert) vorgefunden: εως αν παρελθη ο ουρανος και η γη, ιωτα εν η μια κεραια ου μη παρελθη απο του νομου. Dies ist ein nicht überladener, in sich sinnvoller und vollständiger Satz. Die Fragelautet dann: Was wollte der Evangelist mit seiner Hinzufügung?
2. Die beiden εως-Nebensätze waren *ursprünglich* Bestandteile von *zwei* voneinander unabhängigen *Versen*, die in Mt 5,18 zusammengewachsen sind. Diese beiden Verse wären mit Hilfe eines literarkritischen Prozesses zu rekonstruieren.

Bereits *Lohmeyer* hat einen derartigen Versuch unternommen. Unter Berücksichtigung von Lk 16,17 und Lk 21,32 (= in etwa Mt 24,34) und der Beobachtung, daß απο του νομου in Mt 5,18 nachhinkt, wollte er folgende zwei Urfassungen erschließen:

a) εως αν παρελθη ο ουρανος και η γη, ιωτα εν η μια κεραια ου μη παρελθη.

b) ου μη παρελθη απο του νομου (μια κεραια), εως αν παντα γενηται.[10]

Doch hat diese literarkritische Operation *Lohmeyers* kaum Beachtung gefunden.[11]

[9] u.a. *Strecker*, 144; *G. Barth*, 60f., 65 (er bezeichnet 5,18d als 5,18c); *Wrege*, 38f.; *Trilling*, 168 [10] *Lohmeyer*, Mt, 108

[11] Eine Ausnahme macht *Grundmann*, Mt, 146f., der *Lohmeyer*s Hypothese allerdings mit der fraglichen Auffassung verbindet, εως αν παντα γενηται beziehe sich auf die Ereignisse der Geschichte Jesu. Einen anderen literarkritischen Lösungsversuch bietet *Hasler*, Gesetz und Evangelium, 9ff. Er sieht in Mt 5,17–20 »zwei verschiedene Schichten«: 1. Mt 5,18a + b.19.20 und 2. Mt 5,17.18c. Die erste Schicht beurteile Jesus als gesetzesfrommen Juden, der das Gesetz buchstäblich bis in die Einzelforderungen hinein ernst nehme; die zweite Schicht denke in den Kategorien Verheißung – Erfüllung, wobei sich εως αν παντα γενηται entweder auf die Kreuzigung des Messias oder auf seine Parusie beziehe. Daß sich *Hasler*s Auffassung nicht halten läßt, dürfte aus dem erhellen, was in diesem Kapitel unserer Untersuchung dargelegt ist. – *Merx*, 77ff., faßt 1. εως αν παρελθη ο ουρανος και η γη als *spätere Glossierung* (also Einfügung in den Mt-Text) und Erklärung von εως αν παντα γενηται und 2. η μια κεραια als Glosse zu ιωτα εν. Er begründet letzteres mit der syr^{sin}; hier fehle μια κεραια, während das Jod durch אתותא חדא (aus drucktechnischen Gründen werden syrische Worte hier in hebr. Quadratschrift wiedergegeben) erläutert werde. Erst die Peschita habe die Angleichung mit dem inzwischen festgewordenen griechischen Text vollzogen. Somit erklärt *Merx* v. 18 nicht als Addition zweier zunächst selbständiger Sätze, sondern als einen durch erläuternde Glossen erweiterten Vers, dessen Urgestalt gelautet habe: αμην γαρ λεγω υμιν, ιωτα εν ου μη παρελθη απο του νομου, εως αν παντα γενηται. Den εως-Satz interpretiert er von Mt 24,34 her. *Merx* dürfte das Gewicht der Altsyrer für die Textkritik überschätzt haben. Immerhin hat er sich aber nicht einfach über Mt 24,34 hinweggesetzt, sondern auf seine Art eine Erklärung gesucht. Nicht folgen

Um zu entscheiden, welche der beiden Auffassungen die größere Wahrscheinlichkeit hat, soll zunächst die Lk-Parallele herangezogen werden: Lk 16,17. Sie enthält kein εως und blickt somit nicht auf irgendein zeitliches Ziel. In ihr kommt die absolute Geltung des Gesetzes zum Ausdruck: Leichter vergehen Himmel und Erde, als daß auch nur ein Häkchen des Gesetzes hinfällig wird. Also wird in diesem Ausspruch überhaupt nicht ins Auge gefaßt, daß Himmel und Erde vergehen. Da hier der eschatologische Ausblick fehlt, ist nicht, wie in spätjüdischen und rabbinischen Zeugnissen, die Gültigkeit der Thora bis in den neuen Äon hinein ausgesagt.[12] Es geht demnach, zumindest wenn Lk 16,17 isoliert gesehen wird, nicht um eine Aussage im Blick auf die Dauer der Geltung der Thora, sondern, viel grundsätzlicher, um ihre absolute Geltung. Es geht nicht um eine temporale Aussage. Es geht vielmehr um den Verpflichtungsgrad der Thora für den Christen: Dieser darf kein Häkchen des Gesetzes, nicht die geringste Anordnung als für sich außer Kraft gesetzt betrachten. Insofern spiegelt Lk 16,17 einen Standpunkt wider, der mit dem streng jüdischen identisch ist. Lk 16,17 hätte jeder Jude mitsprechen können.

Setzen wir zunächst einmal hypothetisch voraus, daß dieser Vers *in dieser Form* Bestandteil von Q war, so enthielt die Logienquelle, die höchstwahrscheinlich älter als Mk ist[13], bereits judaistisches Gedankengut[14].

Demgegenüber sagt Mt 5,18 nach beiden oben skizzierten Anschauungen – sei es, daß 5,18d redaktionell ist, sei es, daß 5,18 ursprünglich zwei voneinander unabhängige Sätze waren – eine zeitliche Begrenzung der Geltung

können wir ihm, wenn er mit *Paulus* und *De Wette* Mt 5,18; 24,34 εως... versteht: »bis das Alles ausgeführt sein wird, was ich als Messias vorhabe« (78). – Auch *M'Neile*, 59, sieht in Mt 5,18d »probably a gloss, due to the similar expression in XXIV. 34f.«; dem schließt sich *Montefiore* II,52, an; ebenso *Klostermann*, Mt, 41. – Erwähnenswert ist schließlich *W. Auer*, Jota unum = Bibel und Kirche, 14,97–103: Matthäus bedient sich eines semitischen Parallelismus, in dem Jota und Keraia synonym gebraucht sind. Das hebräische Äquivalent dafür sei nicht קוץ, sondern eher חח, חוח oder קרס.

12 *Bill.* I, 244ff.

13 *Kümmel*, Einl., 38f.: Es ist unwahrscheinlich, daß Q später als 50–70 geschrieben worden ist.

14 Vielfach sieht man in der Aussage Lk 16,17/Mt 5,18, daß (kein einziges Jota und) kein einziges Häkchen vom Gesetz vergehen dürfen, eine Entsprechung zu Qumran. Dort sei der häufige Gebrauch von כול in 1 QS charakteristisch: u.a. *G. Barth*, 66–68; *Braun*, Radikalismus II,11 und 11 Anm. 2: »das von Mt in 5,18 gebrauchte παντα erinnert an das כול der Sekte«; ders., Qumran I,14f.; *Grundmann*, Mt 148; *Stauffer*, Evangelienforschung, 490f. Mag jedoch das כול gerade für einige qumranische Schriften charakteristisch sein, so dürften die von *Bill* I,244ff., genannten Parallelen zu Mt 5,18 eher auf pharisäisch-rabbinischen Einfluß schließen lassen. In Botschaft, 32f., nennt *Stauffer* Mt 5,18 »ein beachtliches Dokument für den frühen (!) Beginn des Rejudaisierungsprozesses in der urchristlichen Jesusüberlieferung«, da dieser Vers bereits in Q enthalten sei; er spricht hier nicht von Requmranisierung

des Gesetzes aus.[15] Nach der ersten Anschauung ist ein εως-Satz, nach der zweiten sind beide εως-Sätze ursprünglich. Dann aber wäre in keinem Fall die Form von Lk 16,17 die Vorlage von Matthäus.

Oder sollte man in einer weiteren, in einer dritten Lösung annehmen, daß beide εως in Mt 5,18 auf die Redaktionsarbeit des Evangelisten zurückgehen.[16] Das ist zwar kaum anzunehmen. Dennoch soll auch diese Möglichkeit durchdacht werden. Denkbar wäre immerhin, daß Matthäus bewußt die absolute Geltung des Gesetzes, die in Lk 16,17 zum Ausdruck kommt, durch eine zeitliche Begrenzung, nämlich das Vergehen von Himmel und Erde, relativieren wollte, daß er deshalb ευκοπωτερον...παρελθειν zu εως αν παραλθη... umgeformt hat. Jedoch, warum hat er dann noch εως αν παντα γενηται angefügt? Um durch eine Tautologie das erste εως zu unterstreichen und zu bekräftigen? Oder soll durch 5,18d, wie bereits angedeutet wurde, ein neuer Gedanke hinzugefügt werden?

Strecker macht sich m.E. die Sache zu einfach, indem er 5,18b mit *Allen* und *Klostermann* als volkstümliche Redewendung von »niemals« versteht und das παντα γενηται auf das »Geschehen« des alttestamentlichen Gesetzes bezieht.[17] Von daher lehnt er einen Zusammenhang von Mt 24,34 mit unserer Stelle ab.[18] Jedoch ist die sprachliche Parallele zwischen beiden Stellen zu auffällig, als daß sie mit dem Argument der Tautologie und dem, Matthäus habe nicht grundsätzlich zwischen der ethischen Verkündigung Jesu und den Weisungen des Alten Testaments unterschieden[19], ignoriert werden dürfte. In Mt 24,34f. sind mit dem εως αν παντα ταυτα γενηται die endgeschichtlichen Ereignisse gemeint.[20] Dabei verrät diese Formulierung ausdrücklich die Hand des Redaktors Matthäus – er glättet in seiner Vorlage Mk 13,30 das weniger flüssige μεχρις ου[21], vielleicht sogar in Angleichung an das ihm in einer Vorlage vorgegebene Mt 5,18d. Daß aber Matthäus in Mt 24,34 etwas anderes aussagen will als mit der nahezu gleichen Formulierung in Mt 5,18, will nicht recht einleuchten, zumal der Evangelist doch gerade in Mt 24,34 stilistisch eingegriffen hat und somit diese Formulierung von ihm ganz bedacht verwendet wurde. Also dürfte die genannte Parallele doch von so entscheidendem Gewicht sein, daß mit

15 Anders *Moore*, I,269: »The rabbinical doctrine could not be better expressed than in Mt 5,18.« Dabei wird »until heaven and earth pass away« in Anm. 4 erklärt als »That is, never.« Ähnlich *Allen*, 46; *Klostermann*, Mt, 41; *Montefiore* II, 51

16 so neuestens noch *Bornkamm*, Wandlungen im a.-und ntl. Gesetzesverständnis = Aufs. IV,77

17 *Strecker*, 144; er hätte sich auf *Dalman*, Jesus-Jeschua, 57f.228, berufen können: Dieser übersetzt γενηται nicht mit jihwê, sondern mit jitqajjam: »Dann ist es das Natürlichere, παντα mit dem Gesetz, auf das es sich bezieht, enger zu verknüpfen, indem man kol mit dem zurückweisenden Pronominalsuffix versieht.« Also liegt nach *Dalman* Mt 5,18d folgen deraramäischer Text zugrunde: 'ad dejitqajjam kullâh (57) bzw. ... kullah (228).

18 *Strecker*, 143

19 ib. 143f.

20 *Kümmel*, Verheißung, 14f.

21 ähnlich Lukas

sehr großer Wahrscheinlichkeit angenommen werden darf: Mt 5,18d bringt keinen neuen Gedanken über 5,18b hinaus.[22] D.h., εως αν παρελθη ο ουρανος και η γη und εως αν παντα γενηται sind inhaltlich identisch. Will man aber nicht annehmen, daß *Matthäus* erstens den zeitlich unbegrenzten Q-Satz Lk 16,17 durch εως relativiert und zweitens dann auch noch diese Relativierung durch ein zweites εως verstärkt habe, so liegt es weit näher anzunehmen, daß *ihm nicht die Form Lk 16,17 vorgelegen* hat.[23] Da aber Mt 5,18d mit Mt 24,34 die eschatologischen Endergebnisse meint und somit in der Tat eine Tautologie vorliegen dürfte, ist kaum anzunehmen, daß Mt 5,18d vom Redaktor gebildet wurde. Dann hat aber die mit Hilfe der Literarkritik erarbeitete *Lösung Lohmeyer*s, nach der zwei ursprünglich selbständige Sätze zusammengewachsen sind, die *größte Wahrscheinlichkeit* für sich. Dabei ist es unwesentlich, ob die Vereinigung dieser beiden Sätze durch Matthäus oder seine Vorlage geschehen ist.[24]

[22] so auch u.a. *M'Neille*, 59 (aber: »probably a gloss, due to the similar expression in XXIV.34f. ...«); *Klostermann*, Mt, 41 (vermutet ebenfalls eine Glosse); *Schniewind*, Mt, 54f.; *Bonnard*, 62. Anders *G. Barth*, 65: εως αν παντα γενηται meint gänzliche Durchsetzung des Willens Gottes, des Gesetzes, durch die Lehre Jesu; ähnlich *Wrege*, 37 und 39: εως αν παντα γενηται meint den Vollzug des offenbarten Gotteswillen; *Trilling*, 169: Es ist an ein ethisches Verständnis zu denken: das Gesetz muß ganz und gar getan werden. Das sagt *Trilling*, obwohl er ausdrücklich betont, daß Mt 24,34*f.* zur literarkritischen Analyse von Mt 5,18 heranzuziehen sei! Noch anders *Davies*, Mélanges Biblique, 428ff.; ders., Setting, 334: »that is, only until the death of Jesus inaugurates finally the New Covenant« und *Grundmann*, Mt, 147: παντα = »Ereignisse der Geschichte Jesu«. Einen gewissen Kompromiß bedeutet der Lösungsversuch von *Descamps*, Mt 5,17–48 = Stud. Evang. 1, 162f.: »Assurément, l'addition εως αν παντα γενηται semble avoir (comme en Mt 24,34) un sens eschatologique: l' ›accomplissement‹ des toutes choses, et notamment de la Loi, ne sera pleinement réalisé qu'à la fin des temps. En attendant, c'est-à-dire durant le ministère de Jésus et de son Eglise, la Loi n'est pas vraiment accomplie, et reste donc en vigueur. Toutefoi, rien n'empéche de penser que Mt. a conçu cet accomplissement comme déjà anticipé ou commoncé dans le ministère terrestre de Jésus, par exemple dans cette promulgation sollenelle de la Loi nouvelle qui ferat l'objet de la péricope suivante.« *Schweizer*, Mt 5,17–20 = Aufs., 404f., versteht παντα in Mt 5,18d nicht als Weiterbestehen der Einzelgebote; es gehe vielmehr »um die weit grundsätzlichere Frage, ob und wie das Gesetz als ganzes eine Erfüllung gefunden habe«. Jesus als Bringer der neuen Thora habe ihr zu erfüllendes Ziel dargestellt. Inhalt dieser Thora sei aber die Nächstenliebe. *Honeyman*, *NTS* 1, 141f. will die beiden εως auf jeweils verschieden zu interpretierende hebr. bzw. aram. עד/עדש bzw. עדד zurückführen: 1. temporal, 2. modal.

[23] anders z.B. *Manson*, Sayings, 135.154; *Hirsch* II,66; beide sehen in Lk 16,17 das authentische Jesuswort (gesetzesfeindlich, s. 5. Kap.), in Mt 5,18 die fälschlich nomistisch verstandene Umformung durch Matthäus. Demgegenüber hält *Davies*, Mt 5,17–18 = Mélanges Biblique, 428ff., Mt 5,18 für ursprünglich.

[24] *Lohmeyer*, Mt, 120, sieht auch in Mt 5,21 einen aus zwei verschiedenen Sprüchen zusammengewachsenen Vers. Sollte eine solche Operation in der Tat auf den Evangelisten zurückzuführen sein, so wäre wohl auch die Kompilation in Mt 5,18 eher ihm als seiner Vorlage zuzuschreiben.

Jetzt ergibt sich allerdings angesichts des Ergebnisses, daß kein direkter Weg von der Form Lk 16,17 zu Mt 5,18 führt, die Frage, ob Lukas seinen Vers so in seiner Vorlage las, wie er ihn dann wiedergibt. Oder hatte er irgendeinen Grund, einen durch εως relativierten Satz durch Streichung dieser Konjunktion und Ersetzen durch ευκοπωτερον zu verabsolutieren? Schauen wir dazu auf den Zusammenhang bei Lk! Im Anschluß an lukanisches Sondergut (Gleichnis vom ungerechten Haushalter und die sich daran anschließende Verurteilung der Selbstrechtfertigung Lk 16,1–15) folgt der vieldiskutierte Doppelsatz Lk 16,16: ο νομος και οι προφηται μεχρι Ιωαννου. απο τοτε η βασιλεια του θεου ευαγγελιζεται και πας εις αυτην βιαζεται. Während der zweite Satz wegen des ευαγγελιζεται lukanische Redaktionsarbeit verrät[25], dürfte der erste Satz gegenüber Mt ursprünglich sein[26]. Auf diesen Vers, der nach *Conzelmann* den Schlüssel für die heilsgeschichtliche Ortsbestimmung des Lk-Ev bietet[27], folgt dann unser Satz von der absoluten Geltung des Gesetzes. Während es also in Lk 16,16 ausdrücklich heißt, daß Gesetz und Propheten bis zu Johannes reichen und dann durch die Predigt von der Gottesherrschaft abgelöst werden, wird nun Lk 16,17 gesagt, daß vom Gesetz kein einziges Häkchen entfällt! So sieht es zunächst aus, als ob jene von *Conzelmann* und vielen anderen behauptete Sicht von der heilsgeschichtlichen Konstruktion des Lukas durch diesen Vers unmöglich gemacht sei. *Conzelmann* will deshalb im Sinne des Redaktors Lukas die beiden Verse in kontinuierlichem Zusammenhang verstehen: Bisher gab es »nur« Gesetz und Propheten, von nun an aber »auch« die Predigt vom Reich.[28] Daß diese Interpretation nicht dem ursprünglichen Sinn von Lk 16,16a entspricht, gibt er ausdrücklich zu.[29] Hat man so mit Müh und Not Lk 16,16f. unter einen übergeordneten Gedanken gestellt, so gibt v. 18 bereits das nächste Rätsel auf; denn hier wird, wenn auch nicht in antithetischer Form wie Mt 5,32, gegen mehr als nur ein Häkchen des Gesetzes (Dt 24,1) verstoßen. Selbst das die matthäische Antithese aufweichende παρεκτος λογου πορνειας findet sich hier nicht. Demnach liegt Lk 16,18 auf einer Linie mit Lk 16,16 (in seinem ursprünglichen Verständnis!), nicht aber mit Lk 16,17. Nun könnte man auf den Ausweg verfallen, Lk 16,17 als spätere Glosse anzusehen. Dazu gibt aber der textgeschichtliche Befund keinen Anlaß. Bereits Markion fand diese Stelle so ärgerlich, daß er του νομου durch των λογων μου ersetzte.

25 cf. *Marxsen*, Markus, 78

26 *Kümmel*, Traditionsgedanke = Aufs., 35 Anm. 89; *G. Barth*, 58ff.

27 *Conzelmann*, Mitte, 17; s. aber *Kümmel*, Lk 16,16 = Verb. veritas, 89ff.

28 ib. 17

29 ib. 17: »Mag also der ursprüngliche Sinn dieser Stelle auf Diskontinuität, auf die Ablösung des alten durch den neuen Äon gehen, so macht Lukas daraus zugleich eine Kontinuität.«

Da aber dieser Vers nur sehr schwierig mit dem vorhergehenden und fast gar nicht mit dem folgenden harmonisiert werden kann, hatte *Lukas kaum Anlaß* gehabt, *eine durch εως zeitlich begrenzte in eine absolute Formulierung umzuwandeln.*[30] Also dürfte er Lk 16,16 so vorgefunden haben, wie er heute im Lk-Text steht. (Näheres über Lk 16,16f. s. im 3. Abschnitt dieses Kapitels!)

Somit ist das Ergebnis unumgänglich: Matthäus und Lukas haben den Satz von der Geltung des Gesetzes in *verschiedenen Vorlagen* gelesen.[31] Soll man aber deshalb, z.B. mit *Wrege*[32], leugnen, daß Mt 5,18 und Lk 16,17 gemeinsam auf Q zurückgehen? Ein solcher Schluß dürfte zu voreilig sein. Da ist zunächst zu beachten, daß sowohl Lk 16,16 als auch Lk 16,18 auf Q zurückzuführen sein dürften. Es wäre seltsam, wenn der dazwischenstehende Vers 17, der in Mt 5,18 immerhin eine teilweise Parallele besitzt, auf eine andere Quelle zurückginge. Wahrscheinlich ist die einleuchtendste Erklärung, daß Q dem Lukas in etwas anderer Form vorgelegen hat als dem Matthäus.[33]

Hat sich aber aus diesen Überlegungen das Ergebnis herauskristallisiert, daß sowohl Matthäus als auch Lukas den Satz von der Geltung des Gesetzes, von dem kein Häkchen vergehen bzw. hinfällig werden darf, ihren Vorlagen entnommen haben, und hat sich weiter herausgestellt, daß diese Vorlagen höchstwahrscheinlich zwei verschiedene Rezensionen von Q darstellen, so bedeutet dies, daß die *älteste literarische Quelle im synoptischen Bereich* – Q dürfte sicherlich älter als Mk sein![34] – *»judaistisches« Gedankengut enthält.* Denn gerade Mt 5,18/Lk 16,17 ist innerhalb des synoptischen Materials dasjenige Logion, welches die absolute Geltung der Thora so klar und bestimmt aussagt wie sonst kein anderes. Somit ist mit der Feststellung, daß sich dieses so gewichtige Wort nomistischen Inhalts bereits in Q nachweisen läßt, *Stauffer*s These von der progressiven Qumranisierung und Judaisierung an einer empfindlichen Stelle getroffen. Zwar anerkennt dieser ausdrücklich die Zweiquellentheorie.[35] Und außerdem sieht er in Mt 5,18/Lk 16,17 »ein beachtliches Dokument für den *frühen* Beginn des Rejudaisierungsprozesses in der urchristlichen Überlieferung«.[36] Doch blickt er im ganzen seiner Überlegungen zu sehr auf den Weg von Mk bis Joh, zu wenig aber auf den von Q bis Mt und Lk.[37] Dies sei allerdings nur am Rande vermerkt, da zur gerechten Beurteilung von *Stauffer*s Konzeption weitere Ergebnisse nötig

30 Auf die Frage nach der Dauer der Geltung des Gesetzes für Lukas wird vor allem im 4. Kapitel näher einzugehen sein.

31 so auch *Bonnard*, 60 32 *Wrege*, 40 in Verbindung mit 2–4

33 *Kümmel*, Einl., 37 34 ib. 37f.

35 *Stauffer*, Jesus, 149 Anm. 2: »Zweifellos hat die Logienquelle (schon vor Markus) in schriftlicher Form existiert... Die Logienquelle ist das älteste Jesusbuch.«

36 *Stauffer*, Botschaft, 32f.; Hervorhebung von mir 37 ib. 16

sind. Einstweilen möge das *traditionsgeschichtliche Ergebnis* genügen: *Beiden Großevangelisten lag jener Satz in je unterschiedlicher Form in verschiedenen Ausgaben von Q vor.*

2. Mt 5,19

Vielfach wird angenommen, Matthäus habe in Q bereits Mt 5,19 als Fortsetzung von Mt 5,18 gelesen.[38] Auch nach *Wrege* hat Matthäus schon die Verbindung beider Verse vorgefunden; doch ist für ihn diese Quelle nicht Q.[39] Nach *Trilling*, der hier Q zugrunde gelegt sieht, würde Mt 5,19 die Aussage von Mt 5,18 geradelinig fortsetzen, wenn dieser Vers in der lukanischen Form (Lk 16,17) dastünde.[40] Nach *Schürmann*, der sich hierin *Trilling* anschließt, entsprechen die Aussagen von Lk 16,17 (= Mt 5,18) und 5,19 einander wie die aufgestellte These und die dazugehörige Folgerung[41]: »Tatsächlich bringt nun Mt 5,19 die praktische Folgerung (ουν) für Befolgung und Lehre, nach der Lk 16,17 förmlich ruft.«[42]
Dagegen steht z.B. die Auffassung *Streckers*: Da Mt 5,18b–c in Q in anderem Zusammenhang überliefert wurde, ist zu vermuten, daß Matthäus das Logion isoliert vorfand und an dieser Stelle einordnete.[43]
Entscheidend für die Beantwortung der Frage, ob beide Verse ursprünglich zusammengehörten, ist zunächst das Verständnis von τουτων in Mt 5,19. Es ist evident, daß sich dieses Wort nur mit Mühe auf ιωτα εν η μια κεραια rückbeziehen läßt[44]; denn in v. 18 ist nicht die Rede von »kleinsten Geboten«. Grammatisch möglich ist natürlich die Lösung, in τουτων einen Semitismus bzw. Aramäismus zu sehen.[45] Doch ist diese Annahme keineswegs zwingend. Es müßten schon andere, gewichtigere Argumente einen möglichen Aramäismus unbedingt erforderlich machen. So verzichtet *Schürmann* auf die Deutung als Aramäismus. Er versteht mit *F. W. Maier*[46] Jota und Strichlein als Bild für die geringsten Gebote; insofern könne sich τουτων auf Jota und Häkchen beziehen.[47] Auch hier muß grundsätzlich die Möglichkeit zugegeben werden. Doch ist m.E. der Wechsel vom Bild zur Sache kaum ursprünglich. Und keinesfalls leuchtet die von *Schürmann* aufgestellte Behauptung ein, Mt 5,18 in der Form von Lk 16,17 rufe förmlich nach der

38 u.a. *Bultmann*, Trad., 146f.; für ihn gehört auch Mt 5,17 zu dieser Q-Vorlage; *G. Barth*, 61
39 *Wrege*, 41 40 *Trilling*, 181
41 *Schürmann*, Mt 5,19 = TrU, 128 42 ib. 128 43 *Strecker*, 145
44 so noch im Gefolge von *Klostermann* und *Zahn* u.a. *Ljungmann*, 48ff.
45 *G. Barth*, 61 Anm. 3: »Möglicherweise...«; er beruft sich dafür, wie auch *Wrege*, 41 Anm. 3, auf *Jeremias*; s. *Jeremias*, Gleichnisse, 36 Anm. 5; ders., Abendmahlsworte, 176 Anm. 1–3; cf. *Dalman*, Grammatik, 113f.; ders., Jesus-Jeschua, 58f.
46 *F. W. Maier*, 134 47 *Schürmann*, Mt 5,19 = TrU, 128f.

praktischen Folgerung in Mt 5,19. Zunächst fällt der unterschiedliche Stil beiderVerse auf. Vor allem aber hat *Strecker* damit zweifellos recht, daß in Mt 5,19 »nicht... ein uneingeschränkt-gesetzlicher Standpunkt zum Ausdruck (kommt) ... Die zugrundeliegende Tradition hält wohl grundsätzlich am Gesetz fest, verzichtet aber darauf, wegen der Abrogation einzelner Forderungen die Kirchengemeinschaft aufzuheben.«[48] Man mag einwenden, es bestehe zwischen Mt 5,18 und Mt 5,19a keine Spannung, weil die in v. 18 ausgesagte Gültigkeit des Gesetzes einschließlich aller, auch der kleinsten Einzelgebote nicht deren Auflösung, d.h. Außerkraftsetzung durch Gesetzeslehrer[49], verhindern könne. Zweifellos bewegt sich v. 18 auf objektiver, v. 19 aber auf subjektiver Ebene. Doch widerspricht es dem Geist von v. 18, wonach auch das kleinste Gebot die absolute Geltung der Gesamtthora besitzt[50], wenn unmittelbar darauf demjenigen, der ein solch kleines Gebot außer Kraft setzt, doch noch ein, wenn auch kleiner Platz im Himmelreich angewiesen wird. *Schürmann* u.a. verkennen die Spannung zwischen Mt 5,18 und Mt 5,19a. Sieht man diese aber, so wird man erst recht das τουτων als in der Luft hängend betrachten müssen[51] und keinesfalls Mt 5,18f. – in welcher Form auch immer Mt 5,18 formuliert gewesen sein mag – als ursprüngliche Einheit verstehen dürfen. Damit ist natürlich nicht die Möglichkeit geleugnet, daß Matthäus bereits eine Kombination beider Verse vorlag. Vielleicht ist *Hummel* auf der richtigen Fährte, wenn er vermutet, aufgrund des in beiden Sätzen gemeinsamen μια liege ein Stichwortanschluß vor.[52]

Dieses Ergebnis – Mt 5,18f. ist keine ursprüngliche Einheit – steht in

[48] *Strecker*, 145; cf. auch *Descamps*, Mt 5,17–20, 168. *Schürmann* wendet S. 129 gegen *Descamps* ein: »Aber muß aus der scharf formulierten – weil grundsätzlichen – These von der Weitergeltung des Gesetzes V. 18 notwendig folgen, daß eine freiere Praxis (V. 19) auch gleich von der Basileia ausschließen muß?« Sicherlich nicht – zumindest für den nicht, der zum ersten Mal beide Sätze zusammenfügte. Aber zweifelsohne wird derjenige, auf den Mt 5,18 zurückgeht, zunächst keinesfalls an eine freiere Praxis gedacht und dafür noch einen Miniplatz in der Basileia reserviert haben!

[49] *Büchsel*, Art. λυω, ThW IV, 337, 27ff.: λυειν ist am besten zu übersetzen: aufheben, um seine gesetzliche Geltung bringen

[50] cf. Dt 4,2; 13,1; ob ελαχιστος mit *Blass-Debrunner*, § 60, *Klostermann*, Mt, 41, (als Möglichkeit erwogen) u.a. als Elativ anzusehen ist, sei dahingestellt. Dagegen könnte v. 18 (Jota und Keraia als »Superlativ«!) sprechen, also jener Satz, als dessen Abschwächung v. 19 gebildet wurde. Zur Diskussion um die Frage nach den kleinen bzw. kleinsten Geboten s. *Bill.* I, 900ff.; *Grundmann*, Mt, 149f.

[51] Damit wird die Möglichkeit, τουτων als Aramäismus zu bezeichnen, noch geringer. Doch was wäre letzten Endes gewonnen, wenn wirklich ein solcher zugrunde liegen sollte? Es ist durchaus denkbar, daß schon im aramäischen Sprachbereich v. 19 nachträglich an v. 18 angehängt wurde! Eine *ursprüngliche* Einheit beider Verse wäre aber auch dann nicht bewiesen!

[52] *Hummel*, 67

Kongruenz mit dem, was oben über Mt 5,18 gesagt wurde. Dort wurde ja die literarkritische Operation *Lohmeyers*, nach der dieser Vers eine Kompilation zweier voneinander unabhängiger Sätze ist, als jene Lösung betrachtet, die die größte Wahrscheinlichkeit für sich hat. Dann kann aber nicht, wie *Schürmann* annimmt, dem Matthäus der Vers Mt 5,18 in der Form von Lk 16,17 vorgelegen haben. Damit entfällt jene Voraussetzung, die er von *Trilling* übernimmt.[53]

Dennoch ist es nötig, *Schürmanns* Konzeption näher zu beleuchten. Seine Grundthese lautet: Matthäus hat bei der Komposition der Bergpredigt den Kontext von Lk 16,17 benutzt; der nähere und entferntere Kontext von Mt 5,19 bezeugt, daß Matthäus den Zusammenhang Lk 16,14f.16.17.18 gekannt hat.[54] *Schürmann* hat vielleicht darin recht, daß Lk 16,13–18 ein zusammenhängender Q-Text zugrunde liegt.[55] Doch ist nicht wahrscheinlich, daß Mt 5,20 und Lk 16,15 einander entsprechen; eher dürften Mt 23,28 und Lk 16,15 auf die gleiche Quelle zurückgehen. Und ob Lk 16,14 in Q seine literarische Quelle besitzt, ist äußerst fraglich. Da Lk wahrscheinlich die Reihenfolge von Q besser bewahrt hat als Mt[56], *kann* der Abschnitt Lk 16,13–18 (vielleicht mit Ausnahme von Lk 16,14) als ein Stück in der ursprünglichen Reihenfolge von Q angesehen werden. Dem Matthäus *kann* also Q in dieser Reihenfolge vorgelegen haben – allerdings dann v. 17 mit einem der beiden εως-Sätze, die gemäß *Lohmeyers* Hypothese bestanden.

Bis auf diesen letzten Abstrich soll der These *Schürmanns* von einer geschlossenen Q-Vorlage in Lk 16,13–18 eine gewisse Wahrscheinlichkeit nicht abgesprochen werden. Schwierig wird es aber in dem Augenblick, wo in dieser Vorlage auch eine ursprünglich vorhandene Parallele zu Mt 5,19 behauptet wird. *Schürmann* muß ja eine solche Parallele postulieren, weil er eine ursprüngliche Einheit annimmt, aus der sowohl Lk 16,17 als auch Mt 5,19 stammen. So sieht er sich gezwungen zu erklären, warum Lukas den Mt 5,19 entsprechenden Satz in Q gestrichen hat. Seine Erklärung lautet: »V. 17 konnte Lukas auch wohl darum stehen lassen, weil er unter νομος nicht mehr die alttestamentliche Thora verstand, sondern sittliche Gottesforderungen wie die von V. 18... Lukas konnte also 16,17 als Einleitung für 16,18 allenfalls noch ein Verständnis abgewinnen; die breit

[53] Allerdings schließt sich *Trilling* nur in bedingtem Maße *Schürmann* an: *Trilling*, 183 Anm. 87

[54] *Schürmann*, Mt 5,19 = TrU, 130

[55] zu Lk 16,16f. s. nächsten Abschnitt dieses Kap.; cf. *J. Weiß*, Predigt Jesu, 192; allerdings sollte *Kümmels* Argument, der Zusammenhang von Lk 16,16 sei deutlich redaktionell (Zusammenstellung einer Reihe von Sprüchen über das Gesetz durch Lk) zumindest mitbedacht werden (Verheißung, 114). *Schürmann* (Mt 5,19 = TrU, 133 Anm. 39) beruft sich u. a. auf *Hirsch* II, 65; er nennt als Vertreter der von ihm abgelehnten Auffassung nur *B. Weiß*, *W. Soltau*, *E. Klostermann*, *F. Hauck*, *K. H. Rengstorf*, *J. Schmid* und *F. W. Danker*, ohne auf ihre Argumente einzugehen. *Kümmel* wird nicht einmal genannt.

[56] *Kümmel*, Einl., 37

entfaltete nomistische Forderung von Mt 5,19 dagegen glaubt er seinen Lesern nicht mehr zutrauen zu dürfen.«[57]

Jedoch, wir müssen fragen: Verstand Lukas unter Gesetz wirklich nicht mehr die alttestamentliche Thora? Ist Mt 5,18 wirklich weniger nomistisch als Mt 5,19? Die zweite Frage ist am schnellsten beantwortet. Mit *Strecker*[58] erkannten wir gerade in Mt 5,19 einen nicht mehr uneingeschränkt-gesetzlichen Standpunkt, wodurch dieser Vers, zumindest in seinem ersten Teil, in Spannung zu Mt 5,18 steht. Aber auch im Blick auf die erste Frage muß *Schürmann* widersprochen werden. Bei unseren Überlegungen zu Mt 5,18 zeigte sich, wie Lk 16,17 den genuinen Sinn von Lk 16,16 modifiziert: Ursprünglich wollte dieser Vers aussagen, daß seit Johannes[59] Gesetz und Propheten abgetan sind; im jetzigen Zusammenhang aber soll es heißen, nach dem Auftreten des Johannes sei die Verkündigung der Gottesherrschaft zu Gesetz und Propheten hinzugetreten. Lk 16,18 vermag nicht die Beweislast dafür zu tragen, daß νομος in den v. 16f. lediglich als sittliche Gottesforderung zu verstehen ist, wie *Schürmann* will. Lk 16,16f. wollen in der jetzigen Kombination die immer noch bestehende Gültigkeit der ganzen Thora behaupten. Und wenn man auf den übrigen Sprachgebrauch des Lukas schaut, so zeigen nicht nur die Geburtsgeschichten, sondern auch Lk 24,44, daß der dritte Evangelist unter νομος keinesfalls ausschließlich die sittlichen Gottesforderungen versteht.[60]

Somit *kann* also *Schürmann nicht einsichtig machen, daß Lukas einen Mt 5,19 entsprechenden Satz innerhalb Q bei seiner Rezeption dieser Quelle ausließ.* Eher wäre es möglich, daß die Q-Version, die Matthäus vorlag, diesen Vers enthalten hat. Doch kann hierüber m. E. nichts Sicheres ausgemacht werden.

Nun ist seit *Käsemanns* Aufsatz »Sätze heiligen Rechtes im Neuen Testament« weithin anerkannt, daß Mt 5,19 ein solcher *Satz heiligen Rechts* ist.[61] Dem wollen wir uns anschließen, ohne jedoch alle Konsequenzen, die *Käsemann* aus der Existenz solcher Sätze zieht, zu übernehmen.[62] Zeigt

[57] *Schürmann*, Mt 5,19 = TrU, 134 [58] *Strecker*, 145

[59] Ob das απο τοτε Lk 16,16 inklusiv oder exklusiv zu verstehen ist, kann hier unbeantwortet bleiben.

[60] s. *Conzelmann*, Mitte, 148ff., vor allem 148: »Die Begriffe νομος und εντολη dienen *nicht* der Beschreibung des *christlichen* Glaubensgutes.«; s. auch 4. u. 5. Kap. dieser Arbeit

[61] *Käsemann*, EVuB II, 79.85; *Trilling*, 180; *Grundmann*, Mt, 148; kritisch zu *Käsemann* neuerdings *Berger*, Zu den sog. Sätzen Heiligen Rechts, NTS 17, 1–40

[62] M. E. ist es nicht möglich, einen Vers nur deshalb dem historischen Jesus abzusprechen, weil er die Form eines »Satzes heiligen Rechts« besitzt. Zweifellos ist es das Verdienst *Käsemanns*, auf diese Form erst richtig aufmerksam gemacht zu haben. Jedoch ist nicht einzusehen, warum das in diesen Sätzen ausgesprochene »eschatologische Ius talionis« seinen »Sitz im Leben« lediglich bei den urchristlichen Propheten haben muß. Jedoch soll mit diesen Erwägungen auf keinen Fall behauptet werden,

aber Mt 5,19 diesen Stil, so mag dieser Tatbestand seinerseits dafür sprechen, daß der Vers einen anderen »Sitz im Leben« hat als Mt 5,18 und daß somit beide Verse ursprünglich unverbunden existierten. *Schürmann* hat dieser formgeschichtlichen Erwägung jedoch keine Beachtung geschenkt. Jedoch vermag – vielleicht – eine Beobachtung das Urteil, Mt 5,18 und Mt 5,19 seien inhaltlich divergent und deshalb verschiedenen Ursprungs, ein wenig zu modifizieren. In Spannung zu v. 18 steht *nur* v. 19a, nicht aber v. 19b. Überlegt man ferner, daß dem Matthäus durchaus zuzutrauen ist, einen eingliedrigen Satz zu einem zweigliedrigen auszuformen[63], so besteht immerhin eine vage Möglichkeit, daß ihm lediglich v. 18 und 19b in seiner Q-Version vorlagen und er v. 19a selbst bildete.[64] Dann allerdings müßte v. 19b in der Vorlage etwas anders formuliert gewesen sein, vielleicht: ος εαν ουν ολον τον νομον ποιηση και[65] (ουτως?) διδαξη, ουτος μεγας κληθησεται εν τη βασιλεια των ουρανων.[66] Dieser Satz könnte gut auf den von *Lohmeyer* eruierten Vers folgen: ου μη παρελθη απο του νομου μια κεραια, εως αν παντα γενηται. Noch einmal: Das ist *lediglich* unter dem Vorzeichen des Hypothetischen gesagt, um eine bereits ziemlich frühe Zusammengehörigkeit von Mt 5,18 und Mt 5,19 bzw. von Teilen dieser Verse nicht unter allen Umständen auszuschließen bzw. um einem evtl. aus dieser Richtung kommenden Einwand zu begegnen.

daß Mt 5,19 dem historischen Jesus zuzuschreiben sei! Denn es zeigte sich ja, daß Mt 5,19 zu einem späteren Zeitpunkt als Mt 5,18 entstand.

63 *Schürmann*, Mt 5,19 = TrU, 130 Anm. 28: Matthäus liebt »formalistische Parallelismen«.

64 ib. 130 Anm. 28: Es »ist zu überlegen, ob nicht auch der Parallelismus (sc. in Mt 5,19) erst Werk des Evangelisten sein kann«. Doch verzichtet *Schürmann* auf eine Rekonstruktion.

65 cf. Gal 5,3: ολον τον νομον ποιησαι, cf. auch Rö 2,13: οι ποιηται νομου.

66 Übrigens findet sich lediglich in v. 19b der typisch semitische casus pendens: ος..., ουτος...; cf. *Black*, Approach, 51: Casus pendens ist zwar kein spezieller Semitismus, jedoch: »... the construction is much more frequent in Hebrew or Aramaic than in the Koine.« (Da in dieser Arbeit immer wieder auf das soeben zitierte Werk *Black*s Bezug genommen wird, soll »casus pendens« hier so verwendet werden, wie er es nach englischem Sprachgebrauch tut. D.h. auch dann ist – im Gegensatz zum deutschen Sprachgebrauch – von c.p. die Rede, wenn das zu Beginn des Satzes im Nominativ stehende Wort in der Mitte des Satzes noch einmal im Nominativ aufgegriffen wird.) Somit wäre vielleicht noch ein kleiner Fingerzeig dafür gegeben, daß v. 18 (in einer der beiden Teilversionen) und v. 19b ursprünglich eine Einheit in aramäischer Sprache darstellten. Natürlich ist das nur *eine* Möglichkeit unter vielen! – Weiterhin könnte man fragen, ob nicht auch ποιηση auf Matthäus zurückgeht, da er dieses Verb gerade am Ende der Bergpredigt so betont (Mt 7,17.18.19.21. 24.26). Dann hätte v. 19b ursprünglich gelautet:

ος εαν ουν ολον τον νομον διδαξη,
ουτος μεγας κληθησεται εν τη βασιλεια των ουρανων.

Wegen des ποιειν versteht *Grundmann*, Mt, 149f., καταλυειν in v. 19a nicht wie λυειν in v. 17 als »außer Geltung setzen«, sondern als »vorübergehende Suspendierung«.

Lassen wir die – m. E. nicht sehr wahrscheinliche – Hypothese aber einmal für einen Augenblick gelten, so ergibt sich ein Sachzusammenhang von απο του νομου μια κεραια und ολον τον νομον. Auf jeden Fall widersprechen sich die beiden Sätze nicht. v. 19a wäre dann als Pendant zu v. 19b vom Evangelisten konstruiert, wozu ihn das μεγας inspirierte. Dafür spräche, daß, falls Mt 5,19 in seiner Gesamtheit ursprünglich wäre, dem ελαχιστος eher ein μειζων (im Sinne von μεγιστος) entsprechen würde.[67] Ist aber v. 19a von v. 19b aus gebildet, so erklärt sich von dort der Widerspruch von v. 19a zu v. 18; denn dieser Vers ist bei der Formulierung von v. 19a unbeachtet geblieben. Für diese Theorie könnte man anführen, daß v. 19a nicht ganz mit v. 19b konform geht; Mt 5,19 ist nicht völlig symmetrisch gebildet. In v. 19a ist ελαχιστος auf των ελαχιστων ausgerichtet, ein entsprechendes Beziehungswort für μεγας fehlt jedoch in v. 19b. Zugegeben werden muß aber, daß die Schwäche dieser Hypothese wiederum das in der Luft hängende τουτων ist.[68] Oder ist vielleicht in v. 19b etwas ausgefallen, auf das sich dieses τουτων in 19a bezogen hatte? Etwa πασας τας εντολας του νομου anstelle des eben vermuteten ολον τον νομον?

Doch sei dem, wie es ist – das Verhältnis von Mt 5,18 zu Mt 5,19 wird vielleicht nie ganz einsichtig geklärt werden können. Fest steht auf jeden Fall: Wer auch immer Mt 5,19a zum erstenmal formuliert hat – sei es Matthäus, sei es Q oder sei es ein anderer –, hat dabei Mt 5,18 abgeschwächt, einerlei, in welcher Form er den zuletzt genannten Vers vorliegen hatte. Dann aber folgt mit Notwendigkeit, daß Mt 5,18 (und erst recht Lk 16,17!) mit der Behauptung der absoluten Geltung des Gesetzes – zumindest bis zum Weltende – älter ist als die in Mt 5,19a ausgesprochene Aufweichung. Innerhalb der Traditionsgeschichte von Mt 5,18f. haben sich uns zumindest zwei Schichten eröffnet.

Damit kommen wir z.T. einem Ergebnis *Schürmanns* nahe: »Wenn schon die Redequelle diese Logion« – er meint Mt 5,18f.; wir meinen nur Mt 5,18, höchstens Mt 5,18.19b – »... tradiert hat, wird damit das hohe Alter dieser Traditionsstücke bestätigt und die Annahme einer *späten* judaistischen

[67] Keineswegs muß ελαχιστος Elativ sein; *Klostermann*, Mt 41, erwägt dies lediglich als Möglichkeit, andererseits könne auch das μεγας darauf zurückgeführt werden, daß das Aramäische für den Superlativ keine besondere Form hat. Daß *Klostermann* sich zu dieser Alternative gezwungen sieht, ist die Konsequenz seiner Annahme, daß der ganze Vers 19 ursprünglich aramäisch formuliert war. Auch *Strecker*, 145 Anm. 6, versteht unter Berufung auf *Bauer*, WB, ελαχιστος elativisch.

[68] Außerdem könnte man einwenden, daß wohl v. 19a das Objekt τους ανθρωπους aufweist, nicht aber v. 19b, und somit das Verhältnis von v. 19a zu v. 19b dafür spräche, daß eine Konzeption in *einem* Zuge vorliege; in v. 19b sei dann das Objekt aus v. 19a sinngemäß zu ergänzen. Jedoch, warum sollte nicht derjenige, der v. 19a dem v. 19b vorgeschaltet hat, in diesem das vorhandene Objekt, weil dort selbstverständlich, gestrichen haben?

Bildung erneut unwahrscheinlich.«[69] Jedoch ist es möglich, wie im folgenden zu zeigen ist, eine noch ältere Schicht als Mt 5,18 aus dem synoptischen Material herauszuschälen. Damit wäre nicht nur Mt 5,19 bzw. 5,19a relativiert, sondern auch Mt 5,18 bzw. Lk 16,17. Ehe der für das Gesamtverständnis von Mt 5,17–19 wichtige Vers Mt 5,17 genauer untersucht wird, ist es nötig, unsere Aufmerksamkeit noch einmal auf Lk 16,16f. zu richten.

3. Lk 16,16f.

Sowohl bei der Behandlung von Mt 5,18 als auch von Mt 5,19 war es unumgänglich, Lk 16,16f. mit einzubeziehen. Um jedoch Mt 5,18 möglichst genau in den synoptischen Traditionsprozeß einordnen zu können, soll jetzt die genannte lukanische Stelle genauer untersucht werden.

Lk 16,16 entspricht Mt 11,12f.; Lk 16,17, wie bereits gesagt, Mt 5,18. Nun ist es opinio communis der Exegeten, daß Mt 11,12f. dem ursprünglichen Text des Stürmerspruches wesentlich näher kommt als Lk 16,16. Mit *Kümmel*[70] soll der ausführliche Nachweis bei *Johannes Weiß*[71], *Schrenk*[72] u.a. als im Entscheidenden überzeugend angesehen werden. Allerdings dürften die Reihenfolge von Gesetz und Propheten in Mt 11,13 und die Hinzufügung von επροφητευσαν die redigierende Hand des Matthäus verraten.[73] Außerdem ist es fraglich, ob Mt die rechte Reihenfolge der beiden Sätze bewahrt hat. Mit *Kümmel* kann man sagen: »Der ursprüngliche Spruch wird also etwa Lk 16,16a; Mt 11,12 (oder in umgekehrter Reihenfolge) entsprochen haben.«[74]

Die nächste Frage – sie ist bereits angeklungen – heißt dann: Sind die Verse Lk 16,16f. eine ursprüngliche Einheit, oder hat Lukas den ersten dieser beiden Verse aus der Johannesperikope Lk 7,18ff./Mt 11,2ff. (= Q) herausgenommen, oder handelt es sich um ein Einzellogion, das weder in der Johannesperikope noch im jetzigen Kontext beheimatet war? Eines allerdings dürfte sicher sein, einerlei, welche der drei Lösungen die richtige ist: Lk 16,16 geht auf Q zurück. Soweit ich sehe, bestreitet das niemand, es seien denn jene, die von vornherein die Zweiquellentheorie ablehnen.[75]

[69] *Schürmann*, Mt 5,19 = TrU, 135; Hervorhebung von mir. *Schürmann* sagt dies gegen die *Baur*-Schule.

[70] *Kümmel*, Verheißung, 114f.; ders., »Das Gesetz und die Propheten gehen bis Johannes« = Verborum Veritas, 89ff.; dort auch die neuere Literatur zum »Stürmerspruch«: 90 Anm. 7 – s. auch Literaturangaben im 5. Kap. dieser Arbeit

[71] *J. Weiß*, 194f. [72] *Schrenk*, ThW I, 611f.

[73] mit *G. Barth*, 58ff., gegen *J. Weiß*

[74] *Kümmel*, Verheißung, 115

[75] Eine Ausnahme macht *Bammel*, Lk 16,16–18 = HThR 51, 101–106: Lk 16,16–18 stammt aus Täuferkreisen, während die Parallelen in Mt auf Q zurückgehen.

Bereits *Johannes Weiß* begründete die Auffassung, der Stürmerspruch gehöre ursprünglich nicht in die Rede über den Täufer Mt 11/Lk 7: »Es ist kein Grund ersichtlich, warum Lk ihn dort weggenommen und an einem anderen Platz so ungeschickt untergebracht haben sollte. Dagegen entspricht es der Manier des Mt, Gleichartiges zu größeren Redecompositionen zusammenzufügen, während Lk die kleineren Stücke in ihrer Isolierung zu belassen pflegt.«[76] Wenn er dann daraus schließt, man habe mithin das Wort als »vereinzeltes Logion« zu betrachten[77], so meint er zweifellos ein vereinzeltes Logion im Gefüge von Q, wie diese Lukas vorgelegen hatte. Es ist also anzunehmen, daß *Weiß* – wie *Hirsch*, *Schürmann* u.a. – Lk 16,16–18 als Einheit in Q vermutet.

Nach *Kümmel* ist jedoch nicht nur bei Mt der Zusammenhang des Logions »deutlich redaktionell«; auch bei Lk sei dies »im Zusammenhang einer Reihe von Sprüchen über das Gesetz« der Fall.[78] Ähnlich urteilt *Conzelmann*.[79]

Fest steht somit, daß der Stürmerspruch nicht in der Q-Perikope vom Zeugnis Jesu über den Täufer beheimatet war. Kontrovers ist aber, ob sein ursprünglicher Q-Kontext in Lk 16 zu suchen ist. Wie sich zeigte, kann man sowohl dafür als auch dagegen Gründe anführen. Demnach brauchen wir noch weitere Kriterien, um zu einem einigermaßen gesicherten Ergebnis zu kommen. Nun hat allem Anschein nach Lukas im allgemeinen die Reihenfolge von Q besser bewahrt als Matthäus, vor allem in den beiden großen Blöcken Lk 6,20–7,35 und 9,57–13,34.[80] So könnte man von hier aus vermuten, daß auch Lk 16,16–18 einige Logien, bereits in Q zusamengestellt, zugrunde liegen. Dann wäre *Kümmel*s Argument, Lukas habe Sprüche mit dem Thema »Gesetz« zusammengefaßt, dahingehend zu modifizieren, daß zwar diese Zusammenfassung unter dem genannten systematischen Thema geschehen ist, aber nicht durch Lukas, sondern bereits in Q.

Allerdings haben wir bis jetzt immer noch keinen besonders festen Grund unter den Füßen. Immer noch befinden wir uns im Bereich der Vermutung. Vielleicht vermag uns aber jene redaktionsgeschichtliche Überlegung *Conzelmann*s zu weiterer Klarheit zu verhelfen, die bereits bei der Behandlung von Mt 5,18 erwähnt wurde: Lukas interpretiert durch Lk 16,17 den unmittelbar davorstehenden v.16: Bis Johannes gab es »nur« Gesetz und Propheten, von da an aber »auch« die Verkündigung der Gottesherrschaft. Somit bedeutet das Gesetz (neben den Propheten) die »Kontinuität« zwischen Israel und der frühen Zeit der Kirche.[81]

[76] *J. Weiß*, 192 [77] ib. 192 [78] *Kümmel*, Verheißung, 114

[79] *Conzelmann*, Mitte, 17; er betrachtet Lk 16,17 als Bestandteil von Q (ib. 148 Anm. 1). [80] *Kümmel*, Einl., 37

[81] *Conzelmann*, Mitte, 17; s. auch 148 Anm. 1: »Die ›gesetzliche‹ Bedeutung des νομος: Lc 16,17 (aus Q); Lc 10,26. Hier ist natürlich auch die Vorstellung von der

Es ist nun zu fragen, ob der von *Conzelmann* herausgestellte Sinnzusammenhang von Lk 16,16f. auch dann noch besteht, wenn Lk 16,16 seiner lukanisch-redaktionellen Elemente entkleidet wird. M.a.W., träfen *Conzelmanns* Überlegungen auch für die Logienquelle Q zu, wenn in ihr die Reihenfolge Lk 16,16a; Mt 11,12; Lk 16,17 gestanden hätte? Die evtl. Q-Vorlage hätte dann etwa so ausgesehen:

1. ο νομος και οι προφηται μεχρι Ιωαννου.
2. απο των ημερων Ιωαννου μεχρι (oder: εως) αρτι η βασιλεια του θεου βιαζεται, και βιασται αρπαζουσιν αυτην.[82]
3. ευκοπωτερον δε εστιν τον ουρανον και την γην παρελθειν η του νομου μιαν κεραιαν πεσειν.

In der Q-Vorlage des Matthäus dürfte der dritte Satz in einer εως-Form gestanden haben (s.o.).

Wendet man *Conzelmanns* Exegese von Lk 16,16f. auf den so rekonstruierten Q-Text an, so ergäbe sich: Bis Johannes galten nur Gesetz und Propheten. Von da an tritt zu deren Gültigkeit auch die gewaltsam bekämpfte Gottesherrschaft.[83] Zweifellos ist aber die bedrängte Gottesherrschaft nicht gerade eine passende Ergänzung zur Geltung von Gesetz und Propheten. Während es sich bei βιαζεται und αρπαζουσιν um ein Geschehen durch Menschen handelt, sind Gesetz und Propheten, zumindest im Verständnis

prinzipiellen Bindung der ersten Christenheit an das Gesetz zu erwähnen. Darin liegt aber schon das Weiterführende. Diese Bindung ist ja nach Lc keine zeitlos gültige; sie ist an eine bestimmte Phase der Kirchengeschichte gebunden.« Aus diesem Grunde wurde nicht gesagt »Kontinuität zwischen Altem und Neuem Bund«, sondern zunächst einmal nur »Kontinuität zwischen Israel und der frühen Zeit der Kirche«. Später werden entscheidende Inhalte des Gesetzes aufgehoben (Apg 10f.15; s. 4. Kap. dieser Untersuchung).

[82] *Jüngel*, 191, rekonstruiert:

ο μονος και οι προφηται μεχρι Ιωαννου.
απο τοτε η βασιλεια βιαζεται
και βιασται αρπαζουσιν αυτην.

[83] so u.a. *J. Weiß*, 195ff.; *Schrenk*, ThW I, 608ff.; *Kraeling*, 156; *Kümmel*, Verheißung, 115f.; *Käsemann*, hist. Jesus = EVuB I, 210; *Jüngel*, 191; *Fuchs*, Das Zeitverständnis Jesu = Aufs. II, 366; *Grässer*, 181; anders *Dinkler*, Petrusbekenntnis = Zeit und Geschichte, 143f.: Gewaltanwendung durch ungeduldige, fanatische Anhänger der Gottesherrschaft; die ältere dieser Auffassung zuneigende Lit. s. bei *Kümmel*, Verheißung, 115 Anm. 68; für das Verständnis von »das Gottesreich bricht sich mit Gewalt Bahn« neuerdings wieder, wenn auch nur zögernd, *Grundmann*, Mt, 309f.; die ältere Lit. bei *Kümmel*, Verheißung, 115 Anm. 67. Eine sozusagen kombinierte Interpretation bietet *O. Betz*, Sinai-Tradition in Qumran and in the N.T., RevQum 6,21, 103: »The verb βιαζεσθαι must again be understood as a medium form, not as a passive. The saying as a whole speaks of two opposite movements: The Kingdom of Heaven is breaking victoriously into the world, but violent men attack and plunder it.«; ders., Jesu heiliger Krieg = NovTest 2,126–128. M. E. ist mit *J. Weiß*, *Schrenk*, *Kümmel* u.a. an der Deutung des βιαζεσθαι als Passiv in malam partem festzuhalten.

des 1. Jhdts. n. Chr., Ausdruck eines nahezu statischen Gotteswillens. Beides ist im Grunde inkommensurabel. Somit ist kaum anzunehmen, daß bereits in Q – unter der Voraussetzung, daß schon dort die oben hypothetisch angenommene Reihenfolge zu finden gewesen wäre! – der von *Conzelmann* für Lk herausgearbeitete Sinnzusammenhang intendiert war. Wenn also jene Reihenfolge in Q tatsächlich bestanden haben sollte, so bleibt als einziger Erklärungsversuch der Stichwortanschluß. Dann ist aber mit *Kümmel* und *Conzelmann* eher zu vermuten, daß zwar alle hier zur Diskussion stehenden Verse aus Q stammen, aber – gegen *Schürmann* – dort nicht in einer geschlossenen Reihe, geschweige denn in einem bewußt intendierten Sachzusammenhang standen. Jedoch dürfte ein Kriterium, das hier eine eindeutige Antwort ermöglicht, bisher noch nicht gegeben sein.

Auf sicherem Fundament befinden wir uns aber mit der Annahme: Sowohl die eine Aussage »das Gesetz und die Propheten reichen bis[84] Johannes« (im Sinne von: sie reichen lediglich bis Johannes und nicht weiter!) als auch die andere »das Gesetz ist unaufhebbar« (zumindest bis zum Jüngsten Gericht) finden sich in Q. Also zwei sich widersprechende Aussagen in *einer* literarischen Quellenschicht – und zwar in der ältesten innerhalb der synoptischen Tradition! D.h. aber, mit *literarkritischen* Operationen ist es nicht möglich, an dieser Stelle weitere Aussagen zu machen. Die Literarkritik kann nicht erweisen, welche der beiden widersprüchlichen Auffassungen die ältere ist. Hier hilft nur ein solches methodisches Vorgehen weiter, das bei *inhaltlichen* Kriterien ansetzt. Wir werden im 5. Kapitel diese Stelle noch einmal bedenken müssen. Soviel sei jedoch schon proleptisch gesagt: Der Stürmerspruch dürfte mit großer Sicherheit, auch wenn sein ursprünglicher Wortlaut nicht mehr ganz auszumachen ist, auf den historischen Jesus zurückgehen. Somit dürfte die Behauptung vom Ende der Epoche des Gesetzes (und der Propheten) innerhalb der Materialien von Q älter sein als die von der immerwährenden Gültigkeit des Gesetzes.

Betrachten wir dazu noch Mt, so ergibt sich folgende Traditionsreihe:

1. der *Ausgangspunkt*: Mit Johannes endet die Epoche des Gesetzes und der Propheten.
2. die *Reaktion* dagegen: Das Gesetz hat ewige Geltung, auch seine geringsten Gebote verpflichten.
3. die *Abschwächung*: Wer eines der geringsten Gebote außer Kraft setzt, ist nicht mehr aus der Gottesherrschaft ausgeschlossen, sondern in ihr nur der Geringste. Diese Abschwächung bringt Lukas jedoch nicht.

Damit wird wohl der Gesamtprozeß nur in höchst vereinfachter Form skizziert sein. Doch ist das bisher behandelte synoptische Material für eine weitere Differenzierung unergiebig.

[84] wobei wieder offengelassen wird, ob »bis« in inklusivem oder im exklusivem Sinne gemeint ist

4. Mt 5,17

Wie aber steht es mit Mt 5,17? Ist dieser Vers im ganzen redaktionellen Ursprungs?[85] Oder hat er dem Matthäus vorgelegen, etwa zusammen mit 5,18?[86] Falls Mt 5,17 und 5,18 zwei verschiedenen Traditionen entstammen: kann man dann etwas über ihr zeitliches Verhältnis zueinander aussagen? Eines dürfte jedoch nach nahezu übereinstimmender Meinung der Exegeten[87] mit Sicherheit feststehen: Aus einem Vergleich von Mt 5,17 mit Mt 10,34 geht hervor, daß zumindest die *Form* von Mt 5,17 *redaktionell* ist. Die Parallele zu Mt 10,34 in Lk 12,51 – Lk dürfte die originale Form von Q bieten – erweist nämlich die Wendung μη νομισητε οτι ηλθον... ουκ ηλθον... αλλα als typisch für die Redaktion des Mt.[88]
Setzen wir einmal zunächst hypothetisch voraus, der Kern von Mt 5,17 habe dem Matthäus vorgelegen, so hätte er etwa lauten müssen: ου καταλυσω τον νομον η τους προφητας, αλλα πληρωσω.[89] Könnte jedoch ein solcher Satz in Q unmittelbar vor Mt 5,18 bzw. dessen Vorstufe gestanden haben? Wohl kaum! Zwischen beiden Versen verläuft eine *Naht*. Das gilt nicht nur für die Mt-Form, wie *G. Barth* meint[90], sondern auch für den Fall, daß der Satz in der soeben eruierten Form (oder ähnlich) je existiert haben sollte. Während nämlich in v. 18 das Gesetz als *statische*, unveränderliche Größe betrachtet wird[91], soll in v. 17 mit dem Gesetz etwas *geschehen*. Wie nämlich noch zu zeigen ist, besteht dieses »Geschehen« in einer Modifikation des Gesetzes.[92] Liegt aber jene Naht zwischen Mt 5,17 und Mt 5,18, so können beide Verse in ihrer Urform keine ursprüngliche Einheit gebildet haben. Damit ist jedoch nichts darüber ausgesagt, ob sie bereits in Q zusammengefaßt waren.
Dafür, daß der Vers Mt 5,17 *als ganzer* literarisches Gebilde des Matthäus ist, könnte man anführen, daß für ihn keine synoptische Parallele besteht.

85 *Strecker*, 144; *Grundmann*, Mt, 144

86 *Bultmann*, Trad., 146f.

87 u.a. *Trilling*, 171; *Hummel*, 66; *G. Barth*, 62; *Strecker*, 144; *Grundmann*, Mt, 143f.; anders *Bultmann*, Trad., 146

88 anders *Jeremias*, Theol. I, 87ff., der sogar aufgrund von Schab 116b Mt 5,17 für authentisch hält; s. jedoch *K. G. Kuhn*, Giljonim und sifre minim = Judentum, Urchristentum, Kirche, 54 Anm. 110

89 Nimmt man an, daß für Mt 5,17 (wie für Mt 10,34) die Form von Lk 12,51 zugrunde gelegen hat, so hätte der Text ursprünglich gelautet: δοκειτε οτι τον νομον η τους προφητας παρεγενομην καταλυσαι; ουχι, λεγω υμιν, αλλα πληρωσαι. Doch ist dies weniger wahrscheinlich.

90 *G. Barth*, 62

91 So spricht *Noth*, Gesetze, 112ff., mit recht vom Gesetz als einer »absoluten Größe«, wozu es sich in der nachexilischen Zeit entwickelte. s. auch *Würthwein*, RGG II,1515. Bedenken gegen die Sicht *Noth*s erhebt u.a. *Zimmerli*, Gesetz, 77f.

92 zu der Wendung »Gesetz *oder Propheten*« und somit zu einer weiteren Divergenz zwischen v. 17 und v. 18 s.u.

Somit sieht es zunächst auch so aus, als scheide mit großer Wahrscheinlicheit Q als literarische Quelle aus.[93] Außerdem gehört πληρουν zu den Lieblingsbegriffen des Evangelisten.[94]
Allerdings ist bei dieser Annahme verwunderlich, warum Matthäus bei der Formulierung dieses Verses nicht allein das Gesetz, sondern auch die *Propheten* bedacht hat. Bildet aber einerseits v. 17 in Verbindung mit v. 18–20 die programmatische Einleitung zu den Antithesen und beziehen sich diese andererseits lediglich auf Pentateuchstellen, so ist schwer einsichtig, warum ausgerechnet der Redaktor Matthäus in einem selbstformulierten Vers τον νομον durch η τους προφητας ergänzt haben sollte.[95] Hätte Matthäus den Vers ab ovo neu gebildet, so sollte man doch erwarten, daß er lediglich τον νομον geschrieben hätte.[96] Vor allem ist zu bedenken, daß »Erfüllung der Propheten« für Matthäus etwas anderes bedeutet als »Erfüllung des Gesetzes« in Mt 5. Erfüllung der Propheten bzw. Erfüllung einer Prophetenstelle (Reflexionszitate[97]!) bedeutet für den ersten Evangelisten: Was im Alten Testament gesagt wurde, ist nun in Christus Wirklichkeit geworden. Keinesfalls aber bedeutet sie Modifikation der Propheten![98]

[93] In Mk hätte man einen solchen Satz schon allein deshalb nicht erwartet, weil das ganze Mk-Ev kein einziges Mal den Begriff νομος bringt und außerdem die Gesamttendenz dieser Schrift in andere Richtung weist; s. 4. Kap. und 5. Kap., 4. Abschn. [94] zum Begriff πληρουν s. vor allem 5. Kap., 6. Abschn.

[95] So ist es bezeichnend, daß immer wieder versucht wurde, η τους προφητας als Glosse zu verstehen: *Merx*, 190; *M'Neile*, 58; auch *Dalman*, Jesus-Jeschua, 58, erklärt, es müsse »als wahrscheinlich gelten, daß die Propheten in V. 17 nur nachträglich eingeschaltet sind«; doch will er wohl mit dieser Wendung aussagen, daß dies auf das Konto des Evangelisten oder seiner Überlieferung geht. Daß der Evangelist als Redaktor η τους προφητας eingefügt hat, vermuten u.a. *Allen*, 46; *Schmid*, Mt, 87.

[96] Man mag einwenden, daß sowohl in v. 17 τον νομον η τους προφητας als auch in v. 18 του νομου ein und dasselbe bedeuten, nämlich das ganze Alte Testament. Dieses Argument trifft jedoch deshalb nicht zu, weil es in Mt 5,18 um das Gesetz im strengen Sinne des Wortes geht, so sehr auch sonst der Begriff ο μονος das ganze Alte Testament meinen kann (s. *Gutbrod*, ThW IV, 1047, 16ff.; 1051,31). Außerdem sind Gesetz und Propheten nicht durch και, sondern durch η verbunden (s. aber *Blass-Debr.*, § 445,1). Daß die Leseart Θφ u.a. für v. 18 απο του νομου και των προφητων textgeschichtlich sekundär ist, bedarf wohl keiner Begründung.

[97] s. 5. Kap. dieser Arbeit

[98] *Trilling*, 172ff., legt auf die Erwähnung der Propheten in Mt 5,17 großen Wert: Es geht bei der Gleichung »Gesetz und Propheten« = Thora = Gottes Wille um die normative Seite der Offenbarung. *Descamps*, Mt 5,17–48 = Stud. Evang. 1,161f., sieht in der Hinzufügung der Propheten die Überwindung des judenchristlichen Standpunktes: »... au lieu d'observer la Loi comme un Juif scrupuleux, Jésus ›réalise‹ la Loi comme on réalise une prophétie, c'est-à-dire qui'l considère la Loi comme une sort d'annonce, qui trouve dans la venue du Messie une ›réalisation‹ d'un autre ordre.« Unsere Überlegungen dürften aber zeigen – s. vor allem die zusammenfassenden Darlegungen im 5. Kap. –, daß das Gesetz im Sinne des Matthäus keinesfalls als »une sorte d'annonce« anzusehen ist.

Bedenkt man also, daß πληρωσαι τον νομον und πληρωσαι τους προφητας inhaltlich divergieren[99], so gewinnt das Argument, der Vers habe bereits dem Matthäus (ohne das bereits behandelte μη νομισητε οτι ηλθον) vorgelegen, an Gewicht. πληρωσαι soll hier zunächst mit *Kümmel*[100], *G. Barth*[101] und *Strecker*[102] als »aufrichten, zur Geltung bringen durch Lehre« verstanden werden.[103] Daß dies eine weitgehende »Modifikation« des Gesetzes besagt (*Strecker*[104]), wird sich bei der Behandlung der Antithesen zeigen.

Lag jedoch mit einiger Wahrscheinlichkeit Mt 5,17 in irgendeiner Urform dem Evangelisten schon vor und sollte dieser Vers Grundsätzliches zum Verständnis vor allem der Antithesen aussagen (wir wollen dies einmal ohne nähere Begründung vorwegnehmen), so ist zu folgern, daß Matthäus ihn an diese Stelle gesetzt und durch μη νομισητε... besonderes Gewicht gegeben hat. Dafür spricht auch die schon erwähnte Naht zwischen Mt 5,17 und Mt 5,18. Hat aber Matthäus den Vers 17 durch die Art der Formulierung betont, so dürfte im Rahmen der matthäischen Redaktion der Stellenwert von v. 17 höher anzuschlagen sein als der von v. 18, einerlei, ob v. 17 im ganzen oder nur teilweise redaktionelle Bildung ist. D.h., *Matthäus will v. 18 durch v. 17 interpretieren.*[105]

Wird man aber annehmen müssen, daß der Kern von Mt 5,17 älter ist als das Mt-Ev, so gilt andererseits, daß er jünger sein dürfte als Mt 11,12f./Lk 16,16. Denn diese Aussage tendiert auf das Ende der Epoche von Gesetz und Propheten; mit Johannes hört diese auf. Somit finden wir in Mt bzw. seinen Vorlagen mindestens drei Auffassungen über die Gültigkeit des Gesetzes bzw. des Gesetzes und der Propheten:

1. Gesetz und Propheten reichen *nur bis Johannes* (Lk 16,16) – bei Mt umgewandelt ...επροφητευσαν: Mit Johannes hört die Verheißungsfunktion des Gesetzes und der Propheten auf (Mt 11,13).
2. Das Gesetz gilt in jeder Hinsicht *bis zum Jüngsten Tag* (Mt 5,18).
3. Das Gesetz wird *von Jesus erfüllt*, d.h. *durch Lehre* aufgerichtet, durch Lehre zur Geltung gebracht (Mt 5,17).

Traditionsgeschichtlich klar ist das Verhältnis von der ersten zur zweiten und von der ersten zur dritten Auffassung; denn die erste Auffassung dürfte die älteste sein. Schwieriger ist es jedoch mit dem Verhältnis der

[99] s. neuestens *Bornkamm*, Wandlungen im a.- und ntl. Gesetzesverständnis = Aufs. IV, 75f.

[100] *Kümmel*, Traditionsged. = Aufs., 34: »zur Vollendung bringen durch Lehre«

[101] *G. Barth*, 64f.: »Aufrichtung des Willens Gottes... durch Jesu Lehre«

[102] *Strecker*, 147: »verwirklichen... durch Lehre«

[103] Übereinstimmung besteht in der Deutung von καταλυσαι: außer Geltung setzen, außer Kraft setzen: *Klostermann*, Mt, 40; *Kümmel*, Traditionsged. = Aufs., 34 Anm. 86; *Büchsel*, ThW IV, 339,20; *Ljungmann*, 17; *Trilling*, 175; *Grundmann*, Mt, 145

[104] *Strecker*, 147

[105] So auch u.a. *G. Barth*, 62; *Trilling*, 170

zweiten zur dritten Auffassung, schwierig schon allein aus dem Grunde, da kaum zu entscheiden ist, ob Mt 5,17 in der oben als wahrscheinlich eruierten Urform auf Q oder auf S-Mt zurückgeht. Stammt sie aus Q, so würde das bedeuten, daß dort drei unterschiedliche Gesetzesauffassungen wiedergegeben wurden. Oder könnte sie in S-Mt gestanden haben, und zwar im Zusammenhang mit den vielleicht dort zu vermutenden ursprünglichen Antithesen, also jenen Antithesen, die keine Parallele in Q besitzen? Oder ist gar bei der Urform von Mt 5,17 in irgendeiner Weise paulinischer Einfluß gegeben (Röm 3,31!), zumal *W. D. Davies* Mt in der geistigen Nähe des Paulus ansiedelt?[106] Letzte Klarheit wird an diesem Punkte wohl kaum zu gewinnen sein. Im 5. Kap. wird Mt 5,17 noch einmal Gegenstand der Untersuchung sein.[107]

5. Mt 5,20

Daß δικαιοσυνη in Mt 5,20 vorkommt, zeigt deutlich, von welch großer Bedeutung dieser Vers für den Evangelisten ist. *Strecker* hat in einer literarkritischen Analyse nachgewiesen, daß sämtliche Belege dieses Begriffs durch den Evangelisten eingefügt sind, und zwar sowohl durch Interpolation in den vorgegebenen Zusammenhang als auch durch Neubildung ganzer Verse, zu denen er Mt 5,20 zählt.[108] Jedoch soll für uns die Frage, ob der Vers zu dieser zweiten Gruppe gehört, also ob er als ganzer redaktionellen Ursprungs ist, als noch nicht beantwortet gelten.

Über das, was Matthäus mit dem Begriff δικαιοσυνη aussagen will, besteht zwar in der Literatur keineswegs völlige Einigkeit. Doch können wir hier unbedenklich die Auffassung von *Schrenk*[109], *Strecker*[110] u. a.[111] übernehmen, nach der »Gerechtigkeit« in Mt als das *rechte Verhalten des Menschen* und die Rechtschaffenheit des Lebens vor Gott bzw. als die ethische Haltung der Jünger verstanden wird. *Stuhlmacher*s Angriff auf *Strecker*[112] ist schon deshalb für Mt 5,20 irrelevant, weil er dabei Mt 6,33 als Ausgangspunkt nimmt. Aber selbst, wenn dort δικαιοσυνη θεου »Gottes eigenes Rechtswalten«[113] meinen sollte, so kann dies nicht für Mt 5,20 (υμων η δικαιοσυνη) gelten.[114]

[106] *Davies*, Setting, 361ff.

[107] einschließlich einer evtl. semitischen Grundform von πληρωσαι

[108] *Strecker*, 150ff. [109] *Schrenk*, Art. δικαιοσυνη, ThW II, 200f.

[110] *Strecker*, 153ff.

[111] *G. Barth*, 130; *Trilling*, 184; *Conzelmann*, Theol., 165: »Das Wort δικαιοσυνη spielt bei Jesus keine Rolle. Bei Matthäus wird es zum Prinzip der Ethik (5,20; vgl. 6,33).«; *Grundmann*, Mt, 152; *McConnel*, 35

[112] *Stuhlmacher*, Gerechtigkeit Gottes, 188ff. [113] ib. 189

[114] *Stuhlmacher* fragt selbst im Anschluß an Mt 5,20; 5,10f.; c. 10 usw.: »Erlöst die Gemeinde also sich selbst? Matthäus läßt diese Frage offen.« (191)

Nun besagt das Vorkommen des redaktionellen δικαιοσυνη Mt 5,20 keinesfalls, daß der ganze Vers vom Evangelisten stammen muß; denn es zeigte sich, daß Matthäus diesen Begriff auch in vorhergegebene Zusammenhänge einfügte. Doch findet sich in v. 20 auch noch die für Matthäus typische Gleichordnung von Pharisäern und Schriftgelehrten.[115] Somit sind es schon zwei bzw. drei Begriffe, die den ganzen Vers als Bildung des Evangelisten vermuten lassen. Hinzu kommt, daß v. 20 – zusammen mit v. 17 – die Überschrift zu den redaktionell zusammengestellten Antithesen abgibt: Jesus erfüllt das Gesetz, indem er die Antithesen lehrt. Wer sich aber danach richtet, dessen Gerechtigkeit ist größer als die der Pharisäer und Schriftgelehrten.[116] Der Unterschied zwischen den beiden Versen 17 und 20 besteht darin, daß im ersten Jesus als Handelnder, im zweiten dagegen die Jünger als Handeln-Sollende erscheinen.[117]
So sehen dann z.B. *Bultmann*[118], *Strecker*[119] und *Grundmann*[120] in Mt 5,20 einen ganz vom Redaktor Matthäus gebildeten Vers. Doch wird auch die gegenteilige Meinung vertreten.
Nach *Schürmann* klingt in Mt 5,20 (wie auch in Mt 6,1 und Mt 23,27f. diff Lk) »unverkennbar« Lk 16,15 an: Lk: Φαρισαιοι...δικαιουντες – Mt: η δικαιοσυνη... των Φαρισαιων.[121] Da diese inhaltlichen und formalen Anklänge zwischen beiden Logien in unmittelbarem Kontext von Mt 5,18 = Lk 16,17 ständen, schließt er für den Kern von Mt 5,20 auf eine Q-Vorlage. Doch dürfte sich *Schürmann* auch hier wieder mit einer zu schmalen Basis gemeinsamer Worte zufriedengeben, wie es bereits im Falle Mt 5,19 deutlich wurde. Von daher vermag seine Beweisführung nicht zu überzeugen.
Einen anderen Einwand gegen eine Bildung von v. 20 durch den Evangelisten erhebt *Wrege*. Er sieht in dem schwerfälligen περισσευειν πλειον im Zusammenhang mit der »Gerechtigkeit« eine semitische Sprachfigur aus der Gerichtssprache zugrunde liegen; es handle sich um eine צדק מן-Kon-

[115] *Hummel*, 14: Die Redeweise »die Schriftgelehrten und die Pharisäer« ist Matthäus eigentümlich; ib. 15: »Matthäus kennt nur noch pharisäische Schriftgelehrte.«; *Walker*, 11ff.
[116] v. 48 wird diesen Gedankengang abschließen: Ein solcher ist »vollkommen«.
[117] cf. *McConnell*, 35: »Verse 20 is concerned with a somewhat different theme than v. 17–19, for in this verse the calling of the disciples is predominant... The subject directly concerned here (sc. v. 20) is not Jesus' attitude toward the Old Testament as in 5,17, but the contrast between the piety of the Pharisees and that of the disciples.« *Bultmann*, Trad., 147, rechnet v. 20, den er als vom Evangelisten gebildete Überschrift und Einleitung zu v. 21–48 versteht, nicht zu dem Komplex v. 17–19. *Trilling*, 183, will in v. 20 das »neue Thema« der Gerechtigkeit der Jünger erkennen; auch durch den Wechsel der Anrede erweise sich der Spruch als selbständig. – Dennoch wird man daran festhalten können, im Sinne des Evangelisten in v. 17–20 eine Einheit zu sehen, nämlich die das Programm zu den Antithesen formulierende Einheit.
[118] s. Anm. 117 [119] *Strecker*, 151f. [120] *Grundmann*, Mt, 151
[121] *Schürmann*, Mt 5,19 = TrU, 130

struktion. Diese sprachliche Ableitung bedeute aber, daß der Vers nicht, wie häufig angenommen, programmatische Bildung des Evangelisten sein könne; er sei bereits in der aramäisch sprechenden Gemeinde überliefert worden, in der er *exklusiv*, nicht aber, wie von Matthäus, komparativ verstanden wurde.[122]

Doch auch *Wreges* philologische Argumentation überzeugt nicht. Denn er hat höchstens nachgewiesen, daß es sich um eine מן צדק-Konstruktion handeln *kann*, nicht aber, daß es sich um eine solche handeln muß. Er selbst zitiert *Blass-Debrunner* § 246.[123] Dort allerdings ist gesagt, daß die Häufung der Komparative, wie in Mt 5,20, selbst im klassischen Griechisch belegt sei! Außerdem ist denkbar, daß dem Matthäus rabbinische Formulierungen mit dieser Konstruktion bekannt waren, so daß er auch von daher eine derartige Wendung übernommen haben konnte.[124] *Wrege* vermag also nicht nachzuweisen, daß, falls überhaupt eine semitische Sprachfigur zugrunde lag, diese dem Matthäus als Traditionselement seiner Gemeinde vorgelegen hatte.

Mag man auch keine letzte Sicherheit gewinnen, so dürfte doch in Mt 5,20 eher eine redaktionelle Neubildung als eine Umformung eines bereits tradierten Logions zu vermuten sein.

Wie aber ist περισσευειν πλειον zu verstehen? Nach *Wrege* ist für eine מן צדק-Konstruktion komparativischer Sinn ausgeschlossen.[125] Dann hat das Logion, während es in der aramäisch sprechenden Gemeinde überliefert wurde[126], aussagen wollen: Die größere Gerechtigkeit der Jünger setzt beim Jüngsten Gericht die Pharisäer und Schriftgelehrten ins Unrecht. Diese also werden nicht in die Basileia eingehen. Doch nimmt *Wrege* an, daß v.20 von Matthäus selbst nicht mehr exklusiv, sondern komparativ verstanden wurde.[127] Demgegenüber versteht *Strecker* diesen Vers, der für ihn nach Stellung und Inhalt redaktionellen Ursprungs ist[128], im exklusiven Sinn: Gemäß dem rigorosen Standpunkt des Matthäus werden diejenigen von der Verheißung ausgeschlossen, die die Gerechtigkeit nicht »in reiche-

[122] *Wrege*, 43f. [123] ib. 43 Anm. 2

[124] *Davies*, Setting, 291, sieht Mt 5,20 als Bildung des Evangelisten im Gegenüber zu Jamnia.

[125] *Wrege*, 43 u. 43 Anm. 3: »Aus dem synoptischen Bereich sei hier Mt 12,41f/Lk 11,32.31 mit dem κατακρινειν genannt: im Endgericht wird die eine Partei die andere ins Unrecht setzen.« Er verweist u.a. auf die Dissertation von K. Koch: Sdq im Alten Testament, 78: »Im Unterschied zum modernen Gerechtigkeitsbegriff ist Subjekt von sdq im rechtlichen Sprachgebrauch nicht der Richter, sondern der unschuldige Teil im Rechtsverfahren.«

[126] *Wrege*, 44 [127] ib. 44

[128] *Strecker*, 151f.; ib. 152 Anm. 1: Auseinandersetzung mit *Dupont*, Beatitudes, 131–133, der v. 20 als Einleitung in einer vormatthäischen Quelle für die dort schon vorgegebenen Antithesen versteht.

rem Maße« üben.[129] Damit sind aber auch die Pharisäer und Schriftgelehrten von der Basileia ausgeschlossen.[130] Dafür spricht auch die übrige Polemik des Matthäus gegen diese Gruppe, z.B. Mt 12,38–40; 15,12–14; 23,33.

Dann aber besagt v.17 im Lichte von v.20: Nur wer die von Jesus durch dessen Lehre (Antithesen!) erfüllte Gerechtigkeit verwirklicht, kann im Endgericht bestehen.[131]

Es ist jedoch noch zu fragen, ob nicht durch die redaktionell eingefügte und so stark akzentuierte δικαιοσυνη – also einen typisch jüdisch-rabbinischen Begriff! – eine Rejudaisierung stattgefunden hat. Wie Matthäus versteht nämlich die Synagoge unter diesem Terminus das menschliche Tun.[132]

Doch differieren beide in seiner Wertung. Das für die Tannaiten so bezeichnende quantitative Denken (Überwiegen der Verdienste oder Übertretungen![133]) ist von Matthäus schon allein durch das eben herausgestellte exklusive Verständnis in Mt 5,20 überwunden.[134] Ist es einerseits möglich, daß die Diskussionen der Rabbinen, wer ein צדיק sei, bei der Formulierung dieses Verses mit Pate gestanden hat, so ist doch andererseits – trotz eventueller Übernahme eines rabbinischen Begriffs – rabbinisches Denken in der Wurzel getroffen.[135] Von »Rejudaisierung« kann also in Mt 5,20 nicht die Rede sein.

129 ib. 151

130 Nach *Strecker* sagt also Matthäus das aus, was nach *Wrege* Auffassung der aramäisch sprechenden Gemeinde war!

131 s. auch den Schluß der Bergpredigt mit der betonten Herausstellung des Gerichts, vor allem Mt 7,19–23!

132 *Schrenk*, Art. δικαιοσυνη, ThW II, 198, 26ff.; *Bill.* I, 251f.; *Becker*, 19ff.; *Mach*, passim

133 Selbst *Herford*, der sich bemüht, die pharisäische »Doktrin von ›Verdienst‹« (145) zu verteidigen, gibt zu, daß das Wort זכות im Alten Testament nicht vorkommt und daß sich die Vorstellung vom Verdienst dort vielleicht überhaupt nicht findet. Sie setzte »den Pharisäer der Gefahr der Selbstgerechtigkeit aus« (154). – *Moore* II, 89ff., übergeht in der Verteidigung des derzeitigen jüdischen »doctrine of retribution« das quantitative Moment. Andererseits dürften seine Darlegungen über die Gottesliebe als Motiv ethischen Verhaltens (95ff.) eine Korrektur eines zu einseitig vom rechnerischen Verdienstgedanken gezeichneten bzw. verzeichneten Judentums bieten.

134 Im 2. Kap. wird dieses Thema bei der Behandlung des Begriffs μισϑος noch einmal aufgegriffen werden.

135 Keineswegs kann alttestamentlicher Einfluß als unmöglich angesehen werden; s. *Gesenius*, 675: צדקה kann heißen: »das rechte Verhalten des Menschen überhaupt« oder »das Verhalten der Menschen, das von Gott als richtig und ihm wohlgefällig anerkannt wird.« – *Davies*, Setting, 307f., geht für δικαιοσυνη von Mt 6,1ff. aus, wo er wieder eine Anspielung auf Jamnia erkennen will.

6. Zusammenfassung

Innerhalb des Abschnitts Mt 5,17–20 stellte sich v. 18 als ältestes Traditionselement heraus, ein typisch jüdisches Logion, das nur durch seinen Kontext »christlich« geworden ist und sich somit als judenchristlich erweist. Doch zeigt der Kontext der Q-Parallele Lk 16,17, nämlich Lk 16,16, daß die Auffassung vom Ende des Gesetzes noch älter ist.

Mt 5,19, zumindest aber v. 19a, ist jünger als v. 18, da der streng nomistische Standpunkt etwas abgeschwächt wird.

Mt 5,17.20 geben die eigentliche Meinung des Redaktors wieder, selbst wenn v. 17 Traditionselemente enthalten sollte. Die nun folgende Untersuchung einiger Antithesen wird vor allem zeigen müssen, was der Redaktor Matthäus unter »Erfüllung des Gesetzes« versteht.

ZWEITES KAPITEL

Die Antithesen als Konkretisierung

1. Vorbemerkungen zu den Antithesen

Nach der nahezu einstimmigen Ansicht der Neutestamentler sind diejenigen der sechs Antithesen, die in Q eine nichtantithetische Parallele besitzen, mit größter Wahrscheinlichkeit ursprünglich nichtantithetisch formuliert worden. In solch nichtantithetischer Form und in ihrer Substanz gingen sie mit Sicherheit, soweit überhaupt ein historisches Urteil im Blick auf Authentizität gesprochen werden kann, auf den historischen Jesus zurück (Ehescheidung, Wiedervergeltung, Feindesliebe: Mt 5,31f., 38ff., 43ff.). Anders stehe es jedoch mit jenen Antithesen, deren antithetische Struktur literarisch primär ist (Töten, Ehebruch, Schwören: Mt 5, 21f., 27f., 33f.). Nach *Bultmann* sind diese drei Antithesen nie als isolierte Worte, d.h. nie als nichtantithetische Einzellogien umgelaufen, da sie nur in Beziehung zur jeweiligen These verständlich seinen.[1] *Kümmel*, der sich in diesem Punkte *Bultmann* anschließt, vermutet, daß diese Antithesen in ihrer antithetischen Form auf Jesus selbst zurückgehen.[2] Er weist ausdrücklich auf die sachliche Verschiedenheit beider Gruppen von Antithesen hin: »... in den Matthäus-Texten *überbietet* Jesus ein Wort der Tora, in den Texten aus Q *beseitigt* er ein Wort der Tora bzw. der Tradition.«[3] Aber gerade die Erkenntnis dieser Unterschiedlichkeit veranlaßt *Braun*, was die Frage der Authentizität angeht, zur entgegengesetzten Folgerung: Gegen *Kümmel* und insbesondere gegen *Käsemann*[4] erklärt er: »... gerade in *den* Antithesen, welche die einzelnen Toragebote aufheben ..., ist das εγω δε λεγω υμιν sekundäre Arbeit des Mt, wie ein Blick in Q lehrt; wo es literarisch primär ist ..., da bringen jedenfalls die beiden ersten Punkte keine vom Spätjudentum sich abhebende Verschärfung..., so daß die Ableitung dieser beiden Antithesen vom irdischen Jesus fraglich bleiben muß; und das Schwurgebot geht mit der Sekte konform ...«[5] *Braun* folgert aus diesem Tatbestand die sog. »Ungrundsätzlichkeit« der Thoraverschärfung und Thorakritik durch Jesus.[6] Wiederum anders urteilt *Stauffer*. Zwar hält auch er wie *Braun* die

[1] *Bultmann*, Trad., 143f., vorher schon *Albertz*, 146f.

[2] *Kümmel*, Traditionsged. = Aufs., 31

[3] ib. 31 Anm. 75; Hervorhebungen von mir; ähnlich *L. Goppelt*, Das Problem der Bergpredigt = Aufs., 28f., um nur einen von vielen zu nennen.

[4] *Käsemann*, hist. Jesus = EVuB 1,206

[5] *Braun*, Radikalismus II, 5 Anm. 2

[6] ib. 9 (=Anm. 2 von S. 7): »Eine Grundsätzlichkeit der Toraverschärfung und Torapolemik liegt in dem εγω δε λεγω υμιν des Mt... Aber wo die Antithesen eine wirkliche Verschärfung gegenüber dem offiziellen Judentum bringen..., da

erste, zweite und vierte Antithese (und darüber hinaus die dritte und fünfte!) für nicht jesuanisch[7]; jedoch sieht er in Jesus einen grundsätzlichen Antinomisten. Die Form der Antithesen führt er in allen sechs Fällen auf den Matthäuskreis zurück, der gerade hier seine Grundkonzeption, mit einer neuen Extramoral auf dem Boden der Thora pharisäischer zu sein als die Pharisäer, zum Ausdruck bringe.[8]

Diese so entgegengesetzten Folgerungen aus dem gemeinsam anerkannten Tatbestand der Unterschiedlichkeit der beiden Antithesengruppen (*Bultmann*, *Kümmel*, *Braun*) zeigen, daß ein Urteil in dieser Frage nur im Blick auf die jeweils einzelne Antithese möglich ist. Als symptomatische Beispiele sollen die zweite, dritte, fünfte und sechste Antithese untersucht werden[9]; dabei wird sich herausstellen, daß sowohl die zweite und dritte als auch die fünfte und sechste in einem je inneren Zusammenhang zueinander stehen. Wir beginnen mit der dritten Antithese (Ehescheidung), die wegen ihrer Q-Parallele und einer Entsprechung in Mk den besten Einblick in den traditionsgeschichtlichen Prozeß bietet. Von da aus soll das Fundament geschaffen werden, die zweite Antithese (Ehebruch) zu beurteilen, eine Antithese, deren antithetische Form wohl literarisch primär ist. Es handelt sich um ein Wort Jesu, dem sowohl *Braun* wie *Stauffer* die Authentizität absprechen; beide erklären, es passe eher in das Spätjudentum als in die Predigt Jesu; *Braun*, weil es nicht radikal genug, *Stauffer*, weil es im rigoristischen Sinn zu radikal sei. Auch an der fünften und sechsten Antithese lassen sich der Prozeß der synoptischen Überlieferung und vor allem die Redaktionsarbeit des Matthäus bestens ablesen, da der Paralleltext der lukanischen Feldrede weitgehend Q entsprechen dürfte. Entscheidend wird vor allem sein, wie in den zu untersuchenden Antithesen jeweils das mosaische Gesetz verstanden ist, um von da aus zu erkennen, was »Erfüllung des Gesetzes« (Mt 5,17) meint.

ist, wie Q zeigt, die antithetische Form Arbeit des Mt...; und wo die Q-Kontrolle für das εγω δε λεγω υμιν versagt, da liegt dem Spätjudentum gegenüber gar keine inhaltliche Verschärfung vor... Kurz: wo die Intensivierung der Forderung ein echtes Jesuswort signalisiert, gerade da ist εγω δε λεγω υμιν Arbeit des Mt; wo εγω δε λεγω υμιν primär ist, leitet es keine Toraverschärfung ein.«

7 *Stauffer*, Botschaft, 39: »Echt jesuanisch ist wohl nur das Gebot der Feindesliebe, das aus der Logienquelle entnommen und in der sechsten Antithese verarbeitet ist.«

8 ib. 38f.

9 Damit soll nicht geleugnet werden, daß auch die Untersuchung der ersten und vierten Antithesen zu wertvollen Ergebnissen für unsere Fragestellung führen könnte. Für die rabbinischen Parallelen zur ersten Antithese s. *Bill.* I, 254ff.; für die vierte Antithese und ihr Verhältnis zu Qumran s. die bei *Braun*, Qumran I, 16, genannte Literatur.

2. Die dritte Antithese (Ehescheidung) und die mit ihr verwandten synoptischen Texte

Die dritte Antithese Mt 5,31f. besitzt in doppelter Weise eine Parallele. Einmal findet sich eine solche in Lk 16,18, wodurch ein Fingerzeig auf Q gegeben ist. Gehen aber Mt 5,31f. und Lk 16,18 auf Q zurück, so dürfte, wie allgemein angenommen, die antithetische Form in Mt vom Evangelisten gebildet sein. Die zweite Parallele zu Mt 5,31f. ist als Dublette im Mt-Ev selbst gegeben: Mt 19,9. Diese Stelle ist ihrerseits wiederum Parallele zu Mk 10,11f.; dieser markinische Text war nämlich die literarische Vorlage zu Mt 19,9.[10]

Somit steht zunächst fest, daß das Wort von der Ehescheidung sowohl in Q als auch in Mk belegt ist; d.h., es findet sich in den beiden ältesten synoptischen Quellen. Da aber eine literarische Beziehung von Mk und Q sehr unwahrscheinlich ist[11], gehen beide Quellen auf eine noch ältere gemeinsame Tradition zurück. Dadurch dürfte die Gewißheit bestärkt werden, es in der Substanz mit einem echten Jesuswort zu tun zu haben. Da jedoch an allen vier Stellen dieses Logion anders überliefert ist und in wesentlichen Punkten differiert, stellt sich die Aufgabe zu untersuchen, welche dieser vier Formen die älteste ist.

In Q dürfte das Logion als isoliertes *Einzelwort* überliefert worden sein. Im Verlaufe unserer Untersuchung von Mt 5,18 und Lk 16,16–18 ergab sich, daß Lk 16,18 in keinem ursprünglichen Zusammenhang mit den beiden vorstehenden Versen steht. Und daß die antithetische Form Mt 5,31f. und somit der Einbau in den Zusammenhang der Antithesen auf matthäische Redaktion zurückzuführen ist, wurde bereits gesagt.

Auch Mk 10,11 bzw. 10,11f. wurde als *Einzelwort* durch die markinische Redaktion einem Streitgespräch angefügt, mag dies auch in Mt 19,9 nicht mehr ersichtlich sein.[12]

Beginnen wir mit einem *Vergleich der auf Q beruhenden Sätze!* Im Gegensatz zu Mk 10,11 bzw. Mt 19,9, wo in kasuistischem Gesetzesstil formuliert ist (ος αν απολυση...), beginnen *Lk 16,18* und *Mt 5,32* mit einer *Partizipial*konstruktion: πας ο απολυων την γυναικα αυτου. Nach *Albrecht Alt* handelt es sich um typisch *apodiktischen Stil.*[13] Mag auch in diesem Falle

[10] *Greeven*, Ehe, NTS 15, 376, spricht von »zwei voneinander unabhängigen Traditionen..., einem ungerahmten Maschal Jesu (B) und einem ausgeführten Streitgespräch mit den Pharisäern (A). Ungerahmt... erscheint B noch Mt 5,32 und Lk 16,18. Spätestens Markus hat jedoch B bereits mit A vereinigt (10,2–10)...«

[11] cf. *Kümmel*, Einl., 38

[12] Daß Mk 10,2ff. gegenüber Mt 19,2ff. primär ist, wird noch zu zeigen sein.

[13] *A. Alt*, Die Anfänge des israelitischen Rechts = Kl. Schr. 1, 278ff., vor allem 308ff.: Bezeichnung des Täters und somit des Rechtsfalls im Partizip ist typisch für den apodiktischen Stil. Als Beispiel führt *Alt* Ex 21,12 an: מכה איש ומת מות

Alts Unterscheidung nicht unumstritten sein[14], so ist doch für unsere Fragestellung der von *Gese* u.a. erhobene Vorwurf, der auf inhaltlichen Gründen beruht, unerheblich. Wenn *Fohrer* (s. letzte Anm.) von »kasuistischem Recht in apodiktischer Formulierung« spricht, dann ist es ja eben die »apodiktische *Formulierung*«, die unser Interesse weckt, nicht aber apodiktisches und kauistisches Recht als solches. Jedenfalls dürfte es methodisch erlaubt sein, ος αν απολυση als kasuistischen und πας ο απολυων als apodiktischen *Stil* zu bezeichnen. Mehr als eine stilistische Unterscheidung, die als Kriterium zur Sondierung verschiedener Überlieferungen dienen soll[15], ist hier nicht ins Auge gefaßt.[16]

יומת. LXX aber übersetzen mit kasuistischem εαν: εαν δε παταξη τις τινα, και αποθανη, θανατῳ θανατουσθω.

14 *H. Gese*, Beobachtungen zum Stil alttestamentlicher Rechtssätze, ThLZ 85, 147ff., bes. 148f.: »Die komplizierte syntaktische Struktur der Sätze der mot jumat-Reihe ist also nur als Mischform zu verstehen: kasuistische Rechtssätze werden in diesem besonderen Fall umgestaltet, indem sie poetischen bzw. liturgischen Formen angepaßt werden.« Nach *G. Fohrer*, Das sogenannte apoditisch formulierte Recht und der Dekalog, KuD 11,49ff., handelt es sich um »*kasuistisches Recht in apodiktischer Formulierung*« (72; Hervorhebung von mir). Auch er betrachtet die Mot-jumat-Reihe als formgeschichtlich späte und künstliche Bildung (72 Anm. 67); s. ferner *Gerstenberger*, 23ff.; *Koch*, 11 Anm. 10, 149: »Ob diese Einordnung zu Recht besteht, bleibe hier dahingestellt.« Zum apodiktischen Recht s. neuestens *S. Herrmann*, Das »apodiktische Recht«, MIOr 15, 249–261 (dort auch die wichtigste Literatur seit 1958: 249 Anm. 2): Apodiktisches Recht ist als »absolutes«, besser noch als »normatives« Recht zu verstehen. Von daher darf der Unterschied zum kasuistischen Recht nicht eingeebnet werden. »Was der Begriff ›apodiktisch‹ als solcher nicht enthält, ist der Hinweis, daß ein so formulierter Rechtssatz in Israel eine die Kasuistik zwar voraussetzende, sie aber zu überwinden trachtende Abstraktion darstellt.« (260) Sollte sich herausstellen, daß die älteste Form unseres hier zu behandelnden Logions in apodiktischem Stil formuliert ist, so könnte dies auch ein Fingerzeig dafür sein, daß Jesus alle Kasuistik überwinden wollte. Doch ist ein solches stilistisches Argument sicherlich nicht isoliert beweiskräftig.

15 Einen anderen Zweck verfolgt *Dupont*, Mariage, 53ff. Er will nämlich Sinn und Inhalt des Logions ermitteln, indem er dessen Stil analysiert; so sieht er im »style conditionnel« des Matthäus (Mt 19,9) und des Markus (Mk 10,11) etwas Charakteristisches für dieses Wort: »Ce style, très caractéristique, est celui de langage législatif, celui des lois dites ›casuelles‹, les mishpatîm de la Bible et de l'ancien droit oriental.« (53) »Parlant en législateur, Jésus adopte le langage du droit.« (54) Gegenüber der weithin verbreiteten Ansicht, Jesus vertrete keinen Legalismus (Zitate s. ib. 54 Anm. 1), erklärt er: »Il faut donner raison à la critique que H. *Windisch* fait du passage de *Bultmann*...: ›... Dem Wortlaut und dem Sinne nach geben sich vielmehr die hier in Antithese gefaßten Gebote als gesetzliche Vorschriften, die von höchster Autorität getragen, so wie sie lauten, Anerkennung und Gehorsam verlangen.‹ (Der Sinn der Bergpredigt..., 55s.)« (55 Anm. 1 v. S. 54) Jedoch schränkt er dann wieder ein: »Ajoutant que les premiers chrétiens ont certainement donné ce sens prescriptif aux sentences de Jésus.« (55 Anm. 1 v. S. 54)

16 Damit soll z.B. *Wrege* nicht das Recht bestritten werden, alle vier Logien als kasuistische Sätze zu bezeichnen (67 bzw. 67 Anm. 1). Unser Anliegen ist lediglich, eine verständliche Bezeichnung für unterschiedliche Stilformen zur Hand zu haben.

Beginnen also sowohl Lk 16,18 als auch Mt 5,32 in diesem Sinne mit der apodiktischen Partizipialkonstruktion, so differieren sie jedoch im Blick auf die Folge des απολυειν. Nach Lk begeht der απολυων dadurch Ehebruch, daß er eine andere heiratet (bzw. derjenige, der eine Geschiedene heiratet). Nach Mt ist jedoch nicht die Rede davon, daß der απολυων durch eine Wiederheirat Ehebruch begeht, sondern daß dieser die von ihm Entlassene zum Ehebruch treibt: ποιει αυτην μοιχευθηναι.[17] Dann aber stimmt Mt wieder mit Lk überein, wenn er den als Ehebrecher bezeichnet, der eine Entlassene heiratet. Typisch für Mt ist die Hinzufügung von παρεκτος λογου πορνειας.

Wrege behauptet, wegen dieser Verschiedenheiten könne den Fassungen Mt 5,32/Lk 16,18 eine gemeinsame, schriftliche Vorlage nicht zugrunde liegen.[18] Weil in Mt 19,9 im wesentlichen Mk 10,11 übernommen sei, müsse man an dieser Stelle die Redaktionsarbeit des Matthäus kontrollieren. Hier zeige sich, daß er am Ehebruch der Frau (durch eine neue Heirat) nicht interessiert sei. *Wrege* meint weiter, Lukas habe in Lk 16,18a nicht eine Vorlage wie Mt 5,32a umgearbeitet. Die Begründung lautet: Mk 10,11 bestätigt Lk 16,18a als vorliterarischen Bestandteil der Überlieferung.[19] Das aber leuchtet nicht ein. Zunächst einmal besteht die Möglichkeit, daß den beiden synoptischen Großevangelisten die literarische Vorlage Q in zwei verschiedenen Rezensionen vorlag.[20] Wahrscheinlicher dürfte aber folgende Erklärung sein: Die Wendung και γαμ(ων) ετεραν μοιχευει in Lk 16,18 hat Lukas aus seiner Mk-Vorlage entnommen und die dort vorfindliche Konjunktivkonstruktion (γαμηση, Mk 10,11) durch Umwandlung in eine Partizipialkonstruktion (γαμων) dem πας ο απολυων angeglichen, wie er auch in analoger Weise die Wendung ος εαν απολελυμενην γαμηση (s. Mt 5,32) in ο απολελυμενην απο ανδρος γαμων verändert haben mag.[21] Diese Vermutung verstärkt sich dadurch, daß er die Perikope Mk 10,1–12

[17] μοιχευω im Med. und Pass. bedeutet »Ehebruch treiben«, wenn es von der Frau ausgesagt wird; cf. *Hauck*, ThW IV, 737,11f. Deshalb ist z.B. *Bornhäuser*s Kritik an Luthers Übersetzung von Mt 5,32 (... der macht, daß *sie* die Ehe bricht) nicht gerechtfertigt: »Es muß heißen: der bewirkt (und ist darum verantwortlich dafür), daß ihre *Ehe gebrochen* wird, nämlich *durch den, der sie heiratet.*« (81; Hervorhebung von mir) Richtig u.a. *Grundmann*, Mt, 158: »bewirkt, daß sie zur Ehebrecherin wird«, *Baltensweiler*, Ehe, 68 : »macht, daß sie die Ehe bricht«, *Wrege*, 67: »Mt 5,32a ... redet ... vom Ehebruch der Frau, wenn sie sich nach der Entlassung vom 1. Mann wiederverheiratet«; *Greeven*, Ehe, NTS 15, 383: »veranlaßt ihren Ehebruch« = aram. Afel, etwa von gâr mit Pronominalendung. ib. 388 Anm. 1: »da gâr wie hebr. nâ'âf sowohl von der Frau wie vom Manne gebraucht wird, erübrigt sich eine passivische Konstruktion, die bei μοιχευω notwendig ist... sy^{c} und augenscheinlich auch sy^{s} haben ein partizipiales Prädikat: hûjû m^{e} ghîr lâh.«

[18] *Wrege*, 67 [19] ib. 67

[20] So vermuteten wir es bereits im Falle Mt 5,18/Lk 16,17; s.o.

[21] Ähnlich *Montefiore* II, 66

nicht in sein Evangelium aufgenommen hat und deshalb mit großer Wahrscheinlichkeit in *Lk 16,18* eine *Kombination von Q- und Mk-Vorlage* bietet. Dann ist aber auch damit zu rechnen, daß er in seiner Q-Vorlage die Wendung ποιει αυτην μοιχευθηναι las, diese jedoch gegen die Mk-Version austauschte, da ihm daran gelegen war zu zeigen, daß der, der seine Frau entlassen hatte und wiederum heiratete, als Ehebrecher anzusehen ist.[22]
Wenn *Wrege* abcr bchauptct, cinc Bccinflussung des Lukas in Lk 16,18 durch Mk 10,11f. sei unwahrscheinlich, weil beide Spruchhälften in Lk 16,18 sachlich und sprachlich einen geschlossenen Parallelismus bilden[23], so ist in den soeben angestellten Überlegungen darauf bereits die Antwort gegeben worden. Daß Lukas statt αλλην (so Mk) ετεραν schreibt, erklärt *Wrege* selbst als möglicherweise lukanische Diktion.[24] Somit erweist sich seine These, Mk 10,11 bestätige Lk 16,18a als vorliterarischen Bestandteil der Überlieferung und folglich habe den Fassungen Mt 5,32/Lk 16,18 keine gemeinsame schriftliche Vorlage zugrunde gelegen, als nicht ausreichend begründet. Im Gegenteil, es dürfte möglich sein, schwerwiegende Gegengründe ins Feld zu führen.
Bestehen aber unsere traditionsgeschichtlichen Annahmen zu Recht, so hat das ursprüngliche Q-Wort den Ehebruch des seine Frau Entlassenden darin erblickt, daß er sie einem anderen in die Arme treibt und somit *erst dadurch* am Ehebruch *seiner Frau* schuldig wird. Der Akt des Entlassens bzw. Ver-

[22] Anders *Baltensweiler*, Ehe, 60f.: »Die älteste und ursprünglichste Form des Logions scheint uns in Lk 16,18 überliefert zu sein... Die in Lk 16,18 vorliegende Formulierung entspricht deshalb genau der jüdischen Praxis. Das Neue gegenüber der jüdischen Anschauung ist aber die Qualifizierung der Ehescheidung als *Ehebruch.* Der Mann wird schuldig an der Ehe (!), indem er die Frau entläßt.« Jedoch, wird der Mann schuldig an der *Institution* der Ehe oder an der *Person* der Verstoßenen? Da es Jesus in seiner ganzen Predigt um den Menschen geht (wie sich im Laufe dieser Untersuchung immer wieder von neuem zeigen wird), da er nicht in Institutionen denkt, dürfte *Baltensweiler*s Argumentation nicht überzeugen. Auch nach *Schnackenburg*, Ehe, 11, ist Lk 16,18 »die älteste, wahrscheinlich ursprüngliche Form«. *Bultmann*, Trad., 140: »Aber auch Mt hat 5,32 im ersten Glied geändert; denn daß die Schuld des Mannes bei der Entlassung darin besteht, daß er die Frau dadurch zu einer zweiten Ehe veranlaßt, ist offenbar künstlich. Ursprünglich ist, daß der Mann als schuldig gilt, wenn er seine Frau entläßt, um eine andere zu heiraten.« *Bultmann* erklärt aber nicht, warum aus dem so ursprünglich erscheinenden Anlaß, eine andere zu heiraten (also ein leicht tradierbarer Satz!), jene »künstliche« Formulierung Mt 5,32 entstand. Der umgekehrte Vorgang ist eher denkbar (s.u.). *Delling*, Mk 10,11, NovTest 1, 268, vermutet ebenfalls in Lk 16,18 die ältere Fassung; Mt 5,32a sei eine, wenn auch richtige Folgerung aus v. 32b. Er gelangt zu dieser Auffassung, weil er in Mt 5,32 eine Spannung zu erkennen glaubt: »Er (sc. der seine Frau Entlassende) trägt also die Hauptverantwortung für den Ehebruch, den doch die Frau (durch die zweite Ehe!) begeht.« (267) Wie noch zu zeigen ist, besteht eine solche »Spannung« gerade nicht. cf. auch *Dupont*, Mariage, 73–75

[23] *Wrege*, 67 Anm. 6

[24] ib. 67 Anm. 6

stoßens wird selbst nicht als Ehebruch qualifiziert; ja, der Mann selbst wird Mt 5,32a gar nicht zum Ehebrecher.

Wrege und *Greeven* ist zuzustimmen, daß sich in Mt 5,32, wo also nur vom Ehebruch der Frau durch die Wiederverheiratung die Rede ist, deutlich die bevorzugte Stellung des Mannes im jüdisch-palästinensischen Eherecht spiegelt.[25] Die Auffassung, daß der *Ehemann*, der seine Frau verstoßen hat, *durch* eine eigene *Wiederheirat seine alte Ehe bricht*, ist *leicht als Weiterbildung von Mt 5,32 zu begreifen*. Somit ist die Mk-Version, die ja diese Vorstellung bringt und die Matthäus in Mt 19,9 übernimmt, eher als Fortbildung von Mt 5,32 zu verstehen als umgekehrt. Demgegenüber Mt 5,32 als Fortbildung von Mk 10,11 bzw. Mt 19,9 aufzufassen, leuchtet schwerlich ein (s. Bemerkung zu *Bultmann*, Anm. 22). Für uns mag Mk 10,11 im ersten Augenblick als näherliegendes Argument erscheinen als Mt 5,32, zumal damit die eigentliche Intention des Mannes offengelegt wird. Jedoch vermag Mt 5,32 auf dem Hintergrund der erwähnten bevorzugten Stellung des Mannes im jüdisch-palästinensischen Eherecht bereits als ungeheuer revolutionärer Satz begriffen werden: Jesus erklärt, welches Unrecht der Mann seiner Ehefrau durch die Verstoßung antut; er verführt sie zur Sünde, die somit die seine ist.[26]

So spricht viel dafür, in dem ποιει αυτην μοιχευθηναι die *älteste* uns zugängliche *Traditionsschicht* unseres Logions zu sehen.[27] Nun ist der Nachsatz

[25] ib. 67; *Greeven*, Ehe, NTS 15, 382: »Sie (sc. die Überlieferungsform von Mt 5,32) zeigt das Wort Jesu als einzige in der für eine jüdische Hörerschaft zu erwartenden Form: Da der Mann seine eigene Ehe nicht brechen kann, besteht seine Schuld in der neuen Verbindung seiner Frau mit einem anderen Manne, die er durch die verbotene Entlassung ermöglicht und deshalb zu verantworten hat.«

[26] Es wurde hier nicht mit dem *Gebot Gottes* operiert, das durch eine Verstoßung der Ehefrau verletzt wird. Wenn etwa *Delling*, Mk 10,11, NovTest 1, 273, formuliert: »Herr der Ehe ist allein Gott; und er will sie ungeschieden haben«, so ist das natürlich richtig. Aber es kommt dabei nicht zum Ausdruck, warum Gott die Ehe ungeschieden haben will. Gott will dies aber, weil er die Ehe *für den Menschen* gestiftet hat. Nicht nur kann es vom Dritten Gebot heißen: »Der Sabbat ist um des Menschen willen gemacht« (Mk 2,27; s. 3. Kap. unserer Arbeit), es könnte auch vom Sechsten Gebot gesagt werden: »Die Ehe ist um des Menschen willen gemacht.« Ein rein formales Operieren mit Gottes Gebot oder Gottes Willen verliert einen wesentlichen Aspekt aus den Augen. Auf gleicher Linie liegt das Argumentieren mit der objektiven Setzung der unlösbaren Ehe: Weil die Ehe als Institution von Gott gesetzt ist, vermag keine Scheidung sie zu lösen. Als Beispiel für diese Auffassung sei *Dupont*, Mariage, 74, zitiert: »Le mariage subsiste donc malgré le repudiation.« ib. 75 (von Mt 19,9): »Il ne s'agit plus de la légitimité du divorce, mais des effets ... Il n'admet pas que le divorce puisse dissoudre le mariage; les divorcés n'ayant pas retrouvé leur liberté, sont incapables de contracter un nouveau mariage légitime.« So ist es nicht verwunderlich, wenn er in Mt 5,32a nicht den ursprünglichen Wortlaut des Logions sehen will.

[27] Neuestens hat *Schaller*, Ehescheidung und Wiederheirat in der synoptischen Überlieferung = Der Ruf Jesu, 226–246, versucht, die Priorität von Mt 5,32a zu

και ος εαν απολελυμενην γαμηση, μοιχαται eine Konsequenz des zuvor Gesagten. Da dieser im kasuistischen Rechtsstil formulierte Satz sich stilistisch schlecht an den apodiktischen Vorsatz anschließt, ist zu vermuten, daß er – sicherlich schon in Q – angehängt wurde.[28] Da auch die Wendung παρεκτος λογου πορνειας auf matthäische Redaktion zurückgehen dürfte, hat der Satz in griechischer Übersetzung ursprünglich etwa gelautet: πας ο απολυων την γυναικα αυτου ποιει αυτην μοιχευθηναι.

Jeder also, der seine Ehefrau entläßt und sie somit für eine neue Ehe freigibt, versündigt sich an ihr. Im ursprünglichen Text ist wahrscheinlich von keiner Ausnahme die Rede. Will diese apodiktische Form also aussagen, daß in keinem Fall dem Mann eine erneute Heirat offensteht?[29] Der jetzige Mt-Text macht bekanntlich die Ausnahme[30] παρεκτος λογου πορνειας.[31]

bestreiten. Es sei »erheblich leichter einsichtig zu machen, daß die Fassung in Mt 5,32a von Mk 10,11/Lk 16,18a herkommt« (234). Für eine judenchristliche Gemeinde mußte Mk 10,11/Lk 16,18a anstößig wirken, da man dort schwerlich den Ehemann beschuldigen konnte, seine eigene Ehe gebrochen zu haben. Also sei es hier geradezu »angebracht (gewesen), die Spruchfassung in Mk 10,11/Lk 16,18a umzuformen« (234). Somit sieht *Sch.* in Mt 5,32a einen Einbruch rabbinischen Denkens in die Jesusüberlieferung. – Es dürfte aber im Verlaufe unserer Darlegungen gezeigt worden sein, daß auch Mt 5,32a für jüdische Ohren – trotz aller Verständlichkeit – anstößig und revolutionär genug gewesen ist. Folglich ist nicht einzusehen, inwiefern eine nur partielle Entschärfung für den vom rabbinischen Rechtsdenken herkommenden Judenchristen die Anstößigkeit des Logions beseitigen konnte. Warum jüdische Vorstellungen in einem Jesuswort das Indiz gegen eine Authentizität und für einen Prozeß später Rejudaisierung sein müssen, leuchtet mir dann nicht ein, wenn es möglich ist, diese Vorstellungen als Ausdruck der Verkündigung des historischen Jesus zu verstehen.

[28] anders *Greeven*, Ehe, NTS 15, 383: »Entfernt man die Unzuchts-Klausel, so ergibt sich ein zweigliedriges Maschal mit analogem parallelismus membrorum von großer Formstrenge. Unter Andeutung der im Aramäischen zu einem Wort verschmelzenden Satzteile lautet er etwa so:
Jeder-Entlassende   seine-Frau   veranlaßt-ihren-Ehebruch,
und-der-Heiratende   eine-Geschiedene   begeht-Ehebruch.«
Greevens Ansicht besteht dann zu Recht, wenn bei der Übertragung des aramäischen Urtextes ins Griechische der erste Teil des Maschal partizipial, jedoch der zweite Teil *gleichzeitig* mit einem konjunktivischen Relativsatz übersetzt wurde. Diese Schwierigkeit übergeht er jedoch. Da sie aber nicht unüberwindlich ist, dürfte *Greevens* Hypothese auf jeden Fall erwägenswert sein.

[29] Erneute Heirat meint hier den Fall, daß um ihretwegen zuvor eine Verstoßung stattgefunden hat. Da Polygamie legitim war (*Moore* II, 122), wäre es natürlich möglich gewesen, eine zweite Frau hinzuzuheiraten. Doch dürfte die Vielehe nicht sehr verbreitet gewesen sein; ib. 122: »The Gospels and the whole Tannaite literature evidently suppose a practically monogamous society. The great mass of the people, indeed, lived in circumstances which precluded polygamy.«

[30] Auf keinen Fall ist die Klausel inklusiv zu verstehen (s. die bei *Baltensweiler*, Ehe, 90 Anm. 31, angegebene, meist katholische Literatur). Doch auch *Ljungmann*, 81f., vertritt diese Interpretation. Mit Recht *Delling*, Mk 10,11, NovTest 1, 269: »Aber ›nicht‹ und ›auch nicht‹, ›nicht einmal‹ (Mt 19,9) ist im Griechischen ebenso gut unterscheidbar wie im Deutschen.«

[31] πορνεια wird hier mit *Klostermann*, Mt, 46, und *Hauck/Schulz*, Art. πορνη, ThW VI, 591, 33f., als »außerehelicher Geschlechtsumgang der Frau« verstanden. Dafür spricht, daß im AT זנה = LXX πορνευω u. εκπορνευω sowohl »sich mit einem anderen einlassen«, »untreu sein«, als auch »Unzucht treiben« heißt (ib. 584,8ff.). Im spätjüdisch-rabbinischen Sprachgebrauch wird neben dem Verstoß gegen Lev 18,6–18 jeder außereheliche Geschlechtsverkehr als זנות bezeichnet (ib. 589, 5f.). Daß πορνεια und μοιχεια inhaltlich koinzidieren können, zeigt auch Sir 23,23: εν πορνειᾳ εμοιχευθη (s. ib. 591, 34f.). Nach *Bauer*, WB, 1375, ist πορνεια Unzucht, Hurerei von jeder Art illegitimen Geschlechtsverkehrs. Wenn nun darauf verwiesen wird, daß Mt 5,32; 19,9 πορνεια und nicht μοιχεια steht (so z.B. *Fridrichsen*, Excepta fornicationis causa, Sv. Exeg. Arsb. 9,54–58), so ist zu fragen, wie sich denn eine *verheiratete* Frau der πορνεια schuldig macht, die nicht gleichzeitig μοιχεια ist! Denn *Bornhäusers* Verständnis von πορνεια als »geschlechtliche Zügellosigkeit ... in der Ehe« überzeugt nicht: »...wenn das Eheleben durch wilde, vielleicht perverse Sinnlichkeit beschmutzt wird, dann darf die eheliche Gemeinschaft durch einen Scheidebrief aufgehoben werden.« (82) Es ist Willkür, wenn *Bornhäuser* den Gedanken von Tob 8,7 in die Klausel einträgt.
Ein anderer Lösungsversuch ist das weithin von katholischen Exegeten praktizierte Verständnis von πορνεια als inzestuöser Ehe. Doch haben sich auch evangelische Exegeten dieser Auffassung angeschlossen: *Bonsirven* (kath.); *Baltensweiler* (ev.), Ehebruchsklauseln, ThZ 15, 340–356; ders., Ehe, 87–102; *Bauer* (kath.), Ehescheidungsklausel, BibLit 38, 101–106; *Alberti* (kath.); ältere Literatur s. bei *Dupont*, Mariage, 93 Anm. 1.
Von den Genannten ist vor allem *Baltensweiler* hervorzuheben, der sich bemühte, hinter Mt 5,32; 19,9 die Bestimmungen von Lev 18 zu sehen. Mit *Waitz*, Das Problem des sog. Aposteldekrets, ZKG 55, 227ff., will er in den Forderungen Apg 15,20.29; 21,25 Bestimmungen von Lev 17f. wiederfinden, von denen die letzte eben πορνεια sei. (Auch *Haenchen*, Apg, 411, und *Conzelmann*, Apg, 85, schließen sich *Waitz* an.) Doch steht Lev 18,6ff. niemals πορνεια, sondern immer ασχημοσυνη! Allerdings sei zugestanden, daß im spätjüdisch-rabbinischen Sprachgebrauch Verstöße gegen Lev 18 als זנות bezeichnet werden und insofern unser terminologischer Einwand nur mit Einschränkungen gelten kann. Hinzu kommt allerdings, daß sich die Wendungen των αλισγηματων των ειδωλων (Apg 15,20) bzw. ειλωλοθυτων (v. 29) auf heidnische Götzenopfer beziehen, in Lev 17,8f. es aber um die Bestimmung geht, das Brand- oder Mahlopfer zum Eingang des Begegnungszeltes zu bringen, wobei dieses Zelt für den zentralen Opferbetrieb am Jerusalemer Tempel steht (*Elliger*, Lev, 226; anders *Reventlow*, 40: אהל מועד = Bestandteil des ältesten Jahwekultes der Wüstenzeit. Doch selbst, wenn man sich R.s Auffassung anschließt, bedeutet dies keine Abschwächung der Kritik an *Baltensweiler*.) Nimmt man also an, Apg 15,20 schaue zur Bestätigung des Verbots der Götzenopfer auf Lev 17, so bedeutet das, daß die mosaische Stelle gegen ihren Literalsinn verstanden wurde. Ein solches Verfahren begegnet uns zwar auf Schritt und Tritt im NT; jedoch geht es hier um das Verständnis einer Gesetzesbestimmung als Gesetz.
Und nehmen wir wirklich an, daß Apg 15 πορνεια im Sinne von Lev 18 verstanden wurde, wie kann man dann gewißmachen, daß Mt nach Apg 15 exegesiert werden muß? s. auch die Bedenken *Duponts*, Mariage, 110ff., gegen *Bonsirven*, auf die *Baltensweiler* nicht eingeht. – Hinzu kommt ein weiterer Einwand: Würde πορνεια als inzestuöse Ehe zu verstehen sein, so bedeutete das die Schuld *beider* Ehegatten. Der Mann *müßte* dann seine Frau verstoßen, weil sie beide schuldig geworden sind. Somit wäre die Klausel keine Ausnahmeregelung, sondern eine Pflichtbestimmung für denjenigen Ehemann, der die Irregularität seiner »Ehe« erkannt hat.
Zu πορνεια in Apg 15 s. auch *Kümmel*, Die älteste Form des Aposteldekrets = Aufs.

C.G. Montefiore, der ebenfalls diese Wendung als späteren Zusatz betrachtet[32], ist der Meinung, daß diese Hinzufügung zwar in der Absicht geschehen sei, die kompromißlose Haltung zu mildern (mitigating), es jedoch keinesfalls sicher sei, daß sie den intendierten Sinn ändere: »For even if the words are an addition of Matthew's, and were not in Q, they *may* only bring out the original meaning. For it may be argued that adultery on the woman's part of itself dissolved the marriage.«[33] D.h., wenn die Ehefrau von sich aus die Ehe durch Ehebruch zerbricht, kann der Ehemann sie gar nicht mehr durch Ehescheidung zerbrechen, weil sie bereits gebrochen ist.[34] Jedoch hält *Montefiore* es für möglich, daß Jesus die extreme Haltung eingenommen habe, daß unter keinen Umständen (under no circumstances) Ehescheidung zu erlauben sei. Er, der liberale Jude, hält einen solch extremen Standpunkt für »untenable and objectionable«, jedoch sei er zu begrüßen und zu schätzen als ein Angriff auf die niedere Stellung der Frau in der orientalischen Gesellschaft.[35] Wir werden auf *Montefiores* Beurteilung der Haltung Jesu bei der Exegese von Mk 10,1ff noch genauer zu sprechen kommen.

Vergegenwärtigen wir uns noch einmal: Jesus spricht davon, daß der, der seine Frau verstößt, sie dazu bringt, die Ehe zu brechen. Noch ist diese durch den Akt der Entlassung nicht gebrochen. Das geschieht erst dadurch, daß die Frau eine neue Ehe eingeht. Hier ist also einwandfrei die Rede davon, daß der Ehebruch als Akt der Zukunft gesehen wird, nicht aber als Akt der Vergangenheit. Folglich ist in diesem Vers auch nicht der Fall ins Auge gefaßt, daß die Frau bereits die Ehe gebrochen hat (wenn auch »lediglich« durch die Tat, nicht aber juristisch). Um was es Jesus hier geht, ist doch *einzig*, daß jenes unmenschliche und grausame Institut der Ehescheidung, besser: der Verstoßung der Frau durch den Mann, verworfen, und zwar absolut verworfen wird. In diesem Vers geht es *allein* um *das* Unrecht,

285f. Alles in allem: Der Versuch, Mt 5,32; 19,9 von Lev 18 her zu interpretieren, vermag nicht zu überzeugen. Nach *Aidon Mahoney*, A New Look at the Divorce Clauses in Mt 5,32 and 19,9, CBQ 30, 29–38, meint der Einschub »the case of a mixed marriage«: »As a matter of fact, the Christ-event did create such a new situation, namely, a new covenant-union of grace in Christ rooted in faith which could take precedence over the convenant-union of a legitimate marriage.« (34) Diese Interpretation will er mit 1 Ko 7,10ff. stützen. Eine recht gezwungene Hypothese! Einer dogmatischen Prämisse entspringt auch die Hypothese von *Sickenberger*, Zwei neue Auffassungen zur Ehebruchsklausel bei Mt, ZNW 42, 202–209: Die Klauseln sind nur auf die damalige jüdische Ehe, also auf eine »nicht sakramentale Ehe« zu beziehen. (208)

[32] *Montefiore* II, 66: »probably a later addition«

[33] ib. 66; ähnlich argumentiert *Montefiore* in seiner Exegese von Mk 10; s.u.

[34] Daß ein offizieller Akt der Verstoßung durch den Mann noch erfolgen muß, dürfte für *Montefiore* wohl selbstverständlich sein. Seine Formulierung »of itself« darf nicht gepreßt werden.

[35] ib. 67

das durch den Mann geschieht. Was zu tun ist, wenn die Frau die Schuldige ist, liegt außerhalb des Gesichtsfeldes unseres Logions. Somit spricht aufgrund dieser Überlegung sehr viel für *Montefiore*s Vermutung, daß die Hinzufügung der Wendung παρεκτος λογου πορνειας den Sinn von Mt 5,32 nicht wesentlich entstellt; denn »adultery on the woman's part of itself dissolved the marriage«.

Warum hat aber Matthäus dann noch diese Wendung eingefügt? Der Grund kann zunächst der sein, daß ihm der Text zumindest nicht klar genug erschien. Auf jeden Fall hat er damit die Blickrichtung des Logions erweitert. Ist aber auch die Bemühung mit im Spiel, den überlieferten Satz mit Dt 24,1 in Einklang zu bringen, ihn also mit einem Wort des Gesetzes in Einklang zu bringen, zumal er Mt 5,18 vor die Antithesen gesetzt hat? Zeigt sich hier ein legalistisches Bemühen des Evangelisten? Eine endgültige Antwort auf diese Fragen soll mit der Exegese von Mt 19,1–12 gegeben werden. Nur soviel schon hier: Die Vermutung, daß Matthäus dem Logion die antinomistische Spitze nehmen will, drängt sich auf.

Den Vordersatz der Antithese (Mt 5,31 = Dt 24,1) dürfte Matthäus aus Mk 10,4 übernommen haben. Dabei ändert er den Wortlaut, wie er dies auch in Mt 19,7 tut. Die Antithese Mt 5,31 ist somit eine Kompilation aus Mk und Q (ähnlich wie Lk 16,18!) und verrät wiederum, wie der Redaktor Matthäus aus kleinsten Einheiten seine Kompositionen zusammensetzt.[36]

Die bisherigen Überlegungen haben einstweilen folgenden *traditionsgeschichtlichen* Sachverhalt wahrscheinlich gemacht:

1. Die *älteste* von uns rekonstruierbare *Form* des Logions heißt: πας ο απολυων την γυναικα αυτου ποιει αυτην μοιχευθηναι.
2. Bereits in Q wird das Logion um einen in kasuistischem Rechtsstil gehaltenen Nachsatz *erweitert:*...και ος εαν απολελυμενην γαμηση, μοιχαται.
3. Markus bringt das Logion in der Form eines *kasuistischen* Rechtssatzes. Dabei ist der Grundgedanke des ursprünglichen Logions, daß der seine Ehefrau verstoßende Mann an deren kommendem Ehebruch schuldig wird, ersetzt[37] durch den *Blick auf dessen erneute Ehe:* ος αν απολυση την

[36] Wohl kaum haben wir in Mt 5,31 eine zusammenfassende Wiedergabe von Dt 24,1 LXX durch den Redaktor Matthäus vor uns, da der LXX-Text vom Zitat sehr stark abweicht, dieses jedoch in den ersten fünf Worten wörtlich mit Mk 10,11 übereinstimmt.

[37] Möglich, wenn auch wenig wahrscheinlich, ist natürlich, daß sowohl die Q zugrundeliegende als auch die Mk 10,11 überlieferte Form des Logions auf Jesus zurückgehen, da damit zu rechnen ist, daß sich Jesus mehr als einmal zur Frage der Ehescheidung geäußert hat (z.B. *M'Neile*, 65: »The Lord may, of course, have delivered more than one utterance on divorce.«) Das würde allerdings bedeuten, daß sich Jesus grundsätzlich für die Monogamie ausgesprochen hätte. Keinesfalls aber ist m.E. eine Entwicklung von Mk 10,11 zu Mt 5,32 im Verlauf der Überlieferung der Herrenworte möglich.

γυναικα αυτου και γαμηση αλλην, μοιχαται (Mk 10,11 am Ende επ' αυτην und v. 12 sollen an dieser Stelle außer Betracht bleiben.)

4. Matthäus übernimmt das Logion sowohl aus Q als auch aus Mk. In das aus Q übernommene Wort fügt er παρεκτος λογου πορνειας ein und setzt es als *Antithese* zu einer alttestamentlichen These: ερρεθη ... εγω δε λεγω υμιν.... Auch in das aus Mk übernommene Wort fügt er die Unzuchtsklausel ein: μη επι πορνεια.
5. Lukas *kombiniert* Q und Mk: πας ο απολυων την γυναικα αυτου και γαμων ετεραν μοιχευει, και ο απολελυμενην απο ανδρος γαμων μοιχευει.

Kommen wir nun zur Perikope *Mk 10,2–12/Mt 19,2–12!*[38] Diese beiden synoptischen Parallelen differieren bekanntlich in der entscheidenden Fragestellung. Während die Pharisäer nach Mk Jesus die grundsätzliche Frage vorlegen, ob ein Mann überhaupt seine Frau entlassen darf (ει εξεστιν ανδρι γυναικα απολυσαι), erkundigen sie sich nach Mt, ob er dies κατα πασαν αιτιαν vermag. *Bultmann* sieht in dieser Hinzufügung einen Hinweis auf die schriftgelehrte Bildung dieses Evangelisten. Dadurch bewege sich die Debatte bei ihm um die zwischen den Schulen Hillels und Schammais diskutierte Frage nach dem hinreichenden Grund der Scheidung, wie auch in v. 9 die Wendung μη επι πορνεια zeige.[39] Diese Auffassung findet sich weithin in der exegetischen Literatur.[40]

So ist es nur konsequent, daß viele Ausleger in der Darstellung des Mt Jesus die Partei Schammais ergreifen sehen.[41] Zunächst sei zugestanden, daß Matthäus mit der Wendung κατα πασαν αιτιαν auf rabbinische Lehrstreitigkeiten anspielt, ja, daß er den Mk-Text in diesem Sinne bewußt umgestaltet hat.[42] Jedoch, nimmt Jesus nach Mt wirklich für Schammai

[38] Lukas bringt, wie bereits gesagt, lediglich das Einzellogion Lk 16,18.

[39] *Bultmann*, Trad., 26

[40] u.a. *Allen*, 202; *Lohmeyer*, Mt, 281 Anm. 1; *Kümmel*, Traditionsged. = Aufs., 30 Anm. 70; *Taylor*, 415; *Hummel*, 51; *Grundmann*, Mt, 427; *Stauffer*, Botschaft, 78

[41] u.a. *Allen*, 202ff.; *Montefiore* II, 67; *Bornkamm*, Enderwartung, 23; *Hummel*, 51; *Strecker*, 17.132 Anm. 3; *Suhl*, 75; *Grundmann*, Mt, 426; *Wrege*, 52f.; *Stauffer*, Botschaft, 78

[42] Auf keinen Fall ist mit *Schnackenburg*, Ehe, 14 (s. auch die dort unter Anm. 7 angegebene Literatur) zu übersetzen: »aus *irgendeinem* Grund«, d.h. überhaupt. »Dann verdeutlicht und verschärft Matthäus nur die Streitfrage bei Markus...« Er meint, daß sich *Bauer*, De coniugali foedere quid edixerit Matthaeus?, VerbDom 44, 74–78, mit Recht auf *Moulton-Turner*, Grammar III, 199, beruft. In der Tat heißt es da: »First of all, πας before an anarthrous noun means *every* in the sense of any; not every individual, like εκαστος, but any you please.« Daraus folgt aber nicht die von *Schnackenburg* gezogene Konsequenz. Vielmehr ist dadurch die Auffassung der Schule Hillels ziemlich adäquat wiedergegeben. Paraphrasiert lautet dann die Frage: »Darf man seine Frau, wie die Schule Hillels meint, aus irgendeinem Grunde – for any cause you please – entlassen?« An *Schnackenburg* ist also die Frage zu stellen, ob er nicht unter dem Deckmantel philologischer Argumente vorschnelle Harmonisierung vornimmt. cf. *Gould*, 183: »Mt. 19,3–7 gives a different version of the

und gegen Hillel Stellung? Er beantwortet die Frage, indem er als einzige αιτια für eine Scheidung die πορνεια bezeichnet. Somit ist v. 9 Antwort auf v. 3.[43] Dabei ist πορνεια, wie in Mt 5,32, als außerehelicher Geschlechtsverkehr der Frau zu verstehen.[44] Der einzige Grund, den Jesus nach Mt für eine Scheidung gelten läßt, ist also der Ehebruch der Frau. Ist das aber die Auffassung der Schule Schammais? Nach Git IX,10 besteht die Kontroverse zwischen den Schulen Schammais und Hillels darin: Erstere betont in ערות דבר (Dt 24,1) das Wort ערוה, Schändliches; nur um einer schändlichen Sache willen darf der Mann seine Frau verstoßen. Die Schule Hillels hingegen ist laxer, sie betont das Wort דבר, etwas; auch ein angebranntes Essen ist Scheidungsgrund. Bekannt ist die Auffassung R. Aqibas: Wenn einer eine Frau findet, die schöner ist als die seine, ist er zur Scheidung berechtigt.[45] In der Tat kommt in den Stellungnahmen der Schule Hillels de facto zum Ausdruck, daß man κατα πασαν αιτιαν seine Ehefrau entlassen kann – wobei αιτια nicht nur im Sinne einer subjektiven Schuld der Frau zu verstehen ist.

Nach *Billerbeck* hat dagegen die Schule Schammais unter der »schandbaren Sache« von Dt 24,1 eine »Unzuchtssünde« verstanden. Er bezieht sich bei dieser Feststellung lediglich auf Git IX,10.[46] Allerdings wird gerade hier der Begriff nicht näher erläutert. Somit kann also die von ihm zitierte Stelle nicht den Beweis für die aufgestellte Behauptung tragen. Doch bringt er[47] zur näheren Bestimmung des Begriffs durch die Rabbinen einige Stellen aus dem babylonischen und palästinensischen Talmud und aus der Tosephta.[48] Diese ergeben, daß ערוה zwar den Ehebruch der Frau aussagen *kann*, jedoch auch Verstöße gegen die damaligen guten Sitten umfaßt, z. B.: Ausgehen mit aufgelöstem Haar oder mit Kleidern, die an den Seiten aufgerissen sind, oder mit entblößten Armen.

affair, which, however, *defines their position* still more distinctly as the *liberal position*. According to that, their question is, whether it is lawful for a man to divorce his wife for every case.« (Hervorhebung von mir) Er sieht sogar in der Fragestellung von Mk 10,2 einen Fingerzeig dafür, daß die Fragesteller zur Schule Hillels gehörten!

43 z. B. *M'Neile*, 272 44 s. Anm. 31 45 ebenfalls Git IX,10

46 *Bill.* I,313 47 ib. 315f.

48 pGit 9,50d,27 Bar; *Bill.* beruft sich an folgenden Stellen zur Klärung des Begriffs auf R. Meir (2. Jhdt.!): TSota 5,9 (302) = (in etwa) pSota 1,17a,32; bGit 89aBar: Auch wenn eine Frau auf der Straße ißt oder ihr Kind säugt, galt dies als eine »schandbare Sache«. *Patai*, 169f., versteht unter ערוה eine Umschreibung der männlichen oder weiblichen Genitalien; somit sei ערות דבר, »schamvolle Nacktheit eines Dings«, insofern Scheidungsgrund, als die Intention dieser spezifischen Nackheit im ehebrecherischen Geschlechtsverkehr besteht. Diese Interpretation wird aber deshalb nicht durch die rabbinischen Parallelen gedeckt, da, wie soeben gezeigt wurde, diese den Begriff ערוה weiter faßten. Allerdings ist es durchaus möglich, daß ursprünglich dieser Terminus den Ehebruch euphemistisch aussagen wollte; s. Lev 18,6ff.!

Somit hat die Schule Schammais unter der schändlichen Sache von Dt 24,1 nicht nur den Ehebruch, nicht nur πορνεια verstanden. Wenn nun Jesus nach Mt als *einzigen* legitimen Scheidungsgrund, als einzige αιτια die Unzucht im Sinne von Ehebruch gelten läßt, so geht er weiter als diese rabbinische Schule. Dann hat er sich aber in dem Streitgespräch Mt 19 nicht als »korrekter Schüler Schammais«[49] verhalten!

An dieser Stelle sei noch einmal auf *C.G. Montefiore* verwiesen. Er ist, genau wie bei der Beurteilung von παρεκτος λογου πορνειας Mt 5,32, der Meinung, daß die Wendung μη επι πορνειᾳ Mt 19,9 »addition and gloss« ist. Dennoch habe die Hinzufügung sachlich an der Stellungnahme Jesu nichts geändert; mit *Charles* [50] geht er nämlich überein, daß in der Debatte, wie sie tatsächlich einmal stattgefunden hatte, die Frage, ob Ehebruch der Frau Scheidungsgrund wäre, gar nicht zur Diskussion gestanden hätte; denn: »In adultery the woman herself has broken the bond: it is not the husband who does so by divorcing her[51]; it is not the court who does so by sanctionating the divorce. *These but confirm what the woman has already done.* The *marriage bond* has been *broken by her*, and *divorce follows automatically*«.[52] Soweit dürfte *Montefiore* zuzustimmen sein. Jedoch folgt daraus nicht, wie unsere Überlegungen gezeigt haben dürften, der von ihm gezogene Schluß: »Jesus would range himself with the Schammaites, though for a higher reason.«[53]

Bringt also Mt auch eine andere Fragestellung als Mk, indem er sie der rabbinischen Schuldiskussion anglich, so muß doch zweierlei festgehalten werden:

1. Die redaktionelle matthäische *Einfügung* μη επι πορνειᾳ *ändert* trotz der vom Evangelisten veränderten Fragestellung in v.3 *am Grundsätzlichen nichts*[54], zumal schon in dem traditionsgeschichtlich älteren Mt 5,32 das

[49] *Stauffer*, Botschaft, 78

[50] *Charles*, The Teaching of the New Testament on Divorce

[51] s. Anm. 34; cf. *Gould*, 186: »The exception to this prohibition of divorce ... stated in Mt. 19,9 is really implied in our Lord's statement of principles in our Gospel (sc. Mk), *because adultery is* the *real dissolution of* the *marriage tie*, as *distinguished from* the *formal divorce.* Precisely as divorce does not break the marriage tie, adultery does break it.« (Hervorhebungen von mir)

[52] *Montefiore* I, 229; Hervorhebungen von mir; cf. auch *Lohmeyer*, Mt, 282: »Der viel berufene Zusatz μη επι πορνειᾳ, der auch schon 5,32 begegnet, wird häufig als Einschränkung des absoluten Verbotes der Scheidung verstanden. Auch das ist ein Irrtum; denn wenn Ehe das ›Ein-Fleisch-Werden von Mann und Frau‹ bedeutet, *so hat die Unzucht der Frau die Ehe schon aufgehoben, ehe der Mann sich von ihr schied.*« (Hervorhebung von mir)

[53] *Montefiore* I, 229; weiter heißt es: »He does not base his view upon an interpretation of Deut. XXIV, 1, but upon the higher and more fundamental principle of marriage contained in Genesis.«

[54] Eine andere Frage ist es, ob die im Judentum dem Manne obliegende Pflicht, seine des Ehebruchs überführte Frau zu entlassen, selbst wenn er ihr gern verzeihen

dem μη επι πορνεια parallel stehende παρεκτος λογου πορνειας keine inhaltliche Verschiebung bedeutete, sondern lediglich eine Ergänzung in eine Richtung, die ursprünglich gar nicht zur Debatte stand.

2. *Jesus vertritt keinesfalls* den rabbinischen *Standpunkt der Schule Schammais*. Zwar steht er ihr wesentlich näher als der laxen, ja, frivolen Haltung der Schule Hillels. Doch ist – zumindest! – nicht erwiesen, daß nach den uns bekannten rabbinischen Belegen die Schammaiten nur im Falle des Ehebruchs der Frau »etwas Schändliches« im Sinne von Dt. 24,1 sahen.

Die nächste Frage, die sich aufgrund der bisherigen Überlegungen nahezu mit Notwendigkeit stellt, ist, ob der Mk-Text älter ist als der Mt-Text[55] oder ob Mattäus eine ältere Quelle als Markus zur Verfügung gestanden hatte.[56] Die Vertreter der zuletzt genannten Auffassung weisen darauf hin, daß nur die Fragestellung des Mt in einer Diskussion Jesu mit den Pharisäern sinnvoll gewesen wäre.[57] Und außerdem erklären sie, daß der Aufbau der Perikope bei Mt folgerichtiger sei als der bei Mk.[58] *Bultmann*, der allerdings mehr zur Priorität des Mk-Textes gegenüber dem Mt-Text neigt, spricht vom ungeschickten Aufbau der Mk-Perikope, der die Künstlichkeit der Konstruktion zeige.[59] In der Tat ist die Gegenfrage Jesu nach dem, was Mose »geboten« hat (Mk 10,3), anscheinend fehl am Platze, da er damit nur die Zitation einer Schriftstelle provoziert, die zunächst einmal gegen ihn spricht. Eher leuchtet es ein, daß, wie bei Mt, die Pharisäer Jesus diese Stelle vorhalten (Mt 19,7). *Bultmann* macht aber mit Recht darauf aufmerksam, daß bei Mt die Pharisäer v. 7 sagen: ενετειλατο, Jesus jedoch v. 8 erwidert: επετρεψεν: »Klingt nicht in dem ενετειλατο des Mt der Mk-Text nach? Hätte Mt nicht von sich aus auch hier επετρεψεν (dem ει εξεστιν V. 3 entsprechend) sagen müssen?«[60] Dann dürfte jedoch Matthäus den Mk-Text umgestaltet haben, indem er die innerrabbinische Kontroverse um den rechtmäßigen Scheidungsgrund aufgriff und Jesus in die Nähe der Schule Schammais rückte.[61] So sieht auch *Greeven*, auf dessen Verständnis dieser Perikope wir noch zurückkommen, die Christen der Mt-Gemeinde (er sieht

möchte (*Moore* II, 125), im Sinne von Mt 5,32 ist. Diese Pflicht dürfte sicher nicht mehr bestehen, da über Mt 5,32 die Forderung von Mt 6,14f.; 18,21ff. steht!

55 so die meisten Exegeten, z.B. *Bultmann*, Trad., 25f., *G. Barth*, 88f.; *Hummel*, 49ff; *Grundmann*, Mt, 426

56 z.B. *Streeter*, 259; *Merx*, 274; *D. H. Müller*, 19; cf. *Lohmeyer*, Mt, 280f.: Beide Evangelisten behandeln die Frage von zwei verschiedenen und unabhängigen Streitpunkten aus, und zwar mit teilweise gleichem Material. Aufbau und Wortlaut lehren die literarische Unabhängigkeit des Mt von Mk.

57 z.B. *Streeter*, 259

58 *Lohmeyer*, Mt, 281, sieht in Mt 19,3–12 ein Streitgespräch, das nach Regeln verläuft: Frage–Antwort, Einwand–Widerlegung, Abschluß.

59 *Bultmann*, Trad., 26; *Dibelius*, 223: Der kleine Dialog scheint künstlich zu sein.

60 *Bultmann*, Trad., 26 Anm. 1

61 *Allen*, 201ff.

sie als palästinische Gemeinde) als »so etwas wie den rechten Flügel der Schule Schammais«.[62] Auch er schreibt dem Mk-Text die Priorität zu.[63] – Noch einmal jedoch: Zwischen Jesus und der Schule Schammais besteht der Unterschied, daß nach Jesus – wenn überhaupt! – die Verstoßung der Frau nur dann möglich war, wenn diese zuvor die Ehe schon gebrochen, also zerbrochen hatte, daß aber nach der Schule Schammais schon geringere Gründe genügten.

Jedoch spricht noch eine andere Beobachtung dafür, daß Matthäus keine ältere Überlieferung als Markus vorgelegen hatte. Der Aufbau der Mt-Perikope ist zwar in gewisser Hinsicht konsequenter als der des Mk; jedoch entspricht die Antwort, die Jesus in v.4–6 gibt, nicht der Frage der Pharisäer. Diese fragen, ob jeder Grund zur Scheidung berechtigt; Jesus aber antwortet *zunächst*, indem er mit Gen 1,27; 2,24 argumentiert: *grundsätzlich* keine Scheidung (v.6)! (Also dieselbe Stellungnahme wie die des Mk!) *Erst* als sie dann einwenden, Mose habe »geboten«, einen Scheidebrief zu schreiben und auf diese Weise seine Frau zu entlassen, nennt Jesus, wenn auch nur in Parenthese, die einzige αιτια, nämlich die πορνεια der Ehefrau, nachdem er zuvor die »Erlaubnis« durch Mose mit der Herzenshärte der Fragenden begründet hat.[64] Hätten also die Pharisäer nicht auf Dt 24,1 verwiesen, wäre Jesus nicht auf den Kern der ihm gestellten Frage eingegangen! Matthäus hat also wohl den Mk-Text in gewisser Hinsicht verbessert, ihn aber gleichzeitig verschlechtert. Zu behaupten, Matthäus habe eine ältere Überlieferung als Markus vorgelegen, scheitert m.E. an den soeben gebrachten Argumenten.

Vielleicht vermag noch einmal *Montefiore* weiterzuhelfen. Er geht von dem Wort πειραζοντες (Mk 10,2/Mt 19,3) aus: Wenn hiermit eine wirkliche Versuchung Jesu ausgesagt sein soll, dann kann nur der Mk-Text der ursprüngliche sein; denn zu fragen, ob es Jesus mit den Schammaiten oder mit den Hilleliten hält, ist keine Versuchung.[65] Wollen aber die Pharisäer Jesus in der Tat diese versucherische Frage stellen, weil sie seine rigorose Auffassung hinsichtlich der Scheidung kennen, so wundert es nicht, wenn er, um noch einmal *Montefiore* zu zitieren, »takes the bull by the horns, and himself asks about, and brings in, Moses and the Law«.[66] »›What is the Law of Moses?‹ asks Jesus boldly. The Law of Moses is that divorce is permitted, is the reply. Then Jesus argues that *this law* was a mere (temporary) concession, and is contradicted, and *now by him superseded and abrogated, by the higher and older law of Genesis.*«[67] Von daher kommt er zu der Schlußfolge-

[62] *Greeven*, Ehe, NTS 15, 380 [63] ib. 376ff.

[64] mit Recht *Suhl*, 75 Anm. 36: »Der Vorwurf der σκληροκαρδια paßt nicht recht zum παρεκτος λογου πορνειας (so Mt 5,32).«

[65] *Montefiore* I, 230 [66] ib. 230

[67] ib. 231; Hervorhebungen von mir

rung: »One cannot deny that, so interpreted, the passage reads *connectedly and logically*.«[68]

Bewußt sollte *Montefiore* etwas ausführlicher zitiert werden, da er einer der wenigen ist, die diese Perikope als einen in sich sinnvollen Zusammenhang verstehen wollen.[69] Allerdings erklärt auch er ausdrücklich, es sei unmöglich, zu einem sicheren Schluß zu kommen.[70] Und wir müssen uns auch von vornherein darüber im klaren sein, daß seine Überlegungen der *formgeschichtlichen* Absicherung entbehren. So hat uns ja gerade die formgeschichtliche Schule gelehrt, bei Argumentationen Jesu mit der Schrift mit der Herkunft aus Gemeindedebatten zu rechnen, wie im Verlauf unserer Untersuchung noch mehrfach zur Sprache kommen wird.[71] Jedoch dürfte bei unserer Perikope jegliche formgeschichtliche Einordnung versagen. Sowohl der Mk- als auch der Mt-Text fallen völlig aus dem Rahmen des Üblichen heraus. Zwar kann man mit *Bultmann* diese Perikope wie andere unter die Überschrift setzen: »Die Fragen werden von Gegnern gestellt«[72]; jedoch zeigen die gerade in diesem Zusammenhang genannten Einzelstücke Mk 12,13–17 par. (Zensus) und Mk 12,18–27 par. (Sadduzäerfrage) nicht die in Mk 10,2–9 charakteristische Ausspielung einer Bibelstelle gegen die andere.[73] So ist auch eine gewisse Unsicherheit in der Beurteilung der Perikope durch *Bultmann* bezeichnend. Er gibt zu, daß die nach seiner Auffassung typische und schematische Gegenfrage, die die »Festigkeit des Stils« zeigt, »hier ihr(en) stilmäßige(n) Sinn verloren«[74] habe. Man könnte aber auch umgekehrt argumentieren: Weil der stilmäßige Sinn der Gegenfrage nicht gegeben ist, ist es eben keine typische Gegenfrage im formgeschichtlichen Verständnis eines Streitgesprächs. Jedenfalls ist es interessant, von *Bultmann* wenige Seiten später zu erfahren: »Es ist z.B. wahrscheinlich, daß die Art, wie Mk 10,2–9 eine Schriftstelle gegen die andere ausgespielt wird, auf Jesus zurückgeht.«[75] Wir werden also mit einer gewissen Sicher-

[68] ib. 231; Hervorhebungen von mir

[69] *Bultmann*, Trad., 26 Anm. 2, spricht von »instruktive(r) Behandlung der Perikope bei *C. G. Montefiore*«.

[70] *Montefiore* I, 231

[71] z.B. Mk 2,25f., s.u.; *Bultmann*, GuV IV, 20f.: »... weil die meisten Jesusworte, die das Alte Testament zitieren, dem Verdachte ausgesetzt sind, aus den theologischen Debatten der Urgemeinde zu stammen.«; s. vor allem: ders., Trad., 52

[72] *Bultmann*, Trad., 25f.

[73] In Mk 7,9–13 werden nicht zwei Bibelstellen gegenübergestellt, vielmehr stellt Jesus zwei Gebote des AT gegen die παραδοσις seiner Gegner. Allerdings ist nicht ausgeschlossen, daß hier Dt 23,24 mitschwingt (s. *Kümmel*, Traditionsged. = Aufs., 30).

[74] *Bultmann*, Trad., 42

[75] ib. 52; zeigt sich hier der Einfluß *Montefiore*s auf *Bultmann*, von dem dieser bezeugt, seine Behandlung der Perikope sei »instruktiv«? (ib. 26 Anm. 2). *Neirynk*, Het evangelisch echtscheidingsverbod, CollBrugGrand 4, 25–46, meint sogar, es sei ein typischer Zug der ipsissima vox Jesu, eine Schriftstelle einer anderen zu kontrastieren. Doch habe es sich dabei nicht um Stellungnahmen in Gesetzesde-

heit vermuten dürfen: Das in formgeschichtlicher Hinsicht Schillernde unserer Perikope läßt einen sicheren »Sitz im Leben« in den Gemeindedebatten nicht zu. Spricht nicht eher der für viele so unlogisch erscheinende Aufbau für ältere Überlieferung? Wäre nicht ein in der Gemeinde konzipiertes Streitgespräch »logischer« und weniger »zersagt« überliefert? *Bultmann* erklärt, das Ausspielen einer Schriftstelle gegen die andere, wie es unsere Perikope von Jesus berichtet, sei bei den Rabbinen unerhört.[76] *Stauffer* dagegen sieht in Sota IX,9 die bedeutendste *rabbinische Annullierung eines Thoragebotes:* Rabban Jochanan ben Sakkai (Zeitgenosse des Markus!) hebt mit der Begründung Hos 4,14 das Gesetz Num 5,11ff. (Bitterwassertrinken zur Feststellung eines geheimen Ehebruchs der Frau) auf.[77] In der Tat scheint hier auf den ersten Blick eine rabbinische Parallele zu Mk 10,2–9 gegeben zu sein. Jedoch hat *Stauffer* übersehen, daß die Aufhebung von Num 5,11ff. durch Rabban Jochanan auch aufgrund des damaligen Verständnisses von Num 5,31 (also einem Vers innerhalb des zur Debatte stehenden Gesetzesabschnittes!) geschah. Denn dieser Vers wurde damals so interpretiert, daß das Wasser unwirksam ist, wenn der Ehemann sich nicht von geschlechtlichen Vergehen freihielt.[78] Und gerade das schien Rabban Jochanan im Auge gehabt zu haben (»Als die Ehebrecher (!) sich mehrten...«).[79] So ist es immer noch das Naheliegendste, mit *Bultmann* anzunehmen, daß wahrscheinlich Jesus selbst Gen 1,27; 2,24 gegen Dt 24,1 stellte[80], zumal er, selbst wenn er den Ehebruch der Frau als Scheidungs-

batten, sondern um prophetische Äußerungen gehandelt. *Neirynk* dürfte damit einen richtigen Teilaspekt verabsolutiert haben.

[76] *Bultmann*, Trad., 52 [77] *Stauffer*, Botschaft, 72f., 180 Anm. 48

[78] cf. bSota 47b; cf. weiter Anm. 42 zu Sota IX,9 der Mischna-Ausgabe des Goldschmidt-Verlags (III, 347)

[79] cf. *Bultmann*, Trad., 52 Anm. 1: »Eine gewisse Analogie mag es sein, wenn gelegentlich einzelne Prophetenstellen einzelnen Thorastellen entgegengestellt werden; jedoch ist der Sinn dieses Verfahrens nicht deutlich...«

[80] *Lehmann*, Gen 2,24 as the Basis for Divorce in Halakkah and New Testament, ZAW 72, 263–267, versucht, das Zitat Gen 2,24 im Munde Jesu Mt 19,5 von talmudischen Stellen her zu erklären. Er verweist auf bSanh 57b und jQidd I,1, wo nur den Juden seit der Gesetzgebung des Mose das Recht der Ehescheidung zugestanden wurde, nicht aber den Heiden und den Juden der vorsinaitischen Epoche, also den Noahiten: Für die erste Gruppe gilt Dt 24,1, für die zweite Gen 2,24. Jesus wollte also von Dt 24,1 zu Gen 2,24 zurück und somit den vorsinaitischen Zustand wiederherstellen. – Dagegen spricht jedoch, daß die frühesten rabbinischen Zeugnisse für Israels alleiniges Recht auf Ehescheidung aus dem 3. Jhdt. stammen. Somit ist es sehr fraglich, ob diese Meinung schon im 1. Jhdt. vertreten wurde (*Bill.* I, 312; II, 24). Außerdem ist folgende Äußerung *Lehmanns* eine unbeweisbare Hypothese: »By insinuating that the pre-Sinai Jews were closer to the fulfilling the divine command than post-Sinai Jews, Jesus added a subtle insult to his reply...« (266) Mit Recht aber wendet sich *Lehmann* gegen *Daube*, ZNW 48, 125f., (ders., auch: Rabbinic Judaism, 73ff.), und *Winter*, ZAW 70, 260f. (ders., auch schon: ZAW 68,79ff.), die hinter dem Zitat Gen 1,27 in Mk 10,6; Mt 19,4 eine Anspielung auf

grund anerkannt hat, keine der damals vertretenen Interpretationen von Dt 24,1 teilte. Hat er aber *keine* der damals üblichen Gesetzes-*interpretationen* gelten lassen, so ist zu vermuten, daß er ähnlich auch im Blick auf das betreffende *Gesetz* selbst dachte. Höchstens bestände die Möglichkeit, daß Jesus ערות דבר als πορνεια verstand. Das aber wäre lediglich eine Hypothese, die sich durch nichts belegen läßt.[81]

Besitzt man aber für Mk 10,2–9 keine eindeutigen formgeschichtlichen Kriterien[82] – und gerade dafür dürfte *Bultmann* Kronzeuge sein! –, dann wird man das Fehlen von formgeschichtlichen Überlegungen bei *Montefiore* nicht allzu hoch in Anschlag bringen dürfen; man wird vielleicht sogar über gewisse Psychologismen (»He takes the bull by the horns«) hinwegsehen und der Perikope eine gewisse Logik zugestehen müssen. Wenn man annimmt, daß Jesus sicherlich mehr als einmal predigte, der Mann dürfe seine Ehefrau nicht entlassen und verstoßen, und daß sich diese seine Auffassung auch bei Pharisäern herumgesprochen haben wird, daß aber andererseits Jesus auch wußte, wie frivol man mit Dt 24 operierte, so dürfte die *Vermutung*, Jesus habe seine Gegner zur Zitierung eben des Passus Dt 24 provoziert, methodisch zumindest erlaubt sein.[83]

An dieser Stelle muß die Interpretation *Greeven*s, u.a. in seinem schon mehrfach zitierten Aufsatz »Ehe nach dem Neuen Testament«, bedacht werden. Auch er setzt sich mit *Bultmann*s Kritik an Mk 10,2ff. auseinander. Und auch er ist – wie *Montefiore* – nicht der Meinung, daß die Perikope des Mk durch »Künstlichkeit der Konstruktion« und »ungeschickten Aufbau« gekennzeichnet sei, die Matthäus dann »formal ausgezeichnet korrigiert« habe. Ausgangspunkt *Greeven*s ist die Formulierung προς την σκληροκαρδιαν: auf keinen Fall heiße προς »wegen«; vielmehr habe Mose mit der Bestimmung Dt 24,1 auf die Herzenshärtigkeit hingezielt: Da der Jude, der den Scheidebrief ausstellte, zwei Männer zur Unterschrift hinzuziehen

den androgynen Mythos erkennen wollen. Die ältesten rabbinischen Belege stammen aus dem 3. Jhdt.! *Winter*, ZAW 68,81, sagt selbst: »It may (!) be that this rabbinical lore (sc. Lehre des Jirmeja ben El'azar, um 270, des R. Schemuel ben Nachman, um 260, und des R. Abbahu, um 300) preserves vague reminiscences of older interpretations, and thus represents a direct linear development of the ancient myth which underlies the Story of Man's creation in Genesis.«

81 s. Anm. 48

82 *Zimmermann*, μη επι πορνεια – ein literarisches Problem. Zur Komposition von Mt 19,3–12, Catholica 16, 293–299: Die Mk-Perikope ist, wie *Daube* an rabbinischen Disputen gezeigt hat, nach einem solch rabbinischen Schema gebildet: 1. öffentliche Frage und Antwort, 2. private Frage und Antwort. Diese Ordnung hat Matthäus gestört. – Doch dürfte die genannte Gliederung eher dem redaktionellen Moment des markinischen Messiasgeheimnisses entspringen.

83 cf. *Allen*, 202: »...they test Christ (πειραζοντες, Mk 10,2), knowing probably from previous utterances of His that He would reply in words which would seem directly to challenge the Mosaic law.«

müßte, »ist (er) also gezwungen, in aller Form zu bestätigen, daß er die von Gott gefügte Ordnung gebrochen hat«.[84] Damit sei der Gedanke an eine Konzession, die Mose gemacht habe, so gut wie ausgeschlossen.

Nach *Greeven* zielte Jesus in seiner Frage »Was hat Mose euch *geboten?*« (Mk 10,3) nicht auf Dt 24,1, sondern auf Gen 1,27; 2,24. »Statt zu antworten, wie es die Kenner der Gebote des Mose tun müßten, weichen die Pharisäer aus auf das Mose-Gebot des Scheidebriefes, das sie von vornherein als Konzession bezeichnen.«[85]

Schauen wir zunächst auf das letzte Argument! Zweifellos zielt das ganze Streitgespräch auf die Kombination der beiden Gen-Stellen hin. Doch ist andererseits zu bedenken, daß nicht nur Gen 1,27; 2,24, sondern auch Dt 24,1 als Antwort auf das ενετειλατο verstanden wird, da Jesus diese Stelle, also die »Konzession«, in v. 5 ausdrücklich als εντολη bezeichnet. Dieser Begriff dürfte nämlich mit Sicherheit das ενετειλατο von v. 3 wieder aufgreifen. Das bedeutet aber, daß die Pharisäer mit ihrer Entgegnung aus Dt 24 eben nicht ausgewichen sind; sie haben ja in der Tat eine εντολη zitiert.

Wie aber ist das προς zu verstehen? Sicher kann man diese Präposition nicht ganz korrekt mit »wegen« übersetzen; doch gibt z. B. *Menge* für die klassische Bedeutung des Wortes u. a. »gemäß, mit Rücksicht auf, im Verhältnis zu« an.[86] So wäre es durchaus möglich zu übersetzen: »Im Blick auf (bzw. mit Rücksicht auf) eure Hartherzigkeit hat euch Mose dieses Ge-

[84] *Greeven*, Ehe, NTS 15, 377f.; er folgt in der Deutung von προς την σκληροκαρδιαν einer Anregung von *Rengstorf*, ib. 377 Anm. 4

[85] *Greeven*, Ehe, NTS 15, 378

[86] Langenscheidt-Taschenwörterbuch, 377; *Kaegi* § 160; für das ntl. Griechisch: *Bauer*, WB, προς III, 5, Sp. 1409. *Berger*, Hartherzigkeit und Gottes Gesetz (Mc 10,5), ZNW 61, 1–47, versteht das προς in Mk 10,5 so, daß das Gebot Dt 24,1–4 Israel verstocken soll. (9) Schließlich kommt er zu folgendem Ergebnis: »So gilt für Ez 20,25 wie für Mc 10,5 und teilweise auch für PsClem Rec I 37: Das falsche Gebot ist eine weitere Verstockung auf die Hartherzigkeit der Juden hin: Der Abfall (σκληροκαρδια) ist vorausgesetzt (und er ist ein Kennzeichen der Juden seit Anbeginn), und das von Mose gegebene Gesetz führt zu weiterer Unempfänglichkeit für Gottes Willen, so daß das Gericht unausweichlich wird. Die Strafe ist der Entzug heilsamer Gebote und die Irreführung durch schlechte Gebote.« (44) Er legt besonderen Wert auf TgJonathan zu Ex 20,25: Gott hat die Widerspenstigen in die Ferne verstoßen, weil sie die Propheten nicht aufnahmen und Gesetze machten, die nicht recht waren. Doch bezieht sich hier der Begriff Gesetze (גזירן) schwerlich auf den Pentateuch! Er zitiert ferner Ps. Clem Rec I, 35–37; Justin, Dial 18,2; 46,7, Const Ap 6,20 und SyrDidask 2.26. Jedoch: »Im Gegensatz zu Mc 10,5 werden in allen diesen Texten Kultvorschriften mit der Hartherzigkeit in Verbindung gebracht. In Mc 10,5 scheint (!) daher eine Spezialisierung dieser allgemeinen Tradition vorzuliegen.« (46) Eine tiefergehende Auseinandersetzung mit *Berger* wird erst dann geführt werden können, wenn seine angekündigte Dissertation, von welcher der in ZNW veröffentlichte Aufsatz ein separiertes Kapitel darstellt, im Druck erschienen ist.

bot geschrieben.« *Greevens* Einwand: »Es wäre unvereinbar mit dem biblischen Gottesgedanken, wenn Gott der Verstockung des Menschenherzens weder mit Zorn noch mit Liebe, sondern mit – Nachgeben begegnete«[87] dürfte eher einer dogmatischen Prämisse – die sich keinesfalls aus Mk ergibt – entspringen, als ein exegetisches Argument darstellen. Hinzu kommt, daß doch gerade das Problem der Verstockung, das *Greeven* hier anspricht, bis heute sehr umstritten ist![88] Außerdem ist Mk 10,5 von den beiden Männern, die als Zeugen fungieren, eben nicht die Rede.

Nehmen wir aber einmal an, προς sei dennoch zu verstehen als »zum Zweck«, nämlich zum Zweck, bestätigen zu müssen, daß man Gottes Ordnung gebrochen hat! Dann aber hätte Jesus im Sinne von Mk 10,5 die von Mose legitimierte Scheidungsmöglichkeit, die der offiziellen Bestätigung der Herzenshärte dienen sollte, aufgehoben. So spricht z.B. *McConnel* mit Recht von »the fact that the act of divorce, which the Law recognized as permissible, Jesus condemns outright«.[89] Nicht nur die Pharisäer setzen in Mk 10,2ff. Mose gegen Mose[90], sondern auch Jesus!

Wie aber auch immer unsere Perikope formgeschichtlich zu beurteilen ist, so bleibt die große Wahrscheinlichkeit, daß Jesus einen nichtgesetzlichen Text einem Gesetzestext gegenübergestellt hat. Man wird also zumindest mit einem Fragezeichen versehen müssen, was *Stauffer* zu diesem Streitgespräch sagt: »Aber das Streitgespräch, mit dem der Evangelist Markus jenes Logions (sc. 10,9) einleitet (Mk 10,2/8), ist erst in der Jerusalemer Urgemeinde entstanden und zeigt sehr instruktiv, wie die junge Christenheit das apodiktische Votum Jesu in ihren Kontroversen mit der Synagoge schrifttheologisch zu rechtfertigen versucht hat.«[91] Sicherlich hat *Stauffer* recht, wenn er Mk 10,9: »Was Gott (nun) verbunden hat, das soll der Mensch nicht scheiden« als apodiktischen Satz charakterisiert. Jedoch können wir ihm nicht folgen, wenn er behauptet, dieses Logion sei das einzige echte Jesuswort zum Thema Ehescheidung.[92] Auch Mt 5,32 ist im apodiktischen Stil gehalten. Es ist nicht einzusehen, daß derjenige, von dem Mk 10,9 stammt, Mt 5,32 nicht gesagt haben könnte. Mk 10,9 sagt ein absolutes Verbot aus, Mt 5,32 erklärt, welche Schuld an seiner Frau ein Mann auf sich lädt, wenn er gegen das Verbot Mk 10,9 verstößt (Mk 5,32 in ursprünglichem Sinn verstanden, s.o.). Also das eine Mal ein Verbot und das andere Mal eine Erklärung eines moralischen Tatbestandes. Warum

[87] *Greeven*, Ehe, NTS 15, 377

[88] s. u.a. die Auseinandersetzung um Jes 6,9: *Hesse*, Verstockungsproblem, *von Rad* II, 158ff.; s. auch *Berger* (Anm. 86)

[89] *McConnel*, 60; ib.: »Jesus calls adultery that which the Law permitted ... Jesus does reject an element of the pentateuchal Law in the limited sense that he rejects what the Law permitted.«

[90] *Greeven*, Ehe, NTS 15, 378

[91] *Stauffer*, Botschaft, 76

[92] ib. 74

Mt 5,32 nur als sekundärer Zusatz oder Modifikation, unter dem Einfluß der urchristlichen Gemeindepraxis entstanden, zu begreifen sei, leuchtet nicht ein.[93]

Was ergibt sich nun aus den traditionsgeschichtlichen Ergänzungen über die dritte Antithese bzw. die mit ihr verwandten synoptischen Texte für die Frage nach dem Gesetz in der synoptischen Tradition?

Resümieren wir zunächst kurz! Mit großer Wahrscheinlichkeit ergab sich Mt 5,32 (ohne die Unzuchtsklausel und wohl auch ohne den Nachsatz και ος εαν...) als die älteste uns faßbare Gestalt des Logions von der Ehescheidung. In apodiktischer Form wird eine *Feststellung* getroffen: Jeder seine Frau Entlassende treibt sie in den Ehebruch.[94] Daneben steht, ebenfalls in apodiktischem Stil, das *Verbot:* »Was Gott verbunden hat, soll der Mensch nicht trennen.« (Mk 10,9/Mt 19,6) Diese beiden Sätze, von denen der erste als Einzellogion in Q nachweisbar ist, dürften der Substanz nach Sätze des historischen Jesus sein. Somit hat dieser nicht in den rabbinischen Streit um die Interpretation der »schändlichen Sache« von Dt 24,1 eingegriffen; denn seine These war radikaler: *Grundsätzlich* darf sich der Mann von seiner Frau nicht scheiden. Und selbst, wenn er den Ehebruch der Frau als ein wirkliches Zerbrechen der Ehe betrachtet hat, wie *Montefiore* wahrscheinlich zu Recht annimmt, bleibt es bei der genannten Grundsätzlichkeit. Denn nun ist der Scheidungsbrief des Mannes nicht mehr Ursache, die Frau in den Ehebruch zu treiben. Dieser ist ja bereits geschehen!

Hat aber Jesus die Verstoßung einer schuldlosen Frau unter keinen Umständen gestattet, so war er an einer Debatte über Dt 24,1 nicht interessiert. Vermutlich hat man ihm aber diese Stelle vorgelegt. Denn wenn Jesus hier wirklich einen neuralgischen Punkt seiner Verkündigung bringt – und daran sollte man nicht zweifeln! – und wenn er darüber hinaus in der Diskussion mit der rabbinischen Seite stand – und daran wird man genausowenig zweifeln können! –, dann ist schlechterdings unvorstellbar, daß man ihm nicht Dt 24,1 entgegengehalten haben sollte. So werden wir vermuten dürfen, daß Jesus dem mischpat aus 5 Mos den Willen Gottes, den er in der Schöpfungsgeschichte ausgesprochen sah, gegenüberstellte. Wir können also damit rechnen, daß sich in der markinischen Darstellung die historische Debatte bzw. die historischen Debatten zwischen Jesus und den Pharisäern widerspiegeln, mag auch Mk 10,2ff. sicherlich nicht als Stenogramm jener Diskussion(en) anzusehen sein. Dann aber ist auch die dritte Antithese in ihrem antithetischen Inhalt (Ehescheidungsverbot *gegen* Ehescheidungserlaubnis Dt 24,1) ein Konzentrat der Verkündigung Jesu. Hat Jesus auch

[93] ib. 74

[94] Bewußt wurde die im Deutschen stilistisch schlechte Partizipialform verwendet, um den apodiktischen Stil wiederzugeben.

– sehr wahrscheinlich – diese Antithese niemals in dieser Form gesprochen, so ist sie doch theologisch legitim. Mit Recht kann *Kümmel* die Stellungnahme Jesu in jener Auseinandersetzung paraphrasieren: »Gottes Wille verbietet also die Ehescheidung, und darum ist das Scheidungsgebot des Moses *nicht* Gottes Wille.«[95] Von daher ist es fraglich, ob man mit *Montefiore* sagen kann: »One can imagine that Jesus could honestly have thought that his war against divorce was in no wise a war upon the Pentateuchal law.«[96]
Will Jesus damit einen Teil der Schrift für gültig erklären, einen anderen Teil aber abrogieren? Wohl kaum! Jesus zitiert Gen 1 und 2, weil er hier Gottes Willen ausgesprochen sieht, *nicht* aber, weil er es als *formales* Schriftzitat bringen will. Somit ist für ihn der Wille Gottes das Kriterium für die Geltung einer Schriftstelle.

Jesus will also nicht so sehr Schrift gegen Schrift stellen – obwohl er das im Grunde tut! –, sondern den Willen Gottes *über* die Schrift. Das Gesetz des Mose ist, was seine formale Autorität angeht, abgetan. So sei mit aller Vorsicht und Behutsamkeit gefragt: Zeigt sich in Mk 10,6–8/Mt 19,4f. eine *inhaltliche Konkretisierung* von Lk 16,16a/Mt 11,13: Die Zeit des Gesetzes (und der Propheten) endet mit Johannes?

Wollte nun Jesus nicht Schrift gegen Schrift, sondern den Willen Gottes gegen eine dem Willen Gottes widersprechende Schriftstelle setzen, so dürfte jedoch bereits im Verständnis des Markus deutlich Schrift gegen Schrift gesetzt sein.[97]

Matthäus hat sich allerdings in einige Inkonsequenzen verrannt. Er nimmt ja v.3 die rabbinische Fragestellung nach dem zureichenden Scheidungsgrund auf und beantwortet sie v.9 mit dem Stichwort πορνεια – in diesem Fall also ist es berechtigt, den von der Thora konzedierten Scheidebrief auszustellen! Einen Vers zuvor jedoch erklärt er, Mose habe um ihrer Herzenshärte willen erlaubt, einen solchen Brief zu schreiben. Also ist zu fragen: Ist auch bei Ehebruch der Frau die Ausstellung eines Scheidebriefes Ausdruck der Herzenshärte? M.a.W.: Wenn Jesus auf die Frage nach dem Scheidungsgrund den Ehebruch der Frau nennt, was soll dann die Abqualifikation von Dt 24,1: »wegen eurer Herzenshärte«? Daß Matthäus bei

[95] *Kümmel*, Traditionsged. =Auf., 30; cf. *Dupont*, Mariage, 18 Anm. 1: »La remarque implique une critique de la loi mosaique dont la liberté tranche sur l'attitude des rabbins juifs et fait penser à certains développements pauliniens. Jésus évite de prêter à Dieu lui-même la concession accordée par la Loi; Moise porte le responsabilité d'une prescription qui n'est pas conforme à l'ordre établi par Dieu lors de la création.« Er sieht in Sanh 99aBar eine Polemik gegen Jesus (ib. 18 Anm. 1): »Wer sagt, die Thora sei nicht vom Himmel, und selbst wer sagt, die ganze Thora sei vom Himmel mit Ausnahme eines Verses, der nicht von Gott, sondern von Mose ausgesprochen sei, von dem gilt der Satz: Er hat das Wort des Herrn verachtet.«

[96] *Montefiore* II, 66

[97] gegen *Suhl*, 74; zur Stellung des Markus zum mosaischen Gesetz s. 5. Kap., 4. Abschn.

der Umwandlung des Mk-Textes seiner Vorlage die Absicht hatte, nicht nur die rabbinische Diskussion aufzugreifen, sondern auch Jesus in Einklang mit dem mosaischen Gesetz zu sehen, dürfte zu vermuten sein.[98] Er will ja Jesus als Erfüller des Gesetzes zeigen. Und das ist er, indem er zeitbedingte Bestimmungen zugunsten der eigentlichen Intention des Gesetzes beseitigt – wobei unter Gesetz das Alte Testament verstanden ist.
Dies gilt auch von der dritten Antithese, deren fast unmittelbarer Kontext Mt 5,17 ist. Zwar kommt in ihr, wenn man einmal lediglich auf die von Matthäus gebildete Antithese sieht, zunächst nur folgender Gegensatz zum Ausdruck: du darfst deine Frau verstoßen – du darfst sie nicht verstoßen. Eine Pentateuchstelle wird zitiert und als abgetan erklärt. Daß παρεκτος λογου πορνειας die Antithese abschwächen soll, paßt so gar nicht in den antithetischen Stil. Warum Matthäus diesen Fremdkörper in Mt 5,32 eingefügt hat, wird erst ganz klar, wenn man Mt 19,2ff. liest, wo sich zeigt, daß für den Evangelisten nicht das Gesetz als solches abrogiert ist, sondern eine Abstufung innerhalb desselben dessen eigentliche Spitze erkennen läßt. So ist diese Perikope der Kommentar des Evangelisten zur dritten Antithese. Gerade von Mt 19,9 (μη επι πορνειᾳ) aus wird verständlich, *wie* παρεκτος λογου πορνειας als Konzession an das mosaische Gesetz zu verstehen ist. Somit ist die dritte Antithese nur eine *verkürzte* Aussage. Ihr Kontext ist eben Mt 19,2ff.!
Was tut also Matthäus? Er bringt auf keinen Fall eine massive Veränderung der Verkündigung Jesu. In bezug auf die Materie dessen, was Jesus zum Thema Scheidung zu sagen hatte, ist eine wesentliche Modifikation nicht vorgenommen worden – trotz anderer Perspektiven, trotz Einfügung der Unzuchtsklauseln!
Was allerdings Matthäus wesentlich verändert hat, ist, daß er diese *material durchgehaltene Verkündigung Jesu* nun *unter das Thema »erfülltes Gesetz«* stellt. Das zunächst rein formale πληρωσαι von Mt 5,17 wird in den Antithesen material gefüllt. Die hier konkretisierte Erfüllung des Gesetzes ist aber, wie der »Kontext« Mt 19 zeigt, *nicht im Sinne einer Vergesetzlichung* zu verstehen. Von daher wird klar, wie Mt 5,18 gemeint ist: Kein Jota und kein Häkchen vergehen; denn sie bleiben als für die Vergangenheit relevante (vgl. Mt 19,8!) und somit als Voraussetzung der für die Gegenwart verpflichtenden ethischen Anweisungen Jesu bestehen. *Strecker* hat recht, wenn er das Verbum πληρουν in Mt 5,17 als Modifikation des Gesetzes versteht. Aber man wird nicht mit ihm sagen können, daß »mit der grundsätzlichen Bejahung der alttestamentlichen Grundlage und der Bindung an ihre wesentliche Aussage die Freiheit gegenüber den Einzelforderungen des Alten Testaments vereint« sei.[99] Es geht eben nicht um Freiheit vom

[98] u.a. *Allen*, 202f.; *Hummel*, 50; *Wrege*, 53

[99] *Strecker*, 147

einzelnen Gebot. Dieses hat vielmehr seinen bestimmten Ort, wo es einmal Geltung hatte. Wenn es jetzt nicht mehr gilt, so deshalb, weil Jesus es durch seine Lehre »erfüllt« hat. Jesus brachte nicht die Freiheit gegenüber dieser oder jener Einzelforderung[100], sondern forderte Gehorsam gegenüber seiner neuen, auf dem erfüllten Gesetz beruhenden Weisung, die den Willen des Vaters aussagt. Dies verdeutlicht eindringlich die Betonung des Endgerichts am Schluß der Bergpredigt: Nur wer den Willen seines Vaters im Himmel tut, wird in die Himmelsherrschaft eingehen (Mt 7,21). Matthäus dürfte den ihm aus der Tradition (Q) überkommenen Satz Mt 5,18 sicherlich ernster genommen haben, als man zuweilen glaubt. Es ist zu unreflektiert, wenn z.B. *Walker* schreibt: »Vielmehr erweist sie (sc. die Auslegung von Mt 5,17–19 durch 5,20 und die folgende Komposition) Matthäus selbst als ›radikalen Antinomisten‹, der 5,18f. durchaus nicht wörtlich nimmt.«[101] Doch, Matthäus nimmt Mt 5,18f. sehr ernst! Eigentlich hält *Walker* dazu den Schlüssel selbst in der Hand mit seiner Kategorie der Heilsgeschichte; denn dadurch, daß Matthäus die Geltung des Gesetzes in zwei abgestuften Etappen sieht, ist in der Tat ein heilsgeschichtlicher Aspekt gegeben. Hier liegt das Wahrheitsmoment von *Walker*s Untersuchung.

Während also Jesus schwerlich von der Erfüllung des Gesetzes durch seine Lehre gesprochen hat, ist es das Anliegen des Matthäus, gerade den Begriff »Gesetz« zu wahren. Darf man aber deshalb, wie *Stauffer* will, von einer progressiven Vergesetzlichung, die in Mt ihren Höhepunkt erlebt, sprechen? Wohl kaum! Denn Matthäus versteht unter Gesetz eben nicht dasselbe wie *Stauffer!* Dieser faßt es nämlich grundsätzlich als Ausdruck inhumaner Vergesetzlichung, Matthäus dagegen als Inbegriff des gesamten Willen Gottes, der in der Lehre Jesu seine eigentliche Wiedergabe findet: Liebe (vgl. Mt 7,12; 22,34–40). Gesetz ist schließlich nicht Gesetz! Zweifellos, rein *formal* ist Matthäus »Nomist«. Aber er ist es nicht gemäß seiner inneren Einstellung. Es wurde schon gesagt: Es stimmt einfach nicht, daß Jesus, wie *Stauffer* meint, in Mt 19,9 wie ein korrekter Schüler Schammais antwortet! Es stimmt einfach nicht, daß hier deutlich würde, wie unbefangen die »Rejudaisierung« der Jesustradition vor sich geht![102] Wir gehen mit *Stauffer* gern, ja sehr gern darin überein, daß »niemand... je so absolutistisch von der Ehe gesprochen (hat) wie Jesus in Mk 10,9 (also Mt 19,6), niemand so groß und so hoch.«[103] Wir werden im Zusammenhang mit der zweiten Antithese noch einmal auf seine These zu sprechen kommen.

[100] Das Wort »Freiheit« hat bei Matthäus in *diesem* Zusammenhang keine Berechtigung. Das wird sich im weiteren Verlauf unserer Untersuchung vor allem anhand der Perikope Mk 7,1ff./Mt 15,1ff. zeigen.

[101] *Walker*, 135

[102] *Stauffer*, Botschaft, 78; zum Begriff »Rejudaisierung« s. Nachwort

[103] ib. 76

Hier möge das Gesagte genügen. Es möge genügen, daß gerade in Mt 5,32 und gerade in Mt 19,2ff. (trotz der verbogenen und verschobenen Fragestellung!) die Predigt Jesu, die der Frau das Menschsein zurückgibt, in der Substanz erhalten ist. Es ist wahr, daß Jesus von Matthäus in rabbinische Diskussionen einbezogen wurde. Aber Jesus hat auch bei Matthäus für keine rabbinische Seite Partei ergriffen. Bringen wir es auf eine kurze, wenn auch etwas vereinfachende Formel: Formale »Rejudaisierung« bei Matthäus? Ja! Materiale »Rejudaisierung« bei Matthäus? Nein![104]

Matthäus will also den Sachverhalt, daß Jesus den Willen Gottes in seiner radikalen Forderung verkündet hat, mit der Formel »Erfüllung des Gesetzes« umschreiben. Während wir zu dem Ergebnis gelangt sind, daß gerade diese Formel nicht der Intention Jesu entsprach, behaupten *Leonhard Goppelt* und sein amerikanischer Schüler *Robert A. Guelich*, Mt 5,17f. (also auch v. 18!) gingen im Ansatz auf Jesus zurück.[105] *Goppelt* sieht die Predigt Jesu von einer inhaltlichen Antithetik durchzogen: Einerseits fordert dieser die Einigung mit dem Willen Gottes, des Schöpfers (Mt 19,4–8), andererseits aber setzt er das *Weitergelten des Gesetzes* voraus. Insofern sei Mt 5,18 »ein von Matthäus sinngemäß erweitertes, echtes Logion,« das, auf die Frage der Ehescheidung angewandt, besagt: »Das Gesetz, nach dem es z.B. Ehescheidung gibt, soll unverkürzt gelten, solange Himmel und Erde bestehen, und wie Matthäus ergänzt, bis es durch die eschatologische Erfüllung abgelöst wird. Diese eschatologische Erfüllung aber will Jesus bringen: ... (Mt 5,17).«[106] Das kann aber nur so verstanden werden, daß mit der eschatologischen Erfüllung durch Jesus ein Äquivalent zum physischen Untergang von Himmel und Erde gegeben ist; m.a.W., mit Jesus ist auf dieser Erde die Heilszeit angebrochen: »So fordert (!) das Verbot der Ehescheidung die Überwindung des harten Herzens, die für die Heilszeit verheißen (!) ist, und ruft zu dem ursprünglichen Willen des Schöpfers (Mt 19,4–8).«[107] So kann *Guelich* im Blick auf die dritte Antithese sagen, sie verlange »a conduct characteristic of a ›new heart,‹ of the *age of salvation*.«[108] Er will den »Sitz im Leben« für Mt 5,18 nicht in den Gesetzesdebatten der Urge-

[104] Von daher ist auch *Allen*s im folgenden zitierte Formulierung zwar nicht völlig falsch, aber doch korrekturbedürftig (es geht um die Klauseln in Mt 5,32; 19,9): »But ... it is probable that the editor was a Jewish Christian who has here *judaised* or rather *rabbinised* Christ's sayings.« (202f.) Zur Frage, ob Matthäus Judenchrist war, s. 5. Kap. *Allen* spricht auch von einer »Judaisierung der Sprache Christi« (203), die sich an Formulierungen wie »das Königtum der Himmel« oder »der Vater im Himmel« zeige.

[105] *Goppelt*, Die Herrschaft Christi und die Welt = Aufs., 105 Anm. 5; *Guelich*, passim

[106] *Goppelt*, Aufs., 104

[107] ib. 104; man beachte die Antithetik von »fordert« und »verheißen«!

[108] *Guelich*, 183; Hervorhebung von mir

meinde, sondern in der Verkündigung Jesu sehen – also ganz im Sinne seines Lehrers *Goppelt.*[109] Insofern das Ende der Welt »*noch nicht*« gekommen ist (und zwar im physischen Sinne), gilt das Gesetz für Jesus noch; insofern das Ende der Welt »*schon jetzt*« gekommen ist (im Sinne der Erfüllung durch die von Jesus herbeigeführte Heilszeit), ist das Gesetz als erfülltes abgetan bzw. überhöht.[110] »Therefore, for Matthew, as we saw in the Antitheses, the *Law continues* to be a *valid legal principle for this world. Yet* it is, at the same time, *transcended* and *set aside* by Jesus' own demand for conduct representative of the present age of salvation.«[111]
Guelich stützt sich für diese Ansicht auf *Kümmel*s Untersuchung »Verheißung und Erfüllung«, in der dieser die Dialektik von naher Zukunft der Gottesherrschaft und Gegenwart der Gottesherrschaft herausgearbeitet hat. So sehr *Kümmel* hierbei zuzustimmen ist, so wenig dürfte die Anwendung dieses Ergebnisses auf Mt 5,17f. im Sinne *Guelich*s überzeugen. Denn an keiner Stelle der Verkündigung Jesu kommt zum Ausdruck, daß er von seinen Jüngern die Befolgung des von ihm erfüllten Gesetzes, von den anderen aber die Befolgung des mosaischen Gesetzes erwartet.
Goppelt und *Guelich* sehen hier einen weiteren Gesichtspunkt gegeben, der noch erwähnt werden muß. Nach *Goppelt* wollen die Antithesen im ganzen verwehren, die konkreten Grenzfragen des Verhaltens im Alltag durch das *Recht* zu regeln[112]: Die Vordersätze der Antithesen kennzeichneten nämlich die vom Alten Testament herkommenden Weisungen als von Menschen zu vollstreckende Rechtssätze[113]; Jesu Weisungen aber *verurteilten* die *Legalität als solche*[114]*;* denn diese erfaßte niemals des Menschen Herz[115]. In diesem Sinne erklärt auch *Guelich:* »Consequently, Jesus' radical demand pertaining to the marriage relationship does not merely transcend the *legal* demands of the Law..., but rather actually sets aside the Mosaic Law pertaining to divorce.«[116] In der Tat transzendiert Jesu Verkündigung jeglichen Legalismus. Nur sollte man dann nicht in seine Predigt hineininterpretieren, daß er von denen, die sich nicht zu ihm bekehren, erwartet, daß sie das mosaische Gesetz befolgen. Das ist Konstruktion, die weder der Redaktion des Matthäus noch der Predigt Jesu gerecht wird.

Eine auffällige Parallele für das Zitat Gen 1,27 in Mk 10, 6 par. ist CD IV,21. Für die rabbinische Halakha spielt aber Gen 1,27 gar keine Rolle, und in haggadischen Texten stammen die frühesten Belege aus dem 3. Jhdt. (androgyner Mythos!).[117] Beruhen also CD IV,21 und Mk 10,6 auf einer

[109] ib. 236 [110] ib. 244ff. [111] ib. 246
[112] *Goppelt*, Das Problem der Bergpredigt = Aufs., 37
[113] ib. 31 [114] ib. 37 [115] ib. 38
[116] *Guelich*, 182
[117] *Bill.* I, 801f.; Gen 2,24 wird allerdings bereits im 1. Jhdt. in der rabbinischen Ehehalakha ausgedeutet.

gemeinsamen Wurzel, oder ist Jesus von Qumran abhängig? (Solange man daran festhält, daß sich in Mk 10,2ff. die Auseinandersetzung Jesu mit seinen Gegnern widerspiegelt, diese Perikope in ihrer Substanz aber nicht Produkt der Gemeindetheologie ist, kann man in Mk 10,6 keinen Einfluß Qumrans auf die nachösterliche Gemeinde annehmen.[118])

Nun ist es aber sehr fraglich, was mit Gen 1,27 in CD IV,21 bezweckt ist. Der Text CD IV,20f. lautet in deutscher Übersetzung: »Sie sind durch zweierlei gefangen: in der Hurerei (בזנות), daß sie zwei Weiber zu ihren Lebzeiten(בחייהם) nahmen; aber die Grundlage der Schöpfung (יסוד הבריאה) ist: Als Mann und Weib hat er sie erschaffen.« Geht es hier um das Verbot der Polygamie, um das der Scheidung oder gar um das der Wiederheirat nach dem Tode der ersten Frau? Alle Meinungen werden vertreten.[119] Durchschlagende Argumente für eine dieser Auffassungen gibt es m.E. nicht. Schon von daher ist es schwer, das Verhältnis von Mk 10,6 zu CD IV,21 zu bestimmen. Auffällig ist aber auch die Parallele Mk 10,6: απο δε αρχης κτισεως – CD IV,21: יסוד הבריאה. Ist das Zusammentreffen *zweier* Entsprechungen zufällig? Außerdem ist zu bedenken, daß Gen 1,27 dem rabbinischen Judentum (späterer Zeit!) wohl zur Spekulation diente wie einst Philo[120], nicht aber, wie es in CD IV,21 und Mk 10,6 der Fall ist, zur Halakha.

Es ist also nicht auszuschließen, daß Jesus mit der in CD IV,21 vertretenen Meinung vertraut ist, ohne daß damit gesagt sein soll, daß er CD als literarisches Dokument gekannt hätte. Ferner ist damit nicht gesagt, daß es der Einfluß Qumrans war, der Jesus zu seiner Eheauffassung brachte. Vielleicht hat er lediglich das Argument Gen 1,27 dankbar übernommen. Vielleicht kann man aber fragen, ob nicht von Mk 10,6 aus Licht auf die mehrdeutige Stelle CD IV,21 fällt. Ist, weil Jesus Gen 1,27 als Argument gegen die Scheidung verstand, dies auch für seine Tradition, zu der mittelbar jene Stelle in CD gehörte, anzunehmen?[121]

118 gegen *Stauffer*, Botschaft, 77

119 s. die Zusammenstellung bei *Maier*, Texte II, 48; *Winter*, Sadoqite Fragments IV, 20,21 and the Exegesis of Genesis 1,27 in late Judaism, ZAW 68, 74ff.; *Braun*, Qumran I, 40f.; als Beleg gegen Polygamie verstehen diese Stelle vor allem: *Braun*, Qumran I, 40; *Rabin*, The Zadokite Documents, 17 (Annahme einer Textkonjektur in CD XIII, 16–20!)

120 De opificio mundi 76, auch zitiert bei *Winter*, ZAW 68,82

121 *Dupont-Sommer*, 141 Anm. 4, kombiniert zwei Auffassungen von זנות in CD IV,21: »Zweifellos soll dies heißen: bei Lebzeiten der zwei Frauen (bei ihren, d.h. der ›Erbauer‹ Lebzeiten wäre eine überflüssige Angabe!). Die Sekte verwirft also die Polygamie; sie verbietet sogar, wie es scheint, eine zweite Ehe nach der Scheidung, wenn die erste Frau noch am Leben ist. Dieser Grundsatz ist im Judentum ganz neu; er findet sich wieder im Evangelium (Mt 19,3–9; Mk 10, 2–12).«; ähnlich bereits *Moore*, The Covenanters of Damascus, HThR 4 (1911), 334

3. Die zweite Antithese (Ehebruch) und die mit ihr verwandten synoptischen Texte

Wie die erste, so besitzt auch die zweite Antithese Mt 5,27f. (also die eigentliche Antithese ohne die »Ausführungsbestimmungen« v. 29f.) im synoptischen Schrifttum keine Parallele, wohl aber finden sich solche in der rabbinischen Literatur.[122] Die beiden Verse Mt 5,29f. allerdings haben nicht nur eine Parallele in Mk 9,43–48, sondern auch eine Dublette in Mt 18,8–9; ebenso finden sich hierzu rabbinische Parallelen. Dabei ist zu beachten, daß diese rabbinischen Stellen bewußt im Blick auf den Ehebruch hin konzipiert wurden, während dies für Mt 5,29f. umstritten ist (s. den völlig anderen Zusammenhang Mk 9,43ff.par.).
Die Tatsache, daß der zweiten Antithese kein anderer synoptischer Text, wohl aber eine Reihe von rabbinischen Stellen entsprechen, wird von *Stauffer* dafür ins Feld geführt, daß sie Ausdruck der progressiven Judaisierung des Matthäuskreises, Lieblingsspruch der jüdischen Supermoral sei.[123] »Mit solchen Sätzen haben die Pharisäer den kleinen Mann in Gewissensnot, Höllenangst und unaufhörliche Bußprobleme gejagt... Mit solchen Erpressermethoden hat man das Volk zu terrorisieren versucht. Denn wenn Gott der Herr den Menschen mit dem Maße von Mt 5,28 richtet, dann bleibt für einen Mann von Fleisch und Blut allerdings nur die Wahl zwischen Verzweiflung und Theomachie. Jesus hat jene These, jene Praxis bekämpft bis aufs Blut.«[124]
Ehe wir jedoch dem Inhalt der zweiten Antithese näher Beachtung schenken, soll das *traditionsgeschichtliche* Problem von Mt 5,27–30 Gegenstand der Untersuchung sein. Dazu ist zunächst das Verhältnis von Mt 5,27-30 zu Mt 18,8f. und Mk 9,43–48 zu klären, wobei die Frage im Auge zu behalten ist, ob Matthäus der Abschnitt Mt 5,27–30 bereits als Einheit vorgelegen hat.
Zweifellos war Mk 9,43ff. die literarische Vorlage zu Mt 18,8f.; Matthäus hat hier den Mk-Text gekürzt, indem er die beiden Sätze über die Hand und über den Fuß zu einem zusammenzog. Außerdem hat er das markinische εαν mit dem Konjunktiv des Aorists in ει mit dem Indikativ des Präsens umgewandelt (Angleichung an Mt 5,29f.?).
Ist der Mk-Text auch als literarische Quelle für Mt 5,29f. anzusehen? Wohl kaum; denn Mt 5,29f. weist gegenüber Mk 9,43ff. erhebliche Stilunterschiede auf, z.B. συμφερει γαρ σοι für καλον εστιν σε[125] oder ολον

[122] *Bill.* I, 298ff.
[123] *Stauffer*, Botschaft, 82f.
[124] ib. 83
[125] Dabei macht die Wendung καλον εστιν σε den Eindruck wörtlicher Übersetzung aus dem Aramäischen: מן... טב לך; cf. *Wellhausen*, Einl., 21; *Black*, Approach, 117; *Jeremias*, Gleichnisse, 141 Anm. 1; *Wrege*, 65f., der auch auf *Jere-*

το σωμα statt δυο οφθαλμους εχοντα.[126] Hätte Matthäus in 5,29 sowie in 18,8f. denselben Mk-Text zugrunde gelegt, so wären die stilistischen Abweichungen ziemlich unerklärlich.[127]

Halten wir fest: Die beiden Verse Mt 5,29f. haben im Gegensatz zu Mt 18,8f. ihre Vorlage keinesfalls in Mk; wahrscheinlich benutzte Matthäus hier eine dem Markus wie dem Lukas unbekannte Tradition. Damit erweisen sich die dem matthäischen Sondergut zuzurechnenden Verse 5,29f. und die Mk entnommenen Verse 18,8f. als bereits vor Mt auseinandergetretene Dubletten der gleichen Tradition.[128]

Wie ist nun aber das Verhältnis von Mt 5,27f., also der zweiten Antithese im engeren Sinne, zu Mt 5,29f. zu verstehen? Sind die beiden letzten Verse erst vom Evangelisten, der sie aus anderer Quelle als der von v.27f. entnommen hat, der Antithese zugeordnet worden? Oder geschah der Prozeß der Zusammenfügung schon vorher? Oder ist gar der gesamte Abschnitt Mt 5,27–30 eine ursprüngliche Einheit?

Eines kann man zunächst mit ziemlicher Sicherheit sagen: Wenn 5,29f. ursprünglich mit der Antithese 5,27f. verbunden waren, stammen sie nicht aus Q (s. Anm. 128); denn es ist kaum anzunehmen, daß die zweite Antithese, die nach *Bultmann*, *Kümmel* u.a.[129] ursprünglich antithetisch formuliert wurde[130], zu Q gehörte. Alle Antithesen, die in Q Parallelen besitzen, sind nämlich dort nicht antithetisch formuliert. Somit ist zu vermuten, daß

mias verweist (66 Anm. 1). *Lohmeyer*, Mk, 196 Anm. 3, verweist für καλον εστιν σε auf das hebräische טוב מן in Ps 117,8f.; Hos 2,7 (9); Gen 49,12. Es ist also der Mk-Text, der das semitische Kolorit mehr bewahrt hat!

126 Diese beiden Beispiele mögen genügen. Für die übrigen Einzelheiten, die für unsere Fragestellung nichts austragen, s. die gängigen Kommentare; s. außerdem die überzeugende Analyse *Wreges*, 64–66.

127 so auch *Grundmann*, Mt, 159; anders *Bultmann*, Trad., 160.340.350; *Schmid*, Mt, 101. Für *Hirsch* II, 284, standen Mt 5,29f. in »eine(r) nicht aus Q stammenden, aber in einzelnen Stücken sich mit Q berührende(r) Rede von der wahren Gesetzeserfüllung.«

128 Ist es *methodisch erlaubt* zu fragen, ob Mt 5,29f. aus Q stammen kann? Wenn Q nur verstanden wird als »was Mt und Lk über Mk hinaus (oder gegen ihn) *gemeinsam* haben«, so gehören diese Verse per definitionem nicht zu ihrem Bestand. Wie aber ist es, wenn man einsichtig machen könnte, daß Lukas, wenn er diese Stelle in der schriftlichen Quelle Q gelesen, sie mit Sicherheit ausgelassen hätte? Nun hat Lukas Mk 9,43ff. nicht übernommen. *Conzelmann*, Mitte, 107, fragt: »Erträgt Lucas die Vorstellung nicht, daß man verstümmelt ins Reich eingeht? Angesichts von Verheißungen wie 4,18ff., wo das Reich Heilung bringt!« Wenn aber Lukas bewußt Mk 9,43ff. ausläßt, dann ist zu erwarten, daß er, falls er Mt 5,29f. in Q gelesen hätte, auch diese Verse überging. Um nicht falsch verstanden zu werden: Hier soll nicht für Mt 5,29f. als aus Q stammend plädiert werden! Es soll nur gesagt werden, daß diese Verse aufgrund ihres Fehlens in Lk *keinesfalls* S-Mt *zwingend* zuzurechnen sind.

129 s. Anm. 1f.

130 Die Gründe für diese Annahme sind m.E. durchschlagend, wenn auch damit noch nicht ausgesagt ist, daß die Antithese auf den historischen Jesus zurückgeht.

Mt 5,27f. S-Mt zuzurechnen sind. Sollte aber der Abschnitt Mt 5,27–30 eine ursprüngliche Einheit gewesen sein, so können die v.29f. keinesfalls in Q gestanden haben, sondern müßten auch auf S-Mt zurückgehen.
Ist aber eine solche ursprüngliche Einheit anzunehmen? Einerseits geben v.29f. eine gute Verdeutlichung zur zweiten Antithese, zumal gerade in rabbinischen Parallelen vom Ehebruch (cf.v.27f.) mit Auge (cf.v.29) und Hand (cf.v.30) die Rede ist.[131] Andererseits ist aber zu beachten, daß Mk 9,43ff./Mt 18,8f. kein Bezug auf Ehebruch oder überhaupt auf sexuelle Vergehen gegeben ist.
Somit ergibt sich, daß die Worte vom auszureißenden Auge und von der abzuschlagenden Hand sowohl im Zusammenhang des Themas Ehebruch als auch im Zusammenhang einer Reihe von Worten auftauchen, die unter dem Stichwort »Verführung« zusammengefaßt sind.[132] Somit ist soviel schon einmal sicher: Mk 9,42 war nicht der ursprüngliche Kontext von Mk 9,43–48. Schon *Wellhausen* hat erkannt: »9,43–47 geht aus einem anderen Ton (sc. als 9,42) und läßt keine Spur von späteren Verhältnissen erkennen. Es ist ad vocem σκανδαλιζειν (9,42) angehängt, handelt aber nicht von Verführung durch Andere, sondern von Versuchungen zur Sünde, die aus eigenem Fleisch und Blut kommen...«[133]
Lohmeyer schreibt: »Der Doppelspruch vom Ärgernis hat wohl einen größeren Sinn, als hier durch den Zusammenhang angezeigt ist (s. zu 18,8f.), aber das Gebiet des geschlechtlichen Lebens ist für seine Wahrheit ein treffliches Beispiel.«[134] Beruft sich aber *Lohmeyer* für »einen größeren Sinn« auf Mt 18,8f. (=par. Mk. 9,43), so hatte er vielleicht den Zusammenhang mit dem Logion von der »Verführung dieser kleinsten Glaubenden« (Mt 18,6f.) vor Augen.[135] Doch ist ja gerade dieser Zusammenhang nicht ursprünglich. Dann aber ist zu fragen, *ob* das hier zur Diskussion stehende *Logion nicht doch besser in den Zusammenhang der zweiten Antithese gehört.* Zwar wäre dann die Erwähnung des Fußes in Mk 9,45/Mt 18,8 ein wenig problematisch, zumal die rabbinischen Parallelen mehr den Ehebruch mit der Hand und dem Auge als mit dem Fuß herausstellen.[136] Doch sollte man hier auch *Bult-*

[131] *Bill.* I, 302f.
[132] *Wellhausen*, Mk, 76; *Lohmeyer*, Mk, 195; *Schweizer*, Mk, 111
[133] *Wellhausen*, Mk, 76
[134] *Lohmeyer*, Mt, 128; nur am Rande sei darauf verwiesen, daß *Schmauch*, der Hg. von *Lohmeyer*s Kommentar, – wahrscheinlich in dessen Sinne – eine direkte literarische Abhängigkeit Mt 18,1–9/Mk 9,33–48 leugnet: »Mt und Mk stellen also beide ein zweites Stadium dar, die hinter ihnen liegende gemeinsame Quelle das erste Stadium.« (ib. 277)
[135] Leider kam *Lohmeyer* nicht mehr dazu, Mt 18,1ff. genauer zu exegesieren. Deshalb sind wir hier auf Vermutungen angewiesen.
[136] Doch wird auf den Fuß zumindest indirekt angespielt; z.B. Ber 61aBar: »Man soll nicht auf dem Wege hinter einer Frau hergehen, auch wenn es die eigene Frau ist; ...wer hinter einer Frau einen Fluß durchschreitet, der hat keinen Teil an der

manns Auffassung erwägen, nach der der Satz über den Fuß als sekundäre Analogiebildung zu dem über die Hand erwiesen sei.[137] Fügt sich somit der Doppelspruch vom Ärgernis wesentlich besser in den Zusammenhang des Themas »Ehebruch«, so liegt zumindest die Möglichkeit, wenn nicht sogar eine gewisse Wahrscheinlichkeit nahe, daß Mt 5,29f. in S-Mt ursprüngliche Erläuterung zur zweiten Antithese war.

Der traditionsgeschichtliche Tatbestand ist also nach den bisherigen Erörterungen folgender: Das Doppel (?)-Logion von der Verführung durch Auge und Hand (und Fuß?) findet sich sowohl in Mk als auch wahrscheinlich in S-Mt. Dem *Inhalt* des Logions nach ist der Zusammenhang, wie ihn Mt 5,27–30 bietet, organischer und somit mit großer Wahrscheinlichkeit älter als der in Mk 9,43ff.par. – selbst wenn die Antithese als solche nicht der ursprüngliche Kontext war.

Sollte aber die zweite Antithese tatsächlich jener Satz sein, der durch das Doppellogion ausgeführt und erläutert wurde, der somit die sachliche Voraussetzung des Logions war, so wäre in diesem Falle erwiesen, daß diese *Antithese älter als Mk* ist und daß sie somit keineswegs Produkt des Matthäuskreises sein kann, wie *Stauffer* annimmt. Zwar ist durch diese Überlegungen noch nicht erwiesen, daß sie ein Ausspruch des historischen Jesus ist, wohl aber ist *Stauffers* These, daß sie als Produkt progressiver Judaisierung im Verlaufe der synoptischen Entwicklung zu verstehen sei, der Boden entzogen. Denn nun befinden wir uns in der Zeit vor der Niederschrift des ältesten Evangeliums! Außerdem bedeutet diese Annahme auch für das Logion von der Verführung, daß es älter als Mk ist. Aber gerade dieses Logion mit seinen »Höllendrohungen« ist für *Stauffer* »ein perfektionistischer Sonderkodex für eine judenchristliche Sondergruppe, frei nach dem Modell der Qumranleute oder der Phasisäer«.[138] Nach dem soeben erarbeiteten traditionsgeschichtlichen Ergebnis würde das aber heißen, daß bereits vor Mk das Stadium der »Qumranisierung« erreicht ist! Was das für die Theorie von der progressiven Qumranisierung bedeutet, liegt auf der Hand.

Die Heftigkeit und Schärfe der beißenden Polemik *Stauffers* erklärt sich aus seiner Sicht des Matthäuskreises: Dieser habe die »Unzucht« als *das* Thema aller kleinen Moralisten behandelt. Ausdruck dieser moralistischen Engstirnigkeit sei die zweite Antithese. Jesus dagegen als der wohl größte

zukünftigen Welt.« Allerdings: Wenn schon die Tatsache, daß man hinter einer Frau hergeht, sündhaft ist und diese Sünde gemäß der Gesamttendenz der von *Bill.* I, 299ff., zusammengestellten Texte als Ehebruch zu qualifizieren ist, so erhebt sich doch allen Ernstes die Frage, wem gegenüber man denn die Ehe bricht, wenn man der eigenen Frau nachgeht! s. auch Er 18b: »R. Jochanan hat gesagt: Lieber hinter einem Löwen hergehen als hinter einem Weibe.«

137 *Bultmann*, Trad., 90; unsicher *Grundmann*, Mk, 199

138 *Stauffer*, Botschaft, 39

Moralist habe völlig anders gedacht: »Die Ritterlichkeit Jesu beschränkte sich nicht auf die Damen der Gesellschaft, sie leuchtete am reinsten in seinem Schutzverhältnis zu dem Freudenmädchen von Magdala.«[139] Ist aber die zweite Antithese wirklich, wie *Stauffer* meint, das Produkt kleinlicher Unzuchtsschnüffelei?

Es geht uns nun, nachdem das traditionsgeschichtliche Problem, soweit möglich, gelöst ist, um die *sachliche* Frage: Was sind Inhalt und Intention der Antithese? Stehen sie etwa im Widerspruch zum Ganzen der Predigt Jesu? Vergegenwärtigen wir uns noch einmal den Sinn der dritten Antithese: Jesus will die Frau aus ihrer Rolle als Objekt des Mannes befreien. Wenn der Mann seine Frau entläßt, treibt er sie in den Ehebruch. Ihn selbst trifft somit diese Schuld seiner Frau. Damit deckt Jesus die moralische Verwerflichkeit einer mit dem mosaischen Gesetz gedeckten Praxis auf.

Nun ist es sehr gut möglich, die zweite Antithese im Zusammenhang dieses Gedankenganges zu sehen. Daß ein Mann seine Frau entläßt, beginnt meist damit, daß er zuvor sein Auge auf eine andere geworfen hat, um sie zu begehren: πας ο βλεπων γυναικα προς το επιθυμησαι αυτην! Somit hat er bereits mit dem begehrlichen Blick in seinem Herzen den ersten Schritt des Ehebruchs, der sich in der Ehescheidung auswirkt, getan: ηδη εμοιχευσεν αυτην εν τη καρδιᾳ αυτου. Zwar ist hier nicht expressis verbis die Rede von einem Verheirateten, der auf eine andere schaut. Doch dürfte dieser gemeint sein, wenn der soeben herausgestellte Zusammenhang sinnvoll ist.[140] Die zweite Antithese verbietet somit den Ehebruch »im Herzen« des Mannes, der ihn dazu führt, auch seine Frau zur Ehebrecherin zu machen. Die Schuld im Sinne der zweiten Antithese führt zur Schuld im Sinne der dritten Antithese.[141]

Bestehen diese Überlegungen zu Recht – und zwar im Blick auf die Predigt Jesu, nicht, zumindest nicht primär, im Blick auf die Redaktion des Matthäus! –, so ist der Generalnenner beider Antithesen die *Erhaltung der Ehe*, jedoch nicht um der Institution als Institution willen, sondern um der Frau willen, deren personale Würde durch die damalige Gesetzgebung und die damit gegebene »Verdinglichung« (Frau = Besitz!) mit Füßen getreten wurde! *Stauffer* sagt: »Niemand hat je so absolutistisch von der Ehe gesprochen wie Jesus in Mk 10,9, niemand so groß und so hoch... Die Ehe ist das große Absolutum, das einzige.«[142] Das gilt aber nicht nur für Mk 10,9; das gilt auch für die zweite und dritte Antithese! Beide Antithesen

139 ib. 83 140 cf. *Montefiore* II, 63

141 Man könnte einwenden, es sei dem Verheirateten doch erlaubt, jene (natürlich Unverheiratete; sonst wäre es nach jüdischer Auffassung Diebstahl und Einbruch in die Ehe eines anderen!) noch hinzuzuheiraten. Aber es geht hier doch gerade darum, daß die Intention darauf geht, die erste Frau um der zweiten willen zu verstoßen! Auf *Moore* II, 122 (Polygamie war selten!), wurde bereits verwiesen.

142 *Stauffer*, Botschaft, 76

stehen im Dienst der Ehe! Beide Antithesen stehen im Dienst derjenigen, die wegen der Unsicherheit ihrer Stellung in der Ehe am meisten betroffen war: der Frau! D.h., vom *Inhalt* beider Antithesen her gibt es *kein Kriterium, sie dem historischen Jesus abzusprechen*. *Stauffer* selbst hat früher einmal mit Recht gesagt: »Wiederum zeigt Jesus in der σκληροκαρδια den Ausgangspunkt allen Eheverfalls, um in der καρδια den Einsatzpunkt zu gewinnen für ein *neues Ethos* der Ehe: ηκουσατε οτι ερρεθη ... εγω δε λεγω υμιν ... ηδη εμοιχευσεν ... εν τῃ καρδιᾳ, Mt 5,27f. Im Herzen fällt die Entscheidung über den Bestand der Henosis. Wenn hier die Henosis hinfällig wird, dann ist die Ehe gebrochen.«[143]

Vergleicht man nun die *rabbinischen* Zeugnisse mit der zweiten Antithese (einschließlich v.29f.), so fallen auf den ersten Blick sehr enge Parallelen auf. Immer wieder ist die Rede vom Ehebruch mit den Augen und im Herzen.[144] Typisch ist, um nur zwei Stellen zu nennen, Mekh deR. Schim'on 111: »›Du sollst nicht ehebrechen‹, daß man nicht ehebrechen soll mit dem Auge und nicht im Herzen« und Tr. Kalla 1: »Wer eine Frau mit (begehrlicher) Absicht anblickt, gilt wie einer, der ihr beiwohnt.« Soweit wird man Übereinstimmung mit Mt 5,28 konstatieren müssen. Jesus ist also, was die zweite Antithese angeht, auf den ersten Blick nicht orginell (im Gegensatz zur dritten!). So kann z.B. *Montefiore* sagen: »Indeed no simple Rabbinic Jew who read the utterance of Jesus for the first time would find in it anything startling, except the implication that there was any opposition between the old Law and the new.«[145] Allerdings entfernt sich der rabbinische Standpunkt insofern von der Haltung Jesu, als er, von einer gewissen *Abwertung der Frau* herkommend, den Ehebruch mit dem Auge in einer Weise detailliert, die die Frau immer mehr disqualifiziert. Noch einmal sei Tr. Kalla 1 zitiert; nachdem gesagt wird, daß der, welcher eine Frau begehrlich anblickt, wie einer gilt, der ihr beiwohnt, heißt es: »Wer den kleinen Finger einer Frau berührt, ist wie einer, der eine gewisse Stelle berührt.« Ber 24a geht noch weiter: »Rab Scheschet (um 260) hat gesagt: ... Wer auf den kleinen Finger einer Frau sieht, der ist, als ob er auf die Stätte der Scham blickte. Rab Chisda (+309) hat gesagt: Der Schenkel am Weibe gehört

143 *Stauffer*, Art. γαμεω, ThW I, 648,14ff.; warum nannte sich *Stauffer*, Botschaft, 185 Anm. 113, nicht selbst, wo er von der »kompakten Majorität der deutschen Exegeten in allen Lagern und Konfessionen« spricht, die aus Gründen »teils schultheologischer, teils philosophischer, teils dogmatischer Natur« Mt 5,28 für jesuanisch halten? Hier wäre doch zumindest der Hinweis angebracht gewesen, daß er selbst früher auch einmal so gedacht hat (ThW I erschien 1933). Im Literaturverzeichnis seines Buches »Jesus war ganz anders« verweist er auf diesen Artikel γαμεω als einer der »Publikationen des Autors zu den Themen dieses Buches« (S. 282)! Nur der Fachmann weiß, daß der Vf. hier eine Wandlung vollzogen hat. Das genannte Buch ist aber für weitere Kreise geschrieben!

144 *Bill.* I, 299ff.

145 *Montefiore* II, 63

zum Unzüchtigen ... Schemuel (+ 254) hat gesagt: Die Stimme am Weibe gehört zum Unzüchtigen ... Rab Schescheth hat gesagt: Das Haar am Weibe gehört zum Unzüchtigen.«[146] Diese Sexualisierung des gesamten Körpers, ja des gesamten Wesens der Frau, die in der rabbinischen Frauenverachtung gründet[147], findet sich *in der Verkündigung Jesu nicht.* Mit Recht schreibt *Herbert Braun:* »Auch die Animosität gegen die Frau, welche für die Rabbinen typisch ist und von der Sekte aller Wahrscheinlichkeit nach geteilt wird, fehlt bei Jesus und in der an ihn anschließenden Tradition.«[148] »Die Legende von den Frauen in der Begleitung Jesu (Mk 15,40f. Par) zeigt zum mindesten, wie wenig die tradierende Gemeinde solche Animositäten bei Jesus voraussetzt; ähnlich Mk 14,3–9 Par.«[149]
Die Frage ist allerdings, ob jene Vorstellungen, die die Frau nur noch als Inkarnation des Sexus betrachten, schon z. Z. Jesu in rabbinischen Kreisen vertreten wurden. Jene Gelehrten nämlich, die den kleinen Finger der Frau, ihr Haar oder ihre Stimme in diesem Sinne beschrieben, lebten ja alle im dritten und vierten nachchristlichen Jhdt. Wenn diese Ansichten schon z. Z. Jesu bestanden, so würde seine Lehre schon allein dadurch in einem bestimmten Licht erscheinen: Sein Wort vom Ehebruch mit dem Auge (πας ο βλεπων...) wäre in diesem Falle von der genannten rabbinischen Sexualisierung der Frau abzusetzen. Doch ist eine solch pointierte Gegenüberstellung nicht möglich, weil, wie gesagt, die betreffenden Belege frühestens für das dritte Jhdt. sicher nachgewiesen werden können. Andererseits trifft dies auch gerade für denjenigen rabbinischen Satz zu, nach dem auch der ein Ehebrecher zu nennen sei, »der mit seinen Augen die Ehe bricht« (Resch Laqisch, um 250; LvR 23 (122b)), also für die unmittelbarste rabbinische Entsprechung zu Mt 5,28. Dabei ist kaum anzunehmen, daß man auf rabbinischer Seite einen Satz Jesu oder einen Satz des Christentums übernommen hat.[150] Somit haben wir hier den Fall vor uns, wo ein erst für das dritte Jhdt. belegter Ausspruch im ersten Jhdt. bereits bekannt war,

[146] zitiert nach *Bill.* I, 299

[147] bereits von Jose ben Jochanan, lange vor Hillel, stammt der bekannte Satz Ab I,5: »Sprich nicht viel mit dem Weibe.« An derselben Stelle werden die Weisen zitiert: »Jeder, der viel mit dem Weibe spricht, zieht sich Unheil zu, vernachlässigt die Worte der Thora und erntet am Ende die Hölle.«

[148] *Braun,* Radikalismus II, 113f.

[149] ib. 114 Anm. 1

[150] *Klausner,* Jesus von Nazareth, 534: »Selbst solche Aussprüche aus Mischna, Talmud und Midrasch, die erst *nach* Jesus aufgeschrieben wurden, aber seinen Sentenzen ähnlich sind, müssen schon viele Jahrzehnte vor ihrer literarischen Fixierung dem Volke mündlich bekannt gewesen sein. Jedenfalls ist es vollkommen ausgeschlossen, daß etwa umgekehrt die Evangelien die Talmud- und Midraschweisen beeinflußt hätten.« *Klausner* verweist auf R. Tarfon als Parallele zu Mt 5,27–30; ib. 535 Anm. 130: »Es ist wahrscheinlicher, daß die Evangelien von R. Tarfon lernten, als daß dieser extrem antichristlich gesinnte Tannaite von ihnen gelernt hätte.« Allerdings hat *Klausner* demnach wohl Mt 5,29f. nicht als Ausspruch des historischen Jesus angesehen.

vielleicht lediglich in mündlicher Tradition.[151] Also ist es durchaus *möglich*, daß Aussprüche wie: »Das Haar am Weibe gehört zum Unzüchtigen« schon z.Z. Jesu kursierten. Nur können wir aus einer solchen Möglichkeit keine für unsere Frage relevanten Schlüsse ziehen.

Sicher aber ist, daß sich aus Mt 5,27ff. keine Abwertung und Disqualifizierung der Frau entnehmen lassen, daß Jesus zumindest im Gegensatz zu Ab I, 5 gestanden hat.

Wie aber verhält es sich mit Mt 19,11f.? Haben wir hier nicht ein Wort Jesu vor uns, das in massivster Weise die Abwertung der Ehe, der Frau und der Geschlechtlichkeit zum Ausdruck bringt? Für die Authentizität dieses Logions treten immerhin u.a. ein: *Lohmeyer*[152], *Blinzler*[153], *H. Braun*[154], *Grundmann*[155] und *Greeven*.[156] Betrachten auch wir es daher zunächst hypothetisch als Wort des historischen Jesus.[157] Denn allein aus der Tatsache, daß es matthäisches Sondergut ist[158], läßt sich kein Einwand gegen seine Authentizität folgern[159]. Somit bleibt als einziges Kriterium für diese Frage der Inhalt des Logions. Diesen gilt es aber erst noch zu klären.

Daß hier nicht jene Art von Degradierung der Frau ausgesprochen ist, die in den bereits zitierten *rabbinischen* Zeugnissen zum Ausdruck kommt, zeigt sich schon allein daran, daß es in letzteren nicht um Ehelosigkeit geht. Im Gegenteil! Bezeichnend ist der bekannte Ausspruch des R. El'asar ben Pedath, nach dem derjenige Mann, der keine Frau hat, kein Mensch ist.[160] Für Nachkommenschaft zu sorgen, war ja strengste Verpflichtung im Judentum.[161] Somit widerspricht Mt 19,12 rabbinischem Denken und Empfinden ganz und gar; ja, man kann sagen, dieses Wort steht im Gegensatz zu genuin jüdischem Denken überhaupt.

Jedoch, könnte nicht essenischer Einfluß gegeben sein? Ist nicht in *Qumran* die Ehelosigkeit als höchstes Ideal gepriesen und praktiziert worden? Steht etwa Jesus hier im Banne der Sektierer vom Toten Meer? Doch müssen wir mit der Behauptung qumranisch-essenischen Einflusses an diesem Punkte sehr vorsichtig sein. Ich hoffe, an anderer Stelle[162] den Nachweis erbracht zu haben, daß in Qumran kein institutioneller Pflichtzölibat be-

[151] cf. die rabbinischen Parallelen zu Mt 12,11 in *Bill.* I, 629f.; s. 3. Kap. dieser Arbeit
[152] *Lohmeyer*, Mt, 282f.
[153] *Blinzler*, Εισιν ευνουχοι, ZNW 48, 254ff.
[154] *Braun*, Radikalismus II, 113. 113 Anm. 3 von S. 112
[155] *Grundmann*, Mt, 429
[156] *Greeven*, NTS 15, 369–373
[157] gegen die Authentizität u.a. *Hirsch* II, 311; *Stauffer*, Botschaft, 78; *Kretschmar*, Ein Beitrag zur Frage nach dem Ursprung frühchristlicher Askese, ZThK 61,56
[158] *Blinzler*, ZNW 48, 254; *Greeven*, NTS 15, 369
[159] Die hier als authentisch angesehene zweite Antithese gehört ja auch zu S-Mt!
[160] Jeb 63a,b: כול אדם שאין לו אשה אינו אדם
[161] s. u.a. *Blinzler*, ZNW 48, 269; *Moore* II, 119f.
[162] *Hübner*, *Zölibat* in Qumran? NTS 17,153–167; s. auch *Black*, Scrolls, 27ff.

stand. Die wohl von lediglich *einigen* Mitgliedern des jachads praktizierte Ehelosigkeit geschah sicher aus *kultischen* Gründen.[163] Die antiken Schriftsteller (Josephus, Philo, Plinius)[164] haben dann die auf freiwilliger Basis von einzelnen geübte Praxis allen zugeschrieben.

Verhielt es sich aber mit der Ehelosigkeit in Qumran so, dann kommt essenischer Einfluß für Mt 19,11f. nicht in Frage.[165] Denn keinesfalls hat Jesus Ehelosigkeit aus *kultischen* Gründen gefordert; das würde dem Wesen seiner Botschaft aufs entschiedendste widersprechen.[166] Nehmen wir weiterhin hypothetisch an, dieses Logion sei ein authentisches Jesuswort! Dann sind mehrere Deutungen möglich:

1. Das Himmelreich nimmt den Menschen so in Beschlag, daß ihm gar kein Raum für Ehe und Familie bleibt.[167]
2. Die sich selbst zu Eunuchen gemacht haben, sind jene, die ihre Frauen wegen πορνεια verstoßen haben und nun unverheiratet bleiben.[168]
3. Der ursprüngliche Sinn des Logions bezog sich generell auf Selbstverleugnung; es war an alle gerichtet. Matthäus aber grenzte es auf den Zölibat ein; es richtet sich nun nur noch an die Jünger Jesu.[169]

Die zweite Auffassung ist schon deshalb kaum wahrscheinlich, weil es sich um ein Einzellogion handelt, das also erst sekundär von Matthäus mit der

[163] 1 QS redet mehrfach von der »Reinheit der Vielen« (vor allem col. VIf.); wahrscheinlich schwingt in dieser Formulierung die atl. Vorstellung mit, nach der geschlechtlicher Verkehr Unreinheit nach sich zieht (Ex 19,15; Lev 15,18; 1 Sam 21,5). Falls CD A/2, also der halakhische Teil dieser Schrift, in seinen Einzelbestimmungen für 1 QS maßgebend gewesen sein sollte (*Maier*, Texte II, 41), so wäre CD XII, 1 vielleicht so zu interpretieren: Am Sabbat ist der eheliche Geschlechtsverkehr in Qumran aus kultischen Gründen untersagt. Dann hätte es sich um eine zeitlich eingegrenzte kultische Kontinenz gehandelt. Zur näheren Begründung s. meinen in Anm. 162 genannten Aufsatz, 166f.

[164] Die betr. Texte sind zusammengestellt bei: *Adam*, Antike Berichte über die Essener

[165] *Daniel*, Esséniens et eunuques, RevQum 6, 353ff., sieht in den »Eunuchen, die von Menschen zu Eunuchen gemacht sind«, d.h. von Menschen dazu gezwungen wurden, die Essener. – Unwahrscheinlich, weil Qumran kein Plichtzölibat kennt!

[166] s. 4. Kap. dieser Arbeit

[167] *Grundmann*, Mt, 429; *Blinzler*, ZNW 48, 263; Nach *Blinzler*, 269, ist es kaum denkbar, daß Jesus von sich aus die ehelos lebenden Jünger – solche setzt B. als im Kreise Jesu lebend voraus! – als Eunuchen bezeichnet hat. Die Verwendung des harten Wortes sei sehr gut begreiflich, wenn Jesus damit einen von seinen Kritikern gebrauchten Ausdruck aufnehme.

[168] *Quesnell*, »Made Themselves Eunuches for the Kingdom of God«, CBQ 30, 335–358; ähnlich schon vorher *Dupont*, Mariage, 220, der beide Meinungen kombiniert: »Formulé d'une manière générale, il ne s'applique pas uniquement au cas des époux divorcés auxquels on interdit de se remarier; il vise tous ceux qui, d'une manière ou de l'autre, ont renoncé à la vie conjugale en vue du Royaume des cieux.«

[169] *Zimmermann*, μη επι πορνεια (Mt 19,9) – ein literarisches Problem, Catholica 16, 293–299

πορνεια-Frage verbunden wurde. Auch die dritte Auffassung vermag nicht zu überzeugen: Als Bildwort für den Unverheirateten ist der Begriff »Verschnittener«[170] verständlich[171], schwerlich aber für den, der generell Selbstverleugnung übt. Vergegenwärtigt man sich aber, daß Jesus von der unmittelbaren Nähe der kommenden Gottesherrschaft durchdrungen war, so ist die erste Auffassung als Deutung eines authentischen Jesuswortes *möglich*. Keinesfalls ist aber m.E. eine Authentizität sicher.[172]
Nehmen wir nun einmal an, das Logion stamme aus dem Umkreis des Matthäus! Auch dann wäre keinesfalls qumranischer Einfluß anzunehmen, da für die Gemeinde des ersten Evangelisten keinerlei kultisches Interesse nachweisbar ist, aufgrund dessen dann eine kultische Begründung der Ehelosigkeit denkbar wäre. Somit ist unhaltbar, was *Stauffer* zu diesem Worte schreibt: »Die ›Jünger‹ von Mt 19,10 scheinen eine unwiderrufliche Ehe so ungefähr wie eine lebenslängliche Zuchthausstrafe zu betrachten. Die Antwort auf diese Schreckreaktion ist ein geheimnisvolles Elogium auf die ›Eunuchen, die sich selbst verschnitten haben um des Himmelreiches willen‹, gewiß keine Aufforderung zur Selbstverstümmelung, wohl aber ein Maschalwort zum Ruhme des frommen Eheverzichts. Das ist Geist vom Geiste der Essener, der Therapeuten oder der Täuferjünger.«[173]
Es bleibt in diesem Zusammenhang ein Letztes: Was besagt die zweite Antithese für die Stellung Jesu zum Gesetz? Geben wir zunächst einem jüdischen Autor das Wort, dem schon öfter zitierten *C. G. Montefiore:* »This is the second example of the deepening of the letter of the Law.«[174] »Vertiefung des Gesetzesbuchstabens« – das ist sachlich dasselbe, was *Braun* u.a. unter Verschärfung oder Radikalisierung der Thora verstehen. Auf keinen Fall ist hier das mosaische Gesetz auch nur von ferne aufgehoben. Auch *David Flusser*, ebenfalls ein jüdischer Gelehrter, spricht im Blick auf die zweite Antithese von einer »Verschärfung des Gesetzes, nicht in der Richtung auf das Rituelle, sondern in der Beziehung auf den Mitmenschen und dadurch auch auf sich selbst«; diese Einstellung habe es auch im damaligen Judentum gegeben.[175] Trotz *Percy*, der bestreitet, daß Jesus die Thora verschärft habe, weil der Inhalt der Antithese etwas ganz Neues gegenüber dem zeitgenössischen Judentum darstelle[176], hält auch die große Mehrzahl

[170] s. die rabbinische Unterscheidung סריס אדם und סריס חמה, Jeb VIII,4–6!
[171] u.a. *Blinzler*, ZNW 48, 261; *Grundmann*, Mt, 429; *Greeven*, NTS 15, 372
[172] *Stauffer*, Botschaft, 182 Anm. 79, gibt zu bedenken: »Das (sc., daß Mt 19,11f. authentisches Jesuswort ist) ist m.E. schon deshalb unwahrscheinlich, weil Paulus in 1 K 7,32/35 und anderwärts nie ein derartiges Herrenwort zitiert.«
[173] *Stauffer*, Botschaft, 78; *Hirsch* II, 310: Essenischer Einfluß in Mt 19,12; 311: »Über die Ungeschichtlichkeit des Spruches noch Worte zu verlieren ist unnötig. Die apokryphen Jesusworte zeigen öfter eine stärkere Betonung des Asketischen als die echten.«
[174] *Montefiore* II, 63
[175] *Flusser*, Jesus, 70f.
[176] *Percy*, 163–165

der christlichen Exegeten daran fest, daß die Predigt Jesu weithin von der Thoraverschärfung bestimmt ist. Gerade die Forschungen *Herbert Braun*s sind ja bekanntlich dem Thema der Radikalisierung des Gesetzes im Spätjudentum und bei Jesus gewidmet.

Der jüdische Gelehrte *Joseph Klausner* bringt die interessante These, daß einerseits Jesus kaum eine einzige Maxime ausgesprochen habe, die dem Judentum von Grund auf fremd gewesen wäre, andererseits jedoch festzustellen sei: »Und trotzdem haben wir in den Evangelien etwas Neues vor uns. Jesus, der sich weder mit der Halacha noch mit den für die Halacha notwendigen weltlichen Wissenschaften, noch selbst mit eigentlicher Bibelexegese viel beschäftigt hatte, häufte und verdichtete die ethischen Aussprüche derart, daß sie viel markanter hervortreten als in der talmudischen Haggada und den Midraschim... Einen Mann wie Jesus, dem die Ethik *Ein* und *Alles* bedeutete, hatte das Judentum bisher nicht hervorgebracht.«[177] Hier wird also von jüdischer Seite zugestanden, daß Jesus, obwohl mit seiner Thoraverschärfung im Rahmen einer jüdischen Zeitströmung stehend, dennoch etwas Eigenständiges geschaffen hat, das sich auf einer alle andern zurücklassenden ethischen Höhe befindet.

Die zweite Antithese läßt sich also gut als Musterbeispiel für die von Jesus praktizierte Radikalisierung der Thora begreifen. Und diese Radikalisierung ist nicht Produkt einer späten synoptischen Entwicklung, wie *Stauffer* meint, sondern Jesus selbst zuzuschreiben. Dann aber muß festgehalten werden, daß *Jesus sich in verschiedener Weise gegenüber der Thora verhält:* Während er diese in der zweiten Antithese positiv aufgreift und verschärft, steht andererseits fest, daß er sie in der dritten Antithese angreift und aufhebt. Jesus hat also um *derselben* Sache willen *verschieden* argumentiert. Beide Antithesen stehen, wie bereits gezeigt, im Dienste der Erhaltung der Ehe, und das vornemlich um der damals rechtlosen Frau willen. Wo das Gesetz die Möglichkeit gibt, der Frau ihre mit Füßen getretene Menschenwürde zurückzugeben, da bedient sich Jesus des Gesetzes. Wo aber umgekehrt das Gesetz dem Manne die Möglichkeit bietet, seine Frau in inhumaner Weise zu verstoßen, da wendet er sich gegen das Gesetz. Ist demnach Jesus als Opportunist oder, milder formuliert, als Pragmatiker zu betrachten? Handhabt er das Instrument des Gesetzes jeweils so, wie es seiner Predigt am besten dient?

Herbert Braun gibt hier folgende Antwort: Er spricht von der »*Ungrundsätzlichkeit*« der Thoraverschärfung durch Jesus; diese werde von ihm nicht grundsätzlich proklamiert. Wo im synoptischen Bereich dennoch die grundsätzliche Thoraverschärfung zum Ausdruck kommt, handle es sich nicht um Aussprüche des historischen Jesus.[178] *Braun* will damit sagen, daß sich Jesus dort, wo er das Gesetz radikalisiert, eben dieses Sachver-

[177] *Klausner*, Jesus von Nazareth, 540f.

[178] *Braun*, Radikalismus II, 7ff.

haltes nicht bewußt ist! Jesus ist für ihn ein solcher, der ganz auf dem Boden der Thora gestanden hat; ja, er hat sogar ihre Inhalte »*grundsätzlich* für völlig verbindlich angesehen«![179] Der *Ungrundsätzlichkeit* der Thoraverschärfung soll also die *Grundsätzlichkeit* der Anerkennung der Thora entsprechen. *Braun* sieht allerdings auch, daß Jesus immer wieder gegen die Thora verstößt. Das aber, so meint er, sei von ihm nicht intendiert. Es sei lediglich die Konsequenz der Radikalisierung, die zur konkreten Sprengung des Gesetzes führe.[180]

Dieses Verständnis der Thorakritik Jesu überzeugt nicht. Dessen Haltung zur Ehescheidung dürfte eher bewußt die »kontrete Sprengung« intendiert haben. Vor allem die Exegese von Mk 7,15 wird dies bestätigen.[181] *Braun* kommt u.a. zu dem eben genannten Ergebnis, weil er Mt 11,13 par. nicht als Ausspruch des historischen Jesus betrachtet.[182] Doch ist der *Braun*sche Terminus »Ungrundsätzlichkeit« dann brauchbar, wenn mit ihm ausgesagt werden soll, daß Jesus die Thora nicht als solche angegriffen hat: Es geht ihm nicht um grundsätzliche Abrogation des Gesetzes.[183] Genauer formuliert: Es geht ihm nicht um grundsätzliche Abrogation aller Thorainhalte. Auch wenn er nach Mt 11,13/Lk 16,16 mit dem Auftreten des Johannes das Ende der Epoche des Gesetzes gesehen haben sollte, bedeutet das nicht, daß er gleichzeitig alles, was das Gesetz des Mose sagt, für überholt und abgetan betrachtete. Daß ein Gebot in der Thora steht, heißt für ihn noch lange nicht, daß dieses Gebot dem Willen Gottes widerspricht.

Mag also einerseits der von *Braun* gebrauchte Terminus »Ungrundsätzlichkeit« in gewissem Maße brauchbar sein, wenn auch nicht ganz in dem Sinne, wie er ihn benutzt, so darf doch andererseits nicht übersehen werden, daß der Haltung Jesu zum Gesetz ein *grundsätzlicher* Zug eignet: Die Thora ist nicht als solche Autorität, sie ist nicht grundsätzlich Autorität. Grundsätzlich ist vielmehr der Wille des Vaters Autorität. Diesem gegenüber gilt es gehorsam zu sein. Die formale Autorität des Gesetzes ist beseitigt; *nur* wo es aus *materialen* Gründen den Menschen fordert, da gilt es. Ist aber für Jesus der Wille Gottes letztgültiges Kriterium, dann kann man ihm nicht den Vorwurf des Opportunismus machen. Er sucht sich aus dem Alten Testament nicht aus, was ihm gerade paßt, sondern er legt an dieses den Maßstab des Willens Gottes an. Indem er aber dadurch in Konflikt mit dem formalen Schriftprinzip und somit in Konflikt mit dem Pharisäismus kommt, ist er wohl oder übel »Rebell«, als den *Braun* ihn – gegen *Stauffer* – nicht gelten lassen will: »...andererseits vergrundsätzlicht (!) die Bezeichnung ›Rebell‹ das praktische Nein Jesu zu Torainhalten zu

[179] *Braun*, Die Problematik einer Theologie des NT = Aufs., 327, Hervorhebung von mir [180] ib. 327 [181] s. 5. Kap.

[182] *Braun*, Radikalismus II, 7 Anm. 2

[183] so auch *Kümmel*, Traditionsged. = Aufs., 34

stark auf ein prinzipielles Nein zur Tora hin.«[184] Es war schließlich nicht nur ein »praktisches« Nein zu Thorainhalten; es war ein sehr *bewußtes* Nein zu gewissen Inhalten der Thora! Es war insofern allerdings – und das ist das Wahrheitsmoment der Auffassung *Braun*s – kein prinzipielles Nein zur Thora, sondern ein sehr differenziertes Ausgewogensein von Ja und Nein; wo er sein Nein zu einer Thorabestimmung sprach, da war es insofern aber ein formales Nein, als ein Thoragebot noch nicht deshalb im Gewissen verpflichtet, weil es Teil dieser Thora ist. Nochmals: Jesus ist »Rebell«, weil er mit dem formalen Schriftprinzip bricht und statt dessen den Willen des Vaters als Forderung absoluter Nächstenliebe predigt. Die unterschiedliche Haltung Jesu zum Gesetz, die einmal als »rebellisch« und ein ander Mal als gut spätjüdisch bezeichnet werden kann, erklärt sich bestens aus dieser Einstellung. Es sind also beide extreme Positionen abzulehnen, sowohl *Braun*s These von der Ungrundsätzlichkeit der Thorakritik Jesu als auch *Stauffer*s These von einem bewußten Antinomismus. Hier sorgsam abzuwägen ist unerläßlich, wenn sich nicht die Gesamtperspektive total verzerren soll.

Noch ein kurzes Wort zu *Guelich*, dessen Konzeption (im Gefolge von *Goppelt*) bereits im Zusammenhang mit der dritten Antithese behandelt wurde. Er versucht, einen grundsätzlichen Unterschied zwischen der Stellungnahme Jesu und der der Rabbinen zum Ehebruch herauszustellen. Er spricht von einem »important difference in the perspectives«: »While the Jewish parallels always begin with the concrete principles of ›adultery-actual deed‹ and ›adulterer-transgressor through actual deed‹ as the basis by which they compared the less overt desire or intent via ›eye‹ or ›heart‹, the antithesis of 5,28 simply posits the inovert ›desire-adultery‹.« Er fügt allerdings abschwächend hinzu: »This contrast in perspective is but a reflection of the difference in intent underlying the sayings.«[185] Die bei *Billerbeck* zusammengestellten rabbinischen Parallelen[186] gestatten eine solche Differenzierung nicht. Inwiefern z.B. LevR 23 (122b), wonach der, welcher mit den Augen die Ehe bricht, ein Ehebrecher genannt wird, die ehebrecherisch-aktuelle Tat zur Basis habe, Mt 5,28 aber nicht, ist nicht einsichtig.

Alles in allem: Hinsichtlich der Formulierung der zweiten Antithese bleibt Jesus im Rahmen der spätjüdischen Zeugnisse. Daß deshalb diese Antithese dem historischen Jesus abzusprechen sei, ist unwahrscheinlich. Das *eigentlich Jesuanische der zweiten Antithese kommt erst durch den Kontext der dritten Antithese zum Ausdruck.* Ziel beider Antithesen ist die Humanisierung der Stellung der Frau; diese soll aus ihrer Rolle als Objekt und Besitz

[184] *Braun*, Qumran II, 108
[185] *Guelich*, 144f. [186] *Bill.* I, 299

des Mannes herausgenommen werden. Nicht aber geht es, wie im ganzen Spätjudentum, um die Funktion der Frau als Garantin der Nachkommenschaft, also als Garantin des entscheidenden Segens Gottes.[187] Somit legte Jesus den Ton auf die Personalität der Frau[188], nicht aber auf ihre soeben genannte Aufgabe. Das Wesen der Frau als *Mensch*, der gegenüber, eben weil sie Mensch ist, das Liebesgebot gilt, ist das Entscheidende, nicht aber eine rein funktionale Betrachtungsweise, die die Frau nur als Mittel zum Zweck sieht und somit degradiert, mag auch der Zweck noch so sehr als göttliche Verheißung formuliert werden, etwa im Sinne von Gen 12,2; 13,16; 15,5.

Steht aber der zu liebende Mensch im Vordergrund der ethischen Verkündigung Jesu, so könnte die Frage gestellt werden, ob hier bei Jesus bereits der Einfluß Qumrans offen zutage tritt, wie z.B. *David Flusser* behauptet.[189] Dieser vertritt damit die *Stauffer* extrem entgegengesetzte Position: Also nicht Qumranisierung im Verlauf der Geschichte der synoptischen Tradition, sondern bereits Jesus als Prototyp essenischer Ethik! Von daher empfiehlt es sich, nun die fünfte und sechste Antithese zu behandeln.

4. Die fünfte und sechste Antithese (Wiedervergeltung und Feindesliebe) und verwandte synoptische Texte

Aus inhaltlichen, aber auch aus überlieferungsgeschichtlichen Gründen werden hier die beiden letzten Antithesen in *einem* Abschnitt behandelt. Nach Lk, wahrscheinlich aber auch nach Q (s.u.), bildet der Stoff, den Matthäus auf zwei Antithesen verteilt, eine Einheit, deren tragendes Thema Feindesliebe heißt. Immerhin bringt Matthäus diese beiden Antithesen – sicherlich bewußt – unmittelbar hintereinander.

Nun stellt uns die in der Literatur gegebene Interpretation der zwei Antithesen, vor allem der sechsten, vor eine geradezu paradoxe Situation: Einige sehen in ihnen eine sehr nahe Parallele zu Qumran, da auch hier Feindliebe gefordert würde (1 QS X,17f.)[190], andere dagegen in Mt 5,43: »Ihr habt gehört, daß gesagt wurde: Du sollst deinen Nächsten lieben und deinen Feind hassen!« eine Anspielung auf den Haß, den die Qumrangemeinde von ihren Gliedern Außenstehenden gegenüber verlangte (1 QS I,10; IX,21f.), also eine bewußte Absetzung von Qumran.[191]

[187] cf. *Moore* II, 119f.

[188] cf. *v. Oppen*, 13ff., bes. 16

[189] *Flusser*, Jesus, 72ff.

[190] u.a. *Flusser*, Jesus, vor allem 76ff.; etwas vorsichtiger *Burrows*, Klarheit, 86; *Dupont-Sommer*, 400

[191] s. die Zusammenstellung der betr. Autoren bei *Braun*, Qumran I, 17, s. neuerdings auch *Seitz*, Love your Enemies, NTS 16, 51ff.

Versuchen wir zunächst, den *ersten* exegetischen Schritt zu tun, indem wir das nachsprechen und paraphrasieren, was die Evangelisten zum Ausdruck bringen wollten. Beginnen wir dabei mit dem *Lukas*-Text, da sich die Vermutung nahelegt, daß hier die Reihenfolge von Q besser gewahrt ist als bei Mt.[192]

Die Feldrede des Lk beginnt mit den Makarismen und den diesen jeweils entsprechenden Wehe-Rufen. Die Frage, ob letztere Bildung des Evangelisten sind, ist für unser Problem unerheblich und kann daher übergangen werden. Wichtiger ist schon, daß die Makarismen, wie *Bultmann* gezeigt hat, deutlich in zwei Gruppen zerfallen: 1. allgemeine Seligpreisungen der sich nach dem messianischen Heil sehnenden Frommen, 2. Seligpreisung der um des Menschensohnes willen Verfolgten.[193] Die Situation der in v. 22f. Seliggepriesenen ist durch den Haß gezeichnet, der ihnen in der Verfolgung entgegenschlägt.

Nun spiegelt der Abschnitt Lk 6,27–36 zweifellos diese in Lk 6,22f. zum Ausdruck gebrachte Verfolgungssituation wider. Taucht doch bereits in v. 27 das Verb μισειν auf, auf dem auch in v. 22 der Akzent liegt. Das Gebot der Feindesliebe steht also im Kontext der haßerfüllten Verfolgung, die die christliche Gemeinde erleidet. Dann aber ist dieses Gebot organisch nur mit der zweiten Gruppe der Makarismen verbunden. Der Zusammenhang ist somit der: Die um Christi willen Gehaßten und aus dem Synagogenverband Ausgestoßenen[194] werden aufgefordert, den Haß mit Liebe zu erwidern. Die εχθροι von v. 27 sind also zunächst die Feinde der christlichen

[192] *Streeter*, 291; *Kümmel*, Einl., 37; *Grundmann*, Lk, 139f., *Hirsch* II, 77f.: »... daß die *Bergpredigt des Matth* das Gebilde des Evangelisten selbst ist, erwachsen aus plan- und kunstvoller Erweiterung der *Q-Predigt* von *der Liebe*, die uns Luk 6,20–49 noch in einer Q sehr nahe gebliebenen Gestalt erhalten ist ... Wohl kann das, was Luk hat, durch Erweiterung das werden, was Matth hat. Daß aber aus Kürzung einer Sammlung je eine solche Rede wie die des Luk nachträglich entstehen könnte, ist ausgeschlossen.« Dem dürfte zuzustimmen sein, auch wenn man die übrige These *Hirschs*, nach der die Bergpredigt des Mt aus zwei Reden (Q-Predigt von der Liebe und Rede von der wahren Gesetzeserfüllung) zusammengesetzt ist, ablehnt. *Schürmann*, Lk, 345, mit Recht gegen *Dupont*, béatitudes, 189ff. 313f., der die Meinung vertritt, Lukas habe Lk 6,27–36 in seiner Vorlage wie Mt 5,38–42.43–48; 7,12 gelesen und die zweimalige antithetische Form beseitigt.

[193] so *Bultmann*, Trad., 114f.; 115: Lk 6,22f. (entsprechend Mt 5,11f.) ist ein neues Traditionsstück, das sich von dem älteren Lk 6,20f. bzw. Mt 5,3–9 in Form und Inhalt deutlich unterscheidet und das ex eventu und somit von der Gemeinde gebildet ist; etwas vorsichtiger *Schürmann*, Lk, 335f.: »Der vierte Makarismus (bzw. Weheruf) bildet aber mit den drei ersten keine ursprüngliche Einheit ... Die VV22f sind in eine Situation gesprochen, in der Jüngerverfolgungen um des Namens Jesu willen real in Aussicht sind. Solche waren ... auch schon vor Ostern zumindest vorauszusehen ... Gewiß hat aber die Situation im nachösterlichen Palästina unserem Logion hellere Farbe gegeben.«

[194] *Grundmann*, Lk 143; *Schürmann*, Lk, 333

Gemeinde. Nach *Grundmann* ist für die Verhaltensweisen dieser Feinde eine Steigerung festzustellen: Gesinnung: Haß; Wort: Verfluchung; Tat: Mißhandlung.[195] Dem steht als jeweilige Verhaltensweise der Christen gegenüber: die gute Tat, die Segnung und die Fürbitte. Hier ist eine solche Steigerung nicht erkennbar. Worin soll nämlich die Fürbitte über die Segnung hinausgehen? Inwiefern ist προσευχεσθαι inhaltlich mehr als ευλογειν? Allerdings ist auch die erste Klimax philologisch nicht gesichert, denn επηρεαζειν kann nicht nur »mißhandeln«, sondern auch »beschimpfen« bedeuten. So ist nach *Schürmann* dieses Verb um des Zusammenhangs willen nicht als »tätiges Mißhandeln« zu verstehen; denn die geforderte Gegenhandlung (Fürbitte) lege ein sich im Wort äußerndes böses Verhalten wie das Lk 6,22b geschilderte nahe.[196] Versteht man aber τυπτειν in v.29 als Veranschaulichung des επηρεαζειν, dann müßte man dieses doch als »mißhandeln« übersetzen.[197] Vorausgesetzt, diese Interpretation träfe zu, so wäre also als Beispiel für die Mißhandlung durch die Feinde das Schlagen auf die Wange gebracht. Ob dieser doch im Grunde alltägliche Zwischenfall von Lukas im Blick auf die eben konstatierte Verfolgungssituation verstanden wird, ist schwer zu sagen. Jedoch könnte das zweite Beispiel – der Raub des Obergewandes, also wohl kaum ein Akt der Verfolgung der christlichen Gemeinde! – nahelegen, daß der Evangelist bereits in v.29 unversehens die Sphäre des alltäglichen Geschehens erreicht hat. Die Goldene Regel in ihrer positiven Fassung v.31[198] mit ihrem Prinzip, Gutes in der Weise zu tun, wie man es vom anderen erwartet, paßt nicht in den Zusammenhang. In ihr ist ja nicht die Relation böse – gut angesprochen, sondern die Relation gut – gut. Das für sie charakteristische ομοιως entspricht in keiner Weise dem bisher Gesagten. Die Goldene Regel wirkt also wie ein Fremdkörper im Aufbau unserer Perikope, zumal Lukas anschließend in v.32 den Gedanken der Feindesliebe wieder aufgreift, um ihn dann in v.35 noch einmal expressis verbis auszusprechen.[199] Seltsam ist jedoch die Zusammenstellung in diesem Vers. Programmatisch heißt es: »Also (πλην im Sinne einer abschließenden Zusammenfassung) liebet eure Feinde!«, und weiter heißt es ebenso programmatisch: »Tut (ihnen) Gutes!« Dann aber wird – im Rückblick auf v.34 – als einziges Beispiel für eine tätige Feindesliebe das Leihen ohne Hoffnung auf Rückgabe genannt, obwohl

[195] *Grundmann*, Lk, 147 [196] *Schürmann*, Lk, 344. 344 Anm. 11

[197] Gegen *Schürmanns* Verständnis von επηρεαζειν spricht auch Lk 23,34: Fürbitte als Antwort auf Mißhandlung!

[198] Zum Problem der Goldenen Regel bei Jesus s. die einschlägigen Kommentare zu Lk 6,31 bzw. Mt 7,12; s. vor allem *Bill.* I, 459f.907.

[199] s. neuestens *Bornkamm*, Wandlungen im a.- und ntl. Gesetzesverständnis = Aufs. IV, 95f., der hier mit Recht von einer »nicht mehr empfundene(n) Diskrepanz« spricht.

doch aus v. 34 keinesfalls hervorgeht, daß diejenigen, die sich etwas ausleihen wollen, Feinde sind!

Wer so handelt, dessen Lohn, μισθος, ist groß! Dieses Ziel ist dem Evangelisten wichtig; das erweist die Tatsache, daß dieser Versteil, aus Lk 6,23 entnommen[200], redaktionelle Einfügung des Evangelisten ist[201]. Erst nach dieser Lohnverheißung wird denen, die die Feindesliebe verwirklichen, verkündet, daß sie Söhne des Höchsten, υιοι υψιστου, sind, weil Gott selbst gegenüber Undankbaren und Bösen gütig ist. Feindesliebe ist demnach Abbild des Verhaltens Gottes, der sich auch den Bösen gegenüber liebevoll erweist. Mit v. 36 beginnt ein neuer Abschnitt über die Barmherzigkeit.[202]

Als Skopus der Gesamtgedankenführung ergibt sich somit: Die von Hassenden und Bösen verfolgte christliche Gemeinde soll ihre Verfolger lieben, weil auch Gott die Bösen liebt. Als betonter Nebengedanke, der aber im Grunde den soeben herausgestellten Hauptgedanken stört, erscheint die Aussage, daß der Lohn der Feindesliebe groß ist. Diese Lohnverheißung findet sich auch bei den Makarismen im Zusammenhang mit der Verfolgung durch die Hassenden (v. 23). Als nicht betonte Nebengedanken erscheinen Anweisungen betreffs des Verhaltens gegenüber persönlichen Feinden (v. 29f.) und die Goldene Regel (v. 31).

Schauen wir nun auf *Matthäus!* Die bei Lk im Zusammenhang stehenden Verse sind auf zwei Antithesen verteilt. In der ersten (= *fünften* in Mt 5) geschieht wieder eine Aufhebung einer alttestamentlichen Gesetzbestimmung, nämlich die Aufhebung des ius talionis (Ex 21,24; Dt 19,21; Lv 24,20), eines Grundsatzes, der konstitutiv für die Rechtscorpora des Alten Testamentes ist. Steht er doch im Bundesbuch, im Urdeuteronomium[203] und im Heiligkeitsgesetz! Somit ist hier nicht, wie etwa bei der dritten Antithese (Ehescheidung, Dt 24,1) eine am Rande stehende Bestimmung der Thora *außer Kraft gesetzt*, sondern ein *zentraler Grundsatz*.[204] Indem Jesus

[200] Mt 5,12 zeigt, daß dieser Versteil in Q am Ende der Makarismen stand.

[201] Hat Lk vielleicht in v. 32 μισθος durch χαρις ersetzt, um in v. 35 μισθος um so stärker betonen zu können? Wir werden auf diese Frage beim innersynoptischen Vergleich noch einmal zurückkommen.

[202] *Hirsch* II, 84; *Grundmann*, Lk, 145f., 150; *Schürmann*, Lk, 358f.; unsicher *Bultmann*, Trad., 83: v. 37ff. können für unsere Überlegungen außer Betracht bleiben.

[203] *Fohrer*, Einl., 187

[204] anders *Hasler*, Das Herzstück der Bergpredigt, ThZ 15, 101f.: »Nichts berechtigt, das ›Widerstehet dem Bösen nicht‹ gegen die alttestamentlichen Gebote im Sinne ihrer Abschaffung zu stellen. Dort, wo rabbinischer Eifer und Anmaßung in der Vergeltung zu weit ging, sollte das Jesuswort bei Matthäus zur Beschränkung der Tora zurückführen... ›Dem Bösen nicht widerstehen‹ bedeutet keinen Gegensatz zum Toragebot, sondern bildet dessen messianische Erfüllung.« Diese Auffassung ist unhaltbar: 1. Sie setzt sich über den klaren Wortlaut der fünften Antithese hinweg. 2. Sie verzeichnet die rabbinische Einstellung. Bei aller Problematik des

diesem die Aufforderung gegenüberstellt: »Dem Bösen[205] nicht widerstehen!«[206], hat er Gesetz und Ethos des Alten Testaments entscheidend und wesentlich modifiziert. Da auch die fünfte Antithese, wie alle Antithesen, unter der Überschrift Mt 5,17–20 steht, ist diese Modifikation wiederum als Erfüllung des Gesetzes verstanden.[207] Nachdem die ersten vier Antithesen weder vom eschatologischen Ausblick der ersten Makarismen Mt 5,3ff. noch von der Verfolgungssituation der Makarismen Mt 5,10ff. geprägt sind, ist auch hier nicht anzunehmen, daß unter »dem Bösen« in v. 39a der Verfolger der christlichen Gemeinde verstanden ist. Auch die zur Erläuterung der fünften Antithese gebrachten Beispiele sprechen gegen ein solches Verständnis.

Aufsatzes von *Flusser*, Judaism and the Christian Message HThR 61, 107–127, dürfte dieser doch richtig gesehen haben, daß zur Zeit Jesu und auch schon vorher ein «new religious sensitivity of Judaism« (116) gegeben war, das durch das Bemühen um das Liebesgebot gekennzeichnet war.

[205] τῳ πονηρῳ kann masculinisch oder neutrisch verstanden werden, es kann also das Böse oder den bösen Menschen meinen. (Die Auffassung, πονηρος bedeute wie in Mt 13,19 den Teufel (z.B. Chrysostomus), wird nahezu einstimmig abgelehnt.) 1. für *masculinisches* Verständnis: *Schlatter*, Mt, 187; *Bornhäuser*, 93f.; *Klostermann*, Mt, 48 (hält aber die neutrische Bedeutung nicht für ausgeschlossen); *Harder*, Art. πονηρος, ThW VI, 561f. (aber: »ebenso gut kann ... die böse Tat gemeint sein«, 562,7f.); *Schmid*, Mt, 108; *Grundmann*, Mt, 171; 2. für *neutrisches* Verständnis: *M'Neille*, 69; *Lohmeyer*, Mt, 136f.
Zunächst einmal legt der Zusammenhang das masculinische Verständnis nahe. Sollte jedoch die fünfte Antithese (v. 38.39a) erst sekundär mit v. 39b–42 verbunden worden sein, würde allerdings dieses Argument (Zusammenhang) entfallen. Doch dann spräche immer noch v. 38 (Rechtsgrundsatz für das Verhalten gegenüber dem Prozeßgegner) für das masculinische Verständnis von v. 39a. *Lohmeyer*s Auffassung, das Böse sei »als eine aktive reißende und gewaltsame Macht vorgestellt« (137), ist in den Text hineininterpretiert.

[206] μη αντιστηναι, nicht widerstehen, ist im Sinne von »auf den Rechtsweg verzichten« zu verstehen; so *Schlatter*, Mt, 187; *Bornhäuser*, 94: »Bezeichnung des klägerischen Auftretens gegen jemand«; *Ljungmann*, 84: »prozessiere nicht, um ihm (sc. dem Bösen) Ersatz abfordern zu lassen«; *Grundmann*, Mt, 171; cf. *Currie*, Mt 5,39 – Resistance or Protest?, HThR 57, 140–145: »Matthew 5,39 may be translated, ›But I tell you, Do not protest against the wrongdoer.‹ Such a rendering has the advantage of specifying the action of αντιστηναι as *verbal rather than physical* in any grosser sense, and of pointing in the direction of possible legal recourse.« (140, Hervorhebung von mir) Er unterbaut seine These, indem er auf eine Reihe atl. und ntl. Stellen verweist.
Die andere Auffassung von μη αντιστηναι besagt, sich nicht »durch Notwehr, die aber selbst wieder gewalttätig ist« zu widersetzen; so *Klostermann*, Mt, 48, *Lohmeyer*, Mt, 139. Wenn v. 39a die ursprüngliche Antithese zur These v. 38 ist, so legt sich jedoch die erste Auffassung nahe.

[207] Hier sei in Erinnerung gerufen, was im Zusammenhang mit den Erörterungen über die dritte Antithese über Erfüllung des Gesetzes als Modifikation des Gesetzes gesagt wurde (S. 63f. dieser Arbeit).

Die *sechste* Antithese bringt eine *Überbietung* des Gebotes der Nächstenliebe (Lev 19,18 = H) *und* eine *Außerkraftsetzung* des Gebotes des Feindeshasses, das als solches nicht im Alten Testament steht[208], durch das Gebot der Feindesliebe. Parallel zum Imperativ »Liebet eure Feinde!« steht ein zweiter: »Betet für die, die euch verfolgen!« Ist hier das διωκειν der Makarismen Mt 5,10ff. und somit die Verfolgungssituation aufgegriffen? Wohl kaum; höchstens mag sie unterschwellig mitgedacht sein.[209] In v. 45 ist die finale Begründung (οπως) für die Imperative gegeben: damit ihr Kinder eures Vaters im Himmel seid.[210] Dieser läßt nämlich (οτι) über Gute und Böse die Sonne aufgehen und regnen. Also genügt die Liebe zu denen, von denen man geliebt wird, nicht. In v. 47, τι περισσον ποιειτε, ist v. 20 aufgegriffen. Diese Wendung dürfte daher wahrscheinlich redaktionell sein.[211] Gerade in der Feindesliebe erweist sich, wie Christen ein Mehr gegenüber dem ethischen Verhalten von Pharisäern und Schriftgelehrten aufweisen. Während Lk 6,36 als Anfang eines neuen Abschnitts zu verstehen ist[212], dürfte der dazu parallele Vers Mt 5,48 als climax der zuvorstehenden Verse aufzufassen sein: »Seid nun ihr vollkommen[213], wie euer himmlischer Vater vollkommen ist!« Betont ist das »ihr«, υμεις.[214] Dieser Vers bezieht sich wahrscheinlich nicht nur auf die sechste Antithese, sondern auf alle.[215] Vollkommen ist, wer das Gesetz in der »erfüllten« Weise in die Tat umsetzt, wie es Jesus als sein »Erfüller« in den Antithesen zum Ausdruck gebracht hat. Daß die sechste Antithese mit ihrer Forderung der Feindesliebe durch ihre Schlußstellung den Akzent trägt, bedarf keiner Begründung: Feindesliebe ist in besonderer Weise Erfüllung des Gesetzes.

Ist, indem die Gedankenführung beider Evangelisten herausgestellt wurde, der erste exegetische Schritt getan, so gilt es nun, unser Augenmerk auf die *Traditionen* zu richten, die ihnen vorgelegen haben. Dies soll zunächst durch den innersynoptischen Vergleich geschehen. Es fällt zunächst auf, daß Lk die dominierende Aussage »Liebet eure Feinde!« zweimal bringt, Mt jedoch

[208] über die mögliche Herkunft dieses Gebotes s.u.

[209] Vielleicht will Paulus in Rö 12,14, ευλογειτε τους διωκοντας, ein Wort Jesu zitieren (*Michel*, Röm, 273 Anm. 6; *Dodd*, Rom, 207: »Quoting his Master, Paul says ...«). Dabei muß διωκω, weil inzwischen formelhaft geworden, nicht unbedingt die Verfolgung der christlichen Gemeinde besagen Es hätte dann, wie in Mt 5,44, inzwischen den präziseren Sinn abgelegt. Mit Recht weist *Michel*, Röm, 269 Anm 3, den Versuch *Kühls*, Röm, 425ff, Rö 12,9–13 auf das Leben innerhalb der Gemeinde und v. 14–21 auf das Verhalten zu den Ungläubigen zu beziehen, als zu schematisch ab.

[210] *Bultmann*, Trad., 83

[211] so auch *Wrege*, 90; cf. auch *Grundmann*, Mt, 179

[212] s. Anm. 202

[213] zu der Bedeutung von τελειος s.u.

[214] *Grundmann*, Mt, 180

[215] *Fuchs*, Die vollkommene Gewißheit = Aufs. II, 129; *Grundmann*, Mt, 180; anders *Delling*, ThW VIII, 75 Anm. 35

nur einmal. Da erst das zweite Gebot der Feindesliebe bei Lk mit der Zusage der Gotteskindschaft verbunden ist, liegt es nahe, anzunehmen, daß Lk 6,35, nicht aber Lk 6,27 die Parallele zu Mt 5,43 ist.[216] Allerdings steht bei Lk, worauf bereits hingewiesen wurde, zwischen dem Gebot der Feindesliebe und der Zusage der Gotteskindschaft die Lohnverheißung.

Nach *Wrege* ist diese Lohnverheißung Lk 6,35b schon vor Lk anzusetzen, da Lukas kaum von sich aus μισθος schreibe.[217] Dieser Begriff komme in Lk nur Lk 6,23/Mt 5,12; Lk 6,35 diff. Mt; Lk 10,7 diff. Mt vor. »Wer im übrigen den Gebrauch von χαρις Lk 6,32ff. statt μισθος Mt 5,46 auf Lk selbst zurückführt (z.B. *Harnack*, Sprüche, S.46; *Dupont*, B, S.151f.), muß darauf verzichten, auch noch den ›Lohn‹ in v.35 als lk auszugeben: denn der Evangelist wird nicht zunächst ein Wort konsequent vermeiden, um es gleich darauf selbst wieder zu setzen.«[218]

Dagegen ist einzuwenden:

1. Keineswegs ist für Matthäus der Gebrauch von μισθος charakteristischer als für Lukas. Mt 6,1.2.5.16 handelt es sich um Sondergut des Matthäus, ebenso Mt 20,8. An keiner Stelle kann μισθος in Mt als redaktionell nachgewiesen werden!
2. Man muß damit rechnen, daß Lukas in Lk 6,32ff. μισθος statt χαρις gelesen hat.[219] *van Unnik* hat nämlich wahrscheinlich gemacht, daß Lukas, indem er μισθος durch χαρις ersetzt, letzteres in seiner »profanen« Bedeutung versteht.[220] So können wir fragen, ob er nicht durch das redaktionelle χαρις in v.32–34 eine gewisse Abschwächung vornehmen wollte, um schließlich dem Gedanken des μισθος, indem er ihn in v.35 einträgt, ein um so stärkeres Gewicht zu verleihen. Dann könnte man aber nicht, wie *Wrege*, formulieren: »denn der Evangelist wird nicht zunächst ein Wort konsequent vermeiden, um es gleich darauf selbst wieder zu setzen.«

216 cf. *Wrege*, 86, der, allerdings von einem anderen Ausgangspunkt herkommend, zu einem ähnlichen Ergebnis gelangt.

217 ib. 86

218 ib. 86 Anm. 2

219 so auch u.a. *Strecker*, 164 Anm. 4; *Schürmann*, Lk, 353 Anm. 77, rechnet mit dieser Möglichkeit

220 *van Unnik*, Die Motivierung der Feindesliebe in Lk 6,32–35, NovTest 8, 295f.: Die Mehrzahl der modernen Exegeten faßt χαρις als »göttliche Gnade«, »aber ohne daß man die Gedankenzusammenhänge im Griechischen in Betracht gezogen hat. Wenn jemand einem Mitmenschen Gutes erweist, ist das χαρις, aber auch wenn der Empfänger etwas zurückgibt, heißt das χαρις (man spricht von χαριν αποδουναι – αντιχαριζεσθαι).« ib. 297: Die Gutes tun, ohne etwas zu erwarten, »werden ... empfangen: nicht nur Dank, sondern μισθος von Gott.« *van Unnik* zeigt auch, daß die Wendungen καλως ποιειν (v. 27) und αγαθοποιειν (v. 33–35) von Lukas als synonyme und »sehr markante Begriffe in der griechischen Ethik« (297) übernommen wurden.

Wie aber steht es nun in Lk 6,27 mit dem ersten der beiden Gebote der Feindesliebe? Liegt hier etwa eine andere Überlieferung als Q vor? Das ist kaum anzunehmen, denn es bieten sich folgende zwei Möglichkeiten an:

1. In Q stand das Gebot der Feindesliebe nur einmal; Lukas hat es jedoch durch seine Redaktionstätigkeit verdoppelt.
2. Bereits Q enthielt das Gebot der Feindesliebe zweimal.

Wenn im folgenden beide Möglichkeiten einmal durchgedacht werden sollen und sich dabei das stark hypothetische Moment deutlich bemerkbar macht, so dürfte es sich dennoch nicht um ein Glasperlenspiel in einer utopisch kastalischen Provinz handeln. Denn im »Durchspielen« beider Hypothesen wird sich zumindest zeigen, daß die Annahme, Lk 6,27 sei auf eine andere Tradition oder Quelle als Q zurückzuführen, unnötig ist. Darüber hinaus dürften diese Überlegungen aber auch dazu dienen, sich in die Arbeitsweise der Evangelisten hineinzudenken. Daß sich dabei, wenn etwa mit der Angemessenheit der Satzfolge argumentiert wird, die Versuchung einschleichen kann, mit modernen Vorstellungen einen antiken Text zu verzerren, sei zugegeben. Doch kann diese Gefahr gebannt werden, wenn wirklich auf das gehört wird, was der Text aussagen will. Inwiefern letzteres in der Tat geglückt ist, möge der Leser entscheiden. Eines scheint mir allerdings sicher: Die Satzabfolge dürfte in Q auf sachlichen Zusammenhängen beruhen, nicht aber auf dem sonst nachweisbaren usus der Stichwortanknüpfung.

ad 1) 1. Hypothese: Einmaliges Vorkommen des Gebotes der Feindesliebe in Q

Bei der Rekonstruktion von Q gehen wir von der Vermutung aus, daß Mt 5,44a.45 bzw. Lk 6,35a.c den Grundstock[221] bildet. Der angemessene Ort für die rhetorischen Fragen (Mt 5,46 bzw. Lk 6,32ff.) ist – wie in Mt – im Anschluß an diesen Grundstock gegeben. Die Beispiele für das Verhalten der Feinde[222] (Mt 5,39b–42 bzw. Lk 6,29f.) könnten vielleicht auf die rhetorischen Fragen folgen. Hier dürfte für die Rekonstruktion der größte Unsicherheitsfaktor vorliegen. Die Aufforderung, sich wie Gott zu verhalten (Mt 5,48 bzw. Lk 6,36), bildet den Anfang eines neuen Gedankens, wie Lk zeigt. Matthäus machte daraus den Abschluß des bisherigen. Lukas hat dann die rhetorischen Fragen vor den eben eruierten Grundstock gesetzt,

[221] Es ist nicht ausgeschlossen, daß auch weitere Imperative (Mt 5,44b bzw. Lk 6,27c.28) zu diesem Grundstock gehörten.

[222] Dabei ist zu beachten, daß zumindest in Mt 5,42 und Lk 6,30a kein Bezug auf Feinde gegeben ist. Doch dürften diese Beispiele bereits in Q mit den Beispielen für das Verhalten Feinden gegenüber verbunden gewesen sein; cf. auch *Schürmann*, Lk, 347f.: »1. V 29 hat nicht erst Luk hier eingefügt. Schon seine Vorlage las VV 29.30 als Einheit, wie das nahe Beieinander Mt 5,39ff.42 beweist ... 2. Wahrscheinlich ist V 29 vormals isoliert gewesen. Mit V 30 gehört V 29 nicht ursprünglich zusammen.« s. auch ib. 349

davor die Einzelanweisungen (einschließlich der im Zusammenhang völlig unpassenden Goldenen Regel) und über das Ganze wie eine Überschrift noch einmal das Gebot der Feindesliebe einschließlich der drei übrigen Imperative gestellt. Matthäus dagegen hat die Einzelanweisungen aus dem Komplex »Feindesliebe« herausgenommen und der fünften Antithese zugegliedert, im übrigen aber die Ordnung von Q beibehalten. Die antithetische Form Mt 5,43f. könnte Redaktionsarbeit des Evangelisten sein.[223] Damit ist aber nicht gesagt, daß auch der Inhalt von v. 43 auf ihn zurückgeht.[224] Somit *könnte* die ursprüngliche Reihenfolge in Q so ausgesehen haben:

I. Das *Gebot der Feindesliebe* Mt 5,44a bzw. Lk 6,35aα, vielleicht auch die Imperative Mt 5,44b bzw. Lk 6,27c.28.[225]
II. Die *Zusage der Gotteskindschaft* Mt 5,45 bzw. Lk 6,35c.[226]
III. Die *rhetorischen Fragen* Mt 5,46f. bzw. Lk 6,32–33 (34?).[227]
IV. *Beispiele* für die Feindesliebe Mt 5,40f. bzw. Lk 6,29f.
V. Die *Aufforderung, wie Gott zu handeln* Mt 5,48 bzw. Lk 6,36, und zwar als Auftakt für einen neuen Gedanken.[228]

ad 2) 2. Hypothese: Zweimaliges Vorkommen des Gebotes der Feindesliebe in Q

Nun ist zu bedenken, daß die rhetorischen Fragen Mt 5,46f. einen ungünstigen Platz einnehmen; denn sie beziehen sich ja nicht auf die Zusage der Gotteskindschaft in v. 45, sondern doch wohl eher auf die davorstehende

[223] Daß dies nicht unbedingt sein muß, s. u.

[224] Matthäus hat ja in dem überprüfbaren Fall 5,31 (= Dt 24,1) eine Tradition, und zwar die markinische, benutzt; s. o.

[225] wobei die ursprüngliche Form wohl kaum noch eruiert werden kann; cf. *Grundmann*, Lk, 148. *Bultmann*, Trad., 82f., unterscheidet ein erstes *imperatives* Stück, das er bei Lk 6,27f. in seiner ursprünglichen Form zu finden glaubt, und ein zweites (*finale Begründung*) und drittes Stück (ohne Überschrift), die er beide bei Mt besser gewahrt sieht (Mt 5,45–48); s. auch die Erwägungen von *Schürmann*, Lk, 343f.

[226] Vielleicht ist das finale οπως bei Mt ursprünglich; mt Redaktion ist sicherlich του εν ουρανοις (cf. Mt 6,9/Lk 11,2), υιοι υψιστου dagegen lk Redaktion (cf. Lk 1, 32!); denn υψιστου kommt als Gottesbezeichnung im NT nur 9x vor, davon 7x in den lk Schriften! s. *Bertram*, Art. υψιστος, ThW VIII, 618,24f.: »Jesus hat trotz Lk 6,35 den Namen nicht gebraucht. υψιστος entspricht nicht der neutestamentlichen Gottesoffenbarung.« *van Unnik*, NovTest 8, 288: υιοι υψιστου ist jüdisch-hellenistische Formel. – Wahrscheinlich dürfte Lukas mehr Eingriffe in die Textgestalt vorgenommen haben; ihm wäre z. B. die Zusammenstellung αχαριστος–πονηρος, die sich auch bei Celsus und Josephus findet (s. *Bauer*, WB), zuzutrauen. In etwa könnten I u. II in Q gelautet haben:

αγαπατε τους εχθρους υμων,
οπως γενησθε υιοι του πατρος υμων,
οτι τον ηλιον αυτου ανατελλει επι πονηρους και αγαθους
και βρεχει επι δικαιους και αδικους.

[227] Näheres zu den rhetorischen Fragen s. Anm. 229

[228] zu τελειος bzw. οικτιρμων s. u.

Forderung, die Feinde zu lieben. Noch weniger angemessen ist die Stellung der rhetorischen Fragen bei Lk; denn hier stören v. 29f. (Beispiele) und v. 31 (Goldene Regel) einen evtl. möglichen Bezug dieser Fragen auf die Imperative in v. 27.[229] In der Tat gäbe es einen guten Zusammenhang: »Liebet eure Feinde! Tut Gutes denen, die euch hassen! Wenn ihr (nur) die liebt, die euch lieben, welchen Dank habt ihr? Denn auch die Sünder lieben die, die sie lieben! Und wenn ihr (nur) denen Gutes tut, die euch Gutes tun, welchen Dank habt ihr? Auch die Sünder tun das gleiche!« *Black* will gerade anhand des Lk-Textes eine solche »poetische Einheit« aufgrund einer Rückübersetzung ins Aramäische rekonstruieren.[230]

Dieser Lösung, so einleuchtend und geradezu bestechend sie im ersten Augenblick erscheint, steht allerdings zunächst entgegen, daß wir keinerlei Grund haben, die ursprüngliche Zusammengehörigkeit von Mt 5,44a und

[229] Zum Verhältnis Imperative – rhetorische Fragen – Beispiele:
a) Verhältnis *Imperative-rhetorische Fragen:*
Die 1. rhetorische Frage (Lk 6,32) greift den 1. Imperativ von v. 27 (αγαπατε...) auf, die 2. rhetorische Frage (v. 33) den 2. Imperativ von v. 27 (καλως ποιειτε...). Dagegen besitzen die beiden Imperative von v. 28 in den rhetorischen Fragen keine Entsprechungen.
b) Verhältnis *Beispiele – rhetorische Fragen:*
Die Beispiele (Lk 6,29f.) und die rhetorischen Fragen stehen nicht im Verhältnis einer direkten Entsprechnung. In den Fragen wird weder das τυπτειν (v. 29) noch das αιρειν (v. 29f.) aufgegriffen. Allenfalls könnte man αιτειν (v. 30) mit δανειζειν (v. 34) in Verbindung bringen, doch steht gerade dieses Verb in Mt 5,42 anstelle von αιρειν parallel zu αιτειν, so daß Lukas δανειζειν in Lk 6,34 wohl aus Mt 5,42 (= vermutlich die Q-Version) entlehnt hat. s. auch *Schürmann*, Sprachl. Reminiszenzen = TrU, 115: »Daß δανειζω im NT nur Lk 6,34a.b.35 und Mt 5,42 begegnet, ist bei dieser ›Nähe‹ der beiden Stellen gewiß nicht Zufall. In dem ›Lehrgedicht‹ wirkt die 3. Strophe Lk 6,34 uneben, denn während die erste (V. 32) sich auf V. 27a zurückbezieht, die zweite (V. 33) auf V. 27b, entbehrt V. 34 dieses Rückbezuges. VV. 34f. setzt voraus, daß auch V. 30b vorlukanisch wie Mt 5,42 δανειζω gelesen wurde.« ders., Lk, 354: »V 30 hat auf einer früheren Stufe Mt 5,42b geglichen, wie das δανε(ι)ζειν hier und dort noch verrät.« Allerdings hat nach Schürmann, Lk, 354, v. 30 dem »Lehrgedicht VV 27f. 32f. 35« ursprünglich nicht angehört. Mit *Schürmann* ist also die Möglichkeit zu erwägen, daß Lk 6,34 ein redaktionell von Lukas gebildeter Vers ist. Doch sollte er nicht *Blacks* Versuch, aufgrund von Paronomasien eine ursprüngliche Einheit der Verse 30 u. 34 zu begründen, als »Spiel mit aramäischen Paronomasien« abqualifizieren! (ib. 354 Anm. 88)

[230] *Black*, Approach, 179f.: »Verses 27,32, and 33 may therefore be taken together as forming a poetic unit. For αγαθοποιειν in verse 33 we may use tayyebh; the phrase ποια υμιν χαρις εστι in verses 32 and 33 very probably reflects the Talmudic ma(h) tebhu... In verse 32 αμαρτωλος is hayyabh which gives a paronomasia with habbibh (or 'ahebh), αγαπαν.« Dem widerspräche aber die Vermutung *van Unniks*, daß αγαθοποιειν und καλως ποιειν von Lukas bewußt als »sehr markante Begriffe in der griechischen Ethik« (NovTest 8, 297) in den ihm vorliegenden Text eingetragen wurden. Sollte wirklich αγαθοποιειν in Q ursprünglich sein, so bedeutet das keinesfalls, daß *van Unniks* Ableitung des lk χαρις aus der griechischen Umwelt des Lukas hinfällig ist!

5,45 bzw. Lk 6,35a und 6,35c in Frage zu stellen. Das nämlich dürfte auf jeden Fall gesichert sein, daß in Q auf das Gebot der Feindesliebe die finale Begründung mit der Gotteskindschaft folgte und dieser Zusammenhang wohl auch in der Predigt des historischen Jesus zu vermuten ist. Schauen wir dann auf den Mt-Text, stört, wie gesagt, im Grunde v.45 den organischen Anschluß der rhetorischen Fragen (v.46f.) an die Imperative (v.44). So spricht *Bultmann* von der Möglichkeit, diese Verse könnten sehr wohl im Verhältnis zu v.44f. sekundär sein.[231] In der Tat ist es möglich, Mt 5,46f. als späteren Zuwachs zu Mt 5,44f. zu betrachten, allerdings nur aus rein formalen, *nicht aber aus inhaltlichen Gründen*. Daß die Predigt Jesu den Lohngedanken kennt[232], dürfte nicht verwundern, da er, in der Naherwartung lebend, das Gericht vom Verhalten zu seinen Worten abhängig macht (cf. u.a. Mk 8,38)[233]. So spricht *H.Braun* vom »naiven Lohnegoismus« der Jesustradition[234]; doch stellt er mit Recht heraus, daß die Parabel vom gleichen Lohn (Mt 20,1–15) nicht etwa eine Kooperation zwischen Gottes schenkender Güte und des Menschen Arbeitswillen und -leistung meint, sondern vielmehr das Ansprüche erhebende Lohnrechnen des Menschen in der Wurzel trifft[235]. Der Lohnbegriff kann also den v.46 aus inhaltlichen

231 *Bultmann*, Trad., 92; ähnlich *H. Braun*, Radikalismus II, 91 Anm. 2

232 s. *Bornkamm*, Der Lohngedanke im NT = Aufs. II, 69–92; ders., Jesus von Nazareth, 126ff.; anders *Haenchen*, Gott und Mensch, 9: »Die judenchristliche Gemeinde hat den neuen Wein in die alten Schläuche gegossen und die auf Belohnung durch Gott rechnende egoistische Denkweise triumphieren lassen.« – Zum Lohngedanken s. auch 5. Kap. dieser Arbeit.

233 Mit *Bultmann*, ThNT, 31f., verstehe ich Mk 8,38 als in der Substanz echtes Jesuswort, in dem dieser sich vom kommenden Menschensohn unterscheidet. Der Einwand *Vielhauers*, Aufsätze, 55ff., 92ff., der Begriff »Menschensohn« habe in der Predigt Jesu keinen Platz, weil er nicht in derselben Überlieferungsschicht vorkomme, in der sich der Begriff »Gottesherrschaft« findet, ist m.E. nicht gerechtfertigt, da diese beiden Begriffe in der Predigt Jesu nicht den gleichen Stellenwert haben. Die Gottesherrschaft ist immerhin der Zentralbegriff seiner Verkündigung, während der Menschensohn *nur* eine Chiffre für das Endgericht darstellt. Von daher ist es nicht verwunderlich, daß beide Begriffe nicht in denselben Überlieferungsschichten vorkommen. Außerdem stimmt es nicht, daß sich im spätjüdischen Schrifttum beide Begriffe niemals kombiniert vorfinden; cf. z.B. aethHen 62f. Ist doch dort in Kap. 62 vom Menschensohn die Rede, in Kap. 63 jedoch vom eschatologischen Anerkanntwerden des Herrschertums Gottes durch die Herrscher dieser Welt. Diese preisen Gott als »Herr der Könige«, »Herr der Herrscher«, »Herrscher aller Könige«. Die Königsherrschaft Gottes wird also konkret ausgesagt. Ich hoffe, dies in absehbarer Zeit noch näher zu begründen.

234 *Braun*, Radikalismus II, 54 Anm. 1

235 ib. 42 Anm. 1 von S. 41: »Um dieses unjüdischen Charakters willen ist die Parabel vom gleichen Lohn zur ältesten Schicht der Jesustradition zu rechnen.« Er beruft sich dabei auf *Bornkamm*, Der Lohngedanke im NT = Aufs. II, 88.

Gründen nicht als sekundär erweisen.[236] Wie aber steht es mit dem genannten formalen Einwand?

Es ergab sich, daß die rhetorischen Fragen nur dann wirklich sinnvoll sind, wenn sie als Begründung für das Gebot der Feindesliebe verstanden werden. D.h., sie müssen, wenn sie ursprünglich sind, möglichst unmittelbar auf dieses Gebot folgen. Wenn aber andererseits auch kein Grund besteht, die ursprüngliche Zusammengehörigkeit für das Gebot der Feindesliebe und die Zusage der Gottessohnschaft für die es Befolgenden zu bezweifeln, so könnte der Ausweg der sein, daß in der Tat dieses Gebot der Feindesliebe *sowohl* mit der Zusage der Gotteskindschaft *als auch* mit den rhetorischen Fragen, also zweimal, überliefert wurde. Dieser Annahme entspräche der Lk-Text, würden wir in dem Abschnitt Lk 6,27–36 den v. 29f. (Beispiele) einen neuen Platz hinter v. 34 anweisen und v. 31 (Goldene Regel) streichen. Dann wäre anzunehmen, daß Matthäus um des systematischen Aufbaus seiner sechs Antithesen willen das erste der beiden Gebote der Feindesliebe gestrichen hätte. Der Aufbau von Q hätte dann ähnlich wie Lk 6,27–36 ausgesehen, vielleicht:

I. 1. *Gebot der Feindesliebe*, wahrscheinlich einschließlich weiterer Imperative.
   2. *Begründung* dieses Gebotes durch *rhetorische Fragen.*
   3. *Einzelbeispiele* für die Feindesliebe.

II. 1. *Gebot der Feindesliebe.*
   2. *finale Begründung* durch die Zusage der *Gotteskindschaft.*

Dann folgt als Überschrift für den nächsten Gedanken die *Aufforderung, wie Gott zu handeln.*

Q hätte nach dieser Hypothese zweimal das Logion vom Gebot der Feindesliebe mit je verschiedener Begründung gebracht. Man kann jedoch fragen, warum Lukas einen so durchsichtigen Aufbau durch Umstellung der Verse verschlechtert haben sollte. Wem diese m. E. nicht unüberwindliche[237] Schwierigkeit jedoch als zu gravierend erscheint, der muß die erste der beiden hier vorgelegten Hypothesen wählen; es sei denn, er würde das erste Gebot der Feindesliebe Lk 6,27 auf eine andere Quelle als Q zurückführen

[236] Sollte οι τελωναι in Mt 5,46 ursprünglich sein, so wäre der Einwand zu erwarten, eine derart disqualifizierende Äußerung über die Zöllner sei schlecht mit dem Verhalten Jesu gegenüber dieser Gruppe vereinbar. Doch kann das Wort über die Zöllner im Munde Jesu verstanden werden als »die von euch so verachteten Zöllner«. Zu dieser Frage s. *Lohmeyer*, Mt, 148f.; er schließt, auch im Blick auf Mt 18,17: »Das Urteil (sc. über die Zöllner) lehrt also nur, wie eng Mt an den Geist jüdischen Glaubens gebunden ist.« *Grundmann*, Mt, 179 Anm. 146, beruft sich auf *Lohmeyer*.

[237] Möglich wäre z. B., daß die Umstellung nicht erst durch Lukas, sondern bereits im Verlauf der Überlieferung von Q geschah, so daß der dritte Evangelist in seinem Q-Exemplar die Umstellung schon gelesen hat; Matthäus dagegen fand, was die Reihenfolge: Gebot der Feindesliebe – Verheißung der Gottessohnschaft – rhetorische Fragen angeht, die bei ihm nachzulesende Ordnung vor.

oder sich *Wrege* anschließen, der für beide Evangelisten eine je verschiedene Quelle annimmt[238]. Doch scheint mir *Wrege*s Methode der Beweisführung nicht zwingend, da er zu wenig die Möglichkeit erwägt, daß den beiden Synoptikern Q in einem jeweils verschiedenen Entwicklungsstadium vorgelegen hat.[239]

Für den zweiten Lösungsversuch (Q enthielt das Gebot der Feindesliebe zweimal) kann noch folgende Erwägung ins Feld geführt werden: Ist das Gebot der Feindesliebe einer der Höhepunkte der Verkündigung Jesu, so ist anzunehmen, daß es immer und immer wieder von ihm vorgetragen wurde. Jesu Predigttätigkeit war ja keine Vorlesungsreihe, in der die Aufforderung »Liebet eure Feinde!« im Rahmen einer fortschreitenden Gedankenentwicklung nur an einer einzigen Stelle ausgesprochen und dann der nächste Punkt behandelt wurde! Es ist durchaus möglich, ja wahrscheinlich, daß Jesus einmal an das Gebot der Feindesliebe die Mt 5,45 enthaltene finale Begründung angeknüpft hat, ein andermal aber die Mt 5,46f. bzw. Lk 6,32ff. wiedergegebenen rhetorischen Fragen. Wir kennen doch die jeweilige Situation der Predigt nicht; wir wissen nicht, ob und warum es gerade hier angebracht war, über die Feindesliebe im Zusammenhang mit der Gotteskindschaft zu sprechen, dort aber nahelag, dies im Blick auf den himmlischen Lohn zu tun. Der älteste uns überlieferte Kontext des Gebotes der Feindesliebe ist der in Lk überlieferte Q-Text, der diese Forderung im Zusammenhang mit der verfolgten Gemeinde ausspricht. Mit *Bultmann* ist aber daran festzuhalten, daß gerade Lk 6,22f. in der jetzigen Form als Seligpreisung der um des Menschensohnes willen Verfolgten Gemeindebildung ist.[240] D.h. aber, der *älteste uns erhaltene Kontext* des hier zur Debatte stehenden Gebotes *spiegelt nicht die historische Situation wider*, in der es Jesus einst ausgesprochen hat. Alles, was sich mit großer Sicherheit sagen läßt, ist, *daß* Jesus dieses Gebot ausgesprochen und *daß* er es mit der Gotteskindschaft derer, die diese Forderung erfüllen, begründet hat. Und vielleicht läßt sich sagen, daß er ein andermal an dieses Gebot die rhetorischen Fragen anhängte. Nicht aber vermögen wir aufgrund der *bisher* herangezogenen Kriterien zu entscheiden, *wer* denn nun die Feinde sind, die man lieben soll.

Es wäre jetzt an der Zeit, auf die Frage nach der Herkunft der Antithese Mt 5,43f. einzugehen. Lassen wir dies jedoch noch für einen Augenblick und wenden uns den der fünften Antithese beigegebenen *Beispielen* Mt 5,39b–42 zu, die ja Lk 6,29f. im Zusammenhang mit dem Liebesgebot gebracht werden.[241] Dabei hat Matthäus die von Q übernommenen Beispiele,

[238] *Wrege*, 82ff.

[239] cf. *Grundmann*, Lk, 10: »Daß eine Sammlung von Sprüchen zur Erweiterung reizt, ist an sich wahrscheinlich.«

[240] *Bultmann*, Trad., 115

[241] Lediglich Mt 5,41 fehlt bei Lk.

die dort auf Alltagssituationen anspielen, vom rechtlichen Standpunkt aus gesehen[242]: Nimmt man an, daß Jesus diese Beispiele (vielleicht Mt 5,42 ausgenommen)[243] als Erläuterungen des Gebots der Feindesliebe gegeben hat[244], so liegt es zunächst nahe – *im Gegensatz zu Q* –, im *zu liebenden Feind* den *persönlichen Feind* zu sehen. Das würde auch zum Inhalt der Antithesen insgesamt passen, die ja nicht die Verfolgungssituation der christlichen Gemeinde, sondern das je individuelle mitmenschliche Verhalten im Blick haben. Wenn *Foerster* εχθρος in Mt 5,43f. als Feind Gottes und Christi versteht, so läßt er sich von der Wendung υπερ των διωκοντων in v. 44 leiten.[245] Er übersieht das Gesamtgefälle der Antithesen. Vor allem aber unterläßt er jegliche traditionsgeschichtliche Differenzierung.

Traditionsgeschichtlich dürfte sich also für die Beispiele folgendes Resultat herausschälen:

1. *Jesus* gibt die Beispiele im Blick auf den *persönlichen* Feind.
2. Die *Logienquelle Q* und *Lukas* ordnen sie dem Thema »*Verfolgung*« unter.
3. *Matthäus* versteht sie unter *rechtlicher* Perspektive.

Die Frage ist aber, ob Jesus nicht mehr als nur den persönlichen Feind meinte. Daß er im Gleichnis vom barmherzigen Samariter (Lk 10,30–37) ausgerechnet den verhaßten Volksfeind als den Barmherzigen auftreten läßt[246], läßt zumindest vermuten, daß es in seiner Predigt von der Feindesliebe nicht nur um den persönlichen, privaten Feind ging, mag auch in Lk 10,30–37 der Samariter nicht als zu liebender Feind, sondern als liebender Feind auftreten, der aber durch sein Verhalten wiederum die Liebe zum bisher verhaßten völkischen Feind nahelegt. Ehe jedoch die Frage nach dem Verständnis des εχθρος in der Predigt Jesu weiter verfolgt wird, soll das Problem der *Herkunft der antithetischen Form* in Mt 5,38f. und Mt 5,43f. zur Sprache kommen.

[242] *Grundmann*, Mt, 172f.: »Das erste Beispiel, bei Lukas aus der Situation eines Streites, der zu einer Schlägerei führt, bekommt bei Matthäus einen anderen Charakter. Er spricht vom Schlag auf die rechte Wange, der nur mit dem Handrücken ausgeführt werden kann; nach rabbinischem Rechtsdenken fügt er der Schädigung die Entehrung hinzu ... Matthäus achtet also auf die Fragen der rechtlichen Seite eines solchen Vorgangs.« Man achte ferner auf κριθηναι Mt 5,40, das in Lk 6,29 fehlt. Das κριθηναι spricht dafür, daß Matthäus δεξιαν (v. 39) im rechtlichen Sinne versteht. Die rabbinische Parallele BQ VIII,6 führt fast in die Zeit des Matthäus zurück. – Anders *Schürmann*, Lk, 347 Anm. 33.

[243] *Bultmann*, Trad., 107, rechnet Mt 5,42/Lk 6,30 zu den profanen Meschalim, »die wohl erst durch die Tradition zu Jesusworten gemacht sind«.

[244] Daß sie von Jesus stammen, darf man mit großer Sicherheit annehmen: *Bultmann*, Trad., 110: Im Blick auf solche Worte, die die neue Gesinnung fordern (zu denen auch Mt 5,39b–41 gezählt wird): »Also wenn irgendwo, so muß hier das Charakteristische der Verkündigung Jesu zu finden sein.« *Braun*, Radikalismus II, 92 Anm. 1.

[245] *Foerster*, Art. εχθρος, ThW II, 813, 34ff.

[246] *Jeremias*, Gleichnisse, 202f.; *Bultmann*, Trad., 192; *Linnemann*, 59f.

Geht die antithetische Form der fünften und sechsten Antithese auf Matthäus zurück? Für die *fünfte* Antithese gibt es lukanische Entsprechungen nur für die Beispiele, jedoch keine für These und Antithese, also für Mt 5,38.39a. Sollte also erst Matthäus sie gebildet haben, indem er für die These das ius talionis dem Alten Testament entnahm und die Antithese aufgrund der in Q das Gebot der Feindesliebe erläuternden Beispiele selbst formulierte?[247] Dann aber liegt es näher, anzunehmen, daß ihm die fünfte Antithese (v. 38.39a) vorlag[248] und diese ihm für die genannten Beispiele passender erschien als die sechste[249]. Damit ist noch nicht gesagt, daß in Mt 5,38.39a oder auch nur in Mt 5,39a ein Wort des historischen Jesus vorliegt. Aber auf jeden Fall atmet v. 39a den Geist Jesu, entspricht also seinem Inhalt nach dessen Verkündigung. Nach den bisherigen Ergebnissen wäre jedoch auch zu überlegen, ob nicht Jesus *sein* Wort einem Wort der Thora gegenübergesetzt bzw. ob man nicht Jesus auf seine Forderung »Widerstehet nicht dem Bösen!« das alttestamentliche ius talionis entgegengehalten hat. Dann würde, in Analogie zu Mt 5,31f., die Antithese Mt 5,38.39a das Konzentrat einer solchen Auseinandersetzung Jesu mit seinen Gegnern darstellen. Nur ist uns kein Kriterium für die Entscheidung gegeben, ob dem Matthäus die bereits fertige Antithese vorlag oder ob er sie aus ihm überkommenen Traditionselementen selber formte. Aber sei dem, wie es ist – zumindest stellen Mt 5,38.39a eine *inhaltlich adäquate Widerspiegelung eines zentralen Punktes der Verkündigung Jesu* dar. Das aber ist für unsere Fragestellung das Entscheidende.

Man mag hier einwenden, in Mt 5,38.39a gehe es doch, wie in Anm. 206 ausdrücklich herausgestellt wurde, um den Rechtsverzicht, die rechtliche Perspektive sei jedoch gerade typisch für Matthäus. Warum aber soll Jesus nicht u.a. auch ein Beispiel aus dem Rechtsleben gebracht haben, das der erste Evangelist dann mit als Grund dafür ansah, nun auch vor die übrigen Beispiele ein juristisches Vorzeichen zu setzen?

Was die *sechste* Antithese betrifft, so ist es exegetisches Gemeingut, ihre antithetische Form dem Matthäus zuzuschreiben, zumal ihr zweiter Teil (v. 44) ohne antithetischen Zusammenhang in Q überliefert ist.[250] Außerdem steht die These im Singular, die Antithese aber im Plural.[251] Jedoch bedeutet

[247] *Stendahl*, School, 44: Das atl. Zitat in Mt 5,38 entspricht bis auf ein Wort LXX.; ib. 150: »Matthew's peculiar material contains other quotations of pure LXX type.« Da aber »Matthew's peculiar material« sowohl Traditions- als auch Redaktionsmaterial sein kann, ist aufgrund der Übereinstimmung von Mt 5,38 mit LXX noch nichts für die hier anstehende Frage entschieden.

[248] Es sei daran erinnert, daß nach den oben angestellten Überlegungen auch die zweite Antithese (Ehebruch), die nicht in Q enthalten ist, auf eine dem Matthäus überkommene Tradition zurückgeht (S-Mt).

[249] anders *Bultmann*, Trad., 143f.

[250] für viele: *Bultmann*, Trad., 143f.

[251] *Schürmann*, Sprachl. Reminiszenzen = TrU., 118

die Tatsache, daß lediglich die Antithese in Q nachweisbar ist[252], nicht, daß Matthäus die These selbst gebildet hat. Im vergleichbaren Fall Mt 5,31f. übernahm er die These (= Dt 24,1) aus Mk und die Antithese aus Q. So kann man auch hier vermuten, daß Mt 5,43 (= Lev 19,18 + Ergänzung) dem Evangelisten überliefert war.[253] Ja, es ist sogar denkbar, daß sich der Wechsel im Numerus einfach daraus erklärt, daß Lev 19,18 zitiert wird, diese alttestamentliche Stelle aber im Singular steht. Zudem wäre es weiterhin möglich, wenn auch weniger wahrscheinlich, daß die dem Matthäus überlieferte Antithese in beiden Teilen singularisch formuliert gewesen war, dieser sie aber in Angleichung an Q in ihrem zweiten Teil pluralisch umgeformt hat.

Ist aber die sechste Antithese bereits in einer dem Matthäus vorliegenden Tradition gegeben gewesen, so folgt daraus nicht mit Notwendigkeit, daß sie in dieser antithetischen Form auf den historischen Jesus zurückgeht. Es ist durchaus möglich, daß nur v. 44 authentisches Jesuswort ist; sollte dies jedoch auch von v. 43 gelten, so wäre vielleicht die antithetische Form auf Jesus selbst zurückzuführen, da v. 43 geradezu nach einer Antithese schreit.

252 *Seitz*, Love your Enemies, NTS 16, 39–54, findet Indizien für eine ursprünglich antithetische Aussage auch in der lukanischen Feldrede (und das würde bedeuten: auch für Q!): In der Wendung Lk 6,27 αλλα υμιν λεγω τοις ακουουσιν seien möglicherweise mit τοις ακουουσιν diejenigen gemeint, die »immediately before this had been listening to a reading of exactly that passage from the Pentateuch« (ib. 42). Gemeint ist, daß sie Lev 19,18 unmittelbar zuvor in einem Synagogalgottesdienst als Thoralesung gehört hatten. Als Gründe für dieses »suspicion« (ib. 42) führt S. an: 1. αλλα zu Beginn von v. 27 ist emphatischer als das matthäische δε. 2. τοις ακουουσιν wäre überflüssig, wenn es nur υμιν näher bestimmen sollte; oder man müsse annehmen, diese Wendung solle lediglich die Hörer auf die nun folgenden Worte Jesu noch einmal besonders aufmerksam machen (ib. 41).
Mehr als eine – bereits in ähnlicher Form früher erwogene (*Dupont*, béatitudes, 189ff.313f.) – vage Möglichkeit hat S. nicht aufgezeigt, zumal die Funktion jenes αλλα auch darin bestehen kann, die ακουοντες von den in den Weherufen Angesprochenen abzusetzen. (Nach *Schürmann*, Lk, 343 Anm. 4, bezieht sich υμιν in Verbindung mit αλλα auf den Unterschied der Adressaten in v. 24ff. und 27ff.; ib. 345 Anm. 19: τοις ακουουσιν verweist zurück auf v. 17b.) Sollte S. aber mit seiner Vermutung recht haben, so würde dies nur unsere auf den nächsten Seiten ausgesprochene Vermutung bestätigen, wonach Mt 5,43 authentisches Jesuswort sein könnte. Außerdem würde dies unsere Auffassung stützen, daß Jesus in der Tat einige seiner Lehren als Thoraaussagen so vortrug, daß sie gewisse Thorabestimmungen außer Geltung setzten.

253 Nach den bisherigen Überlegungen kennen wir ja noch *keinen Fall*, wo es nachweisbar der Evangelist war, der die These der Antithese dem Alten Testament *unmittelbar* entnahm. Bei der dritten Antithese fand er die These in Mk, die zweite lag als Einheit These/Antithese vor, und bei der fünften vermuteten wir mit starken Gründen, daß auch hier die These dem Evangelisten als Traditionselement vorgegeben war.

Einerlei aber, ob es sich in Mt 5,43 um ein Wort des historischen Jesus oder um eine auf Matthäus überkommene Gemeindebildung handelt – die Schwierigkeit ist zunächst die: Im Alten Testament steht nirgends der Satz: »Du sollst deinen Feind hassen!« Doch erklärt *C.G. Montefiore:* »For it may be said that even if the words ›thou shalt hate thine enemy‹ are not textually found in the Pentateuch or in the Hebrew Bible or in the Talmud, the equivalent of it *is* found, and that the spirit of it rules and reigns there.«[254] Er unterscheidet dann zwischen dem Verhalten zu privaten Feinden und den Feinden Israels als den Feinden Gottes: »As regards *private enemies*, the best teaching of the Rabbis is not in spirit opposed to, or unlike, the teaching of Jesus.«[255] Zum Verhältnis der Juden zu den Nichtjuden erklärt er jedoch: »Here the enemies of Israel are usually supposed to be the enemies of God, and the *enemies of God* are *hate-worthy*.«[256]Er verweist auf Ps 137,7–9 und vor allem auf Ps 139,22. Die eigentliche Schwierigkeit sieht er darin gegeben, daß Jesus in der Bergpredigt an persönliche und private Feinde dachte und von diesen sprach, nicht aber von »public and national ones«.[257]

So besteht für *Montefiore* die Lösung in der Annahme, daß die Worte »Du sollst deinen Feind hassen!« niemals von Jesus gesagt wurden, daß sie vielmehr eine Interpolation seien.[258]

Nun glaubte man, der Schwierigkeit, daß sich das Gebot des Feindeshasses weder im Alten Testament noch im zeitgenössischen jüdischen Schrifttum findet, durch die Entdeckung der *Qumran*schriften enthoben zu sein. Findet sich doch in ihnen, vor allem in 1 QS, die Anweisung »alle Söhne der Finsternis zu hassen« (z.B. 1 QS I,10). So schreibt z.B. *Grundmann:* »Es kann kaum zweifelhaft sein, daß Matthäus, der an verschiedenen Stellen sich auf Aussagen der Gruppe von Qumran bezieht, in seiner Formulierung der letzten Antithese von dieser Gruppe und ihrem Denken ausgeht.«[259] Doch spricht er hier nur von Matthäus, nicht aber von Jesus selbst. So sehr aber *Grundmann* auch daran festhält, daß die antithetische Form auf den Evan-

[254] *Montefiore* II, 77

[255] ib. 77f.; Hervorhebung von mir; ib. 78: »All one can justly say is that Jesus puts the teaching in a more inspired and enthusiastic way, and carries it to the extremest lengths.« Mit Recht insistiert er aber auf der Feststellung: »But it would be utterly false to say that *the Rabbis* taught a man to hate his private and personal enemy.« s. auch den bereits genannten Aufsatz von *Flusser*, Judaism and the Christian Message, HThR 61, 107–127

[256] *Montefiore* II, 78; Hervorhebung von mir

[257] ib. 79

[258] ib. 80: »Jesus may have said, ›The Law says, Love your neighbour, and I tell you that this commandment really *includes* the bidding to love your enemy.‹« (Hervorhebung von mir)

[259] *Grundmann*, Mt, 176f.; zur übrigen Literatur s. *Braun*, Qumran I, 17f.

gelisten zurückzuführen sei[260], so ist es doch für ihn sicher, daß der Inhalt von Mt 5,43b von Jesus stamme[261].

Diese Meinung blieb nicht unangefochten. Der Widerspruch läßt sich etwa auf die kurze Formel bringen: Der in der sechsten Antithese verbotene Haß ist von anderer Art als der in 1 QS geforderte. Dort wird der Haß gegen den persönlichen Feind untersagt, hier wird der Haß gegen die Feinde der Sekte, die als Feinde Gottes begriffen werden, befohlen.[262] So gilt es zu untersuchen, was mit dem Haß jeweils in 1 QS und in Mt 5,43f. gemeint ist. Um jedoch herauszufinden, in welchem Sinne 1 QS den Haß und das Gebot zu hassen versteht, ist es methodisch unerläßlich, gleichzeitig jene Passagen mitzubehandeln, in denen Liebe bzw. Verzicht auf Rache gefordert werden.

Bereits der erste Teil von 1 QS enthält die bekannte Aufforderung »alle *Söhne des Lichts* zu *lieben*, ולאהוב כול בני אור, jeden nach seinem Los in

260 *Grundmann*, Mt, 175

261 ib. 177; ähnlich *H. Braun*, Radikalismus II, 58 Anm. 1 von S. 57; *Davies*, Setting, 213.245ff.

262 Nach *Molin*, Mt 5,43 und das Schrifttum von Qumran = Bibel und Qumran, 150ff., entspricht das Gebot des Hasses in 1 QS den vielen alttestamentlichen Aussagen, in denen die eigenen Bedränger als Feinde Gottes erscheinen, denen gegenüber Haß und Rache selbstverständliche Pflicht sind. »Nur ist recht unklar, was das mit Haß gegen einen persönlichen Gegner zu tun hat. Man pflegt ja auch Jesu Wort für gewöhnlich nicht mit solchen Stellen des AT in Verbindung zu bringen.« (151) *Molin* versteht demnach den Feind in Mt 5,43 im persönlichen Sinne. Jedoch erwägt er auch die Möglichkeit, daß εχθρος im Munde Jesu vielleicht nicht nur einen persönlichen Feind meine; dann sei sein Wort noch bedeutungsvoller: »Es ist sicher schwer, den persönlichen Feind und Bedränger nicht zu hassen, sondern zu lieben, schwerer aber noch ist es, einen Haß abzutun, der bis dahin nicht nur als berechtigt, sondern als Pflicht galt.« (152) – *Wrege*, 93 Anm. 1, beklagt, daß der Unterschied zwischen Mt 5,43 und dem Haßgebot in Qumran in der Literatur kaum beachtet werde. So differenziert er: »Denn dort (sc. 1 QS) hat der Haß gegen die Außenstehenden eine durchaus eigene Bedeutung, im Rahmen von Mt 5,43 aber ist der Haß nur deshalb als Reaktion erlaubt, weil man Gleiches (Feindschaft) mit Gleichem vergilt.« (S. 93) Jedoch: Ist das Wesentliche des in Mt 5,43 genannten Hasses erfaßt, wenn man ihn lediglich als Reaktion begreift? Nach *Wrege* ist der »Feind« nach v. 43 aus dem alten Logienbestand v. 44 eingedrungen (93 Anm. 2) – Sehr konstruiert erscheint *Guelich*s Gegenüberstellung von Mt 5,43 und 1 QS: »In the Manual one's love/hatred towards another is based upon the recipient's relationship to God, where as in Mt 5,43 it is based on the Law as commanded by God.« (196) Seine Lösung heißt dann: »In the form it (sc. Mt 5,43f.) is one of two apodicted commands. However, they are actually not two essentially different commands but rather the second appears to be epexegetic to the first ... Consequently 5,43b is to be understood as a compositional element of Matthew in order to place the limited nature of the Old Testament love command (5,43a) and its casuistic consequences (5,43b) clearly in an antithesis to that of Jesus demand.« (198f.) Zu einer anderen Begründung durch *Guelich* s.u. – Im übrigen sei auf die folgenden Ausführungen über 1 QS verwiesen.

der Ratsversammlung Gottes, aber alle *Söhne der Finsternis* zu *hassen*, ולשנוא כול בני חושך, jeden nach seiner Verschuldung in Gottes Rache« (I,9–10). Zu hassen sind alle, die vor Gott Schuld auf sich geladen haben, weil sie sich geweigert haben, in den Bund Gottes einzutreten (II,25f.; cf. V,1f.). Es sind die Männer des Loses Belijaals, denen der Fluch der Leviten gilt (II,4ff.). Aber auch demjenigen sollen »alle Flüche des Bundes« anhaften (II,15f.), der in heuchlerischer Weise »mit den Götzen seines Herzens« in den jachad übertritt (II,11ff.). *Haß* also gegenüber dem *Feind Gottes!* Insofern ist in der Tat ein Element des Alten Testaments aufgenommen: Der Feind Gottes ist der Feind Israels, deshalb muß Israel ihn hassen (z.B. Ps 139,21f.).[263] Qumran betrachtet sich aber als das einzig legitime Israel, das nun den für das alte Israel selbstverständlichen Haß des Gottesfeindes praktiziert.[264]

Dieser Haß geschieht »in Gottes Rache«, בנקמת אל. Mit *Wernberg-Möller* ist sie temporal zu verstehen: »at the time of God's vengeance.«[265] Die Sektierer leben in der Erwartung des Tages der Rache Gottes. In der Gegenwart soll ihr Haß noch nicht in die Tat umgesetzt werden. Man[266] soll die Männer der Grube jetzt noch nicht zur Rechenschaft ziehen, man soll mit ihnen keine Auseinandersetzung führen[267] (IX,16). Wenn man den Männern des Frevels die Grundsätze des Gesetzes, also die Interpretation des Gesetzes im Sinne der Sekte, verheimlichen soll (IX,17), dann doch wohl um der Konsequenz willen, die einige Zeilen später formuliert wird: »ewigen Haß gegen die Männer der Grube *im Geist des Verbergens*, ברוח הסתר« (IX,21f).[268] Die Männer der Grube sollen eben nicht wissen, daß man ihnen im Haß gegenübersteht und nur auf den »Tag der Rache« (IX,23) wartet, *obwohl* man »ihnen Besitz und Arbeit der Hände läßt, wie

[263] cf. *Stendahl*, Hate, Non-Retaliation, and Love, HThR 55, 344

[264] *Sutcliffe*, Hatred at Qumran, RevQum 2, 349; *Molin* s. Anm. 262

[265] *Wernberg-Möller*, 22, so seine Übersetzung; dazu der Kommentar, 47 Anm. 26: »The preposition is best taken as indicating time.« *Lohse*, Texte, 279 Anm. 7, interpretiert: »Das heißt: Gott wird dereinst die Schuldigen strafen. Das Verhalten des Gläubigen zu den Söhnen der Finsternis soll vom Blick auf Gottes *kommendes* Gericht bestimmt sein.« (Hervorhebung von mir) *Maier* gibt keinen Kommentar zu dieser Stelle.

[266] Nach *Wernberg-Möller*, 66, richtet sich 1 QS IX,12ff. an den »wise man« למשכיל, nach *Dupont-Sommer*, 104, und *Lohse*, Texte, 35.279 Anm. 23, jedoch an den Unterweiser. Wie man sich jedoch hier entscheidet, ist für unsere Frage unerheblich.

[267] Steht vielleicht das grammatisch singuläre והתרובב (s. *Wernberg-Möller*, 137 Anm. 40) in einem Zusammenhang mit dem endzeitlichen ריב Gottes (1 QM IV,12)?

[268] *Dupont-Sommer*, 106, übersetzt: »Ewiger Haß gegen alle Menschen der Grube wegen (ihres) Geistes des Schätzesammelns«, von *Maier* (Texte II, 34) und *Wernberg-Möller* (138 Anm. 51) mit Recht abgelehnt. *Burrows*, Schriftenrollen, 321, übersetzt: »im Geist der Versöhnung«. Das ist philologisch unmöglich; wahrscheinlich ist diese Interpretation durch sein Verständnis von 1 QS veranlaßt; s. ders., Klarheit, 86

ein Sklave tut gegenüber dem, der über ihn herrscht«! Schließlich braucht man nicht mehr lange auf Gottes Eingreifen zu warten. Treffend charakterisiert *Stendahl* die Haltung der Sektierer mit folgenden Worten: »In such a situation one can afford to practise non-retaliation towards the enemies – the enemies of the righteous which are by definition the enemies of God... With the Day of Vengeance at hand the proper and reasonable attitude is to forego one's own vengeance and to leave vengeance to God. Why walk around with a little shotgun when the atomic blast is imminent?«[269] Von hier aus wird klar, was mit dem »ewigen Haß«, שנאת עולם, (IX,21) gemeint ist; es ist der Haß, der bei Gott gut aufgehoben ist. Der aber wirkt ewige Sanktion, ewige Vernichtung (II,15).

Man wird nicht um das Urteil herumkommen: Im Verbergen des Hasses der Sektierer gegen den Gottesfeind liegt *etwas Heuchlerisches*. Man verstellt sich gegenüber den Männern der Grube. Das aber ist *nicht mehr alttestamentlich!*[270]

Der Satz X,19: »Und Streit, ריב, mit den Männern der Grube will ich nicht aufnehmen bis zum Tage der Rache« erweist sich als Parallele zu IX,16f.21 –23. Haß und Zorn (X,19) sind Gebot der Gegenwart, die Rache aber ist die zu genießende Frucht der Zukunft. Nur in diesem Kontext von IX,16ff. und X,19 darf das für die angebliche Höhe der Ethik Qumrans so oft gebrachte Zitat X,17f. gelesen werden: »Nicht will ich jemandem seine böse Tat vergelten, mit Gutem will ich jeden verfolgen.«[271] Die unmittelbar auf diesen Satz folgende Begründung ist wiederum bezeichnend: »Denn, כיא, bei Gott ist das Gericht über jeden Lebenden, und er wird die Tat dem Manne vergelten.« (X,18) Auf diesen Tag des Gerichts wartet also mit Sehnsucht der Sektierer. Er lebt im Zorn gegenüber den Nichtsektierern,

269 *Stendahl*, HThR 55, 344f.

270 Es sei denn, man verweise etwa auf den Jos 8,2 angeordneten Hinterhalt gegenüber den Bewohnern von Ai. Hier geht es aber nicht um Haß! – *Sutcliffe*, RevQum 2, 351, zitiert zwar 1 QS X, 16–20, ohne aber den tragenden Gedanken der Verstellung zu beachten! So zieht S. den Schluß: »Thus the doctrine held at Qumran on the subject of hate was the same as they found in the pages of the Old Testament. There was to be no private hatred or revenge. *On the contrary enemies were to be repaid with good.*« (352; Hervorhebung von mir) Demgegenüber hebt *Stendahl*, HThR 55, 349, mit Recht in der Übersetzung von 1 QS IX, 21f. durch Cursivdruck hervor: »in a spirit of concealment«. St. sieht in diesem »spirit of concealment« »part of the theodicy in times of troubles« (349). Er verweist dafür auf PsSal 13 u. 2 Makk 16,12ff.

271 Diesen Zusammenhang läßt jedoch *Burrows*, Klarheit, 86, außer acht: »Es ist aber nur billig hinzuzufügen, daß der Schlußpsalm im Handbuch der Unterweisung dem Geiste Jesu viel näher kommt: ›Ich will an einem Menschen nicht die Vergeltung des Bösen üben, ich will einen Menschen mit Gutem verfolgen‹.« *Molin*, Mt 5,43 und das Schrifttum von Qumran = Bibel u. Qumran, 152: »1 QS 10,17–18 stellt dann einen ersten Anlauf zur Überwindung der alttestamentlichen Stellung dar, der freilich von Jesu Weisung weit überboten wird.«

aber er verbirgt Zorn und Haß unter dem Mantel jener Haltung, die Böses mit Gutem vergilt.[272] Die *sog. Feindesliebe in Qumran ist nur Taktik*, ist nur das Bewußtsein: mit Gottes Hilfe können wir uns einst besser rächen, als es uns im Augenblick möglich ist.[273] Von der Haltung, Böses mit Gutem zu vergelten, weil man den Feind liebt, ihn zu gewinnen sucht[274], kann man in 1 QS nichts spüren.

Im großen und ganzen war also der Tenor in 1 QS: *jetzt verborgener Haß* auf unserer Seite – *dann offene Rache* auf Gottes Seite. Dieses Schema wird dadurch ein wenig variiert, daß Mitglieder der Sekte eine gewisse Mitwirkung an der Rache schon jetzt ausüben, indem sie die Söhne der Finsternis verfluchen. Wirkt doch der Fluch, indem er ausgesprochen wird.[275] In feierlicher Liturgie verfluchen die Leviten alle Männer des Loses Belijaals (II,4ff.). Dieser Fluch wirkt aus der Gegenwart in die Ewigkeit hinein: »Verdammt seist du in Finsternis ewigen Feuers!« (II,7f.) Gott wird beschworen, (am Tage der Rache) sein zorniges Angesicht zu erheben (II,9).[276] Nicht geleugnet werden kann jedoch, daß *innerhalb* des jachad immer wieder

[272] Gut ist die Formulierung von *Davies*, Setting, 248: »The interim-ethic of non-resistance at Qumran ...«; cf. auch *Braun*, Radikalismus I, 39 Anm. 14 von S. 38: »Also wird sich der Vergeltungsverzicht hier mit dem sonst gebotenen Haß doch wohl so einen, daß der *Verzicht auf die selbstgetätigte Vergeltung* und die Zuschiebung des Gerichtes an Gott eben im Haß geschieht, ja *geradezu Ausdruck eines potenzierten Hasses* ist...« (Hervorhebung von mir)

[273] *Kimbrough*, The Ethic of the Qumran Community, RevQum, 6,485

[274] Den Feind des jachad und somit den Feind Gottes zu gewinnen, ihn dem Bösen zu entreißen, dürfte schon deshalb in der Vorstellung Qumrans unmöglich sein, weil der unter der Herrschaft Belijaals Stehende zur ewigen Vernichtung *prädestiniert* ist (cf. III, 13ff.) Mit Recht spricht *Becker*, 86, von »gemina praedestinatio«; s. auch u.a. *Braun*, Radikalismus I, 25. Eine Inkonsequenz liegt insofern vor, als einerseits der Qumranfromme vom Haß gegenüber dem Gottesfeind nicht ablassen kann, da dieser aufgrund der gemina praedestinatio notwendig in der Feindschaft zu Gott verharrt, andererseits aber X,20f. gesagt wird: »Nicht will ich Groll bewahren gegenüber denen, die sich von der Sünde abgewandt haben, aber nicht will ich mich erbarmen über alle, die den Weg verlassen, nicht will ich trösten die Geschlagenen, *bis* ihr Wandel vollkommen ist.« Somit wird hier die Möglichkeit einer bewußt vollzogenen conversio ad bzw. aversio a jachad angedeutet. Oder sollten etwa conversio und aversio als Wirkung der jeweiligen praedestinatio verstanden sein? Eher aber dürfte anzunehmen sein, daß dem Schreiber bei der Formulierung von X,20b.21 der Gedanke der gemina praedestinatio nicht klar vor Augen stand. Auf nicht miteinander vereinbare Vorstellungen stoßen wir in den Qumranschriften immer wieder. Doch ist hier nicht der Ort, auf diese Problematik näher einzugehen; s. meinen Aufsatz: Anthropologischer Dualismus in den Hodayoth?, NTS 18, 268ff.

[275] *Horst*, Art. Segen und Fluch, RGG V, 1649

[276] cf. V, 12f.: »Und die offenbaren Dinge haben sie mit erhobener Hand getan, so daß sie Zorn erwecken zum Gericht und zur Vollstreckung der Rache *durch* (ב) *die Flüche des Bundes*, so daß gewaltige Gerichte an ihnen vollstreckt werden zu ewiger Vernichtung, ohne Rest.«

barmherzige Liebe, אהבת חסד, gefordert wird (u.a. I,9; II,24; V,4.24f; VIII,1f.).[277]

Guelich bestreitet, wie bereits in Anm.262 gesagt, daß Mt 5,43b auf Qumran zielt. Er begründet dies damit, daß lediglich am Rande in 1 QS und sonst nirgends im qumranischen Schrifttum eine Parallele zu μισησεις τον εχθρον σου auftauche.[278] Ohne daß nun schon das Ergebnis, worauf denn nun Mt 5,43b ziele, vorweggenommen werden soll, kann aber aufgrund der letzten Überlegungen mit Sicherheit gesagt werden, daß die Forderung des Hasses in Qumran nun wahrlich kein Nebengedanke in 1 QS ist! Stützen wir diese Aussage durch den Hinweis auf 1 QM!
Auffallend ist schon die Berührung der Terminologie dieser Schrift, die den eschatologischen Endkampf schildert, mit der in 1 QS. So ist auch in 1 QM die Rede von den Söhnen des Lichts, den Söhnen der Finsternis, von Belijaal auf seiten der Söhne der Finsternis, von der »Rache seines (Gottes) Zornes«, נקמת אפו (III,6). Der Endkampf ist gekennzeichnet durch den »Zorn Gottes im Grimm gegen Belijaal und gegen alle Männer seines Loses« (IV,1f.). Die Sektierer nehmen aktiv am Krieg Gottes teil, am Krieg Gottes, der Rache Gottes ist (IV,12). Gemeinsam kämpfen die Heerscharen der Söhne des Lichtes und des Himmels gegen die Heerscharen der Söhne der Finsternis und der Geister Belijaals. Der Kampf der Sektierer ist demnach Beteiligung am Endgericht Gottes. So soll man auf die Trompeten der Kampfabteilungen schreiben: »Ordnungen der Abteilung Gottes zur Rache seines Zornes an allen Söhnen der Finsternis« (III,6). Und wenn die Truppen in diesem eschatologischen Krieg sich dem Kampfe nähern, sollen sie auf ihre Feldzeichen schreiben: »Krieg Gottes, Rache Gottes« (IV,11f.).
Der Unterschied zu 1QS ist, daß man dort in der Erwartung des Tages der Rache, ja, *von* der Erwartung dieses Tages lebt. In 1QM ist aber die sehnlichst erwartete Rache endlich Gegenwart! Wenn auch hier der Haß nur als Tätigkeit der Söhne der Finsternis ausgesagt wird (III,6: sie hassen die Gerechtigkeit und Gott), jedoch nicht von den Söhnen des Lichts, so atmet doch die ganze Schrift den Geist der Genugtuung darüber, daß man – endlich! wenn auch nur in der Phantasie – der Rache und dem Zorn freien Lauf lassen darf! Teilzuhaben am Werk der »ewigen Vernichtung« des »Feindes«, אויב, »im Kriege Gottes« (IX,5) – das ist der Grund zum höchsten Jubel: »Zion, freue dich sehr, strahle auf im Jubel, Jerusalem, und jauchzet, alle Städte Judas!« (XII,13)
Und wie 1QS die Leviten alle Männer des Loses Belijaals verfluchen (II,4ff.), so tun dies in 1QM die Priester, Leviten und alle Ältesten der

[277] Für 1 QS ist die Verbindung von אהבה mit חסד charakteristisch. Sie kommt 5x, der Begriff אהבה 7x in 1 QS vor.
[278] *Guelich*, 195f.

Schlachtordnung. Sie verfluchen Belijaal und alle Geister seines Loses (XIII,1f.), die ja mit den Söhnen der Finsternis gemeinsam kämpfen. Die Wirkung dieses Fluches ist, daß Gott alle Söhne der Finsternis vernichtet (XIII,16) – zur Freude für alle Söhne des Lichts![279]

1QM ist durch seine von Emotionen getragenen Äußerungen geprägt. Es sind *Emotionen des Hasses*. Wer in Rachegedanken schwelgt, lebt im Haß, ja berauscht sich am Haß. Vergegenwärtigt man sich die gemeinsame geistige Haltung von 1QS und 1QM, so findet man *Guelich*s Stellungnahme unverständlich: »In other words, a doctrine of hatred is neither characteristic of their writings nor of their conduct towards those outside their religious community.«[280] Zu den Söhnen der Finsternis, denen der unversöhnliche Haß der Sektierer galt, gehörten aber vornehmlich die nicht zur Sekte gehörenden Juden, also, um mit *Guelich* zu sprechen, »those outside their religious community«. Wir können festhalten: In Qumran gilt: Man liebe nur die eigenen Glaubensgenossen, die also, die einen selbst lieben. Es sieht in diesem Stadium unserer Überlegungen demnach so aus, als passe Mt 5,46 bestens zur qumranischen Mentalität: »Wenn ihr (nur) die liebt, die euch lieben, welchen Lohn habt ihr?«

Eine letzte Frage hinsichtlich des Komplexes Haß – Liebe in Qumran soll diesen Themenkreis abrunden: Leben diejenigen, die in den Augen der Sektierer Feinde Israels, sprich: Qumrans, und Feinde Gottes sind, nun wirklich im Haß gegenüber der Sekte? Verfolgen sie die Gemeinde am Toten Meer? M.a.W., ist das Verhältnis des Hasses ein gegenseitiges?

Daß die Sekte im Anfang ihres Bestehens arger Bedrängnis ausgesetzt war, geht aus 1 QpHab hervor.[281] Hat doch der Hohepriester, der »gottlose Priester« (XI,4), der »Lügenmann« (II,1f.; V,11; cf. X,9), den »Lehrer der Gerechtigkeit« bis an den Ort seines Exils verfolgt, רדף (XI,4ff.). Der in 1QM geschilderte eschatologische Endkampf wird sicherlich *auch* als Reaktion auf dieses Ereignis verstanden worden sein, mag auch inzwischen das Heer Belijaals in der Vorstellung der Sekte internationales Ausmaß annehmen (cf. XVIII,1ff.). Doch könnten die in 1QM auftauchenden Bezeichnungen der Feinde Qumrans wie כול משנאי צדק (III,5f.) oder במשנאי אל (III,6) bereits formelhaft erstarrt sein, ohne daß ein konkretes Verhalten damit ausgesagt wäre. Dies ist dann erst recht für 1QS I,10 (»alle Söhne der

[279] cf. 1 QS II, 4ff.; V, 12f.

[280] *Guelich*, 196

[281] Die Auffassung *Dupont-Sommer*s allerdings, der »Lehrer der Gerechtigkeit« sei wie der Christus des Neuen Testaments verfolgt, getötet und zum Himmel aufgenommen worden (*Dupont-Sommer*, Aperçus preliminaires, 121f.), ist mit Recht nahezu einhellig abgewiesen worden (u.a. *Elliger*, Studien, passim, vor allem 267f.; *G. Jeremias*, Lehrer, passim). *Dupont-Sommer*s Auffassung haben sich vor allem angeschlossen: *Allegro*, 81ff.; *Wilson*, 60ff. In die Diskussion, mit wem der »Lehrer der Gerechtigkeit« und der »gottlose Priester« zu identifizieren seien, soll hier nicht eingegriffen werden.

Finsternis zu hassen«) anzunehmen, zumal es hier um einen liturgischen Text geht. Dafür spricht ferner das exklusive Verständnis: Umkehr vom Bösen bzw. Umkehr zur Thora bedeutet notwendig Eintritt in den jachad.[282] Dann aber sind per definitionem alle Nichtmitglieder des jachad die hassenswerten Männer der Grube, die hassenswerten Männer des Loses Belijaals. M.a.W., die zu Hassenden sind nicht eo ipso die Hassenden. Der Haß beruht nicht auf Gegenseitigkeit, und je mehr die Zeit seit der Gründung der Sekte vergeht, desto weniger werden die hassenden Sektierer gehaßt.

Nachdem geklärt wurde, wie der in Qumran feierlich gelobte Haß zu verstehen ist, gilt es nun, den Sinn von *Mt 5,43* zu erhellen. Die noch im Raum stehende Frage ist ja, ob sich die Wendung μισησεις τον εχθρον σου auf Qumran bezieht. Die Antwort bedarf aber der Klärung dessen, wie εχθρος bzw. das Verhältnis πλησιον – εχθρος zu verstehen ist. Setzen wir hypothetisch voraus, v.43 gehe auf Jesus zurück. Wie hat dieser dann, *falls* er hier Lev 19,18 zitierte, πλησιον bzw. רע aufgefaßt? Zunächst fällt nämlich auf, daß Lev 19,18b nicht vollständig zitiert ist; es fehlt das dem כמוך entsprechende ως σεαυτον (cf. Mt 22,39).[283] Nehmen wir trotzdem an, Jesus berufe sich hier auf das mosaische Liebesgebot. Dann ist zu vermuten, daß auch er רע im Sinne von »Volksgenosse« verstanden hat. Die Auffassung nämlich, daß sich die Forderung Lev 19,18 nicht nur auf den jüdischen Glaubensgenossen (einschließlich des Proselyten), sondern auf jeden Menschen erstreckt, läßt sich vor Ben 'Azzai (um 110 n.Chr.) nicht nachweisen.[284]

Unter dieser Voraussetzung wäre Mt 5,43 zu übersetzen: »Ihr habt gehört, daß gesagt wurde: Du sollst deinen Volksgenossen lieben und deinen Feind hassen.« Das bedeutet, daß der »Feind« als Synonym für »Nichtjude« stände. Dagegen spräche aber, daß die Beispiele, die schon in Q zusammen mit dem Gebot der Feindesliebe überliefert wurden, eben nicht auf den

[282] *Braun*, Radikalismus I, 31 u. 31 Anm. 1; *Hübner*, NTS 17,161f.

[283] Darauf macht *Linton*, Mt 5,43, StTh 18,74, aufmerksam. – Gerade dieses כמוך war in tannaitischen Diskussionen umstritten: Ist gemeint: »Liebe deinen Nächsten, wie du dich selbst liebst« oder »Liebe deinen Nächsten, denn er ist ein Mensch wie du«? Letztere Interpretation ist nach *Flusser*, HThR 61, 116, »sound and legitimate exegesis«. Er beruft sich u.a. auf *Hermann Cohen* und *Martin Buber*. »I see in this equation of subject and object – he is like yourself – an ingenious and brilliant heuristic boon for the new religious sensitivity of Judaism at the period of the Second Commonwealth« (116). Auch *Linton* hält diese Interpretation für möglich (75).

[284] *Bill.* I, 354ff., vor allem 358f.; Sir 13,15 kann nicht als Beleg für eine entschränkte Auffassung des Liebesgebotes im Judentum in Anspruch genommen werden, da der Zusammenhang (Diskrepanz reich – arm) dagegen spricht. – רע kann auch im Sinne von »Freund« stehen (z.B. Dt 13,7). Doch ist diese Bedeutung für Lev 19,18 noch weniger anzunehmen als »jeder Mensch«.

Volksfeind bezogen sind.[285] Auch Mt 5,46, τους αγαπωντας υμας (= Lk 6,32), spricht eher für den Gegensatz: persönlicher Freund – persönlicher Feind.[286]

Andererseits wäre denkbar, daß Jesus gegen gewisse *rabbinische* Auffassungen polemisierte, die z.B. in Mekh Ex erhalten sind – vorausgesetzt, sie wurden schon zu seiner Zeit vertreten; z.B.: Mekh Ex 21,14 (86b): »›Falls jemand frevelhaft gegen seinen Nächsten handelt, daß er ihn mit Hinterlist totschlägt‹ usw. Ex 21,14. Gegen seinen ›Nächsten‹, רעהו, das will die andren (d.h. die Nichtisrealiten) ausschließen.«[287] Einer solchen Polemik Jesu entspräche die Charakterisierung des Samariters in Lk 10,30ff., der hier in den Kreis der רעים einbezogen wird. Doch ist die Verbindung des Gleichnisses vom barmherzigen Samariter mit der Perikope von der Frage nach dem größten Gebot eindeutig redaktionell.[288] Andererseits dürfte aber *Greeven* zuzustimmen sein: »Wenn sie (sc. die Erzählung vom barmherzigen Samariter) auch von Lukas in den Zusammenhang des Streitgespräches über das größte Gebot hineinkomponiert ist, so hat er ihr doch sachlich die richtige Stelle angewiesen. Mag sie auch vorher ›frei umgelaufen‹ sein, – was anders hätte ihr Thema sein können als: ›Wer ist denn mein Nächster?‹«[289] Dann aber entsprechen auch die redaktionellen Verse Lk 10,36f., in denen der Volksfeind in den Kreis der רעים einbezogen wird, der Verkündigung Jesu, mag auch im Gegensatz zu Mt 5,43f. der Feind nicht als der zu Liebende, sondern als der Liebende gesehen werden.

Die Schwierigkeit, Mt 5,43 als Angriff auf rabbinische Lehrmeinungen zu verstehen, ist darum gegeben, weil in letzteren kein *Gebot* des Hasses ausgesprochen wird. Was die Rabbinen deutlich zum Ausdruck bringen, ist, daß dem Nicht-Volksgenossen bzw. Nicht-Glaubensgenossen nicht jene Liebe entgegenzubringen sei, die im Alten Testament dem *persönlichen* Feind gegenüber[290] gefordert ist. Man kann natürlich einwenden, wo die Liebe gegenüber einem bestimmten Personenkreis ausgeschlossen ist, da ist eo ipso Haß gegeben, zumindest die Voraussetzung dazu geschaffen. Von daher wäre es immerhin möglich, die fragliche Wendung και μισησεις τον εχθρον σου als epexegetisch zu betrachten[291], sie als *Deutung* der pharisäischen Haltung, *nicht* aber als *Zitat* zu begreifen.

Wie aber, wenn in Mt 5,43a gar nicht Lev 19,18 zitiert ist (es fehlt ja, wie bereits gesagt, ως σεαυτον!)? Wäre dann vielleicht – wegen des Kontextes,

[285] Es wäre freilich zu erwägen, ob Jesus die Beispiele in anderem Zusammenhang als dem der Forderung der Feindesliebe brachte.

[286] Doch könnte τους αδελφους υμων, Mt 5,47, wiederum dem Verständnis רע = Glaubensgenosse nahekommen.

[287] zitiert bei *Bill.* I, 354

[288] *Klostermann*, Lk, 118f.; *Bultmann*, Trad., 64; *Hirsch* II, 56ff.; *Grundmann*, Lk, 221

[289] *Greeven*, Art. πλησιον, ThW VI, 315, 16ff.

[290] *Wallis*, Art. אהב, ThWAT I, 120

[291] cf. *Linton*, StTh 18, 70

in dem es doch um den persönlichen Feind geht – der Gegensatz Freund – *persönlicher* Feind nicht das Nächstliegende? Hier allerdings könnte das gesamte seinerzeitige Judentum protestieren, von den Pharisäern angefangen bis Qumran: Niemand von uns hat jemals gesagt: Du sollst deinen persönlichen Feind hassen! Also scheidet diese Interpretation aus.

Als *Forderung* erscheint aber der Feindeshaß *lediglich* in *Qumran*. Sie ist verbunden mit der ihr korrespondierenden Forderung, den רע (allein 22x in 1QS!) als »Sohn des Lichtes« (cf. 1QS I,9) zu lieben. Hier stehen also wirklich das Gebot der Nächstenliebe und das des Feindeshasses nebeneinander. Dabei ist der Begriff »Nächster« in ganz charakteristischer Weise verengt: Nächster = Mitsektierer – verständlich, wenn man sich die Exklusivität Qumrans, die ja das eigentlich Sektiererische erst ausmacht, vor Augen hält. Hat also Jesus in Mt 5,43 doch die qumranische Haltung treffen wollen?

Wieder wird man einwenden, der Kontext der Antithese weise deutlich auf das Verhalten gegenüber dem persönlichen Feind, also sei Qumran genauso wenig getroffen wie die Rabbinen. Dem könnte man zunächst die Frage entgegenhalten, ob denn Jesus, wenn er das Haßgebot Qumrans kannte, dieses genauso verstehen mußte wie die Sektierer. Welche Gerüchte entstehen auch heute noch im Zeitalter der Information! Sollte es damals bei einer Gruppe, die immerhin – im Gegensatz zu den Rabbinen! – Arkandisziplin übte (1QS V,15f.), anders gewesen sein? Wahrscheinlich hat nicht nur Josephus[292] von den »furchtbaren Eiden« der Essener, in denen vom Haß die Rede sei, gesprochen.

Vielleicht war aber Jesus über das Wesen des Hasses in Qumran recht informiert. Aber er hat, weil er eine Begrenzung des Liebesgebotes für ein Unding hielt, die *Unterscheidung persönlicher Feind-Feind Israels bzw. Feind Gottes nicht mehr gelten lassen*. Dafür spricht nicht nur seine Begründung der Feindesliebe: Gott läßt auch über die Bösen seine Sonne scheinen und über die Ungerechten regnen, also über »seine« Feinde, die »Feinde Gottes«! Dafür läßt sich auch geltend machen, daß in seiner Verkündigung sowohl die Beispiele für das Verhalten gegenüber dem persönlichen Feind als auch die Gleichniserzählung vom barmherzigen Samariter zu finden sind. Diese Gleichniserzählung stellt aber die Unterscheidung völkischer und religiöser Schranken im Blick auf die Forderung der Liebe als geradezu gottlos hin! So kommentiert *Greeven* die sechste Antithese: »Was hier formal als radikale Entschränkung des Begriffs ›Nächster‹ und als Übersteigerung des Liebesgebotes erscheint, ist im Grunde eine Umkehrung der Fragestellung: Der Mensch, der präzis wissen will, wen er zu lieben habe und wen nicht, wird nun nach seiner vermeintlichen Liebe gefragt, mit der er so ökonomisch umgehen will, während sie doch mit unwider-

[292] Bell. Jud. II, 8, 7

stehlicher Gewalt aus ihm hervorbrechen und zu ihrer Tat finden müßte.«[293] Daß Jesus keine Begriffsbestimmung des Feindes gibt, hängt letztlich damit zusammen, daß er nicht als neuer Gesetzgeber, als neuer Mose mittels juristisch eindeutiger Kategorien den »Feind« in einer grundsätzlichen, situationsfernen Weise »definieren« will, wie er ja auch den »Nächsten« nicht definiert. Man *begegnet* dem Feind, man begegnet dem Nächsten, und *dann* stellt sich in einer jeweils neuen Situation die konkrete Forderung im Du des Mitmenschen.[294]

Fassen wir zusammen: Es läßt sich mit den uns zur Verfügung stehenden Kriterien nicht mehr feststellen, ob Mt 5,43 auf den historischen Jesus zurückgeht. Es läßt sich auch nicht mit Sicherheit sagen, ob Mt 5,43, falls dieser Satz von Jesus gesprochen wurde, gegen Qumran gerichtet war. Sicher ist aber, daß der Inhalt seiner Predigt aufgrund der Entschränkung des Liebesgebotes essentiell nicht nur über die Auffassung der Rabbinen und Qumrans, sondern auch über das mosaische Gesetz hinausgeht.[295]

[293] *Greeven*, ThW VI, 315, 5ff. [294] cf. ib. 316, 4ff.

[295] Nicht übersehen sollte man den interessanten Aufsatz von *Linton*, St. Matthew 5,43, StTh 18,66–79; ib. 70: »But in Matthew's text there is not the slightest hint, that the first sentence (sc. Mt 5,43a) is to be found in the Scriptures and that the other (sc. Mt 5,43b) is a distorting addition made by the rabbis. The antithesis, set out by Jesus, against the old command, not only negates the last sentence: ›Thou shalt hate thine enemy‹ but also corrects the first... As a matter of fact, it (sc. the addition v. 43b)stands in the context, as a legitimate interpretation of the first sentence; it expresses exactly a consequence, that people often are too ›refined‹ to say out loud, and in reality it lies hidden already in the very form of the command of love in Lev. 19,18.« – *Linton* erwägt, ob die sechste Antithese nicht aus der Perspektive von Lk 14,12f. gesehen werden müßte: *anstelle* der Freunde die Armen einzuladen (71ff.); »In this alternative the antithesis – roughly expressed – says: You shall not love – not prefer, not favour – your neighbour, but you shall love, prefer, favour your enemy.« (71) »To invite the poor and maimed *instead* of our relatives and friends is more of a challenge and far more provoking. The first mentioned antithesis can be watered down, the second not.« (72) Jedoch selbst, wenn L. hier zuweit ginge (in Lk 14,12f. geht es um die Armen, nicht um die Feinde!), ist ihm in der von ihm gezogenen Konsequenz beizupflichten: »The two sentences: ›Thou shalt love thy neighbour‹ and ›Thou shalt hate thine enemy‹ stand as the natural expression of a common morality, everywhere practiced, among Jews as among pagans, among rabbis and Publicans as well. No distinction is made between the Old Testament commands and the exegesis of the rabbis. Jesus and the Old Testament do not stand together on the right side against the false position of the Pharisees and the Scribes. It is the Old Testament and the rabbis, who stand together but fall short, face to face with the radical demand of Jesus.« (77f.)

Eine gewisse *Unausgeglichenheit in der Redaktion des Matthäus* sei kurz angedeutet: Mt 5,43f. wird Lev 19,18 aufgrund des epexegetischen v. 43b außer Kraft gesetzt; in dem redaktionellen Vers Mt 22,40 dagegen werden Dt 6,5 u. Lev. 19,18 als jene Gebote bezeichnet, an denen das ganze Gesetz hängt. Kein Wort, daß dieses Gesetz als unerfülltes völlig unzureichend ist! – Liegt ein authentisches Jesuswort zugrunde? Der überlieferungsgeschichtliche Sachverhalt ist schwer durchschaubar, wie schon

Die Frage, die noch offenblieb, ist, ob nicht der Begriff τελειος in Mt 5,48 qumranisches Erbe des ersten Evangelisten darstellt. Prüfen wir daher zunächst, was in den Qumranschriften unter dem Begriff »vollkommen« – zumeist תמים – verstanden wird![296] Dafür kommt vor allem wieder 1QS in Betracht.[297]

Bereits zu Beginn von 1QS heißt es: »...vor ihm (Gott) vollkommen zu wandeln *gemäß allem*[298], was offenbart wurde zu den Zeiten ihrer Bezeugungen.«[299] (I,8) Vollkommen wandeln heißt hier, wenn »gemäß allem, was offenbart ist« auf die Frucht des Gesetzesstudiums zu beziehen ist, ganz und gar nach den neugefundenen Bestimmungen des Gesetzes wandeln. Für diese Interpretation spricht VIII,1f.: »Im Rat des jachad sollen zwölf Männer sein und drei Männer, vollkommen in allem, was offenbart ist aus dem ganzen Gesetz...« Deshalb ist der jachad ein »Haus der Vollkommen-

allein ein Blick in die Synopse lehrt. *Grundmann*, Mk, 250, spricht von dreifacher Überlieferung in der synoptischen Tradition. *Braun*, Radikalismus II, 9 Anm. 2 von S. 7, sagt zu Mk 12,28–31 par: »Nur ist die hier gebotene Formulierung... gerade nicht auf Thora*verschärfung* abgestellt, sondern könnte auch gut allgemein-spätjüdisch sein.« Da also weder Thoraverschärfung noch Thoraabrogation zu erkennen sind, liegt m. E. mit größerer Wahrscheinlichkeit ein authentisches Jesuswort nicht vor. Deshalb soll an dieser Stelle der eben erfolgte Hinweis auf die Unausgeglichenheit in der Redaktion des Matthäus genügen.
Aufgrund redaktionsgeschichtlicher Überlegungen kommt neuestens auch *Burchard*, Das doppelte Liebesgebot in der frühen christlichen Überlieferung = Der Ruf Jesu, 39–62, zu dem Ergebnis: »Das doppelte Liebesgebot ist also kaum von Jesus geschaffen worden, auch nicht durch ihn in die christliche Überlieferung gekommen.«

296 s. *Delling*, Art. τελειος, C 2, ThW VIII, 73f.; *Rigaux*, Révélation des mystère et la perfection à Qumran et dans le Nouveau Testament, NTS 4, 237–262

297 In 1 QS erscheint תמים 18x, dagegen in CD nur 7x, in 1 QM 2x und in 1QH 1x.

298 mit *Lohse*, Texte, 4, ככול statt כול; ebenso *Maier*, Texte I, 21; *Wernberg-Möller*, 22; *Dupont-Sommer*, Ess. Schriften, 81

299 למועדי תעודותם ist nicht mit *Lohse*, Texte, 279 Anm. 4 (jedoch Übersetzung ib. 5: »zu den Zeiten ihrer Bezeugungen«!) und *Dupont-Sommer*, 81 (Übersetzung »betreffend ihre bestimmten Feste«) so zu verstehen, als ob »all das Offenbarte«, כול הנגלות in der Offenbarung der Festtermine bestände. Vielmehr dürfte *Wernberg-Möller*, 22, zuzustimmen sein, wenn er die fragliche Wendung übersetzt: »at the times fixed for their revelations«; ib. 47 Anm. 21: »However, the idea of a constant stream of revelations, gained by the study of the Torah, appears to be something fundamentally characteristic of the spiritual activity of the society.« Dafür spricht auch 1 QS VIII, 15, eine gleich noch zu behandelnde Stelle: »gemäß allem, was offenbart ist von Zeit zu Zeit», עת בעת. Damit ist natürlich nicht geleugnet, daß es der Sekte in entscheidendem Maße um heilige Zeiten, um ihren Festkalender ging; cf. 1 QS, I, 14f. Eine nähere inhaltliche Bestimmung des beim Thorastudium »Gefundenen«, נמצא, wird in 1 QS nicht gegeben. (*Betz*, Offenbarung, 37) Die Wendung כול הנגלות bleibt mithin ohne inhaltliche Füllung. Wenn, wie *Maier*, Texte II, 41 (dort weitere Literaturangaben), vermutet, der halakhische Teil von CD, also A2, die Voraussetzungen für die Parallelen in 1 QS bildet, wäre dann vielleicht in CD A2 die vermißte inhaltliche Füllung zu suchen?

heit und Wahrheit in Israel« (VIII,9).[300] Dieses Haus der Vollkommenheit ist nach Jes 40,3 in die Wüste gezogen, um dort dem Herrn einen Weg zu bereiten. Dieser besteht im »Studium der Thora, die er (Gott) durch Mose angeordnet hat, um gemäß allem, was von Zeit zu Zeit offenbart wurde, zu tun, und gemäß dem, was die Propheten durch seinen heiligen Geist offenbarten« (VIII,15f.).[301] Das »gemäß allem«, ככול, aus I,8f. wird in VIII,16ff. wieder aufgegriffen: »Und jeder von den Männern des jachad..., der absichtlich (wörtlich: mit erhobener Hand) auch nur von einem einzigen Wort[302] des ganzen Gebotes abweicht, darf nicht die Reinheit der Männer der Heiligkeit berühren... bis seine Werke gereinigt sind von allem Frevel, so daß er auf dem Weg der Vollkommenheit wandelt.« Demnach besteht der Weg der Vollkommenheit in einem solchen Wandel, der keine einzige Bestimmung des Gesetzes bzw. des neu ausgelegten Gesetzes außer acht läßt. Somit ist hier ein quantifizierendes Denken gegeben: Die *quantitative Vollständigkeit* der Bestimmungen des Gesetzes bzw. des neu ausgelegten Gesetzes zu beachten macht das *Wesen der Vollkommenheit* im Wandel aus.[303] Das wird auch durch VIII,21ff. bestätigt. War in dem zuletzt gebrachten Beleg die Rede von einem solchen, der absichtlich eine Gesetzesbestimmung übertrat, so geht es hier nicht nur um absichtliche, sondern auch um nachlässige Übertretungen: »Jeden Mann unter ihnen, der irgendein Wort aus dem Gesetz des Mose absichtlich oder aus Nachlässigkeit übertritt, soll man aus dem Rat des jachad fortschicken, und er darf nicht wieder zurückkehren.«[304] Exkommunikation also um eines einzigen Wortes der Thora willen![305]

300 Die Übersetzung »Haus der Ganzheit und Wahrheit« durch *Delling*, ThW VIII, 73, 22, ist nicht sehr glücklich. Seine Unterscheidung von »vollkommen wandeln« und »fehllos wandeln« (ib. 74,5f.) ist zu konstruiert, da ja das vollkommene Wandeln ein Wandeln ohne Verletzung auch nur einer einzigen Gesetzesbestimmung ist.

301 In unserer Übersetzung wurde bewußt das feminine Wort »Thora« gebracht, um dadurch das Relativpronomen »die« eindeutig als von »Thora«, nicht aber von »Studium« abhängig zu erweisen; den *nicht* das *Studium* des Gesetzes ist von Mose befohlen, sondern das Gesetz selbst. s. *Wernberg-Möller*, 129 Anm. 47: »The relative particle is by *Reicke* taken as going back to *mdrsh*, not to *htwrh*, but this interpretation presupposes the taking of *l'swt* as referring to the study and runs counter to usage of that verb elsewhere in 1 QS; especially I, 2f shows that the verb alludes to the *doing* of the Law...«

302 *Wernberg-Möller*, 34, übersetzt: »who abolishes one single word«

303 cf. *G. Barth*, 92: »Dieses ›Mehr‹, das תמים in 1 QS meint, mag *mechanisch quantitativ* erscheinen als das Mehr einer Anzahl von Geboten.« Gemeint ist ein Mehr gegenüber dem zeitgenössischen Judentum; Hervorhebung von mir.

304 Schon 1 QS, I, 13f. wird der Sektierer aufgefordert, »nicht ein einziges von allen Worten Gottes zu übertreten«.

305 Aus den übrigen Qumranschriften seien für den Begriff »vollkommen« noch zitiert: CD XX, 6f.: »... entsprechend der Auslegung, מדרש, des Gesetzes, nach welchem die Männer in vollkommener Heiligkeit wandeln...«; CD VII, 4f.: »Für

Im Alten Testament wird von Gott selbst nie ausgesagt, daß er תמים oder שלם sei.[306] Jedoch begegnet in 1QS I,13 die Formulierung »nach der Vollkommenheit seiner (sc. Gottes) Wege«, כתם דרכיו. In fast unmittelbarem Anschluß an diese Wendung erfolgt die in Anm. 304 zitierte Aufforderung, nicht ein einziges von allen Worten Gottes zu übertreten. Es legt sich die Frage nahe, ob diese quantifizierende Aussage in innerem Zusammenhang mit dem Ausdruck »Vollkommenheit der Wege (Gottes)« steht. Dreimal (V,24; XI,2.11) bezieht sich die Bezeichnung »Vollkommenheit der Wege« auf den Sektierer, nur hier will sie etwas über Gott aussagen. Wenn aber das Wesen der Vollkommenheit des Sektierers darin besteht, daß er die quantitative Vollständigkeit aller Gesetzesbestimmungen einschließlich der neuen Offenbarungen beachtet, fällt dann nicht von da aus auch ein Licht auf das Wesen Gottes bzw. auf das, was die Vollkommenheit seiner Wege ausmacht, zumal diese Wege in einer laufenden Offenbarung, dem Verständnis des Gesetzes dienend, bestehen?[307] Es sei nur als Frage formuliert: Ist deshalb von der Vollkommenheit der Wege Gottes die Rede, weil er ein quantitativ vollkommenes, sprich: quantitativ vollständiges Gesetz gegeben hat?[308]

Kommen wir nun zu Mt 5,48/Lk 6,36! Die lukanische Form hat manche Parallelen in rabbinischen Texten.[309] Es ist durchaus möglich, daß οικτιρμων in Lk 6,36 als Hapaxlegomenon auf vorlukanischen Sprachgebrauch weist.[310] Dann hätte wahrscheinlich Matthäus das in Q gelesene οικτιρμων in τελειος umgewandelt[311], zumal er diesen Begriff in Mt 19,21 (gegen Mk 10,21!) ein-

alle, die darin wandeln in heiliger Vollkommenheit nach Geheiß *aller* Weisungen des Bundes ...«; CD I, 20f. ist »alle, die wandeln in Vollkommenheit« Selbstbezeichnung der Sektierer. Jedoch 1 QH IV, 30: »Und ich erkannte, daß beim Menschen keine Gerechtigkeit ist und nicht beim Menschenkind vollkommener Wandel, תום דרך.«

306 *Trilling*, 194; s. auch die dort gegebene, gute Übersicht über das alttestamentliche Material!

307 Demgegenüber heißt es bei *Braun*, Radikalismus II, 43 Anm. 1: »Denn die תמים-Verbindungen des Man und der Dam meinen einen sämtliche Vorschriften umfassenden bzw. einen besonders auf kultische Korrektkeit ausgerichteten Wandel, der an keiner einzigen Stelle mit einem תמים–Sein Gottes, wie in der Jesustradition, in Verbindung gebracht wird.« Ähnlich *Grundmann*, Mt, 181, der sich auf *Braun* beruft.

308 Damit ist nicht gesagt, daß in Qumran das Gesetz nur unter quantatitivem und formal-autoritativem Gesichtspunkt gesehen wurde. In der bereits herangezogenen Stelle 1 QS VIII, 1f. wird der Zweck (לעשות) des »ganzen Gesetzes« u. a. wie folgt bestimmt: Treue, Gerechtigkeit, Recht, Liebe der Barmherzigkeit, demütiger Wandel.

309 *Bill.* I, 372f.; II, 159

310 *Strecker*, 141 Anm. 2

311 so auch *Dupont*, L'appel à imiter Dieu en Matthieu 5,48 et Luc 6,36, RivBib 14, 137–158: Matthäus gebraucht den Begriff »vollkommen«, da er mehr Moralist als

gefügt hat. Auf jeden Fall liegt ihm an diesem Begriff, wie auch die besondere Stellung von Mt 5,48 als Abschluß der Gesamtkomposition Mt 5,17–48 zeigt (gegen Lk 6,36, wo ein neuer Gedanke beginnt).[312] *Grundmann* vermutet, daß Matthäus τελειος gewählt hat, weil er auch hier in Auseinandersetzung mit Qumran steht.[313] Dem entspricht, daß er auch in Mt 5,43b einen Angriff auf Qumran sieht.

Daß in Mt 5,43–48 vom *Evangelisten* qumranische Vorstellungen bekämpft werden, dürfte aber kaum zu erweisen sein. Jedoch läßt sich von Mt 5,48 aus zumindest der Unterschied der matthäischen Konzeption zum Vollkommenheitsideal Qumrans aufzeigen. *Vollkommen im Sinne des Matthäus* ist, *wer* das *von Christus* erfüllte, also von ihm *modifizierte Gesetz* so *befolgt*, wie es in den sechs Antithesen zum Ausdruck kommt. Es geht um ein *neues Ethos*.[314] Mag man auch mit *Braun*[315] Mt 5,18 mit dem dauernden כול von 1QS in Verbindung bringen, mag man somit das τελειος von Mt 5,48 über Mt 5,18 dem תמים der Sekte annähern – im tiefsten und letzten meint das matthäische τελειος etwas *grundsätzlich anderes* als das qumranische Vollkommenheitsideal. Während es in 1QS u.a. um die korrekte, fehlerlose Befolgung all dessen geht, was in Thora und neuer Offenbarung gefordert ist, also um keinerlei bewußte Modifizierung der Thora, steht der *Gedanke der quantitativen Erfüllung* (Mt 5,18) *bei Matthäus im Dienst der Modifikation des Gesetzes*. Es ist eine Modifikation im Bereich des Ethischen. Somit

Theologe ist. Demgegenüber ist die lukanische Version ursprünglicher. Matthäus hat eine bestimmte Forderung in ein allgemeines Prinzip umgeformt, das die ganze Serie der Antithesen umfaßt.

[312] Das gilt auch für den Fall, daß τελειος Fehlübersetzung des aramäischen תשלמון wäre (sowohl »ihr sollt vollkommen sein« wie auch »ihr sollt vergelten«, je nach Vokalisation). So vermutet *Hans Bruppacher* im Anschluß an *Jakob Hausheer* ein ursprüngliches »Ihr sollt vergelten, wie eurer himmlischer Vater vergilt« (ZNW 58, 145). Trifft diese Vermutung zu, so bildete dieser Satz ursprünglich wohl kaum die Einleitung zu dem Abschnitt Lk 6,36–38; vielleicht stand er dann unmittelbar hinter Mt 5,45.

[313] *Grundmann*, Mt, 180f.; andererseits gesteht er (ib. 181) aufgrund eines Hinweises von *Bornhäuser* (Bergpredigt, 110f.) auf BQ I,4 wo תמים »gutartig« im Gegensatz zu רע bedeutet, die Möglichkeit zu, daß τελειος von einer etwaigen aramäischen Grundlage her im Sinne von barmherzig, gut gedeutet werden muß.

[314] Mit Recht spricht *Strecker*, 141 Anm. 4, von der »ethisierende(n) Interpretation der Antithesen in 5,21ff.«; ib. 141: »Im Unterschied zu einem ›griechischen‹ Verständnis ist der Begriff (sc. vollkommen) nicht einer Wertskala übergeordnet, sondern entsprechend der semitischen Tradition auf die ›*Ganzheit*‹ und ›*Ungeteiltheit*‹ bezogen, freilich *nicht im Widerspruch zum ethischen Verständnis*.« Hervorhebung von mir; ähnlich *Trilling*, 195; nicht überzeugend *Fuchs*, Die vollkommene Gewißheit, 129f.: Ist »eschatologisch« unbedingt ein ausschließender Gegensatz zu »ethisch«, wie F. meint?

[315] *Braun*, Qumran I, 14f.; ders., Radikalismus II, 11 Anm. 1 u. 2

dürfte der Begriff τελειος auf keinen Fall im Dienst der Qumranisierung des Mt stehen, aber auch wohl kaum einen Angriff auf qumranischen Geist darstellen.

Zu weit geht m. E. *Strecker*[316], wenn er von einer »Abrogation des pharisäisch-jüdischen Zeremonialgesetzes« durch »das von Jesus verkündete Sittengesetz« spricht. In den Antithesen findet sich keine Kultpolemik (cf. Mt 5,23!). Die Problematik rein – unrein kommt nicht zur Sprache. Vom Sabbat und der Speisegesetzgebung ist keine Rede. Aufgrund von Mt 5 allein kann man ein solches Urteil, wie *Strecker* es ausgesprochen hat, nicht fällen. Wenden wir deshalb unseren Blick Mk 2,23–28 par. und Mk 7,1–23 par. zu! Zusammenfassendes über die Antithesen wird erst im 5. Kapitel gesagt.

316 *Strecker*, 142

DRITTES KAPITEL

Der Sabbat

1. Mk 2,23-28: Markus und die ihm vorliegenden Traditionen

Eine einhellige Meinung über Mk 2,23–28 gibt es noch nicht. Im Gegenteil, hinsichtlich der traditionsgeschichtlichen Beurteilung dieser Perikope und ihrer synoptischen Parallelen finden sich nahezu alle Spielarten in der wissenschaftlichen Literatur. Da wird die Auffassung vertreten, ursprünglich hätte die Perikope mit der Berufung Jesu auf 1 Sam 21,3ff. geendet.[1] Nach *Hirsch* ist zwischen Mk I[2] (2,23f.27) und Mk II[3] (2,23–26.28) zu unterscheiden, erst der endgültige, uns heute vorliegende Mk-Text verbinde beide Versionen[4]. *Suhl* liegt in etwa auf der Linie *Hirsch*s, wenn er v.28 als zunächst einzige Erweiterung des nur aus v.23–26 bestehenden Streitgesprächs auffaßt.[5] Auch *Bultmann* erwägt, ob nicht das Streitgespräch ursprünglich mit v.26 endete; mit der Gegenfrage sei nämlich die Debatte stilgemäß zu Ende – außerdem zeige die typische Aufreihungsformel *και ελεγεν αυτοις*, daß mit Mk 2,27f. ein ursprünglich isoliertes Logion angefügt sei.[6] Doch hält er mit *Klostermann*[7] jene Lösung für wahrscheinlicher, nach der v.27 die ursprüngliche Antwort auf v.23f. ist[8]. Damit hat er *Hirsch* Mk I vorweggenommen. *Roloff* schließlich betrachtet sowohl die Berufung auf das alttestamentliche Davidbeispiel v.25f. als auch v.27f. als authentische Jesusworte; letztere hätten allerdings kaum zum ältesten Bestand des Streitgespräches gehört.[9]

Allgemein erkannt ist, daß v.28 – trotz des *ωστε* – nicht die Konsequenz aus v.27 sein kann: Wenn der Sabbat um des *Menschen* willen geschaffen ist, dann folgt doch nicht daraus, daß der *Menschensohn* – im Sinne des Mk Jesus selbst – Herr über den Sabbat ist. *Bultmann* sieht bekanntlich in dem »Menschensohn« v.28 eine Fehlübersetzung; ursprünglich habe es

[1] *Lohmeyer*, Mk, 63; *Suhl*, 82ff.; *Lohse*, Worte = Judentum, Urchristentum, Kirche, 82; ders., Art. *σαββατον*, ThW VII, 22, 17ff.

[2] Nach *Hirsch* I, 188ff., war Mk I bereits in kürzester Zeit nach Ostern auf aramäisch verfaßt. Dahinter stehe ein Augenzeuge, der selber Erlebtes berichtet; dieser aber sei Petrus: »Kurz. Mk I ist das Evangelium so, wie Petrus es erzählt hat.« (190)

[3] Mk II ist für *Hirsch* die Mk-Vorlage des Lukas; *Hirsch* I, XVII; II, 339

[4] ib. I, 14f. 221f.

[5] *Suhl*, 82ff.

[6] *Bultmann*, Trad., 14

[7] *Klostermann*, Mk, 34

[8] Ebenso u. a. *Haenchen*, Weg Jesu, 120; *Braun*, Radikalismus II, 70 Anm. 1; *Schweizer*, Mk, 39

[9] *Roloff*, 58

hier »Mensch« geheißen wie in v.27.[10] Nach *Käsemann*[11], *Haenchen*[12] und ähnlich *Colpe*[13] ist aber v.28 eine Einschränkung von v.27: Die Freiheit, die Jesus jedem zugesprochen hat, läßt die Gemeinde nur noch für ihn als den Menschensohn gelten. Umgekehrt argumentiert *Suhl*: v. 27 ist eine Einschränkung von v.28; hier werde Jesus als Herr über den Sabbat bekannt, dort aber sei diese in Jesus grundsätzlich gegebene Freiheit vom Sabbatgebot zu einer sinnvollen Zuordnung von Mensch und Sabbat bei grundsätzlicher Anerkennung des Sabbatgebotes abgeschwächt.[14] *Haenchen* dagegen spricht im Blick auf v.27 von einem gefährlichen Wort[15], *Schweizer* von einem fast erschreckend freien Satz[16]. Nach *Roloff* besteht die Verzahnung von v.27 und v.28 im sachlichen Rückbezug von »Menschensohn« auf »Mensch«: *Weil* der Sabbat um des *Menschen* willen geschaffen ist, *darum* ist der *Menschensohn* auch Herr über den Sabbat. Inwiefern v.28 »deutlich den Charakter einer gedanklichen Weiterführung und Zuspitzung des Vorhergegangenen« habe, werde deutlich, sobald man erkenne: v.27 sei allgemeine, grundsätzlich akzeptierte Diskussionsbasis. Darauf aufbauend, behaupte Jesus seine Vollmacht. Also sei v.28 ähnlich wie v.25f., »ein verhülltes Selbstzeugnis Jesu«.[17]

Lassen wir einstweilen offen, ob der Auffassung *Bultmanns* oder der *Käsemanns* bzw. der jeweils mit ihnen sympathisierenden Exegeten zuzustimmen ist. An dieser Stelle sei zunächst nur der Versuch unternommen, die Konzeption *Roloffs* zu entkräften. Dieser sieht in v.25f. einerseits und in v.28 andererseits das gleiche Thema zugrunde liegen: die Autorität Jesu. Im Davidbeispiel gehe es um einen Schluß a minori ad maius; David gesteht *seinen Leuten* Freiheit zu, also vermag erst recht Jesus *seinen Jüngern* diese Freiheit zu geben.[18] In v.27f. verleihe Jesus die Freiheit über den Sabbat, weil er selbst der Herr über den Sabbat sei. Das Ziel wird dann formuliert: Jesus setzt an die Stelle der Sabbatordnung der Schriftgelehrten seine Voll-

[10] *Bultmann*, ThNT, 31; im Anschluß an *Wellhausen*, Mk, 16; so bereits schon *Hugo Grotius* (erwähnt bei *Klostermann*, Mk, 36) und der jüdische Wissenschaftler *E. Grünebaum*, Die Sittenlehre des Judenthums, Mannheim 1867, 124f. (nach *Lindeskog*, 222f.; mir selbst stand nur die veränderte 2. Auflage, Straßburg 1878, zur Verfügung; dort 249f. die Erörterung von Mk 2,23ff., aber ohne die in der 1. Auflage gegebene Interpretation von v. 28); neuerlich wieder *Jeremias*, Die älteste Schicht der Menschensohn-Logien, ZNW 58, 165f. 170

[11] *Käsemann*, Das Problem des historischen Jesus = EVuB I, 207, und Begründet der ntl. Kanon die Einheit der Kirche? = ib. 219

[12] *Haenchen*, Weg Jesu, 121

[13] *Colpe*, Art. υιος τ. ανθρ., ThW VIII, 455, 7ff. u. ib. Anm. 371; allerdings versteht C. υιος τ. ανθρ. in Mk 2,10 im Sinne von Mensch, ib. 433,12ff.

[14] *Suhl*, 83f. [15] *Haenchen*, Weg Jesu, 121 [16] *Schweizer*, Mk, 39

[17] *Rohloff*, 59ff.

[18] ib. 56f.; das zeige sich daran, daß v. 25f. keine einzige wörtliche Bezugnahme auf 1 Sam 21, 2ff. enthalten, sondern diese atl. Stelle »in ganz eigenwilliger Weise« entfalten.

macht als die des Menschensohnes.[19] Stellen wir uns einmal hypothetisch auf *Roloffs* Standpunkt und nehmen wir somit an, das tertium comparationis in v. 25f. sei allgemein die Autorität, Gottes eingesetzte Ordnungen übertreten zu dürfen, nicht aber speziell die Autorität, über den Sabbat zu verfügen.[20] Dann ist aber zu fragen, was der Skopus »Jesus kommt mehr Autorität als David zu« ohne den konkreten Bezug auf den Sabbat besagen kann. Ohne daß die Konsequenz auf die *Sabbat*vollmacht Jesu gezogen wird, bleibt die Argumentation mit 1 Sam 21 unabgeschlossen. Dann müßte man eher v. 28 als organischen Abschluß der Beweisführung ansehen. Doch gerade das nimmt *Roloff* nicht an! Vor allem aber: v. 27 ist in keiner Weise, wie er behauptet, »grundsätzlich akzeptierte Diskussionsbasis«.[21] Doch selbst wenn dies – obwohl dafür keinerlei Anlaß besteht! – zugestanden würde, ist die Logik nicht zwingend: Weil allgemein der Sabbat als um des Menschen willen gemacht gilt, ist Jesus der dies Konzedierende. Sinnvoll wäre nur: Weil der Menschensohn Herr über den Sabbat ist, hat er den Menschen die Freiheit über diesen Tag gegeben. Wie *Roloff* hier mit dem notwendigen Ablauf Grund – Folge zurechtkommt, ist mir nicht klar. Man hat schließlich nicht das Feuer entzündet, *weil* es nun brennt, sondern es brennt, weil man es entzündet hat. Und zu interpretieren: an der Tatsache, daß diese meine Jünger Herr über den Sabbat sind, erkennt ihr, daß ich ihnen als Menschensohn diese Freiheit gegeben habe, ist eine gekünstelte Lösung. Denn in v. 27 ist ja – nach *Roloff!* – ein *allgemein* gültiger Satz ausgesagt, nicht aber die spezielle Situation der Jünger dargelegt!

Einer Erklärung bedarf vor allem der Tatbestand, daß Mk 2,27 in den beiden synoptischen Parallelperikopen keine Entsprechung findet. Auch in diesem Punkte gehen die Meinungen auseinander, ohne daß eine letztlich überzeugende Lösung gefunden ist. Solange man an der Vorstellung eines Ur-Mk festhält, ist man in der Lage, unseren Vers als spätere Glosse des Endredaktors aufzufassen, die weder Matthäus noch Lukas vorgelegen

[19] ib. 61

[20] Sicher hat R. darin recht, daß in v. 25f. die Autorität Jesu die Davids überbietet, daß also insofern eine »typologische Beziehung« (58) vorliegt. Auch sei zugestanden, daß dieser Autorität das Moment der Verleihung der Freiheit an die jeweiligen Anhänger wesentlich zukommt. Nur fragt es sich, ob R. die Autorität Davids und Jesu nicht zu formal versteht, wenn er sie lediglich im Übertreten der von Gott gesetzten Ordnung begreift. Ist das aufgrund eines Kultverbots nicht gestattete und dann doch freigegebene φαγειν v. 26 nicht auch ein Aspekt des tertium comparationis, da das Essen in v. 23 stillschweigend vorausgesetzt sein dürfte?

[21] Dies ergibt sich im weiteren Verlauf dieses Kap. Inwiefern geht übrigens der bekannte Satz des Schim'on ben Menasja (um 180 n. Chr.), Mehk Ex 31,14: »Euch ist der Sabbat übergeben, aber ihr seid nicht dem Sabbat übergeben« auf den Makkabäer Matatthias zurück? *Roloff*, 60 Anm. 32, beruft sich auf *Grundmann*, Mk, 70. Dort findet man zwar diese Auffassung – doch ohne Beleg! s. *Bill.* II, 5!

habe.[22] Ähnlich argumentiert *Hirsch*, der (s.o.) v.27 in Mk II als nicht vorhanden betrachtet, so daß Lukas diesen Vers in seiner Vorlage nicht las; doch habe Matthäus, der von Mk, nicht aber von Mk II abhängig sei, Mk 2,27 durch eine theologische Darlegung ersetzt.[23] Danach erklärt *Hirsch* das Fehlen dieses Verses in den beiden synoptischen Großevangelien auf jeweils verschiedene Art: einmal ist er nicht in der Vorlage vorhanden, zum andern ist er bewußt weggelassen. *Haenchen* behauptet, Matthäus und Lukas hätten – »entsprechend ihrer Zeit« – das gefährliche Wort übergangen; sie folgten damit nicht einer gemeinsamen Überlieferung, sondern »einfach dem gemeinsamen Empfinden ihrer Zeit«.[24] Jedoch sagt er nicht, welche Gründe ihn veranlassen, für zwei in ihrer theologischen Konzeption ziemlich unterschiedliche Evangelisten ein solch »gemeinsames Empfinden« zu postulieren. Ähnlich vage argumentieren *Schweizer* und *Lohse*; ersterer läßt Matthäus und Lukas unabhängig voneinander v.27 streichen, weil hier die besondere Vollmacht Jesu nicht wie in v.28 erwähnt sei[25], letzterer, weil die in v.27 ausgesprochene Stellungnahme zur Sabbatfrage ihnen im Vergleich zum folgenden Vers als nicht hinreichend erschien.[26] Diese Begründungen sind letztlich Behauptungen.

All die soeben erwähnten Lösungsversuche sind also unzulänglich. Dennoch hängt gerade von der Antwort auf die Frage, warum Matthäus und Lukas Mk 2,27 nicht bringen, sehr viel für das zuerst genannte Problem ab, wie dieUrgestalt der Perikope ausgesehen hat, vor allem, ob *Mk 2,27 Glosse oder historisches Urgestein* ist. Setzen wir deshalb bei der Frage an, warum dieser Vers bei Mt und Lk fehlt.

*Bussmann*s Erklärung von Mk 2,27 als einer erläuternden Glosse vermag schon deshalb nicht einzuleuchten, weil alle Spielarten einer Ur-Mk-Hypothese wenig überzeugen können.[27] Damit fällt auch *Hirsch*s Annahme. Andererseits wird es sich im Laufe dieses Kapitels zeigen, daß für die beiden Evangelisten Matthäus und Lukas schwerlich theologische Gründe angeführt werden können, aufgrund deren sie sich veranlaßt sahen, Mk 2,27 zu streichen. In Frage käme höchstens ein Lösungsversuch, gemäß dem Matthäus und Lukas deshalb unabhängig voneinander diesen Vers übergingen, weil immanent in der Perikope angelegte Gründe eine solche Streichung geradezu provozierten. Zu einer derartigen Vermutung könnte folgende Annahme *Allen*s anregen: Da v.28 keine sinnvolle Schlußfolgerung aus v.27 bildet, hat Matthäus letzteren Vers ausgelassen.[28] Wenn aber das Miß-

[22] z.B. *Bussmann*, 92: Mk 2,27 zählt zu den »kleinen Erweiterungen und Erläuterungen« mit glossenhaftem Charakter.

[23] *Hirsch* II, 292

[24] *Haenchen*, Weg Jesu, 121

[25] *Schweizer*, Mk, 39

[26] *E. Lohse*, Worte = Judentum, Urchristentum, Kirche, 84; cf. auch *Braun*, Radikalismus II, 70 Anm. 1

[27] Die Gegenargumente s. bei *Kümmel*, Einl., 30ff.; *Marxsen*, Einl., 104f.; anders *Schniewind*, Mk, 2f.

[28] *Allen*, 128

verhältnis von v.27 und v.28 so auffällig ist, dann wäre die Wahrscheinlichkeit, daß zwei Evangelisten unabhängig voneinander denselben Vers aus derselben Vorlage ausließen, ziemlich groß.
Bietet sich vielleicht noch eine andere Lösung? Nehmen wir an, beiden synoptischen Großevangelisten habe die Mk-Version einschließlich v.27 vorgelegen, wie sich dies bei Ablehnung der Ur-Mk-Hypothese von selbst ergibt. Dann läßt sich die Tatsache, daß Matthäus und Lukas *unabhängig voneinander* diesen Vers streichen, auf zwei Arten erklären:

1. Beide Evangelisten sind in der Tat unabhängig voneinander auf dieselbe Idee gekommen (weil dies, wie vielfach angenommen wird, einfach »in der Luft lag« oder weil in der Konzeption der Perikope eine solche Streichung immanent angelegt war).
2. Außer dem Mk-Text lag beiden Evangelisten noch eine andere schriftliche Überlieferung dieses Streitgesprächs vor, die den fraglichen Vers nicht enthielt. Sie sind dann unabhängig voneinander dieser zweiten Quelle gefolgt, weil sie ihnen aus irgendeinem Grunde überzeugender oder besser verwendbar erschien.

Diese zweite Vermutung kann dann eine gewisse Wahrscheinlichkeit für sich in Anspruch nehmen, wenn man zu zeigen vermag, daß Mt und Lk nicht nur gemeinsam v.27 weglassen, sondern auch sonstige Übereinstimmungen gegen Mk aufweisen. Das ist tatsächlich der Fall, wenn auch nur in einigen Kleinigkeiten. Beide bringen jeweils in v.1 das Verb εσθιειν. Beide lassen im selben Vers das markinische οδον ποιειν aus. Beide sagen in v.2 ειπαν anstelle des markinischen ελεγον und in v.3 ειπεν statt des markinischen λεγει. Beide lassen im selben Vers das markinische χρειαν εσχεν aus, ebenso in v.4 das markinische επι Αβιαθαρ αρχιερεως. Beide sagen in diesem Vers τοις μετ'αυτου anstelle des markinischen τοις συν αυτῳ ουσιν. Beide bringen in v.4 über Mk hinaus μονοις/μονους. Beide lassen in v.8 bzw. v.5 ωστε und και aus.[29]
Einschließlich der Auslassung von Mk 2,27 stimmen Mt und Lk in 10 Fällen gegen Mk überein.[30] Doch sind diese Übereinstimmungen nicht alle von gleichem Gewicht. Unbrauchbar für den Erweis einer zweiten schriftlichen Quelle unserer Perikope ist das zweimalige ειπαν(-εν) (Mt, Lk) gegen

[29] cf. auch *Grundmann*, Mt, 320: »Der Text, den Matthäus gibt, ist teilweise älter als der des Markus, da Matthäus eine Reihe von Gemeinsamkeiten mit Lukas aufweist.«

[30] Damit sind wir vor das schwierige Problem der sog. »minor agreements« von Mt und Lk gegen Mk gestellt. Die folgenden Darlegungen können diese bis heute noch ungelöste Frage nicht beantworten, so können lediglich einen kleinen Teilaspekt aufgreifen, der weiterer Integration bedarf. cf. *Streeter*, 293ff., vor allem 311f. Neuerdings will *Lindsey* aufgrund der minor agreements auf die Priorität des Lk vor Mk schließen (27ff.). *Flusser* hat sich dieser Auffassung angeschlossen (Jesus, 11)! Hier ist nicht der Ort, auf diese These zu antworten.

ελεγον bzw. λεγει (Mk), da eine derartige Änderung für Mt und Lk geradezu typisch ist. Möglich ist es, die Auslassung Abjathars durch beide Evangelisten als unabhängig voneinander vorgenommen zu verstehen: beide korrigieren nämlich Mk zu recht. Anders steht es mit den übrigen Übereinstimmungen gegen Mk. Im ersten Vers der Perikope werden εσθιειν eingefügt und οδον ποιειν gestrichen. Auch das Zusammentreffen der Änderung μετ'αυτου statt συν αυτῳ ουσ. und der Hinzufügung μονοις (-ους) in *einem* Vers will nicht recht als Zufall einleuchten. Und warum schließlich bei Mt und Lk im Schlußvers ωστε fehlt, obwohl es gerade Lk 6,5 den dort gegebenen Sinn bestens träfe, gibt zu denken.[31] Somit legt sich in der Tat die Vermutung nahe, daß Matthäus und Lukas für die Perikope vom Ährenraufen am Sabbat außer Mk eine *zweite schriftliche Quelle* vorliegen hatten.

Könnte als zweite Quelle für Mt 12,1ff./Lk 6,1ff. die *Logienquelle Q* in Frage kommen, so daß hier jeweils eine Kompilation aus Mk und Q vorliegt? Für Lk haben wir eine solche Zusammenfügung aus Mk- und Q-Elementen in Lk 16,18 kennengelernt (s. 2. Kap.). Matthäus hat sich zwar bei doppelter Überlieferung nicht gescheut, Dubletten zu bieten[32]; aber diese Erkenntnis zwingt nicht anzunehmen, daß er es in jedem Fall so gemacht hat. Somit dürfte zumindest nicht auszuschließen sein, daß unserer Perikope Q als die zweite literarische Quelle zugrunde liegt – zumal Mt 12,22ff./Lk 11,14ff. – wie Mt 12,1 ff./Lk 6,1ff. ein Streitgespräch! – ein beredtes Zeugnis dafür abgeben, daß beide synoptische Großevangelisten Mk und Q kombinieren.[33] Der Einwand, die Form des Streitgespräches scheine im Bereich von Q nicht entwickelt zu sein (*Tödt*[34]), geht von der unbewiesenen Voraussetzung aus, zu wissen, was nicht in Q stand.[35] Und daß der Hinweis Jesu auf ein alttestamentliches Beispiel nichts sonderlich Auffallendes für Q ist, zeigen z.B. Mt 4,1ff. par. und Mt 11,4ff.10 par.[36]

[31] Demgegenüber bestehen die Übereinstimmungen hinsichtlich Mt 12,9–14 = Lk 6,6–11 (gegenüber Mk 3,1–6) fast nur in Auslassungen; lediglich: ξηραν Mt 12,10/Lk 6,6 gegenüber εξηραμμενην Mk 3,1; dem in Mk 3,1 fehlenden Artikel την (vorhanden in Mt u. Lk) wird man wohl kaum Bedeutung beimessen können.

[32] z. B. Mt 12,38ff. und Mt 16,1ff.; Mt 5,29f. und Mt 18,8f. (s. 2. Kap.)

[33] *Bultmann*, Trad., 10ff.; *Lührmann*, 32: »Da Lk 11,14–23 und Mt 12,22–30 über die gemeinsame Grundlage Mk 3,22–27 hinaus Übereinstimmungen aufweisen, können wir annehmen, daß Q hier eine der in der Mk-Überlieferung begegnenden ähnliche Tradition enthielt.«

[34] *Tödt*, 223

[35] *Mansons* Versuch zu beweisen, daß von der Perikope des Hauptmanns von Kapernaum (Mt 8,5ff./Lk 7,1ff.) nur der Dialog zwischen Jesus und dem Hauptmann in Q vorlag (Teaching, 29ff.), mag vielleicht gelungen sein. Er darf aber nicht verallgemeinert werden. Andererseits fänden sich ja gerade für den Fall, daß Q eine Parallele lediglich für jene Verse in Mk 2,23–28 böte, die den Dialog wiedergeben, die Verse 25f. 28 in Q! So oder so kann also *Mansons* Exegese von Mt 8,5ff. par. nicht als durchschlagender Einwand gegen unsere Vermutungen angeführt werden.

Wie aber sah dann der Q(?)-Text für die Perikope vom Ährenraufen am Sabbat aus? Wie die Schilderung der Ausgangssituation lautete, ist schwer zu sagen. Wahrscheinlich war, im Gegensatz zu Mk, vom Essen die Rede. Vor allem aber ist anzunehmen, daß für diese zweite Quelle das Davidbeispiel das eigentliche Argument im Munde Jesu ist, da sich gerade hier die meisten Übereinstimmungen zwischen Mt und Lk gegen Mk finden. Der Skopus ist dann: Wenn David schon als Herr über das Gesetz handelte, für das im 1. Jhdt. (und auch schon seit dem Exil[37]) das Sabbatgebot das Herzstück darstellte, dann gilt das a fortiori von Jesus. So könnte diese Version in etwa Mk 2,23–26.28 entsprochen haben.
Doch hat schon *Bernhard Weiß* bemerkt, daß Mk 2,27 als Antwort Jesu auf die Frage der Pharisäer viel schlagender ist als die Argumentation mit David.[38] So wird man annehmen dürfen, daß es im Laufe der synoptischen Tradition eine Form dieses Streitgespräches gab, in der Mk 2,27[39] die einzige Antwort Jesu auf den Vorwurf gewesen ist. Markus lag aber wahrscheinlich bereits die Kombination dieser Urform mit der zweiten Form (=Q?) vor. Das gilt vornehmlich für den Fall, daß die zweite Quelle in Q zu suchen ist; denn Markus kannte Q nicht.[40]
Mit dieser Hypothese – mehr als eine Hypothe kann und soll es nicht sein – sind wir jedoch nicht sehr weit von *Hirsch*s literarkritischer Lösung entfernt. Nur, daß wir die Schicht, die *Hirsch* Mk I zugewiesen hat, für eine Überlieferungsstufe vor Mk in Anspruch nehmen[41] und jene Schicht, die er Mk II zuteilte, in Q vermuten[42]. Somit wurde seine gesamte Operation lediglich vor die Entstehung der ältesten Evangelienschrift verschoben, nicht aber als literarkritische Methode völlig abgelehnt. Daß diese Hypothese ihre Schwäche darin besitzt, daß sie mit mehreren Unbekannten rechnet, sei zugestanden. Ihr Vorteil ist aber, daß sie sowohl auf jegliches Operieren mit einem, wie auch immer gearteten, Ur-Mk als auch auf die Annahme verzichtet, Mt und Lk hätten unabhängig voneinander Mk 2,27 ausgelassen.

[36] cf. auch *Lührmann*, 98: »Andererseits finden sich jedoch in Q neben Anspielungen auf einzelne Schriftstellen häufig – und dem sind in der sonstigen Literatur höchstens Mk 2,25fparr (!) oder Lk 4,25–29 vergleichbar – Anspielungen auf ganze Geschichten des Alten Testaments.«

[37] s. u. a. *E. Lohse*, Art. σαββατον, ThW VII, 6ff.

[38] *Weiss*, Mk, 47

[39] vielleicht mit folgendem v. 28, *wenn* dort ανθρωπος statt υιος του ανθρωπου stand; s. u.

[40] *Kümmel*, Einl., 38

[41] Wir haben ja ausdrücklich auf jeglich Ur-Mk-Hypothese verzichtet. Unsere »Überlieferungsstufe vor Mk« meint kein Evangelium als Literaturgattung, sondern bezieht sich nur auf die hier behandelte Perikope.

[42] *Hirsch* I, 14f. 221f.

Als nächstes stellt sich die Frage, wie es bei dieser Perikope zu zwei so unterschiedlichen Überlieferungen kam, die Jesus zu ein und derselben Frage nach Inhalt und Form auf je völlig andere Weise argumentieren lassen. Man mache sich den gravierenden Unterschied klar: Im einen Fall geht es um die Priorität des Menschen vor dem Sabbat, im andern Fall um die Überordnung Jesu über den Sabbat und ein Bekenntnis der christlichen Gemeinde zum Menschensohn Jesus.[43] Einmal also Jesu Eintreten für den Menschen (wie es ganz und gar dem Tenor der Predigt Jesu entsprechen würde), ein andermal ein dogmatisch-christologischer Satz. M.a.W., einmal ein *Satz Jesu über den Menschen*, ein andermal ein *Satz von Menschen* (der Gemeinde) *über Jesus*.

Da Mk 2,27 als die treffendste Antwort auf die Anschuldigung der Pharisäer v.24 erscheint, gehen wir einmal von der Annahme aus, hier liege in der Tat die ursprüngliche Entgegnung Jesu vor, und versuchen, von dieser Position aus die Geschichte der Perikope bis zu ihrer jeweiligen Niederschrift in den drei synoptischen Evangelien einsichtig zu machen. Gelingt dies, so spräche dies für die Wahrscheinlichkeit unserer Annahme.

1. Im Gegensatz zu jener Auffassung, nach der in v.28 die Folgerung aus v.25f. ausgesprochen wird[44], soll von der Möglichkeit ausgegangen werden, ο υιος του ανθρωπου v.28 als zu wörtliche Übersetzung des aramäischen בר נש(א) = »Mensch« und somit *v.28 als Konsequenz von v.27* zu verstehen[45]. Dann mag man den folgerichtigen Sinnzusammenhang postulieren: Der Sabbat ist um des Menschen willen gemacht. Folglich ist der Mensch ein Herr über den Sabbat. Somit bestände die *Urform* aus den Versen 23f.27f. (A).
2. Es ist durchaus denkbar, daß sich im Laufe der Tradierung der v.27f. der zweite vom ersten löste, weil בר נשא in v.28, nun im Laufe der Explizierung christologischer Vorstellungen *titular* aufgefaßt, einen guten christologischen Sinn ergibt: Jesus als *Menschensohn* ist Herr über den Sabbat! Also: *v.27 wird als nichtchristologische Aussage abgestoßen;* es bleibt der Rest: v.23f.28(B).
3. Die inzwischen herausgestellte *Herrschaft Jesu* über den Sabbat wird im Sinne der Davidtypologie *exegetisch untermauert:* Der Menschensohn besitzt die Autorität, das Sabbatgebot zu übertreten, weil David bereits die Autorität besaß, sich über bestehende, göttlich sanktionierte Ordnungen hinwegzusetzen. So kommen v.25f. hinzu. Die neue Einheit besteht nun aus v.23f.25f.28(C).

[43] *Lohse*, ThW VII, 22, 29f.; *Grundmann*, Mk,67

[44] *Hirsch* I, 14; cf. *Suhl*, 84: v. 28 »als zunächst einzige Erweiterung des Streitgesprächs«

[45] so mit *Bultmann* u. a.; s. Anm. 10; s. auch *Vermes*, The Use of Bar Nash/Bar Nasha in Jewish Aramaic = *Black*, Approach, 316ff., und *Colpe*, ThW VIII, 405ff.: בר נש(א) kann im Aramäischen »Mensch« heißen.

4. Während C möglicherweise Bestandteil von Q wird, verbindet an anderer Stelle ein uns Unbekannter C mit A. Jetzt endlich sind alle v.23–28 *kombiniert* (D).
5. *Markus* fügt in v.28 και ein, um den Bezug auf Mk 2,10 herauszustellen.[46]
6. *Matthäus* und *Lukas* bevorzugen C vor D.

Eine schematische Skizze[47] möge dies verdeutlichen:

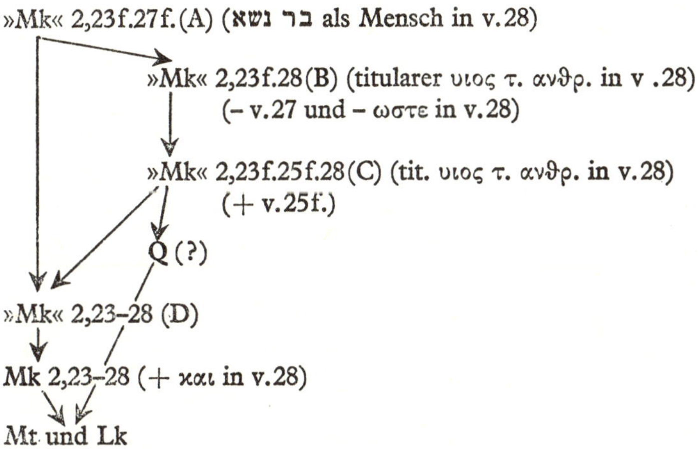

Wem dies allerdings zu hypothetisch erscheint, wird, wenn er sich nicht mit irgendeiner Ur-Mk-Hypothese befreundet, annehmen müssen, daß Matthäus und Lukas unabhängig voneinander Mk 2,27 gestrichen haben.[48] Irgendeine Hypothese ist also unumgänglich. Doch einerlei, wie man sich entscheidet – Mk 2,27 dürfte zum ältesten Überlieferungsgut unserer Perikope gehören; es dürfte keinen ernstzunehmenden Grund geben, diesen Satz dem historischen Jesus abzusprechen. Abgesehen von diesen traditionsgeschichtlichen Überlegungen, fügt er sich bestens in jene Grundauffassung Jesu, die sich bei der Exegese der Antithesen ergab.[49] Insofern

[46] cf. *Suhl*, 84

[47] »Mk« bezeichnet vormarkinische Entwicklungsstufen. Daß »vormarkinisch« hier nicht im Sinne von »Ur-Mk« verstanden sein will, geht aus dem bisher Gesagten hervor.

[48] In diesem Fall wäre es das beste, derjenigen Hypothese zu folgen, nach der bereits Matthäus und Lukas die Diskrepanz zwischen Mk 2,27 u. 28 bemerkt haben. cf. *Lohse*, ThW VII, 22 Anm. 175; *Schmid*, Mk, 70

[49] Völlig entgegengesetzt ist die Position *Beares*, »The Sabbath was made for man?«, JBL 79, 132: ». . . the sentiment that ›the Sabbath was made for man, not man for the Sabbath‹, and that ›man is master of the Sabbath‹ is wholly inconceivable in any Jewish teacher, *including Jesus*; it sounds more like Protagoras of Abdera.« (Hervorhebung von mir) B. vermag sich einfach nicht vorzustellen, daß Jesus, obwohl er Jude ist, jüdisches Denken überwindet! Außerdem klingt nur dann Mk 2,27 nach –

werden die gleich zu ziehenden Schlüsse ziemlich unabhängig von der hier aufgestellten Hypothese sein. Darüber hinaus soll mit *Wellhausen* und *Jeremias* auch Mk 2,28 als authentisches Jesuswort angesehen werden, in dem von der Herrschaft des Menschen über den Sabbat die Rede ist. Das allerdings geschieht auf dem Hintergrund der soeben angestellten Überlegungen.

Die Frage, ob es sich in Mk 2,23ff. par. um eine ideale Szene handelt[50] oder ob der Perikope ein historischer Vorgang, nach dem Jesus mit seinen Jüngern hungrig durch ein Getreidefeld ging und dabei Pharisäer, vielleicht einfache Bauern, am Ährenraufen Anstoß nahmen, zugrunde lag[51], ist für unsere Frage unerheblich. Denn das mit größter Wahrscheinlichkeit dem historischen Jesus zuzuschreibende Logion v. 27 ist auch ohne den Kontext der rahmenden Erzählung in sich verständlich, einerlei, ob es ursprünglich mit v. 28 (in dem hier angenommenen Sinn) verbunden war oder nicht. Irgendeine Sabbatverletzung, bei der der Mensch über den Sabbat gestellt wurde – sei es die Mk 2,23 berichtete oder sei es eine andere, uns unbekannte –, muß der Anlaß zu diesem Wort Jesu gewesen sein.[52]

einem meist falsch verstandenen! – Protagoras, wenn dieser Vers nicht in die Gesamtverkündigung Jesu integriert wird, nämlich daß Gott in seinem Dasein-für-den-Menschen begegnet, auch in seiner Forderung. Gott will den Menschen. Natürlich kann man Mk 2,27, isoliert interpretiert, zur Maxime eines gott-losen und insofern falsch verstandenen Humanismus uminterpretieren. Nur ist es dann nicht mehr Mk 2,27! *Beare* kommt schließlich zu dem Ergebnis: »We take it (sc. v. 27), accordingly, that the saying originated not with Jesus, but with the apostolic church in Palestine, in controversy with the Pharisees, who took exception to the failure of Christian Jews to keep to sabbath.« (135)

[50] *Bultmann*, Trad., 14: »die Gemeinde legt die Rechtfertigung ihrer Sabbatpraxis Jesus in den Mund«; *Schweizer*, Mk, 38; *Lohse*, Jesu Worte über den Sabbat = Judentum, Urchristentum, Kirche, 82

[51] *Haenchen*, Weg Jesu, 122

[52] *Haenchens* Einwand (ib. 122 und 122 Anm. 4) gegen *Bultmanns* Argumentation, die Gemeinde habe Jesus die Rechtfertigung ihrer Sabbatpraxis in den Mund gelegt, hat einiges für sich: »Es war sicherlich nicht eine besondere Vorliebe der Christen, am Sabbat durch Getreidefelder zu gehen und von den Ähren zu essen.« Die Warnung *Haenchens* vor einer allzu schematischen Anwendung des Begriffs »Übertragung einer Gemeindefrage ins Leben Jesu« (ib. 122f.) sollte man nicht überhören. Es ist doch etwas zu kurzschlüssig, von der einfachen Tatsache, daß sich hier ein Streitgespräch vorfindet, auf Gemeindebildung zu schließen, wie dies z. B. *Lohse*, Worte = Judentum, Urchristentum, Kirche, 82, tut. *Sollte es wirklich im Leben Jesu grundsätzlich keine Streitgespräche gegeben haben*? cf. auch *Bultmanns* apodiktisches Urteil in Trad., 40: »M. a. W. die Streitgespräche sind sämtlich (!) ideale Szenen.« *Roloff*,55, betont mit Recht, daß das von *Bultmann*, Trad., 14, herausgestellte Kriterium – Jesus wird wegen des Verhaltens der Jünger interpelliert, also legt die Gemeinde die Rechtfertigung ihrer Praxis Jesus in den Mund – nicht beweiskräftig ist: Warum sollte das Verhalten der Schüler Jesu nicht gewisse Rückschlüsse auf die Lehre des Meisters erlauben? – Eine grundsätzliche Auseinander-

Auch die Frage, ob Jesus in Mk 2,27 nicht eine rabbinische Sentenz vertritt[53], ist längst zugunsten der Originalität der Auffassung Jesu beantwortet. Bei Rabbi Schim'on geht es lediglich darum, daß man *im Ausnahmefall* – Lebensgefahr! – den Sabbat entweihen darf. Aber dann ist der Sabbat wirklich entweiht![54] Jesus geht es jedoch um das grundsätzliche Verhältnis Mensch – Sabbat: Der Sabbat steht *grundsätzlich* im Dienste des Menschen. Und da der Sabbat seit der Exilszeit in besonderer Weise das Gesetz verkörpert, bedeutet die Rangfolge Mensch – Sabbat nichts Geringeres, als daß die heilige Thora im Dienste des Menschen steht.[55] Letzlich ist in Mk 2,27 ein *theo*-logischer Satz im strengen Verständnis des Wortes ausgesprochen: Gott hat *seine* Thora für den Menschen gemacht und *sich selbst* auf diese Weise für den Menschen bereitgestellt. Deus pro homine – das ist der Tenor von Mk 2,27. In diesem und nur in diesem Sinne darf die Formulierung gewagt werden: Der Mensch ist das Kriterium des Gesetzes. Denn gemeint ist der Mensch, auf den die Liebe Gottes zielt. Vollends ist ein Satz wie Mk 2,28 (So ist der Mensch ein Herr über den Sabbat) im Munde der Rabbinen oder im Verständnis anderer jüdischer Richtungen undenkbar. Daß hiermit kein Freibrief für Willkür und Libertinismus gegeben ist, wird sofort einsichtig, wenn man diesen Ausspruch in den Kontext der Gesamtverkündigung Jesu stellt (s. Antithesen der Bergpredigt!). Denn es geht ja darum, das Handeln des Menschen, das sich an der Liebe Gottes orientiert, als verantwortliches Handeln hinzustellen.

2. Mk 2,23-28 bei Matthäus und Lukas

Unsere Aufgabe besteht darin, dem Weg nachzuspüren, den die Perikope vom Ährenausraufen im Laufe der synoptischen Entwicklung genommen hat. Bisher ging der Blick, von Mk aus gesehen, hauptsächlich in rück-

setzung über die Reichweite der formgeschichtlichen Methode kann und soll natürlich hier nicht geführt werden.

[53] Von nahezu allen Kommentaren des Mk-Ev wird auf den Ausspruch des Schim'on ben Menasja (um 180 n. Chr.) verwiesen: »Euch ist der Sabbat übergeben, und nicht ihr seid dem Sabbat übergeben« (Mekh Ex 31,14)

[54] *Lohse*, ThW VII, 14f.; *Schmid*, Mk, 71; *Braun*, Radikalismus II, 71 Anm. 2 von S. 70; ib. 72 Anm. 2 von S. 70, unterscheidet er zwischen synoptischer Sabbatkritik und jüdischer Sabbatkasuistik. Ähnlich schon *Bill.* II, 5. – Problematisch ist allerdings die von *Lohmeyer*, Mk, 66, vorgenommene Gegenüberstellung: »So klärt sich der Unterschied zu dem früher angeführten rabbinischen Wort: Dort ist der Sabbat ›euch übergeben‹, d. h. das Volk ist der Beziehungspunkt dieser Gottesordnung; hier ist es ›der Mensch‹ in seiner Einsamkeit und Freiheit vor Gott.« Der Mensch in seiner Einsamkeit vor Gott – das ist doch wohl eine ziemlich individualistische Verengung der Botschaft Jesu! s. auch *Grundmann*, Mk, 70, der *Lohmeyers* Formulierung fast wörtlich übernimmt.

[55] u. a. *Grundmann*, Mk, 70; *Lohse*, ThW VII, 22, 22ff.

wärtige Richtung: Die älteste Schicht besteht nebst einer evtl. schon vorhandenen Situationsangabe im Logion Jesu über den Sabbat als um des Menschen willen gemacht und – höchstwahrscheinlich – im dazugehörigen Wort vom Herr-Sein des Menschen über den Kulttag. In einem späteren, noch vor Mk gelegenen Stadium wird der inzwischen anders verstandene Satz (Menschensohn statt Mensch) – jetzt aber ohne Mk 2,27 – mit einem biblischen Beleg (1 Sam 21) verbunden: Schon das Alte Testament beweist das Herr-Sein des Menschensohnes über Gottes Ordnung. Was David, dem gesalbten König – wie wir wohl ergänzen dürfen –, gestattet war, gilt erst recht für *den* Gesalbten. Nicht mehr Bruch mit dem Gesetz, sondern Kontinuität mit dem Alten Testament; nein, Übereinstimmung des Handelns Jesu mit dem Handeln jenes alttestamentlichen Königs, der so recht als der König nach dem Herzen Jahwes galt!

Matthäus übernimmt diese Haggada. Er erkennt aber, daß in ihr der springende Punkt fehlt: der Verstoß gegen den Sabbat.[56] So bringt er eine den Sabbat betreffende Halakha aufgrund von Num 28,9f.[57], die sich in ähnlicher Weise in rabbinischen Diskussionen und Bestimmungen wiederfindet: Der Tempeldienst verdrängt (דחה) den Sabbat.[58] Betont steht bei Mt εν τῳ νομῳ. Das Gesetz selbst gebietet die Entweihung des Sabbats, den Verstoß gegen den Sabbat, das βεβηλουν! Wer aber auf Anordnung der Thora eines der wichtigsten Gebote eben dieser Thora entweiht, ist unschuldig, αναιτιος. Allerdings darf man diese Stelle nicht überinterpretieren, indem man aus diesem Vers als Absicht des Matthäus die Überordnung des Tempelkultes über den Sabbat herausliest. Es geht dem Evangelisten nicht darum zu zeigen, *welche* verschiedenen Gewichtigkeiten im Gesetz gegeben sind, sondern *daß* solche bestehen. Paradox formuliert: Das Gesetz befiehlt Verstöße gegen sich selbst. Damit steht allerdings Matthäus noch im Bereich rabbinischen Denkens, nur daß die Rabbinen diese vom Gesetz »befohlenen« Verstöße gegen sich selbst als lediglich zu konzedierende, leider notwendig gewordene Ausnahmen betrachten, der erste Evangelist jedoch auf der »Ausnahme« das neue Ethos begründet. Diese »Ausnahme« nämlich schafft die Voraussetzung für den nächsten Gedanken, der nun jüdisches

[56] Die rabbinischen Parallelen, die sich mit der Perikope 1 Sam 21 befassen, sprechen zwar zuweilen vom Sabbat, aber fast nie davon, daß *David* das Sabbatgebot brach. Lediglich im späten Midrasch Jelammedenu (Jalqut zu 1 Sam 21,5, § 130) verlangt David am Sabbat die Schaubrote, indem er zum Priester spricht: »Gib mir, damit wir nicht vor Hunger sterben, denn Lebensgefahr verdrängt den Sabbat!« Zuvor hat David aber die Brot Backenden getadelt: »Was macht ihr da! Ihr Backen verdrängt den Sabbat nicht, sondern nur ihr Aufschichten ...« David wird also hier als thoratreuer Mann geschildert. s. *Bill.* I, 618f.

[57] mit *Hummel*, 40ff., für mt Redaktion: 44, gegen *G. Barth*, 76f., und *Grundmann*, Mt, 320, die beide für Mt 12,5 eine Sonderquelle annehmen; *Bultmann* bleibt unentschieden, Trad., 14

[58] *Bill.* I, 620ff.

Denken transzendiert. Matthäus folgert nämlich: Wenn schon der im Gesetz geforderte Kult den Sabbat verdrängen kann, dann vermag dies erst recht der Menschensohn: »denn hier ist Größeres als der Tempel.« Mit Recht stellt *Hummel* heraus, daß das tertium comparationis zwischen dem Tempel und Jesus die Macht ist, das Sabbatgebot außer Kraft zu setzen.[59] Hier ist ein formal korrekter rabbinischer Schluß a minori ad maius gegeben.[60]

Man hätte erwarten können, daß an diesen Schluß a minori v. 8 unmittelbar anschließt: Hier – in Jesus nämlich – ist mehr als der Tempel; also ist Jesus der Herr des Sabbats. Doch Matthäus beläßt die Argumentation nicht bei einer so formalen Herausstellung der Autorität Jesu. Nein, das ganze Gefälle des in v. 3–7 vorliegenden dreifachen Schriftbeweises zielt auf das letzte Zitat, auf Hos 6,6 hin: Hätten Jesu Gegner dieses Wort gelesen, dann hätten sie erkannt, daß es eine Rangfolge verschiedener Wertigkeiten in der Schrift gibt[61]; dann hätten sie erkannt, daß das Sabbatgebot, losgelöst vom ihm übergeordneten Gebot des Erbarmens, pervertiert ist. Nicht mehr ist es jetzt der Kult (ου θυσιαν!), der die Macht der Sabbatverdrängung besitzt, sondern das Erbarmen, die Liebe. (Dem zuvor zum Ausdruck gekommenen Verhältnis Tempel–Jesus entspricht jetzt das Verhältnis Kult–Liebe.) Und *weil* Jesus als der Menschensohn an Gottes Stelle spricht und handelt, *weil* das von Gott geforderte ελεος der Intention seines Wollens (θελω) entspricht, ist er der Herr über den Sabbat. Er ist es, weil er diesen Tag allein von der Liebe und vom Erbarmen her versteht. Das zeigt sich in der nächsten Perikope (Mt 12,9–14), die in dem Satz Jesu gipfelt: »So (ωστε) ist es erlaubt, am Sabbat Gutes zu tun (καλως ποιειν).« (v. 12b)[62]
Hummel hat recht, wenn er bemerkt: »Denn die Pharisäer sollen ja erkennen, daß die Jünger das Gesetz gehalten haben, nicht aber, daß sie selbst mit Gesetzesübertretern barmherzig verfahren sollen.«[63] Schließlich werden die Jünger ja ausdrücklich als unschuldig bezeichnet. Doch geht *Hummel* zu weit, wenn er (gegen *Schlatter*) behauptet, durch Hos 6,6 werde das unbarmherzige Richten der Pharisäer nicht getroffen.[64] Denn der offen ausgesprochene Vorwurf gegenüber den Pharisäern, sie hätten *nicht begriffen*, was es heißt, Gott fordert Erbarmen und nicht Opfer, impliziert doch die Beschuldigung, daß sie *nicht* barmherzig *sind.* Wenn sie also den Jüngern Jesu gegenüber nicht »barmherzig« waren, dann ist nicht gemeint, daß

[59] *Hummel*, 42 [60] ib. 42; *Grundmann*, Mt, 321

[61] Daß Jesu Gegner – wie ja schon längst zuvor Hillel (Schab 31a) – die Frage nach der Rangfolge verschiedener Wertigkeiten im Gesetz ausdrücklich stellen, sagt Matthäus allerdings selbst (Mt 22,34ff.)! Wiederum stoßen wir auf eine seiner Inkonsequenzen.

[62] *Hummel*, 43 [63] ib. 43; *G. Barth*, 77 [64] *Hummel*, 43

sie ihnen gegenüber nicht Gnade vor Recht walten ließen[65], sondern daß sie ihnen gegenüber schlechthin lieblos waren. Die Pharisäer haben – darauf dürfte der ganze Vorwurf des matthäischen Jesus hinauslaufen – Gesetz und Propheten nicht verstanden, sonst hätten sie mit Notwendigkeit erkennen müssen, daß sie selbst lieblos gehandelt hatten. Sie haben nicht erkannt, daß die Jünger gegen das Sabbatgebot verstoßen durften, weil das nun erfüllte Gesetz im Blick auf alte Forderungen modifiziert ist.

Hier ist nämlich all das mitzubedenken, was bereits bei der Untersuchung der Antithesen herausgestellt wurde: Jesus hat – nach Mt – das Gesetz gerade dadurch erfüllt, daß er es modifizierte. In diesem Sinne ist er auch Herr über den Sabbat, d.h. Herr über das Gesetz. *Erfüllung als Modifikation der Thora* bedeutet ihre *Ausrichtung auf die Liebe.*

Daß sich in unserer Perikope Unausgeglichenheiten befinden, kann nicht bestritten werden. Schließlich haben die Jünger durch ihr Ährenausraufen am Sabbat nicht diesen Tag durch Beachtung des modifizierten Gesetzes, also nicht durch Liebestätigkeit gebrochen! Das ist auch der Grund, warum diese Perikope so unterschiedlich exegesiert wurde und wird. In ihr befindet sich ein gedanklicher Bruch: Man darf den Sabbat um der Liebe willen brechen, doch gerade das haben die Jünger nicht getan! *Hummel* ist zweifellos zuzugestehen, daß es sich in Mt 12,5–7 um »Glieder einer in sich geschlossenen Kette der Argumentation« handelt[66]; aber die Gesamtperikope ist dennoch in sich nicht ganz schlüssig.

Warum läßt Matthäus den Vers Mk 2,27 aus? Nach der oben versuchten Hypothese lagen ihm zwei Versionen vor, eine mit und eine ohne den fraglichen Vers. Daß er glaubte, jener Quelle folgen zu sollen, die ihn nicht enthielt, wird man nicht damit erklären dürfen, daß dieser Vers im Gegensatz zum Tenor der matthäischen Beweisführung in Mt 12,5–7 stand. Geht es doch gerade in Mt 12,9–14 als Erläuterung von Mt 12,1–8 um das Dasein des Sabbats für den Menschen. Eher ist anzunehmen, daß Matthäus *um der Geschlossenheit der Argumentation* von Mt 12,3–8 *willen* jene Quelle bevorzugte, die diesen Vers nicht brachte.[67] Nur dann, wenn man Mk 2,27

[65] Man beachte, daß Hos 6,6 hier anders verstanden ist als Mt 9,13. Dort geht es nämlich um die Barmherzigkeit gegenüber Sündern, die in unserer Perikope gerade nicht angesprochen ist.

[66] ib. 44

[67] *Strecker*, 33 Anm. 1, versucht die Streichung von Mk 2,27 durch Matthäus so zu erklären: »Die Streichung erfolgte, da darin die Sabbatbeobachtung wohl relativiert ist, aber immerhin noch als selbstverständlich vorausgesetzt erscheint.« Das soll doch sagen, daß nach *Strecker* die Streichung erfolgte, weil der Vers nicht sabbatkritisch genug ist, indem er noch mit dem Sabbat rechnet. Dagegen steht aber Mt 12,12: Man soll am Sabbat Gutes tun! Hier ist – wie Mt 12,1–8 – der Sabbat nicht radikal beseitigt. Erst recht läßt sich nicht halten, wenn er schreibt: »Das Sabbatgebot als Ausdruck der Zeremonialgesetzlichkeit (θυσια) und das ethische Handeln (ελεος) stehen einander als grundsätzliche Möglichkeiten gegenüber.« (32) Es

als Abrogation des Sabbatgesetzes verstehen müßte, hätte man aus seiner Auslassung in Mt auf nomistische Schlüsse des Redaktors schließen können. Da dieser Vers, jedenfalls in seinem ursprünglichen Sinn, diese Bedeutung nicht hatte, ist ein solcher Schluß unzulässig; es sei denn, man könne beweisen, daß Matthäus Mk 2,27 im antinomistischen Sinne verstand. Daß sich allerdings Matthäus dem Sabbatgebot mehr verpflichtet weiß als Markus, zeigt Mt 24,20, wo μηδε σαββατῳ deutlich redaktionell ist.[68] Trotz des erklärten Zieles, das Gesetz zu erfüllen und somit zu modifizieren, bleibt Matthäus so nahe wie möglich am Buchstaben des Gesetzes.

Gemäß den Ausführungen im ersten Teil dieses Kapitels hat *Lukas* wahrscheinlich jene Überlieferung der Perikope vom Ährenraufen am Sabbat übernommen, in der Mk 2,28 unmittelbar an Mk 2,25f. anschloß (Q?). Dabei sei vorausgesetzt, daß Lk 6,5 an ursprünglicher Stelle des Lk-Textes steht und nicht, wie dies in D und bei Markion und Tatian der Fall ist, nach Lk 6,10 einzuordnen wäre[69], ohne daß die textkritische Frage hier als endgültig entschieden betrachtet wird. Sollten die Auffassungen von *Merx*, *Jeremias*, *Black*, *Stauffer* und *Käser*[70] mehr Wahrscheinlichkeit für sich

wurde oben gezeigt, daß θυσια nicht als Synonym für Sabbat steht. Der Gedankengang ist doch: Wie die θυσια des AT das Sabbatgebot außer Kraft setzte, so tut dies nun der Menschensohn als Herr der Liebe. In Mt 12,5 werden Zeremonialgesetz und Sabbat gegenübergestellt! Zweifellos kann man von »ritueller Observanz des Sabbats« (32) im Spätjudentum sprechen, aber nicht in *dieser* Perikope! *Streckers* These, das Mt-Ev sei ein heidenchristliches Ev, hat ihn hier auf eine falsche Fährte geführt.

[68] *Streckers* Annahme, es handle sich hier nur »um die Wiedergabe der zugrundeliegenden jüdisch-apokalyptischen Vorlage« (32; cf. 18 Anm. 3), erklärt nicht, warum Matthäus ausgerechnet dieser Vorlage folgt. Das gilt auch gegenüber *Walker*, 134, der von einem »Anachronismus, der als irrelevant im Text stehengeblieben ist«, spricht.

[69] zu Lk 6,5 D s. *Käser*, Exegetische Erwägungen zur Seligpreisung des Sabbatarbeiters Lk 6,5 D, ZThK 65, 414ff. Auf diesen Aufsatz, der m. E. wesentlicher Korrekturen bedarf, gedenke ich zu späterem Zeitpunkt einzugehen. Hier sei nur folgendes kurz angedeutet: *Käser* betrachtet die Verrückung von Lk 6,5 in D ans Ende der darauffolgenden Perikope als Folge der Einschaltung von Lk 6,5 D, also dem Satz von der Seligpreisung des Sabbatarbeiters. So ist es nur konsequent, wenn er behauptet, daß Tatian und Markion in dieser Verrichtung D »folgen«. Der Codex D stammt aber bekanntlich aus dem 5., wenn nicht gar aus dem 6. Jhdt.! Also müßte man folgern – ohne daß aber diese Folgerung durch *Käser* ausgesprochen würde! –, daß Lk 6,5D bereits vor oder durch Tatian und Markion, also bereits im oder gar vor dem 2. Jhdt., eliminiert wurde! M. a. W., Lk 6,5D ist sehr alt. Mit *Merx* II, 1,88 spricht er vom »evangelischen Urstoff« dieses Logions, das den »Stempel der höchsten Echtheit« trage (426). *Stauffer*, Botschaft, 49, und *Jeremias*, Unbekannte Jesusworte, 61–64, treten sogar für die Authentizität des Wortes ein. *Black*, 172 Anm. 3, gibt eine aramäische Rückübersetzung, in der bemerkenswerte Paronomasien gegeben sind.

[70] s. Anm. 69

beanspruchen dürfen, als es vielleicht im Augenblick den Anschein hat, so würde sich am Gesamtergebnis unserer Untersuchung wenig ändern.
Daß Lukas, wie Matthäus, Mk 2,27 überging, ist also wahrscheinlich darauf zurückzuführen, daß sich beide nicht für die Mk-Version der Perikope, sondern für die andere Überlieferung (Q?) entschieden. Genau wie Matthäus leugnet aber auch Lukas den Inhalt des übergangenen Verses nicht. Auch er bringt in einer Sabbatheilungsperikope einen Mt 12,11 parallelen Ausspruch Jesu, allerdings nicht in Lk 6,6–11, sondern in Lk 14,1–6(v. 5).[71]

3. Sabbatheilungen bei den Synoptikern

Gehen wir von Mk 3,1–6 aus! Mit *Bultmann* u.a. sei diese Perikope nicht als Wundergeschichte, sondern als Apophthegma, genauer, als Streitgespräch klassifiziert.[72] Wahrscheinlich wurde das Logion v. 4, εξεστιν τοις σαββασιν αγαθον ποιησαι η κακοποιησαι, ψυχην σωσαι η αποκτειναι, ursprünglich nicht isoliert überliefert; vielmehr dürfte ein *organisches Apophthegma* vorliegen, dessen Inhalt und Sprache es als in der palästinensischen Urgemeinde entstanden erweisen.[73] Ein schwerwiegender Einwand gegen seine Authentizität kann nicht erhoben werden; denn es gehört – wiederum mit *Bultmann* – zu den kurzen Kampfworten, die maschalartig Jesu Stellung zur jüdischen Frömmigkeit zum Ausdruck bringen und von daher von Form und Inhalt her als ursprüngliche Jesusworte zu vermuten sind.[74]

[71] Nach *Schmidt*, Rahmen, 98, konnte Lukas sich damit begnügen, die Prämisse des Mk zu unterdrücken, weil er später in einem anderen Zusammenhang innerhalb seines Reiseberichts (Lk 13,10ff.; 14,1ff.) Geschichten bringt, die eine Illustration zu Mk 2,27 sind.

[72] *Bultmann*, Trad., 9; *Klostermann*, Mk, 37; *Dibelius*, 51f., rechnet diese Perikope zu den »Paradigmen« im Unterschied zu den Heilungs-»Novellen«.

[73] *Bultmann*, Trad., 9; s. auch *Black*, 107: Semitismus ανθρωπος (v. 1) für τις

[74] *Bultmann*, Trad., 158; rechnet er, da er Mk 3,4 als *authentisches Logion* eines *organischen Apophthegmas* auffaßt, mit der Historizität dieser Szene, zumindest in ihrem Kern? Diese Perikope könnte schon in der mündlichen Tradition geformt gewesen sein (50). Aber B.s Formulierungen bleiben gerade hier in der Schwebe; an anderer Stelle (40) betrachtet er sogar *alle* Streitgespräche als »ideale Szenen«; ihr »Sitz im Leben« sei eben grundsätzlich in der Gemeinde, nicht aber im Leben Jesu zu suchen (40 Anm. 2). Dafür spricht aber nicht – und das ist m. E. der methodische Fehler B.s –, »daß die Produktion – mindestens soweit es die Apophthegmata betrifft, sich in den traditionellen Formen des Rabbinismus bewegt« (40 Anm. 2); denn es ist keinesfalls ausgeschlossen, daß die Begegnung mit »Formen des Rabbinismus« im Leben des historischen Jesus eine bedeutende Rolle spielte. Vielmehr ist gerade mit einer solchen Begegnung zu rechnen! – Andererseits geht *Grundmann*, Mk, 71, sicher zu weit, wenn er meint, Markus habe vielleicht in diesem Bericht jene entscheidende Stunde festhalten wollen, in der es zum endgültigen Bruch zwischen Jesus und dem Pharisäat kam, um das er zunächst geworben habe. – Zuzustim-

Für Mk 3,4 als authentisches Jesuswort spricht auch σωσαι. Schon *Wellhausen* bemerkte: »Da σωσαι dem αποκτειναι gegensätzlich entspricht, so liegt *achi* zu grunde, das alte, in der Peschita aber zurückgedrängte aramäische Äquivalent für σωζειν.«[75] *Molitor* zeigt an 34 Zitaten bzw. Zitatengruppen, daß in der aramäischen (= ostaramäisch-syrischen) Überlieferung der Evangelien der neutestamentliche Erlösungsbegriff vorwiegend nicht im negativen Sinne: »erlösen von«, sondern in seiner positiven Entfaltung: »Leben« gesehen wird.[76] So lautet Mk 3,4 in syr^{sin} und selbst später in syr^{pesch} in deutscher Übersetzung: »eine Seele lebendig zu machen('ache) oder zu verderben (!).«[77] Auch wenn man gegenüber *Molitor*s Optimismus, in den frühen ost(!)-aramäischen Übersetzungen[78] sehr nahe an die ursprüngliche Jesusüberlieferung und die ipsissima vox Jesu heranzukommen[79], etwas skeptisch sein sollte, dürfte σωσαι Mk 3,4 dem aramäischen אחי als einem im Zentrum der Predigt Jesu stehenden Begriff entsprechen[80].
Soviel dürfte jedenfalls feststehen: In Mk 3,4 spiegelt sich die Haltung Jesu zum Sabbat wider.[81]
Nicht nur für die Authentizität von Mk 3,4, sondern auch für die Histori-

men ist *Schweizer*, Mk, 41: »Wieweit die Geschichte V. 1–5 historisch ist, fragt sich ... Sicher setzt aber das Wort V. 4, das *in seiner Radikalität gut zu Jesus paßt*, die Situation einer Sabbatheilung voraus.« (Hervorhebung von mir)

75 *Wellhausen*, Mk, 21; s. auch *Klostermann*, Mk, 37

76 *Molitor*, 33

77 ib. 22; 33: M. verweist auf *Foerster*, ThW VII, 990, der ebenfalls (mit *Wellhausen* und *Klostermann*) ein aramäisches 'achi (= syrisch 'ache) mit der doppelten Bedeutung »lebendig machen« und »gesund machen« als dem griechischen Text zugrundeliegend annimmt. M. glaubt in syr^{cur} und syr^{sin}, da sie auf den Schultern des Diatessaron stehen, dem Wortlaut der authentischen Jesusworte nahezukommen, während er in syr^{pesch} den Einfluß des griechischen Textes des Neuen Testaments erkennt.

78 Zum Unterschied der altaramäischen Dialekte s. *Bergsträsser*, 59ff.

79 *Molitor*, 109: Es wäre der »ungünstigste Fall«, wenn an keiner Stelle die ermittelte Textform älter wäre als die griechische. Dennoch sichert sich M. ab, indem er ausdrücklich erklärt, daß die von ihm gebrachten Belege nicht den Anspruch erheben, »den Urtext der gewiß ursprünglich aramäischen Jesusüberlieferungen zu bringen oder gar bei Herrenworten die ipsissima vox Christi zu sein«. Trotzdem sagt er wenige Zeilen später: »Und wie gewinnen die biblischen Texte an Lebensnähe, an Anschaulichkeit und Kraft in der aramäischen Mundart des Herren(!)!« Im Grunde rechnet *Molitor* wohl doch damit, daß er es mit der ipsissima vox Jesu zu tun hat. – Zur Kritik s. auch die Rezension von *O. Betz*, ThLZ 95,502f.

80 cf. auch Mk 8,35: syr^{sin} = lebendig machen; *Molitor*, 22

81 so auch *Lohse*, Worte = Judentum, Urchristentum, Kirche, 85: »Auch in diesem Wort spricht Jesus selbst, nicht erst die Gemeinde. Denn Heilungen am Sabbat hat es nirgendwo in der Urgemeinde, die sich noch in Ehrfurcht an das Gesetz der Väter gebunden wußte, gegeben.« Allerdings ist die Begründung etwas sonderbar: Warum sollte die Urgemeinde Heilungen am Sabbat als dem Gesetz widersprechend ablehnen, wenn sie solche von Jesus überlieferte?

zität des in der ganzen Perikope – einschließlich v. 6! – Berichteten tritt *Roloff* ein. Er kommt zu dem Ergebnis, daß hier »eine weitgehend von lebendiger Erinnerung gestaltete Erzählung« vorliegt, in der der Zusammenstoß Jesu mit seinen Gegnern zentrales Thema sei.[82] *Roloff* begründet dies mit formgeschichtlichen Argumenten: Mk 3,1–6 sei im Gegensatz zu Mt 12,9–14 *in keiner Weise formal streng durchgeführt*[83], erst die Mt-Parallele zeige die weitgehende Stilisierung zum Streitgespräch. Da es schwer denkbar sei, daß Markus ein ihm vorliegendes »reines« Streitgespräch derart umgestaltet habe, gehörten die biographischen Elemente zum ursprünglichen Überlieferungsbestand.[84]

Zuzugeben ist, daß Matthäus seine Mk-Vorlage stilisiert hat und somit die Perikope Mt 12,9–14 eher der Standardform eines Streitgespräches entspricht als Mk 3,1–6. Zuzugeben ist vor allem, daß der Hinweis auf die zornige Trauer Jesu »aus dem Rahmen des Streitgespräches (fällt)«. Jedoch, muß gerade dieser atypische Zug unbedingt als historische Reminiszenz gedeutet werden? Vergegenwärtigt man sich die Grundkonzeption des Mk als des »Buch(es) der geheimen Epiphanien« (*Dibelius*), so könnten gerade Zorn und Trauer Jesu redaktionelle Momente des Evangelisten darstellen, der in diesem Verhalten des epiphanen Gottessohnes das Verhalten Gottes abbilden will.[85] Mk 3,5a muß also nicht unbedingt auf lebendige Erinnerung hinweisen. Doch kann dies auch nicht mit durchschlagenden Gründen bestritten werden. Im Blick auf andere Stilabweichungen (s. Anm. 83) wird man *Roloff* zumindest zubilligen, daß Anzeichen einer von Erinnerungen geprägten Perikope gegeben sein könnten. Insoweit hat er aber sicher recht: *Mk 3,1–6 ist kein formgerechtes Streitgespräch.*

Nun ist das Kuriosum zu verzeichnen, daß sich in der Frage nach der Historizität von Mk 2,23–28; 3,1–6 ausgerechnet *Stauffer* und *Roloff* äußerst nahekommen, jene beiden Exponenten extremer Standpunkte hinsichtlich des Themas »Gesetz bei Jesus«! Etwa vereinfachend kann man sagen: Nach *Stauffer* war Jesus absoluter Gegner der Thora – wie sich aus diesen historisch zu interpretierenden Perikopen ergibt. Nach *Roloff* war Jesus als Herr

[82] *Roloff*, 64

[83] ib. 63: »So fehlt die einleitende Frage der Gegner; an ihre Stelle tritt das lauernde Schweigen und der Bericht über ihre Absicht, Jesus zu verklagen (V. 2). Auch das erste Wort Jesu an den Kranken (V. 3) ist nicht dem Stilprinzip des Streitgesprächs gemäß, sondern verrät eher novellistische Züge. Schließlich fällt auch der Hinweis auf die zornige Trauer Jesu (V. 5...) aus dem Rahmen des Streitgespräches.« ib. 64: Die Erwähnung der Herodianer in v. 6 fügt sich nicht in die sonst bei den Synoptikern durchweg zu beobachtende Tendenz zur Typisierung der Gegner Jesu; s. dazu ib. 64 Anm. 46

[84] ib. 63f.; er beruft sich auf *Taylor*, 220

[85] ähnlich *Lohmeyer*, Mk, 69

[86] *Stauffer*, Jesusforschung = Gottes ist der Orient, 165; er beruft sich dafür auf Sanh VII, 10; TosSanh X, 11; bSanh 67a Baraitha

des Sabbats der Erfüller der Thora – wie sich aus diesen historisch zu interpretierenden Perikopen ergibt.

Wie aber versteht *Stauffer* Mk 2f.? Zunächst sieht er Mk 2,23–28; 3,1–6 im Zusammenhang mit anderen markinischen Perikopen, vor allem mit Mk 2,1–12. Aus den Vorgängen der Heilung des Gelähmten erhelle nämlich, daß das Große Synedrium bereits zuvor Jesus gegenüber mißtrauisch geworden war und ihn deshalb in Kapernaum unauffällig überwachen ließ. Daher sei anzunehmen, daß der Joh 5,1ff. berichtete Jerusalemer Vorfall vorangegangen sei. Also habe man Jesus gemäß tannaitischem Recht durch zwei »Hinterhaltszeugen« heimlich beobachten lassen, bis er sich durch ein apostatisches Wort bloßgestellt habe. Dieses sei Mk 2,5 ausgesprochen worden. Also konnten sie – unauffällig! – feststellen: βλασφημει (Mk 2,6).[86] Nicht aber konnten sie den Ketzer Jesus vor ihr Jerusalemer Gericht ziehen und ihn nach Sanh VII,10 steinigen lassen, da sich der Vorfall kurz nach dem Verlust des ius gladii für das Große Synhedrium ereignet habe. »Ergo war eine amtliche Steinigung zur Zeit von Mk 2,1ff. unmöglich.«[87] Das Ergebnis: Wir haben »in Mk 2,1ff. *keine literarische Fiktion* vor uns, *sondern* eine *historische Darstellung*, die von gemeindetheologischen Darstellungstendenzen noch erstaunlich unberührt ist.«[88] Der Grund, den *Stauffer* für die Historizität angibt, ist also das Auftauchen *thorajuristischer Terminologie*. In Mt (und Lk) dagegen nehme ein »*juristischer Präzisionsverlust*« verheerend überhand. Somit seien die juristischen Elemente der Tradition das *Kriterium* dafür, daß wir es mit Berichten aus dem Leben Jesu zu tun haben.

Unter diesem Aspekt sieht *Stauffer* auch Mk 2,23–28 und Mk 3,1–6. Beide Perikopen zeigten nämlich, wie schnell sich die strafrechtliche Situation zugespitzt habe: Mk 2,1ff. sei Jesus nur ein »persönlicher Thorarebell«, den die Thorajuristen stillschweigend überwachen und verdammen, Mk 2,23ff. jedoch schon ein öffentlicher Abfallprediger, der deshalb öffentlich gewarnt wird und der die amtliche Warnung öffentlich und ganz programmatisch in den Wind schlägt.[89] Jedenfalls war nun das geschehen, was nach mischnischem Recht vorgeschrieben war, um eine Verurteilung für den nächsten Fall zu erwirken: Jesus war gewarnt (Sanh V,1: »Habt ihr ihn gewarnt, התריתם בו?«). Und diese Verwarnung bestand nach juristischer Überzeugung der Gegner Jesu zu Recht; denn Mk 2,27 widerspreche Schab XVIII,3(?).[90] Somit war für den Mk 3,1–6 geschilderten Vorfall einer er-

[87] ib. 166 [88] ib. 166; Hervorhebungen von mir [89] ib. 166

[90] Die Jünger haben gegen Schab VII, 2 verstoßen: Unter den »vierzig weniger eine« der für den Sabbat verbotenen Hauptarbeiten ist bereits an dritter Stelle das Ernten, הקצר, genannt; Schab XVIII, 3 gibt hier keinen Sinn. *Bill.* I, 617, nennt pSchab 7,9b,67: R. Chijja (um 200) lehrte: ausraufen, תלש, gehört (als Unterarbeit) zum Ernten; s. auch *Bill.* I, 617 Abschn. f!

neuten Sabbatverletzung die rechtliche Voraussetzung gegeben, auf seine Hinrichtung hinzuwirken. Wiederum sind die Hinterhaltszeugen am Werk, die ihm auflauern (παρατηρειν) und danach mit den Beamten des Herodes Antipas, dem in Galiläa das ius gladii zukommt, über seinen Tod beraten.[91] Dem jüdischen Recht entspricht auch das Schweigen der Sabbatwächter auf Jesu Frage Mk 3,4.[92] Während also Markus glänzend informiert ist und die Situation mit sicheren Strichen festgehalten hat, verwandelte Matthäus die ganze Szene in ein religionsgeschichtliches Streitgespräch.[93]

Bewußt wurde *Stauffer*s Verständnis der Perikopenreihe Mk 2,1–3,6 etwas ausführlicher gebracht. Denn sein Urteil über die Geschichtlichkeit des dort Berichteten beruht ja auf der jeweiligen Verknüpfung dieser Perikopen. Mit *Roloff* stimmt er überein in der Behauptung der Historizität der in Mk 2,23–28 und Mk 3,1–6 dargestellten Szenen. Mit *Roloff* ist er sich ferner einig, daß Markus keine formal streng durchkomponierten Streitgespräche bietet, daß aber eine solche Stilisierung durch Matthäus erfolgt ist. Nur die Kriterien, mittels derer beide zu diesem Ergebnis kommen, sind verschieden: *Roloff* geht von formgeschichtlichen Beobachtungen aus, *Stauffer* vor allem von thorajuristischen Überlegungen. Spricht diese Übereinstimmung für die Richtigkeit des *Stauffer*schen Kriteriums?

Seine Hypothese steht und fällt mit dem von ihm angenommenen ursprünglichen, d.h. in der Geschichte Jesu begründeten Nacheinander der in Mk 2,1–3,6 stehenden Perikopen, zumindest von Mk 2,1–12; 2,23–28; 3,1–6. Nun ist es schwer zu sagen, inwiefern bereits Markus Perikopenzusammenstellungen in einer bestimmten Reihenfolge vorfand.[94] Aber selbst

[91] *Stauffer*, Jesusforschung = Gottes ist der Orient, 167f.; Jesus war ganz anders, 110: παρατηρειν ist »kriminalpolizeilicher Fachausdruck aus dem Wörterbuch des palästinensischen Geheimdienstes«, des »Secret Service in Palästina«; ib. 117, verweist er auf jSanh 7,16: »Wie geht man gegen den Verführer vor, um ihn zu überlisten? Man legt drinnen im Hause zwei Belastungszeugen in den Hinterhalt und veranlaßt ihn selber, im äußeren Hause zu sitzen, und dann zündet man ein Licht über ihm an, daß die Zeugen ihn sehen und seine Stimmer hören.« (s. auch TSanh 10,11)

[92] s. die fast romanhafte Ausmalung von *Stauffer*, Jesus war ganz anders, 121: »Aber die Sabbathwächter schweigen. So verlangt es die Dienstanweisung. Ein Geheimagent darf sich nie zu erkennen geben, sich nie verraten oder überrumpeln lassen. Die Sabbathwächter von M 3,4 schauen sich unbefangen um, als ahnten sie gar nicht, wen oder was Jesus mit seiner Doppelfrage meint.«

[93] ib. 121; ders., Jesusforschung = Gottes ist der Orient, 168

[94] *Schmidt*, Rahmen, 104: Markus hat wohl die Anordnung 2,1–3,6 schon vorgefunden. »Denn Mk zeigt sonst nicht, daß er die Wirksamkeit Jesu derart konsequent unter bestimmten Kategorien betrachtet.« Ebenso *Dibelius*, 220; *Grundmann*, Mk, 9; *Taylor*, 92 (gestützt auf *Albertz*, 5ff.): »With some confidence we may conclude that Mark compiled II.1–III.6 before he wrote his Gospel.« Diese Vermutung wird aufgrund der altkirchlichen Überlieferung, daß Markus der Dolmetscher des Petrus gewesen sei (*Papias*), konkretisiert: »In this case, the interpreter of Peter was pro-

wenn ihm Mk 2,1–3,6 als Einheit vorgelegen hat, ist damit nichts über ein historisches Nacheinander im Leben Jesu ausgesagt. Mag auch Mk 3,1–6 kein streng geformtes Streitgespräch sein – und dafür hat *Roloff* beachtliche Argumente angeführt! – und kann man deshalb auch nicht mit formgeschichtlichen Gründen für Gemeindebildung votieren, so ist doch die Naht zwischen Mk 2,28 und Mk 3,1 so auffällig, daß schwerlich die Sabbatheilung als ursprüngliche Fortsetzung des Sabbatkonfliktes wegen des Ährenraufens angesehen werden dürfte. *K.L. Schmidt* machte seinerzeit darauf aufmerksam, daß Mk 3,1–6 mit der voraufgegangenen Erzählung weder durch eine Zeit- noch durch eine Ortsangabe verbunden sei; Zeit und Ort der Handlung seien nicht angegeben.[95] So scheitert *Stauffer*s Theorie an der für ihn typischen *Nichtbeachtung formgeschichtlicher Kriterien.* Hinzu kommt, daß der von ihm konstruierte Handlungsablauf, der von juristischer Folgerichtigkeit determiniert ist, in sich nicht konsequent ist. Wenn Jesus bereits nach Joh 5 (zeitlich angeblich vor Mk 2 und 3 liegend) zum Sabbatbruch aufgefordert hat, so ist nicht einzusehen, warum er dann bei der Heilung des Gelähmten immer noch nur beobachtet und erst anläßlich eines erneuten Sabbatbruchs (Mk 2,23ff.) amtlich verwarnt wird. Außerdem: Sah Herodes Antipas den Jerusalemer »Secret Service« gern auf seinem Hoheitsgebiet arbeiten, so daß seine Beamten willig Amtshilfe leisteten (Mk 3,6)? Immerhin war Galiläa weithin heidnisch geprägt; somit wäre Herodes Antipas, der Erbauer von Sepphoris und Tiberias, durch Jerusalemer »Spürhunde Gottes«[96] in arge politische Bedrängnis gekommen. Um aber noch einmal *Stauffer*s Gedankengang zu folgen: Hätten sich bereits Mk 3,6 die herodianischen Beamten eingeschaltet, um Jesus hinzurichten, so wäre der weitere Verlauf der Tätigkeit Jesu in Galiläa unerklärlich – trotz des ανεχωρησεν von Mk 3,7!

Vor allem aber dürfte *Stauffer* zu unbedenklich rabbinische Texte in vormischnischer Zeit vorausgesetzt haben, in einer Zeit nämlich, in der das rabbinisch-pharisäische Denken noch keineswegs die einzig zulässige Lehrmeinung war, von der keine Abweichung geduldet werden durfte. Die Erklärung von Mk 2,6 durch jSanh 7,16 steht in der Gefahr, *anachronistisch* zu sein.[97]

bably a teacher in the Roman community.« *Knox* I, 8ff.150, betrachtet Mk 1,40–3,6, vielleicht zusammen mit 8,14f.21 und 12,13–17, als eine schriftliche Quelle des Markus »serving as an independent introduction to the Passion story« (150).

[95] *Schmidt*, Rahmen, 99, mit Recht gegen *Windisch*, ZNW 12,144; *Klostermann*, Mk, 36: »Zwischen 1–6 und dem Vorhergehenden besteht kein zeitlicher Zusammenhang (anders Mt).« Zu Mk 2,23–28 s. *Schmidt*, Rahmen, 89ff., 89: »Musterbeispiel für eine örtlich und zeitlich nicht festgelegte Einzelerzählung«. Die bereits von *K. L. Schmidt* aufgewiesenen Schwierigkeiten dieser Perikope werden von *Stauffer* überhaupt nicht in den Blick genommen!

[96] *Stauffer*, Jesus war ganz anders, 108

[97] cf. auch *Salomonsen*, Einige kritische Bemerkungen zu *Stauffers* Darstellung der spätjüdischen Ketzergesetzgebung, StTh 18, 91–118; 95: »Stauffer diskutiert nicht,

Damit sei keineswegs geleugnet, daß Jesus von pharisäischen Gruppen überwacht wurde und daß dies auch in Galiläa geschah. Aber es spricht doch wohl mehr dafür, daß es sich dann um *galiläische* Spitzel handelte, von denen das παρατηρειν auszusagen wäre. Zu fragen wäre allerdings, ob man in pharisäischen Kreisen Galiläas so streng über den Sabbat dachte wie in Jerusalem. Man denke an das bekannte Wort von Jochanan ben Sakkai: »Galiläa, Galiläa, du hassest die Lehre.« (jSchab 16,15d)

Jedoch, was hat *Stauffer* mit seiner Rekonstruktion gewonnen? Setzen wir einmal seine These vom rejudaisierenden Matthäus voraus, dann verwundert es, daß ausgerechnet bei diesem ein thorajuristischer Präzisionsverlust festzustellen sei! Eine solche Feststellung widerspricht doch der angeblichen »Rejudaisierung« in flagranter Weise!

Und noch ein Weiteres ist gegen *Stauffer* geltend zu machen: Er setzt vor den ersten galiläischen Sabbatkonflikt den Jerusalemer Zusammenstoß Joh 5. Damit wird das Johannes-Evangelium – wiederum typisch für ihn! – auch hier historisch überstrapaziert.[98]

Nur am Rande sei der Versuch von *Constantin Daniel* erwähnt, in den Herodianern von Mk 3,6 Essener zu sehen.[99] Sein Aufsatz ist aber mit zu viel Hypothetischem belastet, als daß er für die Frage nach den historischen Voraussetzungen des in Mk 3,1–6 Berichteten überzeugende neue Aspekte bringen könnte.

Schauen wir auf die in diesem Abschnitt des 3. Kapitels angestellten Über-

nach welchen Prinzipien und in wie großem Ausmaß das Gemara-Material zur Beurteilung von Verhältnissen oder Ereignissen, die mehrere Jahrhunderte vor Gemaras Redaktion geschahen, gebraucht werden kann.« 96: »Außerdem wirkt es überraschend, daß die vielen verschiedenen Kategorien, die in den Quellen vertreten sind, augenscheinlich von Stauffer nicht respektiert werden. So wird in rein juristischen Fragen haggadischem Material dasselbe Gewicht beigelegt wie halakhischen Traditionen... Was die Geschichtschreibung der damaligen Zeit angeht, so findet man beim Verfasser keinen Ansatz zu einer kritischen Würdigung des Materials.«

[98] *Stauffer*, Jesus, 17: Das vierte Evangelium hat die Chronologie der Geschichte Jesu am zuverlässigsten bewahrt, folglich ist es möglich, den synoptischen Rahmen in das johanneische Rahmenwerk einzubauen! Dazu mit Recht *Kümmel*, Aufs., 378: »Dieses Erbe des 19. Jahrhunderts (vor allem *F. Chr. Baur*s Nachweis, daß Joh später als die Synoptiker entstanden ist) ist jedoch gerade heute wieder in Frage gestellt, wenn beispielsweise *Ethelbert Stauffer* in seiner Darstellung der *Geschichte* Jesu den Ablauf des Johannesevangeliums als gesicherten Rahmen benutzt.«

[99] *Daniel*, Les »Herodiens« sont-ils de Esséniens?, RevQum 6, 31–53; ib. 50: Nach der Feststellung, daß Essener sich nicht am Synagogalgottesdienst beteiligen, heißt es: »Or le texte de St. Marc écrit que les Pharisiens seuls sont sortis, et, après être sortis, qu'ils ont tenu conseil avec les Hérodiens, qui évidemment ne s'y trouvaient pas, et que les Pharisiens ont recontrés après être sortis de la synagogue. Il résulte de là que les Hérodiens ne se trouvaient pas dans la synagogue, tout comme s'ils ètaient des Esséniens.« *Daniel* dürfte das εξελθοντες in Mk 3,6 überinterpretiert haben.

legungen zurück, so dürfte sich gezeigt haben, daß sich in Mk 3,1–6 zumindest die Grundeinstellung Jesu zum Sabbat widerspiegelt[100], die in Mk 2,27 zum Ausdruck kommt: Gott hat den Sabbat um des Menschen willen gemacht. Markus hat, sofern er nicht bereits beide Sabbatperikopen im Zusammenhang überliefert bekommen hatte, sie sicher um der gemeinsam in ihnen zur Sprache kommenden Intention hintereinandergestellt. Doch auch dann, wenn er sie schon als Einheit vorgefunden haben sollte, dürfte er sie mit um dieser einheitlichen Intention willen in der überlieferten Reihenfolge belassen haben.

Halten wir aber auch das fest: Weder in der Perikope vom Ährenausraufen noch in der von der Sabbatheilung wird der Sabbat als von der Thora angeordnete Institution beseitigt. Die Frage, ob dies vielleicht im Sinne der Gesamtkonzeption des Mk anzunehmen sei, wird im 5. Kapitel dieser Untersuchung erörtert.

Bedeutet aber Mk 2,27 in Verbindung mit Mk 3,4 keine Abrogation der Thora, so ist doch jenes Denken zutiefst getroffen, das in so starkem Maße u.a. den Mischna-Traktat Schabbat prägt. Mögen auch die dort gegebenen Beispiele zum Teil jüngeren Datums sein, so wird man sicherlich ihre geistige Haltung auch als kennzeichnend für rabbinische Diskussionen der Zeit Jesu betrachten dürfen, zumal die Schulen Hillels und Schammais nicht unerwähnt bleiben. Insofern Jesu Einstellung sich davon *radikal* unterscheidet, muß *Stauffer* ein Wahrheitsmoment seiner Darlegungen zugestanden werden. So seien einige symptomatische Beispiele zitiert, um die große Differenz zwischen Jesus und den rabbinischen Sabbatthalakhoth zu veranschaulichen.[101]

Schab XIV,3: »Alle gewöhnlichen Speisen und Getränke darf man auch am Sabbat als Heilmittel einnehmen, ausgenommen...« Die *Intention* muß also sein: essen, *nicht heilen!* Schab XIV,4: »Wer an den Zähnen leidet, darf nicht Essig dagegen einschlürfen, aber man kann etwas in Essig tauchen, und wenn davon der Schmerz geheilt wird, so ist kein Bedenken dabei (ואם נתרפא נתרפא)!« Schab XXII,6: »Man darf keinem Kinde die Glieder gewaltsam richten; man darf nicht einen Bruch wieder einrichten. Wer sich die Hand oder den Fuß verrenkt hat, darf sie nicht mit kaltem Wasser begießen, sondern sie gewöhnlich waschen.« Und dann folgt wieder die stereotype Formel: ואם נתרפא נתרפא. Das Bedenkliche sind gar nicht so sehr die Einzelbestimmungen. Sie versuchen ja, auf irgendeine Weise noch die Heilung zu ermöglichen – allerdings, indem man vor sich selbst (und

[100] *Lohse*, Worte = Judentum, Urchristentum, Kirche, 85

[101] Unter den Schab VII, 2 aufgezählten »vierzig weniger eins« für den Sabbat verbotenen »Hauptarbeiten« אבות מלאכות ist das Heilen nicht genannt. Daß dieses am Sabbat nicht erlaubt ist, geht nur aus Einzelbestimmungen hervor, etwa aus den im nächsten Absatz zitierten.

also vor Gott!) eben doch eine andere Intention verfolgt, als man angibt. Für den Notfall ist es ja eigens gestattet, den Sabbat zu entweihen: Schon jede Möglichkeit einer Lebensgefahr verdrängt den Sabbat.[102] Das Bedenkliche ist vielmehr das *Gottesbild:* Gottes heiliger Sabbat verbietet die Heilung des Menschen. Gottes Heiligkeit wird bewußt der Heilung des Menschen kontrastiert. Der *heilige* Gott ist es also, der *nicht für den Menschen da* ist. Der Unterschied zu Mk 2,27; 3,4 ist eklatant.[103]
Ehe wir auf die Mt-Parallele zu sprechen kommen, noch eine kurze Bemerkung zu *Roloff!* Er versteht die in Mk 3,4 als im Zentrum der Perikope stehende Alternativfrage Jesu so, daß sie eine Entscheidung provozieren soll, die letztlich eine Entscheidung gegenüber der Person Jesu und seinem Anspruch sei. Insofern dürfe diese Frage nicht unter Außerachtlassung dieses »christologischen Bezugs« interpretiert werden, da sie sonst zu einer bloß rhetorischen Scheinfrage werde.[104] Hier schwingt natürlich jene Exegese von Mk 2,23–28 mit, die bereits in unserer Untersuchung abgewiesen wurde. Deutlich wird *Roloffs* Position vor allem an seiner Kritik an *Braun,* der erst in einer späteren Traditionsphase die »sekundäre christologische Argumentation« eingetragen sieht – bei gleichzeitiger Entschärfung der »primären Sabbatkritik«.[105] Nun ist es zwar sehr die Frage, ob Mt gegenüber Mk wirklich die primäre Sabbatkritik entschärft; eher wird man – und das sagt allerdings *Braun auch* – die Entschärfung bereits bei Mk ansetzen müssen: nämlich bei der Christologie von Mk 2,28. Schwerwiegend ist aber, wenn *Roloff* als Gegensatz gegenüberstellt: Sabbatkonflikte Jesu als »humanitäre Proteste gegen die pharisäische Gesetzlichkeit« und als »verhüllte Vollmachtsbekundungen«.[106] Er sieht nicht, daß sich Jesu Vollmacht eben *in* jenem »humanitären Protest« ereignet, daß eben der *Inhalt* dessen, was Jesus sagt und tut, der Ausweis seiner Autorität ist. Es findet sich bei *Roloff* jenes Mißverständnis, das zunächst – wenn auch unausgesprochen – einen sog. »reinen« Humanismus begrifflich von Gott trennt und diesem dann den Vorwurf des gottlosen Humanismus macht. Ist doch gerade der Anspruch Jesu »mit, in und unter« seinem Wort gegeben – im Sinne einer impliziten Christologie.

Matthäus hat, wie sich bereits zeigte, Mk 3,1–6 zu einem formgerechten Streitgespräch stilisiert. Nun sind es die Gegner, die Jesus die entscheidende Frage stellen (Mt 12,10), während dieser dann mit dem Logion v.11, der

[102] Joma VIII, 6: וכל ספק נפשות דוחה את השבת
[103] Im übrigen s. die Beispiele bei *Bill.* I, 623ff.
[104] *Roloff,* 65; er zitiert 65 Anm. 49 *Rordorf,* Der Sonntag, 70: »... es handelt sich hier nicht um eine allgemein moralische Wahrheit, sondern die Richtigkeit des Satzes hängt ganz an der Person Jesu.«
[105] *Braun,* Radikalismus II, 70 Anm. 1 (bei *Roloff,* 71, Druckfehler: I statt II)
[106] *Roloff,* 71

angehängten Frage und der Feststellung ωστε εξεστιν... v. 12 antwortet.[107] Auch die Änderung der Einleitung ist für Mt typisch: Die Sabbatheilung wird an die Szene vom Ährenausraufen mit μεταβας εκειθεν angeschlossen.[108] Somit bringt Mt jene Verknüpfung, die *Stauffer* fälschlicherweise bereits für Mk postuliert.

Für unsere Frage, ob nämlich im Laufe der synoptischen Tradition ein Prozeß der Judaisierung gegeben sei, ist das von Matthäus in die Szene eingebaute Logion *Mt 12,11* von besonderer Bedeutung. Ist doch gerade dieses in den Augen des Evangelisten der Beweis dafür, daß man am Sabbat Gutes tun darf, besser: Gutes tun soll. (Die Frage, ob man am Sabbat auch Böses tun darf, Mk 3,4, ist gestrichen.) Somit sind zwei Fragen zu beantworten: Woher stammt dieses Logion? Und: Was ist sein Inhalt?

Mt 12,11 besitzt in Lk 14,5 eine Parallele. Doch dürften die beiden Versionen nicht auf eine gemeinsame schriftliche Quelle zurückgehen. Während Mt von προβατον εν spricht, sind es bei Lk υιος η βους, für εις βοθυνον bei Mt steht bei Lk εις φρεαρ, dem κρατησει bei Mt entspricht ευθεως ανασπασει bei Lk – ganz abgesehen von der unterschiedlichen grammatischen Konstruktion. Die Möglichkeit, daß Mt 12,11 ein Einzellogion aus Q vorliegt, besteht durchaus, zumal ja Matthäus wahrscheinlich eine andere Q-Ausgabe benutzte als Lukas. Sollte Lk 14,1–6 einschließlich v. 5 Sondergut des dritten Evangelisten sein, so wäre es denkbar, daß dieser um einer Dublettenvermeidung willen das bei Mt erhaltene Q-Logion nicht brachte.[109] *Lohse* will den unterschiedlichen Wortlaut dadurch erklären, daß das Jesus-

[107] Bei Mk stellt zwar Jesus die Frage εξεστιν = מותר in juristischer Terminologie, durchbricht aber die Kasuistik des jüdischen Gesetzes, indem er die Alternativfrage stellt (*Lohse*, Worte = Judentum, Urchristentum, Kirche, 86 u. 86 Anm. 27). Bei Mt ist aber geradezu eine halakhische Feststellung getroffen, die in mischnischem Hebräisch (vielleicht sogar ohne מותר) einfach gelautet hätte: הטיבין (לאדם) בשבת *Delitzsch* übersetzt: מותר להטיב בשבת

[108] *Schmidt*, Rahmen, 101: μεταβαινειν nie bei Mk, aber fünfmal bei Mt; εκειθεν ist Lieblingsausdruck des Mt. »Im Grunde liegt in der Einführung der Szene eine genaue topographische und chronologische Verbindung vor: beide Szenen (1–8 und 9–14) fallen auf *einen* Sabbat ... Vom Felde, das nicht näher gekennzeichnet ist, kommt er in eine Synagoge, die streng genommen (beachte αυτων) eine Synagoge der vorher genannten Leute, das heißt also der Pharisäer ist.« Vielleicht habe Matthäus an die Synagoge von Kapernaum gedacht. Wie bei Lk steht vor συναγωγην der bestimmte Artikel. – Ähnlich *Klostermann*, Mk, 36: Bei Mk besteht zwischen beiden Perikopen kein zeitlicher Zusammenhang, anders Mt; *Grundmann*, Mt, 322

[109] cf. *Schürmann*, Dublettenvermeidungen = TrU, 286: »Aus der Tatsache, daß das lukanische Sondergut keine Dubletten zur Redequelle führt, kann nicht geschlossen werden, es habe solche nie gegeben. Denn es besteht die Möglichkeit, daß Lukas (oder, falls das lukanische Sondergut schon vorlukanisch mit der Q-Tradition vereinigt gewesen wäre, der vorlukanische Redaktor) vereinzelt Berichte in den beiden Überlieferungsschichten, die als Dubletten hätten angesprochen werden können, beseitigt hat.« s. auch ib. 286 Anm. 62

logion zunächst nur mündlich weitergegeben und häufig in späteren Gemeindedebatten über den Sabbat verwendet wurde.[110] Davon ist zumindest soviel richtig, daß dieses Logion in den ersten Jahrzehnten sicherlich eine bedeutende Rolle in derartigen Debatten gespielt hat, und zwar vor allem in palästinensischen Gemeinden, wo die Sabbatfrage akut war. Beide uns erhaltene Versionen weisen außerdem auf semitischen Ursprung.

Das überflüssige ανθρωπος Mt 12,11 ist sicher Semitismus[111], ebenso (προβατον) εν für das aramäische חד.[112] Dabei ist es natürlich nicht ausgeschlossen, daß *Matthäus* das εν qualifiziert versteht – etwa wie Mt 18,12 –; jedoch hätte er dann einem aus seiner Tradition übernommenen Semitismus einen anderen Sinn unterlegt.

Für Lk 14,5 ist der semitische Sprachuntergrund noch deutlicher. *Black* hat m.E. überzeugend dargelegt, daß ein Wortspiel vorliegt: »Wem von euch ein Lasttier (בעירא) in den Brunnen (בירא) fällt...« Die ungewöhnliche Kombination von υιος und βους ist auf ein Verlesen von בעירא zurückzuführen (υιος = ברא).[113] Diese Rückübersetzung *Black*s ist weithin akzeptiert.[114]

[110] *Lohse*, Worte = Judentum, Urchristentum, Kirche, 87

[111] *Black*, Approach, verweist allerdings S. 107, wo er die Beispiele für »Ανθρωπος simple = τις« bringt, nicht auf diesen Vers, wohl aber S. 119 wegen des zu ανθρωπος gehörenden τις als »Conditional Use of Interrogatives«.

[112] ib. 105; anders *Roloff*, 66; cf. auch *Lohmeyer*, Mt, 185; *Grundmann*, Mt, 323

[113] *Black*, Approach, 168f.; B. schließt aber nicht aus, daß ein Wortspiel dreier Begriffe vorliegt: statt Sohn (ברא) Esel (בר חמרא), Ochse (בעירא) und Grube (בירא), ib. 168. Zur determinierten Form in diesen Beispielen s. ib. 93ff.; außerdem *Jeremias*, ThLZ 75, 530; ders., Gleichnisse, 7 Anm. 2: Der bestimmte Artikel ist typisch für die semitische Bildrede. »Der Semit denkt in solchen Fällen anschaulich und sieht den konkreten Einzelfall vor sich, auch wenn er einen sich alltäglich wiederholenden Vorgang schildert.«

[114] Soweit ich sehe, ist keine stichhaltige Widerlegung *Black*s erfolgt. Zustimmend u. a.: *Jeremias*, ThLZ 74, 530: »Geradezu ein Schulbeispiel...« *Lohse*, Worte = Judentum, Urchristentum, Kirche, 87; *Roloff*, 66 und 66 Anm. 55. Seltsamerweise geht *Grundmann*, Lk, 292, an dieser Stelle auf *Black* (wie doch sonst so oft) nicht ein. Er erwägt eine Verwechslung von ονος oder altgriechisch οις = Schaf mit υιος; s. aber ders., Mt, 323 Anm. 7. *Haenchen*, Weg Jesu, 126 Anm. 2, nimmt *Black* nicht zur Kenntnis. Nachdem er das homerische οις als falsche Konjektur abgelehnt hat, entscheidet er sich für υιος als lectio difficilior. Zur Konjektur οις sei noch *Hirsch*, II, 135, zitiert: »Es gibt nur eine Lösung dieses sinnlosen Schwankens (sc. in den Handschriften): Luk hat in einem schwerer als gewöhnlich verlaufenden Anfall von literarischer Vornehmtuerei das alte Wort Homers und der Tragiker für Schaf, οις, gebraucht. Dies ziemlich unbekannt gewordene Wort wurde von den ungebildeten Abschreibern teils mit der Schreibkürzung für υιος, Sohn, verwechselt, teils für einen fehlerhaft geschriebenen ονος, Esel, gehalten; der Abschreiber aber, der es verstand, D, ersetzte es durch das gewöhnlichere προβατον. In der Möglichkeit, alle Varianten zu erklären, liegt der Beweis für οις.« *Hirsch*s scharfsinnige Option für οις zeigt, wie schnell eine einleuchtende Erklärung überholt sein kann.

Dürfte somit die semitische Herkunft von Mt 12,11/Lk 14,5[115] feststehen, so hat *Greeven* weiterhin gezeigt, daß die in rabbinischen, überhaupt in jüdischen Texten nicht vorfindliche Formel τις εξ υμων in unmittelbare Nähe der ipsissima verba Jesu führt, wie man »mit einer gewissen Zuversicht« sagen dürfe.[116] Auch *Greeven* fand weithin Zustimmung.[117]
Handelt es sich also sehr wahrscheinlich um ein authentisches Jesuswort, so hat Jesus anläßlich irgendeines Sabbatkonfliktes betont herausgestellt, daß ein *Sabbat*, der *gegen den Menschen* praktiziert wird, *gegen Gottes Willen* ist. Der Sabbat gegen den Menschen ist der Sabbat gegen Gott. Wenn man schon am Sabbat dem Tier hilft, dann erst recht dem Menschen! Das gilt selbst, wenn die ursprüngliche Intention von Mt 12,12a nichts mit dem Sabbat zu tun hätte.[118]
Also steht Mt 12,11 als authentisches Jesuswort, aber auch als redaktionell in die Perikope eingefügter Vers *in gleicher Aussagetendenz* wie das von Matthäus nicht übernommene Logion Mk 2,27. Somit stellen wir fest: Der Evangelist Matthäus will durch seinen redaktionellen Eingriff in Mk 3,1–6 mittels des Logions Mt 12,11 unübersehbar zum Ausdruck bringen: *Der Sabbat ist kein Sabbat, wenn er nicht auch dem Menschen dient.* (Bewußt wurde diese Mk 2,27 etwas abschwächende Formulierung gebraucht, um nicht in die Gefahr zu geraten, am Ende doch noch Mt überzuinterpretieren.) Das Ergebnis der redaktionsgeschichtlichen Betrachtung von Mt 12,1–8 hat sich auch hier bestätigt. Das für Matthäus Gesagte gilt aber auch mutatis mutandis für Lukas, zumal dieser die meisten Sabbatheilungen bringt.

Da also gerade jenes Wort, durch dessen redaktionelle Einfügung Matthäus Mk 3,1–6 zum formgerechten Streitgespräch umgebildet hat, mit hoher Wahrscheinlichkeit als authentisches Jesuswort zu betrachten ist, kann im Blick auf Mt 12,9–14 nicht von Rejudaisierung die Rede sein. Das gilt trotz rabbinischer und qumranischer Parallelen.
Zunächst zu den *rabbinischen* Parallelen, wie sie *Bill.* I,629f. zusammengestellt sind! Daß bereits im 1. Jhdt. die in Mt 12,11 angesprochene Thematik

[115] Lk 13,15f. soll als jüngere Sekundärbildung unberücksichtigt bleiben; cf. *Bultmann*, Trad., 10; *Lohse*, Worte = Judentum, Urchristentum, Kirche, 86 Anm. 30; – *Grundmann*, Lk, 280, scheint dieses Logion als authentisch zu betrachten, ebenso *Rengstorf*, Lk, 171, 176

[116] *Greeven*, Wer unter euch? = WuD NF 3, 101; die von ihm vermutete Urform zeigt folgenden festen Redetyp: 1. Einleitung durch τις εξ υμων, 2. Gliederung des Aufbaus in zwei Fragen, 3. Die Exposition ist mit Vorliebe durch εχω, daneben auch durch andere Partizipien oder finite Verben ausgedrückt (häufig Futur).

[117] *Jeremias*, Gleichnisse, 102; *Lohse*, Worte = Judentum, Urchristentum, Kirche, 87; *Bornkamm*, Jesus, 63 bzw. 183 Anm. 9; *Roloff*, 66 und 66 Anm. 56

[118] cf. Mt 10,31!

auch für rabbinische Diskussionen relevant gewesen ist, zeigt die Diskussion zwischen R. Eli'eser und R. Jehoschua. Allerdings geht es nicht um Tiere, die am Sabbat, sondern am Festtag in eine Grube gefallen sind (TBeza 3,2 (205)). Während R. Eli'eser erlaubt, das Muttertier nur zu dem Zweck heraufzuholen, um es zu schlachten, die Jungen aber in der Grube zu füttern, ist R. Jehoschua weniger streng in seiner Auffassung. In der bereits genannten Praxis, mit der jeweiligen Intention ein nicht ganz ehrliches Spiel zu treiben, erlaubt er, das erste Tier mit der Absicht heraufzuholen, es zu schlachten, dabei jedoch irgendeinen Grund zu finden, dies dann doch nicht tun zu müssen; und so verfährt man auch mit den übrigen Tieren! Wiederum eine bezeichnende Parallele zu den genannten rabbinischen Praktiken, das Sabbatgebot zu umgehen! So unehrlich und dabei so leicht durchschaubar dieses Spiel auch war – für den sich an ein buchstäblich verstandenes Sabbatgebot gebunden Wissenden war ein solches Umgehen des Gebotes eine Notwendigkeit. Bedauerlich ist nur, daß dieses Spiel nicht nur mit einer Gesetzesbestimmung, sondern letztlich mit Gott selbst getrieben wurde.

Eine Diskussion um die *Sabbat*-Halakha für das am Sabbat in einen Wassergraben gefallene Tier finden wir erst im 3. Jhdt. Jedoch erlaubt da die weitherzige Richtung lediglich, dem betreffenden Tier Decken und Polster unterzulegen: »Kommt es heraus, so kommt es herauf!« (Schab 128b) Die strengere Richtung erlaubt nur Fütterung. *Billerbeck* schließt aus dem Umstand, daß Jesus in Mt 12,11 mit seinen Gegnern »e concessis verhandelt« – darin dürfte er recht haben–, auf die mildere Praxis zu seiner Zeit. Aber die Auffassung der Gegner Jesu war wohl noch weitherziger als die von Schab 128 b (Rab Jehuda im Namen von Rab); denn sowohl Mt 12,11 (κρατησει, εγειρει) als auch Lk 14,5 (ανασπασει) ist als selbstverständlich vorausgesetzt, daß der Besitzer des Tieres dieses in einem solchen Fall eigenhändig heraufzieht.[119] Der ins Auge fallende Unterschied zwischen den Praktiken von Mt 11,12/Lk 14,5 und Schab 128b dürfte wiederum ein Fingerzeig dafür sein, wie vorsichtig wir sein müssen, um nicht spätere rabbinische Halakhoth in anachronistischer Weise in das Neue Testament oder gar schon in das Leben Jesu einzutragen.

Soviel aber dürfte auf jeden Fall feststehen: Die rabbinischen Parallelen zu Mt 11,12 erlauben schon um der genannten Differenzen willen nicht,

[119] Aufgrund der wenigen erhaltenen rabbinischen Zeugnisse ist es durchaus denkbar, daß zur Zeit Jesu in Galiläa diese Frage liberaler gehandhabt wurde als etwa im Gebirge Juda, dem Hauptausfuhrgebiet für Schafe, Ziegen und Lämmer nach Jerusalem (*Jeremias*, Jerusalem, 55). Denkbar wäre auch, das Jesus seinen pharisäischen Gegnern vorhalten wollte: »Ihr sagt nichts, wenn ein am ha-arez am Sabbat ein in eine Grube gefallenes Tier heraufholt. Warum haltet ihr dann mir vor, den Sabbat zu verletzen, wenn ich einem Menschen helfe?« Auch hier läge ein Schluß a minori ad maius vor.

eine Rejudaisierung oder, genauer, eine »Rerabbinisierung« von Mt 12,9–14 anzunehmen.

Schauen wir dann auf die *essenischen* Sabbathalakhot CD X-XII (1QS kennt keine Sabbatbestimmungen!), so zeigt sich hier eine besonders strenge Auslegung.[120] CD XI,13f. verbietet grundsätzlich, ein in einen Brunnen gefallenes Tier am Sabbat wieder herauszuholen. Demgegenüber heiß es CD XI,16f., daß ein Mensch nicht »mit einer Leiter, einem Strick oder irgendeinem Gerät« aus einem Wasserloch oder sonst einem Ort am Sabbat heraufgeholt werden darf. Also darf ein solcher Mensch doch wohl gerettet werden, wenn man auf jegliches Werkzeug verzichtet! Mensch und Tier werden deutlich unterschieden. Wie streng diese Bestimmungen auch sein mochten, so klingt doch Mt 12,12 an: ποσῳ ουν διαφερει ανθρωπος προβατου![121]

Diese strenge essenische Auffassung erscheint im Neuen Testament nicht.[122] Sie wird weder angegriffen noch positiv aufgegriffen. Von daher verbietet es sich, hier von einer Requmranisierung zu sprechen.[123]

[120] Daß man in Qumran strenger über den Sabbat dachte als bei den Rabbinen, wird immer wieder betont; z. B. *Moore* II, 27: »in the direction of greater strictness« (M. sagte dies im Blick auf CD und Jub); *Schubert*, Gemeinde, 137–141; 140: »... der Pharisäismus (war) viel weniger streng ... als der Qumran-Essenismus«; *Bietenhardt*, Sabbatvorschriften von Qumran = Qumran-Probleme, 61: »deutliche Tendenz zur Verschärfung«; *Kimbrough*, The Concept of Sabbath at Qumran, RevQum 5, 483–502, betont demgegenüber mehr die »similarities between Dam. Doc. and Rabbinical law« (498). Seine Grundthese lautet: »The concept of Sabbath at Qumran does not seem out of step with Judaism, nor so apparently more strict than the Pharisees and the resulting Rabbinical tradition.« (502) Vor allem aufgrund des in CD fehlenden Erubin-Themas (jedoch s. für CD XI, 4f. *Lohse*, Texte, 88f. 285 Anm. 73) schließt er: »Thus the Sabbath Halakah at Qumran may be nearer authentic Jewish Halakah prior to A.D. 70, free of the System of Erubin.« (502) Dieses Ergebnis K.s läßt sich mit unserer in diesem Kapitel dargelegten Auffassung nicht zur Deckung bringen.
Daß CD XII, 3–5 (anders als Jub 2,27; 50,8.12f.!) gegenüber Sanh VII, 8 u. a. (s. Ex 31,14) ausdrücklich die Todesstrafe für die Übertretung der Sabbatgebote ablehnt, daß also in diesem Punkte die Rabbinen strenger sind als CD, wird sowohl von *Bietenhardt* (56f.) als auch von *Kimbrough* (passim) zugegeben.

[121] *Dupont-Sommer*, 168, übersetzt, indem er sich auf eine Konjektur von *Ginzberg* und *Rabin* stützt: »Aber jedes menschliche Wesen, das in eine Wasserstelle fällt oder in einen Ort, ›aus dem es nicht heraufsteigen kann‹, soll man ›heraussteigen lassen‹ mit Hilfe einer Leiter oder eines Seils oder eines anderen Gegenstandes.« Doch ist diese Interpretation zu willkürlich und kaum wahrscheinlich, zumal doch bereits nach dem üblichen Text der Unterschied von Tier und Mensch deutlich gegeben ist.

[122] *Bietenhardt*, Sabbatvorschriften = Qumran-Probleme, 63

[123] im übrigen s. *Braun*, Qumran I, 25f., II, 99f.; 99: »Man darf ferner mit *Stauffer* die freiere Haltung Jesu in Sabbatfragen nicht zu einem geplanten Sabbatbruch vergrundsätzlichen.« Hier hat doch wohl *Stauffer* – trotz all unserer Bedenken gegen seine oft maßlosen Überspitzungen! – eher das Richtige getroffen! *Braun* ist aber zuzustimmen, wenn er Bedenken trägt, daß Jesus in seiner Haltung zum Sabbat gegen Qumran zielt (II, 100); s. auch ib. 296.

VIERTES KAPITEL

Rein und Unrein

Mk 2,23–28 par. ging es um den Stellungswert des Sabbats und somit des Gesetzes, ohne daß der Sabbat bzw. das Gesetz schlechthin negiert würden. Hier aber ist zu fragen, ob nicht Mk 7,1–23 eine der für das derzeitige Judentum charakteristischsten Gesetzesbestimmungen[1] außer Kraft gesetzt wird, nämlich die Speisegesetzgebung (Mk 7,15). Dann wäre Mk 7,15 radikaler als Mk 2,27f.

Drei Aufgaben sind gestellt: 1. das überlieferungsgeschichtliche Problem von Mk 7,1–23; 2. der Sinn von Mk 7,15 und 3. das Verhältnis von Mt 15,1–20 zu Mk 7,1–23 bzw. die Frage nach der Priorität und damit zusammenhängend die weitere Frage, ob Mt, falls Mk die Priorität zukommt und falls außerdem Mk 7,15 in radikalem Sinn zu verstehen ist, diese Radikalität durchgehalten hat. Außerdem ist zu fragen, warum Lukas Mk 7,1–23 in seinem Evangelium überging.

1. Mk 7,1-23 und die dort zugrundeliegenden Traditionen

Bultmann teilt die Perikope Mk 7,1–23 in drei Unterabschnitte ein: 1. Mk 7,1–8: Grundbestand als künstliche Bildung aus der palästinensischen Gemeinde; 2. Mk 7,9–13: angereihtes Herrenwort, wie der Grundbestand künstliche Bildung aus der palästinensischen Gemeinde; 3. Mk 7,14–23: aus ältester Tradition übernommenes Bildwort (v. 15) und dazu überlieferter bzw. von Markus formulierter Kommentar (v. 16ff.) einschließlich vorgeschaltetem Redaktionsvers (v. 14).[2] Mk 7,15 ist für *Bultmann* nicht nur älteste Tradition; da es ein Wort sei, das die neue Gesinnung fordere, könne man sogar Zuversicht aufbringen, es als Logion des historischen Jesus zu betrachten.[3]

Schauen wir zuerst auf die Naht, die *Bultmann* zwischen v. 8 und v. 9 durch die Anreihungsformel και ελεγεν αυτοις gegeben sieht. In der Tat beginnt unter formalem Gesichtspunkt mit v. 9 ein neuer Abschnitt. Nun hat aber bereits *Kümmel* die Vermutung geäußert, daß der Qorbanstreit ursprünglich als Antwort Jesu auf die pharisäische Frage nach dem Händewaschen überliefert wurde.[4] Dafür spricht, daß der Abschnitt v. 9–13 trotz seiner *formalen*

[1] s. u. a. Dan 1,8; Tob 1,10–13; vor allem: 1 Makk 1,62; 2 Makk 5,27

[2] *Bultmann*, Trad., 15f. [3] ib. 110

[4] *Kümmel*, Traditionsged. = Aufs., 29

Eigenständigkeit (aufgrund der eben genannten typischen Anreihungsformel) dem *Inhalt* nach unübersehbar mit v. 1–8 verbunden ist. Beide Male geht es um die pharisäische παραδοσις im Gegensatz zur εντολη του θεου. Auffällig ist vor allem die sachliche Kongruenz von v. 8, also dem betonten Abschluß von v. 1–8, und v. 9, der thematischen Zielangabe von v. 9–13. Dem αφεντες in v. 8 entspricht αθετειτε in v. 9 und dem κρατειτε in v. 8 τηρησητε in v. 9. In v. 8 wird die παραδοσις των πρεσβυτερων (v. 5) als παραδοσις των ανθρωπων, in v. 9 als παραδοσις υμων verworfen.
Dabei darf jedoch nicht übersehen werden, daß in v. 9–13 der Ausgangsbegriff »Überlieferung der Ältesten« nicht erscheint. Dieser findet sich hier nur in der bereits interpretierten, d.h. abgewerteten Form »*eure* Überlieferung.« Die Polemik Jesu in diesen Versen ist jedoch nur dann ganz verständlich, wenn ihr Bezug etwa auf eine Frage wie Mk 7,5 deutlich wird. So verwundert es nicht, wenn *Bultmanns* Einleitung der Perikope nicht von allen Exegeten übernommen wird. *Lohmeyer* z. B. gliedert: 1. Abschnitt Mk 7,1–13, an die Pharisäer gerichtet; 2. Abschnitt Mk 7,14–16, an das Volk gerichtet; 3. Abschnitt Mk 7,17–23, an die Jünger gerichtet.[5] Noch etwas anders unterteilt *Hirsch* diese Perikope: 1. Teil Mk 7,1–5, die Einleitung; 2. Teil Mk 7,6–13, die Antwort an die Pharisäer; 3. Teil Mk 7,14–23 (außer v. 16 = Glosse), die Antwort auf die Frage nach rein und unrein.[6] Allerdings erkennt auch er innerhalb seines zweiten Teils den neuen Einsatz in v. 9.[7] Von daher kommt er zu der Lösung: »Es stehen in 6–8 und 9–13 einfach zwei Antworten Jesu nebeneinander da.«[8] Da *Hirsch*, wie bereits im letzten Kapitel erwähnt, zwischen Mk I und Mk II unterscheidet, ist es ihm ein leichtes, die beiden Antworten Jesu auf diese beiden literarischen Vorstufen des Mk zu verteilen: Mk I enthält v. 9–13 als ursprüngliche Überlieferung, Mk II bringt statt dessen die »Besserung« v. 6–8.[9] Er verweist[10] u.a. auf das in beiden Antworten unterschiedlich gebrauchte καλως, das in v. 9 Ausdruck bitterster Ironie ist, in v. 6 aber Lob und Billigung ausagt: »So etwas widerfährt dem primitivsten Schriftsteller nicht; das sind zwei Hände.«[11]

[5] *Lohmeyer*, Mk, 137
[6] *Hirsch* I, 69ff.
[7] ib. 70
[8] ib. 70
[9] cf. schon *Wellhausen*, Mk, 54: »7,9–13 ist nicht Fortsetzung, sondern Parallele zu 7,6–8. Dort steht das Zitat voran und der Spruch folgt, hier umgekehrt. Der Spruch ist beiderorts der gleiche (7,8. 7,9), der Beweis aber verschieden.« Ähnlich *Lohmeyer*, Mk, 141; er vermutet, daß das erste Wort, das »eine grundsätzliche Antwort« gibt, vielleicht aus der Tradition »der Wege des Herrn« stammt (ib. 141). *Grundmanns* Charakterisierung der Abschnitte (Mk, 146) – in v. 6–8 gehe es um den Vorwurf des falschen Gottesdienstes, in v. 9–13 aber um ein Beispiel für die Außerkraftsetzung eines göttlichen Gebotes durch schriftgelehrte Bestimmungen – trifft nicht ganz den Inhalt dieser Verse. Denn in dem LXX-Zitat kommt es nicht auf die Frage des Gottesdienstes an, also nicht auf das τιμᾳ, sondern auf die ενταλματα ανθρωπων. Diese Formulierung – und nur diese! – ist tertium comparationis.
[10] wie schon *Wellhausen*, Mk, 54
[11] *Hirsch* I, 70

Es wurde bereits gesagt, daß v.8 mit v.9 inhaltlich, z.T. sogar wörtlich übereinstimmt. Insofern also diese beiden Verse, die jeweils den Skopus der beiden Abschnitte aussagen, Dubletten sind, wird man *Hirschs* auf literarkritische Weise gewonnenes Ergebnis positiv aufgreifen, ohne zugleich seine Urmarkushypothese bejahen zu müssen (s.3. Kap.). Auch bei der Behandlung von Mk 2,23–28 ließen sich seine Ergebnisse in modifizierter Form verwenden. Vor allem zeigte sich bei der Exegese dieser Perikope, daß die sog. typische *Anreihungsformel*, der man immer wieder das Gewicht der Argumentation für ein angeblich neu angehängtes, nicht aber ursprünglich mit der Perikope verbundenes Logion aufbürdet, doch die *ursprüngliche Antwort Jesu einleitet!* Hält man sich diese anhand der Exegese von Mk 2,23–28 gewonnene Erkenntnis vor Augen, so kann man nicht vom Standpunkt einer lediglich formalen Betrachtung der Perikope Mk 7,1ff. aus die Anreihungsformel von v.9 dafür ins Feld führen, Jesu scharfe Polemik in Mk 7,9–13 könne ursprünglich nicht auf die Frage in v.5 bezogen gewesen sein. Fehlt doch gerade in Mk 7,9–13 der Ausgangsbegriff »Überlieferung der *Ältesten*«, der zum Verständnis des Ganzen unverzichtbar ist, so daß sich auch von daher nahelegt, in v. 9–13 die ursprüngliche Fortsetzung von v.5 zu sehen.[12]
Zu beachten ist eine weitere parallele Erscheinung formaler Art in Mk 2,23–28 und Mk 7,1–13. In beiden Texten antwortet Jesus zunächst mit dem Hinweis auf ein alttestamentliches Ereignis bzw. auf einen alttestamentlichen Text. Mk 2,25f. beruft er sich auf das Verhalten Davids (1 Sam 21). Es zeigte sich, daß dies nicht die Antwort des historischen Jesus gewesen sein konnte. Ähnlich steht es mit Mk 7,6f. Der Jes-Text ergibt den hier gebrachten Sinn nur nach der LXX-Fassung[13], er ist also nur für den griechischen Sprachbereich als Argument denkbar. Somit ist sowohl in Mk 2 wie in Mk 7 der Bezug auf das Alte Testament Gemeindetheologie, nicht aber Wort des historischen Jesus. Um so mehr dürfte die Auffassung, daß erst hinter der Formel και ελεγεν αυτοις die Antwort Jesu folgt, an Gewicht gewinnen.[14]

[12] Auch *Suhl*, 79, gibt zu, daß der Abschnitt Mk 7,9–13 kaum als selbständige Einheit je für sich bestanden haben kann. Jedoch zieht er daraus Konsequenzen in genau umgekehrter Richtung: »Es ist also wohl eher so, daß Markus bei der Komposition dieses Abschnitts diesen Teil (sc. v. 9–13) aus einem ursprünglicheren Zusammenhang herausbrach und hier einfügte.« – Schon *Dibelius*, 222f., hält die Frage Mk 7,5 für nachträglich »vom Evangelisten vor die ganze Komposition gestellt«. Unter der »ganzen Komposition« versteht er Mk 7,6–13. Dem schließt sich *Lohmeyer*, Mk, 138. 138 Anm. 1, an.

[13] In LXX wörtlich: διδασκοντες ενταλματα ανθρωπων και διδασκαλιας; MT: מצות אנשים מלמדה; auch 1 QJes[a] gibt keine hebräische Textvariante, die den LXX-Text als ihre wörtliche Übersetzung erklären könnte.

[14] Andererseits konnte in der Perikope Mk 10,2–12 ein Argumentieren mit alttestamentlichen Stellen als im Munde Jesu möglich, wenn nicht gar als wahrschein-

Für beide Perikopen ergibt sich also der *gleiche formale Aufbau:*

a) Frage der Gegner Jesu

b) 1. Antwort Jesu: Hinweis auf das Alte Testament[15]

c) 2. Antwort Jesu: seine eigentliche und ursprüngliche Antwort

Daß Jesus in seiner eigentlichen und ursprünglichen Antwort Mk 7,10 auf das Vierte Gebot Bezug nimmt (Ex 21,17 dürfte späterer Zusatz sein; s.u.) und somit auch hier das Alte Testament zu Worte kommt, bedarf allerdings der Klärung (s.u.).

Ist aber der Abschnitt Mk 7,9–13 die Antwort Jesu auf die Frage Mk 7,5b – »Warum wandeln deine Jünger nicht nach der Überlieferung der Ältesten?« –, weil hier der Ausgangsbegriff des Streitgesprächs genannt wird, so ist noch keineswegs gesagt, daß auch Mk 7,5c – »sondern essen das Brot mit unreinen Händen, κοιναις χερσιν« – Bestandteil der ursprünglichen Frage gewesen sein muß. Für den Fall jedoch, daß in der Tat Mk 7,5b+c als ursprüngliche Einheit anzusehen wären, bestände *Kümmels* Vermutung, »daß der Qorbanstreit ursprünglich als Antwort Jesu auf die pharisäische Frage nach dem Händewaschen überliefert wurde«[16], zu Recht. Gibt es Gründe, warum man eine solche ursprüngliche Einheit von Mk 7,5b+c annehmen oder ablehnen müßte?

Zunächst ist, wie dies – wenn auch unter etwas anderer Fragestellung als hier – auch sonst in der Literatur geschieht, festzustellen, daß zwar das Qorban-Beispiel einen Verstoß gegen Gottes Gesetz darstellt, nicht aber das Unterlassen des so harmlosen Händewaschens.[17] Somit wäre durch den Hinweis Jesu auf das Unrecht mittels des Qorbangelübdes noch nichts zum Thema Händewaschen gesagt.[18]

Vielleicht kann eine Frage weiterhelfen, die *McConnel* an Matthäus stellt, die hier jedoch nicht diesen, sondern die hypothetisch postulierte Einheit Mk 7,5.9–13 im Blick haben soll: »The problem is whether Matthew regards handwashing as rejected by Jesus because it belongs to the ceremonial law or because it belongs to rabbinic tradition or on both accounts.«[19] M.a.W., antwortet Jesus auf die Frage nach dem Händewaschen mit jener ungeheuren Schärfe, weil er die Bedeutung dieses Vorgangs für die rituelle Reinheit oder gar diese selbst nicht anerkennen will – also aus inhaltlichen Gründen – oder weil er die Autorität, die hinter dieser Forderung steht,

lich erwiesen werden (2. Kap.). Auf keinen Fall kann man bestreiten, daß das nach der Anreihungsformel και λεγει αυτοις (10,11) stehende Logion die Variante eines echten Jesuswortes ist.

[15] cf. *Suhl*, 81 Anm. 63

[16] *Kümmel*, Traditionsged. = Aufs., 29

[17] z. B. ib. 29; *McConnel*, 76

[18] *Kümmel*, Traditionsged. = Aufs., 29, verweist darauf, daß in der »in sich abgeschlossene(n) Rede Jesu« Mk 7,9–13 vom Händewaschen nicht die Rede ist.

[19] *McConnel*, 78

nicht gelten läßt? Nehmen wir einmal an, die Pharisäer hätten in der Tat in ihrer Frage das Händewaschen als Überlieferung ihrer Ältesten bezeichnet. Dann hätte Jesus, wenn er in seiner Entgegnung das Qorban-Beispiel brachte, die Autorität der pharisäischen Überlieferung in Frage gestellt, indem er folgendes sagen wollte: Am Mißbrauch des Qorban seht ihr, wie eure Überlieferung dem Willen Gottes widerspricht. Wie wollt dann ausgerechnet ihr, die ihr doch selbst die Autorität eurer Überlieferung durch die Verletzung des Vierten Gebotes diskreditiert habt, meine Jünger dazu bewegen, die Händewaschung – um dieser diskreditierten Überlieferung willen! – vorzunehmen? Das allerdings wäre eine sinnvolle Argumentation. Sie geschähe nicht als Diskussion um rein oder unrein; vielmehr ginge es um die Autorität seiner pharisäischen Gegner. Von daher lassen sich v. 9–13 als Antwort auf die Frage v. 5b+c bestens verständlich machen. Eine nicht näher begründete Frage »Warum wandeln deine Jünger nicht nach der Überlieferung der Ältesten?« dürfte hingegen zu allgemein gestellt sein.

Wir stellen also fest: Die *ursprüngliche Überlieferung* von Mk 7 – jedenfalls soweit wir sie zurückverfolgen können – beinhaltet wahrscheinlich eine Diskussion um die *Autorität* der Überlieferung der Ältesten. *Markus* dagegen stellt dieses Streitgespräch durch Anfügung des von ihm als »sachlich wichtigsten Punkt« (*Lohmeyer*)[20] verstandenen v. 15 unter das Thema: *rein –unrein.* Dieses war jedoch zunächst lediglich Anlaß des Streitgesprächs 7,1–13. Der *Redaktor*, also der Evangelist, *setzte* somit *den Akzent anders als die ihm überkommene Tradition.*

Ehe jedoch das für Mk so wichtige Thema der Reinheit Gegenstand der Überlegungen sein wird, sind noch einige exegetische und historische Fragen zu Mk 7,1–13 zu beantworten.

Beginnen wir mit v. 9–13, also jenem fragmentarischen Abschnitt, der irgendwie eine Einleitung voraussetzt! *Hirsch* meint, in v. 10 störe das mit και angeschlossene zweite alttestamentliche Zitat erheblich; nur auf das erste beziehe sich Jesu Beweisführung.[21] In der Tat wäre jener apodiktische Rechtssatz aus dem Bundesbuch (Ex 21,17; Mot-jumat-Reihe) besser als spätere Glosse verständlich, zumal vom Fluchen überhaupt nicht die Rede ist (LXX: κακολογων = schmähen; MT: מקלל = fluchen). Weiterhin ist mit *Hirsch* festzustellen, daß sich υμεις δε λεγετε in v. 11 mit αφιετε in v. 12 stößt.[22] Zweifellos ist die betonte Wendung »*ihr* aber sagt« bewußt den Worten »Moses hat nämlich gesagt« gegenübergestellt – ohne Rücksicht auf die Syntax. Und endlich soll mit *Hirsch* v. 13b (και παρομοια...) als

[20] *Lohmeyer*, Mk, 137

[21] *Hirsch* I, 70

[22] ib. 70; auch *Wellhausen*, Mk, 54

»späte pendantische Ergänzung« gewertet werden, »die den wundervoll leidenschaftlichen Schluß 13a um seine Wirkung bringt«.[23]

Somit lautet der *Grundbestand* von v. 9–13 in etwa:

> »Schön tut ihr das Gebot Gottes beiseite, um eure Überlieferung zu halten. Mose hat nämlich gesagt: ›Ehre deinen Vater und deine Mutter!‹ Wenn aber einer dem Vater oder der Mutter sagt: ›Qorban sei, was du von mir zugut hättest‹, so laßt ihr ihn für Vater oder Mutter nichts mehr tun. So macht ihr das Wort Gottes ungültig durch eure Überlieferung, die ihr überliefert habt.«

Die nächste Frage ist, ob diese Worte im Munde Jesu denkbar sind. Oder könnte man gar ihre Authentizität wahrscheinlich machen? *Bultmann*s Auffassung wurde bereits genannt: Es handelt sich, wie Mk 7,1–8, um eine künstlich stilisierte Bildung aus der palästinensischen Gemeinde, für die die Frage nach dem Verhältnis der παραδοσις zum Gesetz aktuell war.[24] Auch für *Haenchen* geht das Qorban-Wort nicht auf Jesus zurück, weil hier die christliche These von der Mißachtung des göttlichen Gebots durch die Juden ihren Ausdruck finde und außerdem eine Stiftung für den Tempel (= Qorban) gar nicht nötig sei, um sich der Unterhaltspflicht für die Eltern zu entbinden.[25] *Schweizer* sieht in diesen Versen die Widerspiegelung der Situation der nachpaulinischen Zeit; während Paulus die tiefste Wurzel der Gesetzlichkeit aufdecke, nämlich das Bestehenwollen des Menschen vor Gott, sei hier eine weit rationalistischere Betrachtung gegeben: Die Unsinnigkeit jüdischer Gesetzlichkeit soll dargelegt werden. Während Jesus gegen ein gesetzliches Verständnis der zentralen Gebote kämpfte, gehe es bei Mk und seiner Tradition lediglich um seltsame Auswüchse.[26] Alle drei Exegeten – sie seien als charakteristische Vertreter ihrer Auffassungen ausgewählt – sind sich in dem einen Punkte einig: Das Qorban-Wort ist Ausdruck einer bestimmten Epoche innerhalb der synoptischen Tradition.

Beginnen wir bei der Auseinandersetzung mit dieser These bei *Haenchen!* Eine Antwort auf seine Konzeption impliziert eine Antwort auf *Bultmann*s Auffassung.

Haenchen versteht anscheinend den Begriff »Qorban« Mk 7,11 in der Weise, als ob damit eine wirkliche Übereignung an den Tempel (= Gabe!) ausgesagt sei; denn er stellt gegenüber: »Qorban – das ist Gabe (an Gott)« und, indem er *Billerbeck* zitiert, »wie eine Opfergabe... ohne irgend etwas an den Tempel abgeben zu müssen«.[27] Somit läßt sich sein Einwand gegen die Authentizität des Qorban-Wortes so formulieren:

[23] *Hirsch* I, 70; s. auch *Suhl*, 82: v. 13b dürfte dem Redaktor zuzuschreiben sein.

[24] *Bultmann*, Trad., 16

[25] *Haenchen*, Weg Jesu, 262f.

[26] *Schweizer*, Mk, 82

[27] *Haenchen*, Weg Jesu, 263 Anm. 2; cf. *Bill*. I, 711

1. *Nach Markus* stiftet der Sohn das, was zur Unterstützung von Vater und Mutter bestimmt war, dem Tempel, er übereignet es ihm.
2. *In Wirklichkeit* genügte einfach die Form des Gelöbnisses, daß jeder Genuß, den die Eltern von ihm haben könnten, für sie wie eine Opfergabe sein sollte. M.a.W., der Sohn brauchte dem Tempel sein Vermögen nicht zu stiften; dieses galt nur wie Qorban.

Ist diese von *Haenchen* aufgestellte Alternative richtig? Um diese Frage zu beantworten, bedarf es der Klärung einiger rabbinischer Begriffe.

Man unterschied zwischen *Weihegelöbnissen*, נדרי הקדש, d.h. Gelübden, durch die jemand ein ihm gehöriges Gut oder Tier für den Altar oder für den Unterhalt des Tempels weiht, und *Verbotsgelöbnissen*, נדרי אסר, d.h. Gelübden, durch die der Genuß oder die Nutznießung eines Gegenstandes einem Menschen verboten werden, sei es, daß jemand den Genuß seines Eigentums sich selbst oder einem anderen entzieht, sei es, daß er den Genuß eines fremden Eigentums sich selbst versagt.[28] Die Formel des Verbotsgelöbnisses konnte z.B. heißen: »Dieser Gegenstand sei mir (dir, ihm usw.) verboten, דבר זה עלי אסור.« Sie konnte aber auch erweitert werden, etwa: »Dieser Gegenstand sei mir (dir...) verboten *wie ein Opfer*, דבר זה יאסר עלי כקרבן.«[29] Mit dieser Gelöbnisformel war es in der Tat möglich, sein Eigentum anderen zu verwehren, selbst den eigenen Eltern.[30] *Haenchen* dürfte *Billerbeck* mißverstanden haben; denn dieser behauptet ja gar nicht, daß nach Mk 7,11 derjenige, der Qorban sagt, sein Eigentum dem Tempel übereigne, während in Wirklichkeit ein Verbotsgelübde genüge, um der Pflicht, Vater und Mutter zu unterhalten, ledig zu sein – wobei man außerdem sein Eigentum behalten konnte! Vielmehr meint *Billerbeck*, daß die Qorban-Formel meist falsch verstanden werde.[31] [32] Somit ist diesem

[28] so in etwa wörtlich die Definition von *M. Petuchowski* in der Einleitung zum Traktat Nedarim der Mischna-Ausgabe des Goldschmidt-Verlags, III, 173

[29] ib. 173

[30] Bezeichnend ist die Ned III, 2 gebrachte Streitfrage: Da sieht jemand, wie andere seine Feigen essen, und ruft ihnen zu: »Sie seien euch Qorban.« – *Petuchowski* übersetzt bezeichnenderweise: »Sie seien Euch (*wie*) Opfer (verboten)«! (ib. 191; Hervorhebung von mir) – Nachher stellt sich heraus, daß unter denen, die die Feigen aßen, auch Vater und Brüder des Eigentümers dieser Früchte waren. Die Schule Schammais betrachtet das Gelübde lediglich für Vater und Brüder, die Schule Hillels für alle, die die Feigen aßen, als nicht bindend.

[31] *Bill.* I, 711: »Man versteht diese Wendung meist so, daß der Sohn durch sie das dem Vater oder der Mutter Zustehende als Opfergabe dem Heiligtum geweiht habe, um es so den empfangsberechtigten Eltern zu entziehen. Das letztere ist richtig: die Eltern sollen ihrer Subsistenzmittel beraubt werden; aber unrichtig ist, daß dieser Zweck durch Umwandlung der Bezüge der Eltern in eine Weihegabe an den Tempel erreicht worden sei. Dieser Zweck wurde viel billiger erreicht: Der Sohn erklärte einfach in der Form eines Gelöbnisses, daß jeder Genuß, den die Eltern von ihm haben könnten, für sie *wie eine Opfergabe* sein solle, dann war ihnen jeder Nießbrauch am Vermögen des Sohnes ebenso versagt, wie es jedermann verboten war,

von einer Opfer- oder Weihegabe an den Tempel irgendwelchen Nutzen zu haben. Der Sohn behielt auf diese Weise das Seine, ohne irgend etwas an den Tempel abgeben zu müssen, u. die Eltern waren ihrer Ansprüche an den Sohn beraubt.« *Haenchen* zitiert nur den zweiten Teil dieses Zitats. Daß »Qorban« im Sinne von »wie Qorban« verstanden werden konnte, zeigt die in der letzten Anm. zitierte Stelle Ned III, 2. – Ähnlich *Rengstorf*, Art. κορβαν, ThW III, 861, 29ff., und *Black*, Approach, 139. Jedoch übernimmt B. leider unkritisch die falsche Interpretation von Ned III, 2 durch *Levy*, Chaldäisches Wörterbuch II, 385f., indem er, dieses paraphrasierend, schreibt: »According to the School of Hillel ... the relatives also are bound, even though the Korban has been pronounced with regard to them in error. And if anyone expressly lays such a Korban on his relatives, then they are bound by it and cannot receive anything from him that is covered by the Korban.« (139) Der von *Levy* und *Black* aus Ned III, 2 herausgefundene Sinn ergibt sich auch dann nicht, wenn man mit ed. Lowe אבו ואלו ausläßt.

[32] Aufmerksam gemacht sei auch auf die Kontroverse *Buchanan* – *Falk* in HThR. *Buchanan*, Some Vow and Oath Formulas in the NT, HThR 58, 319–326, will aufgrund einiger Mischna-Formeln folgende Originalformel eruieren:

קרבן (1
(curses omitted) (2
שאתה נהנית לו (3

Somit sei Mt 15,5 zu interpretieren: »The son who was obligated to care for his parents could say to his father or his mother, ›Korban! (may these evils fall upon me), if from me you receive benefit‹ (Mt. 15:5). The Pharisees and scribes, then, rather than allow the curses to fall upon Israel, either prohibited the oath-taker from caring for his parents or allowed him to be exempt from that obligation. Thus the tradition of honoring oaths caused the scribes and Pharisees to break the Biblical commandment of honoring parents.« (324) Demgegenüber zeigt *Falk*, On Talmudic Vows, HThR 59, 309–312, daß B. seine Hauptbelegstelle Schab III, 4 falsch auslegt, indem er das Wort »niemals« einfügt. Mt 15,5 sei also »the traditional interpretation« (309) beizubehalten: »However, as already mentioned, the term did not make the money an offering, but merely prohibited the use ›as if it were an offering‹. If the son declared his property qonam to his parents, he neither promised it to the temple nor prohibited its use to himself, but only excluded his parents from the right of benefit.« (310) Zum Qorban-Problem äußerten sich im Laufe der letzten Jahre außerdem: *Fitzmyer*, The Aramaic Qorban Inscription from Jebel Hallet et Tûri and Mark 7,11/Mt 15,5, JBL 78, 60–65; Die Qorban-Formel ist als Grabinschrift vollständig erhalten; diese ist wichtiger als die in Ned erhaltenen Formeln. Sinn der Qorban-Formel: Opfergabe für Gott! *Zeitlin*, Korban, JQR 53, 160–163: Qorban ist als Gelübde, nicht als Gabe zu verstehen. Neuestens votiert *Derret*, κορβαν, ο εστιν δωρον, NTS 16, 364–368, wieder für Qorban als Gabe an den Tempel. Seine Beweisführung aus dem mischnischen Recht ist nicht zwingend.

Argument *Haenchens* gegen eine Herkunft des Qorban-Wortes von Jesus das Fundament entzogen.[33] Sein Haupteinwand gegen eine Authenzität ist jedoch: Hier sei von Speisen und Reinigung gar nicht die Rede. Dieser Abschnitt solle vielmehr die christliche These beweisen: Die Juden mißachten Gottes Gebot, indem sie ihre eigene Tradition hochachten.[34] Zu der Feststellung, daß hier nicht von der Reinigung (von Speisen wird erst indirekt ab v. 15, direkt ab v. 19 gesprochen!) die Rede sei, wurde bereits das Nötige gesagt. Und daß die Aussage, die Juden mißachten Gottes Gebot um ihrer eigenen Tradition willen, eine christliche – gemeint ist: erst nachösterliche – These sei, ist selbst eine These, ist unbegründete Behauptung. Aus dem traditionsgeschichtlich jüngeren Vers Mk 7,3 (»alle Juden«)[35] (s.u.) läßt sich für Mk 7,9–13 keinesfalls ein christliches Theologoumenon folgern! Die Behauptung einer christlichen These ist somit petitio principii.

Müßte man aber vielleicht dem historischen Jesus deshalb das Qorban-Wort absprechen, weil es mit dem mischnischen Recht nicht in Einklang steht? Man könnte sagen, *Jesus* behauptet: Ihr Pharisäer laßt einem, der ein Qorban-Gelübde zuungunsten seines Vaters oder seiner Mutter gemacht hat, keine Möglichkeit, dieses Gelübde aufzulösen: ουκετι αφιετε αυτον. *Dagegen* weist die *Mischna* im Traktat Nedarim ausdrücklich auf solche Möglichkeiten hin.

Prüfen wir die Argumente! Vor allem ist Ned IX,1 zu nennen. R. Eli'eser und die Weisen sind übereinstimmend der Meinung, man solle bei Dingen, die die Beziehungen zwischen einem maddir und seinem Vater oder seiner Mutter betreffen (בדבר שבינו לבין אביו ואמו), die Möglichkeit der Auflösung des Gelübdes ermöglichen, und zwar durch den Hinweis auf die dem Vater oder der Mutter schuldige Ehrfurcht (בכבוד אביו ואמו).[36] In dieser Mischnastelle wird also deutlich und unmißverständlich gesagt, daß es für den, der zum Schaden seiner Eltern »Qorban« oder »wie Qorban« ausgesprochen hat, die Möglichkeit einer Auflösung seines Gelübdes gibt. Demnach wäre der Vorwurf Mk 7,11: »Ihr laßt ihn für seine Eltern nichts mehr tun« nicht berechtigt. Allerdings geht aus Ned IX,1 genauso klar hervor, daß gerade *diese Frage zur Zeit R. Eli'esers*, also ca. 90 n. Chr., (immer noch?) *Gegenstand der Diskussion* war. Vor allem aber: Wir wissen nicht, wie um 30 n. Chr darüber gedacht wurde. *Klausner*, der Ned IX,1 ausführlich zitiert, um zu zeigen, daß die einhellige Meinung R. Eli'esers und der Weisen von der

[33] Man beachte z. B. wie R. Jehuda als äquivalent betrachtet: קרבן, כקרבן, הקרבן, (Ned I, 4)

[34] *Haenchen*, Weg Jesu, 262f.

[35] ib. 263 Anm. 1

[36] *Petuchowski* kommentiert (Mischna III, 228 Anm. 9): »Indem man ihm vorhält: hättest du dein Gelübde getan, wenn du gewußt hättest, daß es deine Pflicht ist, deine Eltern zu ernähren? Wenn er dann diese Frage verneint, so darf man ihm das Gelübde lösen.«

Anklage Jesu gar nicht getroffen wird, erwägt u.a. die Möglichkeit, daß zur Zeit Jesu die Vorschrift noch anders war als in der Mischna.[37] Dafür verweist er, m.E. zu Recht, auf Ned V,6. Hier sieht sich ein Sohn, der seinem Vater durch ein Gelübde jeglichen Genuß von seinem Vermögen versagte, zu einer List gezwungen, um ihm aus gegebenem Anlaß doch etwas zukommen zu lassen. Dieser sollte nämlich am Hochzeitsmahl seines Enkels teilnehmen können.[38] Die Frage drängt sich auf: Warum läßt sich der Sohn in diesem Fall nicht gemäß Ned IX,1 von seinem Gelübde lösen? Somit dürfte der Ned V,6 geschilderte Fall älter sein als die Bestimmung Ned IX,1. Von daher wäre es sogar sehr wahrscheinlich, daß Jesus eine frühere Rechtslage vor Augen hatte als die von Ned IX,1.[39] Das Qorban-Wort ist im Munde Jesu also durchaus denkbar. Es gibt keine durchschlagenden Gründe, es Jesus abzusprechen.

Und so sehr es grundsätzlich möglich ist, mit *Herford* anzunehmen, gerade das Qorban-Wort Jesu zeige, daß Jesus mit der Tradition, die er angriff, nicht sehr vertraut war[40], so sprechen die unterschiedlichen, ja widersprüchlichen Auffassungen in der Mischna eher dafür, daß Jesu Angriff doch seine Berechtigung gehabt hat. Außerdem: Was wissen wir denn über eventuelle rechtliche Verschiedenheiten in Jerusalem und Galiläa zur Zeit Jesu?[40a] Es ist also *im Blick auf die rechtlichen Bestimmungen der Mischna weder*

[37] *Klausner*, Jesus von Nazareth, 397f.; er rechnet jedoch auch damit, daß das Qorban-Wort nicht dem historischen Jesus zuzuschreiben ist, nicht aber, daß Jesus in einem Irrtum befangen war.

[38] Die List besteht darin, daß der Sohn für die Dauer der Hochzeit seinem Freund den Hof »schenkt«. Dieses »Geschenk« ist jedoch mit der Auflage verbunden, daß der Vater am Mahl der Hochzeitsgesellschaft teilnehmen kann. – Man könnte vielleicht einwenden: Dem Vater sollte *ausnahmsweise* das Mahl zugute kommen, jedoch wollte der Sohn *grundsätzlich* nicht die Last der Ernährung seines alten Vaters übernehmen, die bei Lösung des Gelübdes auf ihn zugekommen wäre. Das ist aber kaum anzunehmen, da hernach von der Versöhnung zwischen Vater und Sohn die Rede ist, wenn auch im Munde eines Dritten.

[39] *Derret*, 366: »This system (sc. Ned IX, 1) was not universally accepted in Jesus' time...« – cf. *Belkin*, Dissolution of Vows and the Problem of Antisocial Oaths in the Gospels and Contemporary Jewish Literature, JBL 55, 227–234, unterscheidet zwischen früherer und späterer Halakha. »The law of dissolving vows by the *judge*, however, is not a very old Halakha.« (229; Hervorhebung von mir) Die Aussage Philos, der *Hohepriester* sei in der Lage, Gelübde zu lösen, habe für die Zeit vor 70 n.Chr. »historical value« (231). »Jesus, like Philo and the group of the Senate which Josephus mentions, is in favor of the Halakah, which maintains that anti-social oaths or vows are not binding, and he criticizes the Pharisees for making void the work of God by the tradition which they have delivered, because they have arrogated to themselves the authority over anti-social vows and prohibited the violation of them, except with their permission.« (234)

[40] *Herford*, 247 [40a] cf. z.B. Ned II,4; Ket IV,12

nötig, *Jesus* das hier diskutierte *Wort abzusprechen*, *noch* ist es *erforderlich*, bei Annahme seiner Authentizität *Jesus der Ignoranz zu bezichtigen.*[41]

Damit ist aber die Frage nach der Authentizität des Qorban-Wortes letztlich noch nicht beantwortet. Bisher wurde diese Frage nämlich nur unter dem Gesichtswinkel der damaligen Rechtssituation, nicht aber unter dem des *Gesamttenors der Verkündigung Jesu* betrachtet. Entscheidend ist aber, ob sich die Qorban-Argumentation in die wesentlichen Grundaussagen Jesu ohne gedanklichen Bruch einfügen läßt. Sollte dies gelingen, so dürften keine gravierenden Bedenken mehr gegen die Authentizität des Wortes bestehen, zumal sowohl von der formgeschichtlichen Betrachtung als auch von der Mischna her grundsätzliche Einwände nicht erhoben werden können.
Aber gerade um der Gesamtverkündigung Jesu willen stellt *Schweizer* die Authentizität in Frage: Jesu Kampf gehe viel tiefer als gegen seltsame Auswüchse, nämlich gegen ein gesetzliches Verständnis der zentralen Gebote. »Grundsätzlich und daher zu Jesu Haltung passend ist nur V. 15.«[42] Kann man aber eine solch exklusive Alternative aufstellen: Kampf ums Grundsätzliche – Kampf gegen seltsame Auswüchse? Zugegeben, Jesu Kampf ging ums Grundsätzliche! Schließt das aber aus, daß er – um dieser Grundsätzlichkeit willen – gegen Auswüchse vorging? Und weiterhin: Geht es in Mk 7,9–13 wirklich nur um Auswüchse? Das der Qorban-Institution zugrundeliegende Wort Num 30,3 galt als zentrales Gebot: »Wenn ein Mann Jahwe ein Gelübde tut oder einen Eid schwört, sich eine Enthaltung aufzuerlegen, so soll er sein Wort nicht entweihen (לא יחל דברו); genau wie es aus seinem Munde hervorging, soll er es tun.«[43] *Rengstorf* macht mit Recht darauf aufmerksam, daß es auf der Linie des Rabbinats liege, wenn Gottes Anspruch aufgrund eines Gelübdes selbst dem Anspruch des Vaters gegenüber aufrechterhalten bleibe. Denn das Rabbinat ordne grundsätzlich – auch *Rengstorf* braucht hier den Begriff »grundsätzlich«! – das Recht Gottes dem Recht des Menschen über, da es das Verhältnis Gottes zu den Menschen in rechtliche Kategorien fasse.[44] Es geht somit

[41] Keinesfalls kann Ned III, 2 dafür angeführt werden, daß Jesus offene Türen eingerannt hätte; denn hier geht es ja um einen error facti, dieser aber steht Mk 7,9–13 gar nicht zur Diskussion. – Überhaupt machen die mischnischen Überlegungen, ob und wann ein Gelübde ungültig ist, den Eindruck, daß sie aus der Not geboren sind, wie denn nun ein bereutes Gelübde aus der Welt geschafft werden kann, *ohne daß es eigens aufgelöst zu werden braucht.*

[42] *Schweizer*, Mk, 82

[43] cf. Ned II, 1

[44] *Rengstorf*, ThW III,865, 38ff. Daß das Verhältnis Gottes zu den Menschen vom Rabbinat *nur* in rechtlichen Kategorien gesehen werde, will *Rengstorf* sicherlich nicht sagen (s. *Moore* I, 357–400; *Kümmel*, Die Gottesverkündigung Jesu und der Gottesgedanke des Spätjudentums = Aufs., 107–125). Er will mit dieser Formulie-

um das zentrale Problem des Gottesverständnisses, genauer: des Gottesverständnisses, insofern das Verhältnis Gott – Mensch intendiert ist.
Hält man sich diesen Sachverhalt vor Augen, so erscheint Jesu Kritik an der Qorban-Praxis gar nicht so nebensächlich. Dann richtet sich sein Kampf eben nicht gegen »seltsame Auswüchse« (*Schweizer*). Dann geht es um die zentralste theologische Frage, dann geht es um das Gottesverständnis. Man mache sich außerdem klar, daß von Jesus nicht etwa derjenige beschuldigt wird, der aus Boshaftigkeit, Berechnung, plötzlicher Verärgerung, momentaner Laune o. dgl. ein mehr oder weniger überlegtes Qorban gegen seine Eltern spricht, sondern daß diejenigen Objekt seines Angriffs sind, die das Gelübde nicht lösen wollen. Deren Motiv war aber nicht die eventuelle Bosheit oder Gemeinheit des maddir, sondern ihr Sich-gebunden-wissen an Num 30,3: Wer dem Herrn ein Gelübde tut, darf sein Wort nicht entweihen. M.a.W., das Verhältnis zu dem heiligen Gott darf nicht entweiht werden. Daß uns die vielen mischnischen Möglichkeiten, ein dem Herrn gegebenes Gelübde doch noch auf manchmal fast peinlich anmutende Weise zu umgehen, nicht so recht der Würde und Heiligkeit Gottes zu entsprechen scheinen, steht auf einem anderen Blatt. Sie zeigen nur, wie wenig man letzten Endes mit der Erhabenheit des Herrn zurechtkam. Grundsätzlich geschah die Verweigerung der Auflösung eines Gelübdes *um der Ehre Gottes willen*, der gegenüber das Wohlergehen des Menschen zurücktreten mußte. Keineswegs bedeutet eine solche Verweigerung die Billigung eines lieblosen Qorban-Gelübdes durch die Rabbinen. Ein Aussprechen eines solchen Gelübdes konnte durchaus Schuld sein. So bedeutete die Verweigerung der Auflösung für den maddir ein weiteres Belastetsein mit dieser Schuld. Immerhin darf man nicht vergessen, wie hoch in rabbinischen Texten das Vierte Gebot gewertet wird.[45] Um so schlimmer, daß die Folgen dieser Schuld nicht zurückgenommen werden können.
Erst wenn man erwägt, welch ungeheures Gewicht das Erste und Zweite Gebot für das damalige Judentum gehabt haben (nicht nur für die Pharisäer!), wird man Jesu Gegnern gerecht werden können. Aber auch erst dann wird man Jesu Argumentation recht zu würdigen wissen: Alle Verehrung Gottes ist nur dann sinnvoll, wenn darüber nicht Gottes Dasein für den Menschen aus dem Blick verlorengeht. Jesus deckt auf, wie im Verständnis seiner Gegner Gott letztlich ungöttlich wird, da sie dessen auf den Menschen ausgerichteten Willen in sein Gegenteil verkehren. Der Abschnitt Mk 7,9–13 ist also beredtes Zeugnis für Jesu revolutionären Kampf um ein neues Gottesverständnis. Zeigte sich schon anhand der Perikope Mk 2,23–28, wie er die Priorität des Menschen vor der kultischen Institution des Sabbats

rung wohl nur zum Ausdruck bringen, was das Verhältnis Gottes zu den Menschen a fortiori bestimmt.

45 *Bill.* I, 705ff.

behauptete, wie er in ungeheurer Kühnheit den Menschen zum – recht verstandenen! – Kriterium des Gesetzes machte, so könnte auch über seinem Qorban-Wort stehen: δια τον ανθρωπον. Wie er im Blick auf den Sabbat eine Gesetzesbestimmung, sogar eine Forderung des Dekalogs, dem Willen Gottes, der auf das Wohl des Menschen ausgerichtet ist, unterordnete, so tut er es auch hier in der gleichen Weise im Blick auf das Gott geleistete Gelübde. Ob es sich also um das Sabbat-Gebot, um das Sechste Gebot, um das Vierte Gebot bzw. das Verbot, ein Gelübde zu brechen, handelt, immer geht es um das Gesetz im Dienste des Menschen. Und wo das Gesetz den gottgewollten Bereich des Menschen verletzt, da hat es seine bindende Kraft verloren. In unserem konkreten Fall: Wenn sich ein Gelübde gegen einen anderen Menschen richtet, wenn es die Liebe verletzt, dann ist es eben null und nichtig.[46]

Der Klärung bedarf noch der auffällige Tatbestand, daß sich Jesus, der – nach den bisherigen Darlegungen – nun wahrlich kein Vertreter der formalen Schriftautorität ist, auf die in Ex 20,12 geschriebene εντολη des Vierten Gebotes beruft. Hat sich doch erwiesen, daß da, wo Jesus in synoptischen Perikopen mit alttestamentlichen Schriftstellen operiert, der sehr starke Verdacht der Gemeindetheologie vorliegt. Doch ist hier zu fragen, ob Jesus in unserem Streitgespräch das Vierte Gebot deshalb zitiert, weil es im Alten Testament steht oder weil es – unabhängig von seiner Aufzeichnung im Alten Testament – dem Willen Gottes entspricht. Diese Frage zu stellen bedeutet aber – auf dem Hintergrund der bisher erarbeiteten Ergebnisse –, sie zu beantworten: Jesus greift da und nur da alttestamentliche Gebote positiv auf, wo sie Ausdruck des göttlichen Willens sind. Deshalb und deshalb allein argumentiert er mit der εντολη του θεου (andernfalls wäre sie nicht εντολη του θεου!), nicht aber, weil sie von ihm formal als γραφη begriffen wird. Von daher ist es, ohne daß sich Mißverständnisse einstellen müßten, möglich zu sagen: *Jesus argumentiert in Mk 7,10a nicht aufgrund der (schriftlich fixierten!) Thora.*

Ein Letztes bedarf der Beachtung: Während v. 9 (ähnlich v. 8) die εντολη του θεου der παραδοσις der Pharisäer gegenübergestellt wird, ist v. 13 vom λογος του θεου die Rede, der durch die παραδοσις außer Kraft gesetzt wird. Der Begriff »Wort Gottes« ist aber als solcher in Mk singulär. Zwar steht der Terminus λογος beim ältesten Evangelisten an betonter Stelle[47],

[46] cf. *Lohmeyer*, Mt, 245f., der nicht ganz, aber in wesentlichen Punkten mit der oben gegebenen Exegese übereinstimmt

[47] z.B. absolut: Mk 2,2: και ελαλει αυτοις τον λογον, 4,33: και τοιαυταις παραβολαις πολλαις ελαλει αυτοις τον λογον, 8,32: και παρρησιᾳ τον λογον ελαλει, als Worte Jesu (Plural): Mk 8,38: ος γας εαν επαισχυνθη με και τους εμους λογους... Mk 13,31: ... οι δε λογοι μου ου παρελευσονται. An keiner Stelle außer Mk 7,11 spricht Jesus aber in Mk vom λογος του θεου. Wohl bringt Lk in 5,1 und 8,21

jedoch niemals als λογος του θεου. Jedoch wäre es kurzschlüssig, wollte man wegen seiner Singularität in v. 13 dem ganzen Abschnitt Mk 7,9–13 die Authentizität abstreiten. So ist es u.a. durchaus denkbar, daß Markus im Ausdruck wechseln wollte oder daß er εντολη durch λογος präzisieren wollte bzw. dies bereits im Verlauf der Tradierung vor der Niederschrift des Mk geschehen ist. Mehr als Vermutungen sind an dieser Stelle nicht möglich.

Halten wir fest: *Mk 7,9–13 fügt sich bestens in die Gesamtverkündigung Jesu ein.* Auch aus diesem Grunde – dem letztlich entscheidenden – gibt es keinen Anlaß, diese Worte dem historischen Jesus abzusprechen.

Bisher ging es um den Versuch, wahrscheinlich zu machen, daß eine ursprüngliche Einheit Mk 7,5.9–13 in der vormarkinischen Tradition bestand. Wie aber steht es mit v. 1–4, also jenen Versen der Exposition, die zur Frage v. 5 hinführen?

Man kann v. 3f. als eingeschaltete Erklärung für nichtjüdische Leser verstehen – so bereits *Wellhausen*.[48] Diese beiden Verse sind nicht ohne Schwierigkeiten. Einmal stimmt es zumindest nicht für das Palästina der Zeit vor dem jüdischen Kriege, daß alle Juden vor dem Essen ihre Hände (aus kultischen Gründen) gewaschen hätten. Ob hier Verhältnisse der Diaspora auf Palästina übertragen sind, wie *Lohmeyer*[49] und *Grundmann*[50] vermuten, ist schwer zu sagen. Für den Fall, daß Markus v. 3 als ihm vorliegende Tradition übernommen hat, ist es durchaus denkbar, daß er και παντες οι Ιουδαιοι eingetragen hat. Dafür, daß v. 3f. beträchtlich älter als Mk sind, könnte der von *Black* in v. 4 vermutete Semitismus sprechen: »an example of an emphasizing hyberbaton along with a characteristic Semitic use of the preposition απο (= min), namely, in a partitive sense: απ' αγορας means ›(anything) from the market-place‹.«[51] Andererseits

diesen Begriff. An beiden Stellen ist er jedoch eindeutig redaktionell. M.a.W., er ist keinesfalls für die Predigt des historischen Jesus typisch.

[48] *Wellhausen*, Mk, 54; *Hirsch* I, 69; *Taylor*, 335; anders *Lohmeyer*, Mk, 137f.: »Die Einleitung 7,1–5 ist von Mk geschaffen, um die Spruchgruppe durch ein für seinen Zusammenhang wichtiges Thema zu einen.« *Grundmann*, Mk, 146, läßt die Frage offen.

[49] *Lohmeyer*, Mk, 139

[50] *Grundmann*, Mk, 148

[51] *Black*, Approach, 54; das Zitat geht weiter: »›And (anything) from the market-place, unless they sprinkle, they do not eat‹. The Arabic Diatessaron has so understood the words (XX. 20), ›They used not to eat what is sold from the market, except they washed it.‹« Diese Auffassung dürfte schon deshalb überzeugen, weil die übliche Interpretation von v. 4 »und kommen sie vom Markt...« (*Lohmeyer*, ähnlich *Wellhausen*, *Hirsch*, *Grundmann*, *Haenchen*, *Schweizer*; *Taylor*, Mk, 336, hält beides für möglich) im Grunde etwas Überflüssiges aussagt: Wenn man grundsätzlich vor dem Essen die Hände wäscht, braucht man nicht eigens zu erwähnen, man tue dies auch dann vor dem Essen, wenn man vom Markt kommt! *Black*s Verständnis von v. 4 vermeidet somit eine unsinnige Doppelung.

dürfte aber das vieldiskutierte πυγμη von *Hengel* mit großer Wahrscheinlichkeit als Latinismus erwiesen sein: »eine Handvoll.«[52] Das würde bedeuten: In v. 3 ist ein Latinismus, in v. 4 ein Semitismus gegeben! Dann aber wäre es schwierig, v. 3f. als Einheit aus aramäischer Tradition zu erklären; es sei denn, bei der Übersetzung aus dem Aramäischen ins Griechische sei der genannte Latinismus eingeflossen.

Lassen wir die Herkunft von v. 3f. auf sich beruhen! Hier wird man schwerlich zu einer letztlich überzeugenden Antwort gelangen. Wichtiger für unsere Frage ist der Komplex v. 1f.5. *Bultmann* will die von ihm behauptete Künstlichkeit dieses Abschnittes damit begründen, daß Jesus das Verhalten der Jünger verteidigen muß und daß ferner die γραμματεις eigens aus Jerusalem kommen, um die Jünger mit unreinen Händen essen zu sehen.[53] Nun dürfte der erste Einwand kaum überzeugen können; denn daß man Jesus für das Verhalten seiner Jünger verantwortlich macht, ist durchaus vorstellbar[54], mag natürlich auch die Frage an Jesus, warum seine Jünger dieses oder jenes tun, im Laufe der synoptischen Entwicklung stilisiert worden sein. Der andere Einwand jedoch, daß eigens die Schriftgelehrten von Jerusalem (nach Galiläa!) kommen müssen, um die Jünger beim Essen mit unreinen Händen zu sehen, ist insofern nicht stichhaltig, als mit *Hirsch* anzunehmen ist, daß in v. 1 και τινες bis Ιεροσολυμων nicht ursprünglich ist.[55]

Nehmen wir weiterhin an, daß in v. 2 τουτ' εστιν ανιπτοις nicht zur ursprünglichen Tradition gehört[56], und streichen wir in v. 5 και οι γραμματεις, so verbleibt folgender Restbestand:

v. 1 και συναγονται προς αυτον οι Φαρισαιοι

v. 2 και ιδοντες τινας των μαθητων αυτου οτι κοιναις χερσιν εσθιουσιν τους αρτους

v. 5 και επερωτωσιν αυτον οι Φαρισαιοι· δια τι...

Allerdings stört nun entweder das και zu Beginn von v. 2 oder das και zu Beginn von v. 5. *Hirsch* betrachtet v. 2 als Störenfried, das και vor επερωτωσιν in v. 5 schließe irgendwie an v. 1 an.[57] Doch gerade für v. 2

[52] *Hengel*, Mc 7,3 πυγμη: Die Geschichte einer exegetischen Aporie und der Versuch ihrer Lösung = ZNW 60, 182–198; nach H. weist Mk von allen ntl. Schriftstellern die meisten Latinismen auf (197). cf. auch *Reynolds*, (Mark 7,3) als »Cupped Hand«, JBL 85,87f.: πυγμη ist »correct reading« in der Bedeutung »fingers cupped.«

[53] *Bultmann*, Trad., 16

[54] *Roloff*, 55; s. Anm. 52 des 3. Kap. dieser Arbeit

[55] *Hirsch* I, 69; er schreibt diese Wendung mit Hinweis auf die formelle Gleichartigkeit mit Mk 3,22 seinem von ihm postulierten Mk II (der von uns als solcher nicht angenommen wird!) zu.

[56] z.B. *Taylor*, 335

[57] *Hirsch* I, 69; seine Lösung für Mk 7,1–5 lautet: »Die so gekennzeichneten verschiedenen Einträge gliedern sich in zwei Stufen: 3.4 setzen 2 voraus und sind daher mit dem Subjekt in 5 zusammen von einer dritten Hand hinzugefügt worden, nachdem die zweite Hand 1 τινες bis 2 Ende bereits in den Text gesetzt hatte.«

gibt es ein Indiz, daß er zum aramäischen Urgestein der Exposition gehört. In ihm ist nämlich ein casus pendens gegeben: και ιδοντες τινας των μαθητων αυτου οτι κοιναις χερσιν εσθιουσιν.[58] *Black* erklärt zwar ausdrücklich, daß eine solche grammatische Erscheinung kein spezieller Semitismus sei, vielmehr werde sie auch im klassischen Griechisch wirkungsvoll gebraucht. Jedoch: »But the construction is much more frequent in Hebrew or Aramic than in the Koine.«[59] Wenn es also auch nicht ausgeschlossen ist, daß v. 2 ursprünglich griechisch formuliert wurde, so dürfte doch zunächst einmal zu vermuten sein, daß dieser Vers eine bereits aramäische Vergangenheit (die hier nicht rekonstruiert werden soll) besitzt.

Es liegt daher nahe anzunehmen, daß das και in v. 2 als letztes Wort des Einschubs και τινας των γραμματεων ελθοντες απο Ιεροσολυμων και dazu dient, das in diesem Zusatz befindliche ελθοντες (v. 1) und das ursprüngliche ιδοντες (v. 2) als Parataxe zu verbinden. Dann bestände die ursprüngliche Exposition aus zwei Sätzen, von denen der erste mit einer Partizipialkonstruktion endet:

1. και συναγονται προς αυτον οι Φαρισαιοι ιδοντες τινας των μαθητων αυτου οτι κοιναις χερσιν εσθιουσιν τους αρτους.
2. και επερωτωσιν αυτον οι Φαρισαιοι· δια τι...[60]

Ob man nun wirklich die ursprüngliche Exposition bis zu diesem Überlieferungsstadium rekonstruieren darf oder ob wir damit bereits die Grenze des hypothetisch Wahrscheinlichen überschritten haben – auf jeden Fall ist *Hirsch*s Behauptung, v. 2 sei ein Störenfried, nicht überzeugend. Das überflüssige και kann eine solche Beweislast nicht tragen. Hinzu kommt, daß in der Frage von v. 5 die Situationsschilderung von v. 2 aufgegriffen wird.

Somit schlagen alle Gründe gegen eine ursprüngliche Einheit der Exposition v. 1f.5 und alle Gründe für ihre Künstlichkeit nicht durch. Dann aber ergibt sich folgendes Bild:

Exposition: Mk 7,1.2.5 (ohne και τινας bis απο Ιερ. και)
eigentliches Streitgespräch Mk 7,10a.11 (ohne υμεις δε λεγετε und ο εστιν δωρον). 12.13a

Mit v. 14, der redaktionellen Wendung και προσκαλεσαμενος τον οχλον ελεγεν αυτοις und der ebenfalls markinischen Geist verratenden Formel

[58] *Black*, Approach, 53

[59] ib. 51; s. auch Anm. 66 des 1. Kap. dieser Arbeit

[60] noch anders *Schweizer*, Mk, 81: v. 3f. unterbrechen den Satz, der in v. 5 weiterläuft. Dann steht allerdings das και zu Beginn von v. 5 im Weg.

[61] u.a. *Haenchen*, Weg Jesu, 265: »die Keimzelle des ganzen Abschnitts«; *Carlston*, The Things that defile (Mc 7,14 (sic!)) and the Law, in Mt and Mc = NTS 15, 94: »kernel of the entire section«

ακουσατε μου παντες και συνετε, wird der entscheidende v. 15 eingeleitet.[61] Da v. 14 mit Sicherheit redaktionell ist[62], wird zumeist angenommen, daß mit *Vers 15* ein anderes Traditionsstück einsetzt; v. 15 wird sogar weithin als der einzige Vers der gesamten Perikope Mk 7,1–23 angesehen, dem Authentizität zukommt.[63] Ist aber v. 15 unbedingt als eigenes Traditionsstück gegenüber dem Vorhergehenden anzusehen? Diese Frage kann nicht unabhängig vom *Inhalt* dieses Verses beantwortet werden.

Nach der in der Literatur dominierenden Auffassung hat Jesus hier, zumindest in der Konsequenz, den Bruch mit der Thora vollzogen. In geradezu klassischer Weise hat dies *Montefiore* formuliert. Daher sei es erlaubt, ein längeres Zitat als üblich zu bringen: »In either case[64] it seems to refer to food, and, if logically and systematically interpreted, is exceedingly daring and revolutionary. For undoubtedly it goes against fundamental conceptions and assumptions of the Pentateuchal law... In fact, it destroys the whole conception of *material* or ritual uncleanness in religion which extends through any number of races and religions, and which fills up such long, intricate chapters of the Pentateuchel and Rabbinic law... *It is one of the greatest sayings in the history of religion.*[65] Jesus... lays down the principle that there is nosuch thing as *religious* impurity in a material sense... THINGS cannot be *religiously* either clean or unclean; only PERSONS. And *persons* cannot be defiled by *things*.«[66] *Haenchen* geht noch einen Schritt weiter, indem er nicht nur erklärt, daß Jesus in einem unversöhnlichen Gegensatz zu einem großen Teil der alttestamentlichen Gesetzgebung und ihres Geistes steht und mit der Thora selbst kämpft, sondern daß er sogar den Gottesglauben des Alten Testaments im Wesen verändert: Fällt die kultische Reinheit fort, dann ist der Gottesglaube Jesu »ein fremder und neuer«.[67]

Im Gegensatz zu dieser Auffassung erklärt *David Flusser*, dieser Spruch habe mit einer vermeintlichen Aufhebung der Gebote des Judentums

[62] typisch für den Redaktor Markus: και προσκαλεσαμενος παλιν τον οχλον!; cf. *Wrede*, 139

[63] z.B. *Bultmann*, Trad., 110; *Haenchen*, Weg Jesu, 265; *Schweizer*, Mk, 82

[64] sc., ob das Logion mit der Frage des Händewaschens zu tun hat oder nicht

[65] von mir hervorgehoben

[66] *Montefiore* I, 152f.; allerdings schreibt er über Jesu Absicht ib. 156: »It is true that Jesus is not recorded to have said, and he probably would not have dreamed of saying, that the Pentateuch was not in all its parts the Law of God... How far Jesus was conscious of his own inconsistency is doubtful. How far in his own mind he separated the moral from the ritual law, and thought that God *had* ordered the one, but had *not* ordered the other, we do not know. But we *do* know that he never enunciated the principle of such a separation and difference of origin.«

[67] *Haenchen*, Weg Jesu, 266

nichts zu tun, sondern gehöre zur Kritik Jesu gegenüber den Pharisäern, zu einer Kritik nämlich, die damals nicht nur Jesus vertreten habe.[68]

Die Meinungen stehen sich also diametral gegenüber. Nun kann Mk 7,15 zweifellos als Abrogation der Speisegesetzgebung Lev 11 interpretiert werden. Um herauszufinden, ob dies tatsächlich der Fall ist, soll zunächst gefragt werden, ob v. 15 von v. 5 her verstanden werden kann. Denn in v. 5 ist deutlich gesagt, worauf sich die getadelte Unreinheit bezieht, in v. 15 ist aber gerade der Sinn der Unreinheit noch zu klären. Könnte also von v. 5 aus ein Licht auf v. 15 fallen? Bei dieser Fragestellung soll in einem ersten Durchgang die formgeschichtliche Problematik unbeachtet bleiben.[69]

Nehmen wir daher einmal – hypothetisch – an, Mk 7,15 sei die eigentliche Antwort Jesu auf die pharisäische Frage nach dem Händewaschen! Dann wäre damit ein nicht ganz unkomplizierter Prozeß der Verunreinigung vorausgesetzt; denn Jesus hätte in diesem Falle auf die Frage nach den unreinen *Händen* mit dem Hinweis auf die Reinheit bzw. Unreinheit des *Menschen* geantwortet. Dieser Prozeß müßte dann, um sinnvoll zu sein, etwa folgendermaßen vorzustellen sein:

1. Mit unreinen Händen berührte Speisen sind unrein geworden. Die Verunreinigung wäre durch *Berührung* zustandegekommen.
2. Der die unreinen Speisen Essende wird unrein. Diese zweite Verunreinigung wäre durch *Essen* zustandegekommen.
3. Die Antwort Jesu hätte dann mit ihrer Formulierung »Nichts, was von außen in den Menschen hineinkommt, kann ihn unrein machen...« den zweiten Punkt im Blick; denn in den Menschen hinein gehen in dem hier angenommenen Zusammenhang lediglich die Speisen. Man steckt doch beim Essen nicht die Hände in den Mund![70]

Wie sieht nun diese versuchte Rekonstruktion a) im Lichte des Alten Testaments und b) im Lichte rabbinischer Texte aus?

[68] *Flusser*, Jesus, 45; er zitiert in diesem Zusammenhang Ass. Mos. 7, wo es von den Pharisäern heißt »verderbliche und frevelhafte Menschen, die sagen, sie seien gerecht... die sich selbst gefallen, verstellt in all ihrem Wandel... Ihre Hände und Herzen werden Unreines treiben und ihr Mund groß prahlen – und doch werden sie dabei sagen: Rühre mich nicht an, damit du mich nicht verunreinigst.«

[69] Man mag vielleicht einwenden, ein solches Vorgehen sei methodisch unmöglich. Die Absicht einer zunächst von formgeschichtlichen Erwägungen absehenden Fragestellung ist aber lediglich, zu erkennen, ob vom *Jnhaltlichen* her v. 5 und 15 in irgendeiner Entsprechung stehen. Sollte sich ein Nein ergeben, so brauchen wir dann nicht mehr nach formgeschichtlichen Kriterien zu suchen; sollte sich aber ein Ja ergeben, ist selbstverständlich eine formgeschichtliche Weiterführung der Überlegungen unverzichtbar.

[70] Mt hätte dann εις τον ανθρωπον richtig als εις το στομα interpretiert (s. S. 177 dieser Arbeit)

ad a) Der Rekonstruktionsversuch im Lichte des Alten Testaments

Im Alten Testament ist in der Tat vom Unrein-werden durch *Berührung* die Rede, allerdings zunächst in umgekehrter Richtung, als soeben vorausgesetzt: Menschen ziehen sich durch Berührung mit Aas Unreinheit zu, Lev 11,8: »Von ihrem Fleisch (sc. Kamel, Schwein usw.) dürft ihr nicht essen, und ihren Leichnam nicht berühren, ובנבלתם לא תגעו; als unrein sollen sie euch gelten, טמאים הם לכם.« Lev 11,24: »Und an folgenden (Tieren) verunreinigt ihr euch; jeder, der ihren Leichnam berührt, ist unrein bis zum Abend, כל הנגע בנבלתם יטמא עד הערב.«[71] Ohne Verwendung des Wortes נגע kommt jedoch auch die Vorstellung vom Unreinwerden von *Speisen* zum Ausdruck: Lev 11,34: »Jede Speise, die gegessen werden soll und auf die Wasser (sc. aus einem unreinen Gefäß) fällt, wird (dadurch) unrein.«[72]

Der bei einem eventuellen Zusammenhang von Mk 7,5.15 vorausgesetzte Gedanke, daß Speisen durch Unreines unrein werden, wäre also zumindest wurzelhaft im Alten Testament nachweisbar. Nicht aber steht expressis verbis in der levitischen Gesetzgebung, daß das Essen unreiner Speisen unrein macht. So kommentiert bezeichnenderweise *John Cohn* eine rabbinische Lehrmeinung, wonach das Essen unreiner Speisen den Essenden verunreinigt (Toh II,2): »Obgleich (sc. nach alttestamentlicher Gesetzgebung) ein Mensch *nur durch Berührung* eines אב הטומאה[73] unrein werden kann, ist die erschwerende Bestimmung getroffen, daß eine unreine Speise den, der sie ißt, unrein macht, weil...«[74] Der einzige Fall, in dem aufgrund einer Thoravorschrift der, welcher eine Speise genießt, unrein werde, sei das Genießen von Aas von reinem Geflügel, obgleich derartiges Aas an sich gar nicht unrein sei.[75] Doch kann diese Auffassung nicht überzeugen.[76] Die auffällige Tatsache, daß Lev 11 für den Übertretungsfall eine Reinigung – etwa durch Waschungen – nicht ins Auge gefaßt hat, könnte damit zu erklären sein, daß der durch die körperliche Aufnahme

[71] cf. auch Lev 11,26–28.31

[72] Es ist jedoch zu bedenken, daß die Vorstellung von der kultischen Verunreinigung der Hände im Alten Testament im hier vorausgesetzten Sinn nicht gegeben ist; Lev 15,11 ist anders zu verstehen: Nur wer seine Hände zuvor gewaschen hat, darf mit Ausfluß Behaftete berühren (*Elliger*, Lev ,198). Dennoch galt für die Rabbinen diese Stelle als die biblische Voraussetzung ihrer Auffassungen von der Unreinheit der Hände.

[73] s. ad b)

[74] Mischna VI (Goldschmidt-Ausg.), 394 Anm. 27; Hervorhebung von mir

[75] ib. 395 Anm. 28

[76] s. u.a. *Elliger*, Lev, 150 (zu Lev 11): »Es geht um zwei Arten von Unreinheit durch Tiere. Das eine Mal sind die Tiere an sich unrein; und *der Mensch verunreinigt sich dadurch, daß er sie ißt.* Das andere Mal ist nur das Aas unrein, und zwar auch das Aas an sich reiner Tiere; aber der Fall der Verunreinigung tritt schon dadurch ein, daß Menschen oder Sachen mit ihm in Berührung kommen.« Hervorhebung von mir

des unreines Tieres Verunreinigte in einem wesentlich höheren Grade unrein würde als durch Berührung.[77] Außerdem sei auf Dan 1,8 verwiesen: Daniel will sich nicht mit Speisen von der königlichen Tafel verunreinigen – hier steht jedoch יתגאל statt טמא.[78] Die rabbinische Vorstellung, daß man sich durch Essen unreiner Speisen verunreinigt – also die zweite der eben gemachten Voraussetzungen für eine hypothetisch angenommene Einheit Mk 7,5.15 – kann sich somit auf das Alte Testament berufen.
Nach alttestamentlichen Voraussetzungen wäre dann folgende Interpretation möglich: Jesus hätte auf die *spezielle* Frage, warum seine Jünger die Verunreinigung der Speisen durch Berühren mit unreinen Händen praktizieren und somit in der Konsequenz sich selbst verunreinigen, indem sie die so verunreinigten Speisen essen, die *generelle* Antwort gegeben, daß der Mensch durch Unreines gar nicht verunreinigt werden kann. – Es sei zugestanden, daß insofern in den soeben angestellten Überlegungen anhand der alttestamentlichen Texte ein gewisser Bruch vorliegt, als mit einem doppelten Begriff »unreine Speisen« operiert wurde: 1. unreine Speisen aufgrund göttlicher Deklaration, 2. unreine Speisen durch Berührung mit Unreinem.

ad b) Der Rekonstruktionsversuch im Lichte rabbinischer Texte

Über die Vorstellung pharisäischer Kreise über rein und unrein zur Zeit Jesu wissen wir wenig. Erst mit den rabbinischen Kontroversen nach der Zerstörung Jerusalems sind wir wieder bestens vertraut. Es empfiehlt sich, zunächst einige rabbinische Grundbegriffe kurz zu erläutern, die vor allem für die sechste Ordnung der Mischna, *Seder Toharoth*, charakteristisch sind.[79]
Die wichtigste Unterscheidung ist die zwischen אב הטומאה, dem Erzeuger der Unreinheit (*David Hoffmann*), dem Unreinheitsherd (*Rudolf Meyer*), und dem, was von dieser Quelle einer Unreinheit verunreinigt wird, ולד הטומאה, der erzeugten Unreinheit (*David Hoffmann*), dem Infizierten (*Rudolf Meyer*). Nach Kel I,1–4 gelten als Unreinheitsherde z.B. Kriechtiere, Aas, vor allem der Tote. Unter den erzeugten Unreinheiten, also den Unreinheiten durch Infektion, wurden wiederum verschiedene

[77] ib. 151f.
[78] cf. auch 1 Makk 1,63: ινα μη μιανθωσιν τοις βρωμασιν
[79] Gute Überblicke geben in diesem Punkte u.a. *W. Brandt*, Jüdische Reinheitslehre und ihre Beschreibung in den Evangelien = BZAW 19, Gießen 1910, passim, vor allem 7ff. (in bezug auf ntl. Fragen ist B.'s Büchlein weithin überholt und wird deshalb von uns nur für rabbinische Probleme herangezogen); *Hoffmann* in den Vorbemerkungen zum Traktat Kelim in der Mischna-Ausgabe des Goldschmidt-Verlags, VI, 1ff., und *Meyer*, Rein und unrein außerhalb des NT: Zweiter Teil: im Judentum, ThW III, 421ff.

Grade unterschieden, und zwar bei profanen Dingen zwei Grade, bei Geweihtem drei und bei Opfern sogar vier. Außerdem differenzierten die Rabbinen zwischen Verunreinigung durch Berühren, מגע, und durch Essen, אכל.[80]

Schauen wir nun auf die für unsere Fragestellung wichtigen Äußerungen in Seder Toraroth. Über die Verunreinigung der Hände entscheiden die Weisen gegen R. Jehoschua: »Was durch einen Unreinheitserzeuger verunreinigt wurde, verunreinigt die Hände, (was) durch erzeugte Unreinheit (verunreinigt wurde), verunreinigt sie nicht.« (Jad III,1)[81] Somit können Hände unrein *zweiten* Grades werden. Weiterhin heißt es, wiederum als Wort der Weisen: »(Unreines) zweiten Grades macht nicht (unrein) zweiten Grades.« (Jad III,2) R. Aqiba vertrat – im Gegensatz zu den Weisen – die Auffassung, daß Hände auch unrein *ersten* Grades werden können, etwa wenn einer seine Hände in ein mit Aussatz behaftetes Haus hält. Die Schwierigkeit dürfte jedoch die sein, daß ein Unreinheitserzeuger nicht nur die Hände, sondern den ganzen Menschen verunreinigt.

Der so lapidare Satz Jad III,2, אין שני עושה שני, gilt aber nur für *Berührung*. Wer jedoch Unreines zweiten Grades nicht berührt, sondern *ißt*, wird selbst in diesem Grade unrein. Toh II,2 heiß es als Wort R. Eli'esers: »Wer eine Speise ersten Grades ißt, wird (unrein) ersten Grades; wer eine Speise zweiten Grades ißt, (unrein) zweiten Grades; wer eine Speise dritten Grades ißt, (unrein) dritten Grades.«[82] Dem widerspricht R. Jehoschua: Wer eine Speise ersten oder zweiten Grades esse, werde unrein zweiten Grades. Es wird sich gleich herausstellen, daß beide in dem Punkte übereinstimmen, der für unsere Überlegungen wichtig ist: Speisen zweiten Grades machen im zweiten Grad unrein.

Nehmen wir nun einmal an, diese Auffassungen wären bereits zur Zeit Jesu vertreten worden[83] – ob umstritten oder unumstritten, tut nichts zur Sache –, so würde sich für eine hypothetisch anzunehmende Einheit Mk 7,5.15 folgende Möglichkeit ergeben:

[80] Die übrigen Möglichkeiten einer Verunreinigung – s. *R. Meyer*, ThW III, 422, 5ff. – interessieren in unserem Zusammenhang nicht.

[81] Man beachte die sprachliche Form des hebräischen Satzes:

את שנטמא באב הטומאה
מטמא את הידים
בולד הטומאה
אינו מטמא את הידים.

Es ist ein formal ähnlicher Aufbau wie in Mk 7,15 (s.u.).

[82] Wiederum ein im Hebräischen äußerst einprägsame Form:

האוכל אוכל ראשון – ראשון
אוכל שני – שני
אוכל שלישי – שלישי.

1. Durch Berührung mit einem Unreinheitserzeuger werden die *Hände unrein ersten Grades*. Das aber war die lediglich für R. Aqiba belegbare Ansicht (Jad III,1).
2. Durch Berührung mit Händen, die unrein ersten Grades sind, werden die *Speisen unrein zweiten Grades*.[84]
3. Die nun im zweiten Grade unrein gewordenen Speisen verunreinigen den diese Speisen *Essenden* im *zweiten Grade* (Toh II,2).

Von diesen drei Voraussetzungen ist aber nach der allgemein gültigen rabbinischen Auffassung nur die letzte möglich, und zwar sowohl nach der Auffassung R. Eli'esers als auch nach der seines Kontrahenten R. Jehoschua. Wir wissen aber nicht, ob die Jad III,1 wiedergegebene Auffassung R. Aqibas, wonach auch eine Verunreinigung der Hände im ersten Grade möglich ist, nicht schon vor ihm vertreten wurde. Für die Zeit nach R. Aqiba war aber ein Verunreinigen des Essenden durch Essen mit unreinen Händen undenkbar, da man nur unreine Hände zweiten Grades annahm, diese aber dann keinesfalls Speisen unrein zweiten Graden machen konnten. Im übrigen scheinen die Kontroversen über die Verunreinigungen in genau differenzierten Graden erst in der Zeit nach 70 n.Chr. entstanden zu sein, da in den zuvor stattgefundenen Kontroversen über Reinheitsfragen zwischen den Schulen Hillels und Schammais diese Differenzierungen so nicht nachweisbar sind.[85] So liegt dann die Vermutung nahe, daß zur Zeit Jesu in pharisäischen Kreisen (Galiläas?[86]) die Verunreinigung von Speisen durch unreine Hände in wesentlich undifferenzierterer Form angenommen wurde; diejenigen wiederum, die solch verunreinigte Speisen zu sich nahmen, wären dann als ihrerseits verunreinigt angesehen worden.[87]

[83] Dies zu entscheiden ist schon deshalb sehr schwer, weil zur Zeit Jesu die mündliche Thora eben – per definitionem – nicht schriftlich fixiert war; cf. *Strack*, 9: »Die erste Schriftlichmachung solcher Materialien wird der ersten Hälfte des zweiten nachchristlichen Jahrhunderts angehören.«

[84] Dieser Fall kommt m.W. in rabbinischen Texten nicht vor. Zwar heißt es Toh X, 4, die Schule Schammais sage, daß Trauben durch unreine Hände verunreinigt werden. Jedoch geht es hier darum, daß unreine Hände Trauben zur Hebe untauglich machen. Außerdem ist zu fragen, ob denn schon die Schule Schammais die verschiedenen Grade der Unreinheit so unterschied wie die Tannaiten nach der Zerstörung des Tempels (s.u.)

[85] Wohl unterscheiden beide Schulen etwa zwischen מדרס und מת טמא, z.B. Kel XXVI, 6

[86] Man sollte auch erwägen, ob es für die geringeren Differenzierungen im Blick auf Grade der Verunreinigungen nicht auch *geographische* Gründe gab. So wird nach Ned II, 4 in Judäa zwischen Banngut für Gott und für die Priester unterschieden; in Galiläa versteht man unter Banngut nur solches für Gott.

[87] *Brandt*, 17: Nach der Schule Hillels war das Begießen der Hände für *profane* Speisen nicht im Gesetz begründet (Ber 52b: אין נטילת ידים לחולין מין התורה). ib. 20: Schammai und Hillel dekretieren das Reinigen der Hände für die *Hebe* (Schab 14bBar), nachdem es für die Opferspeise angeblich schon Salomo angeordnet

Während also nach späteren rabbinischen Ansichten – mit Ausnahme R. Aqibas! – ein mit unreinen Händen Essender sich selbst nicht verunreinigen konnte, rückt diese Annahme für die Zeit Jesu durchaus in den Bereich der Möglichkeit. Von daher wäre eine *inhaltliche* Berührung von Mk 7,15 mit Mk 7,5 nicht auszuschließen.

Der Blick auf das Alte Testament und vor allem auf die rabbinischen Texte hat gezeigt, daß es durchaus möglich ist, v. 15 als Antwort auf v. 5 zu betrachten: Jesus hat auf die spezielle Frage der Pharisäer eine generelle Antwort gegeben.[88] Unsere Erörterungen hatten allerdings bisher eine zu schmale Basis; es wurde nur aufgrund inhaltlicher Kriterien argumentiert, die *formgeschichtliche* Betrachtung war aber ausdrücklich ausgeklammert. Diese hatte jedoch bei der Behandlung von Mk 7,1–13 ergeben, daß mit v. 13a das ursprüngliche Streitgespräch endet. Es gipfelt im Qorban-Wort und findet darin seinen organischen Abschluß. Mag aber auch erst Markus die redaktionelle Verbindung Streitgespräch – Logion hergestellt haben, so ist damit keinesfalls ein sachlicher Zusammenhang ausgeschlossen. Besitzen wir doch in Mk 10,2–12 einen analogen Fall. Mk 10,2–9 ist als Streitgespräch eine in sich geschlossene Perikope. Mit der redaktionellen Wendung v. 10 wird zu dem isoliert tradierten Logion v. 11f. übergeleitet. Sowohl das Streitgespräch als auch das Logion dürften in der Substanz auf den historischen Jesus bzw. seine Gegner zurückzuführen sein. Dabei ist nicht mehr auszumachen, in welchem Verhältnis das Logion zu der Situation des Streitgespräches steht. Genau die gleiche Problematik ist in Mk 7 gegeben: Mk 7,1f.5.9–13 sind der Urbestand des Streitgesprächs, Mk 7,15 das thematisch nahe, aber isoliert umgelaufene Logion. Mag auch Mk 7,15 erst vom *Redaktor* Markus als generelle Antwort auf die eine spezielle Frage nach kultischer Reinheit verwandt worden sein, so dürfen wir doch sicherlich annehmen, daß Jesus diese Antwort bei ähnlicher

hat. ib. 21: »Ist also die Unreinheit der Hände erst von den Gelehrten der beiden Schulen dekretiert worden, so geschah es entweder in den Tagen der öffentlichen Wirksamkeit Jesu oder gar noch später.« s. auch ib. 23ff. – Allein diese wenigen Angaben zeigen, wie sehr wir über die pharisäischen Reinheitsvorstellungen zur Zeit Jesu im dunkeln tappen. Soviel dürfte aber deutlich sein: Sollte Jesus im Sinne von Mk 7,5 gefragt worden sein, so waren die Fragenden schwerlich Hilleliten; denn die Frage bezieht sich doch mit größter Wahrscheinlichkeit auf profane Speisen. – Die Auffassung: »Wenn jemand Brot mit ungereinigten Händen ißt, ist ebenso, als würde er unreines Brot essen« findet sich als Ausspruch R. Abahus. Da dieser erst der 3. Generation der Amoräer angehört, wird er damit schwerlich eine undifferenziert vormischnische Meinung artikulieren. (Sota 4b)

88 Nach *Jeremias*, Theol. I, 202f., hat Jesus in v. 15 auf die Frage v. 5 geantwortet. v. 15 sei dabei nicht als Aufhebung von Lev 11 zu verstehen: »...denn als ein Wort von solcher Tragweite stünde Mk 7,15 völlig isoliert da.« (203) Welche Tragweite haben aber allein die Antithesen! Zum Verhältnis Lev 11/Mk 7,15 s.u.

Fragestellung wie der von Mk 7,5 gegeben hat, nämlich anläßlich einer Frage oder eines Vorwurfs hinsichtlich nicht gewahrter Reinheitsbestimmungen, seien diese nun dem Gesetz des Mose oder seien sie der pharisäischen Überlieferung entnommen. Es braucht sich also nicht gerade um unreine *Hände* gehandelt zu haben.

Daß für Jesus die Frage der kultischen Reinheit immer wieder akut wurde, dürfte schon allein aufgrund seiner Hinwendung zu Sündern und Zöllnern gegeben sein. Die Perikope Mk 2,14–17 bringt in v. 16 den Vorwurf der γραμματεις των Φαρισαιων: μετα των τελωνων και αμαρτωλων εσθιει. Hier geschieht also in den Augen der Gegner Jesu eine Verunreinigung durch die Berührung mit unreinen Menschen und deren Speisen, die eben als Speisen unreiner Menschen selbst unrein sind – auch dann, wenn keine in Lev 11 verbotenen Speisen aufgetischt wurden. Aber nicht nur Mk bringt diese Thematik, auch Q enthält den Vorwurf, Jesus habe Gemeinschaft mit Zöllnern und Sündern (Mt 11,19 = Lk 7,34): ηλθεν (Lk εληλυθεν) ο υιος του ανθρωπου εσθιων και πινων. και λεγουσιν (Lk λεγετε)· ιδου ανθρωπος γαφος και οινοποτης, τελωνων φιλος (Lk φ. τελ.) και αμαρτωλων. Jesus wird also als der, der sich in verunreinigender Gesellschaft unreiner Menschen befindet, sowohl von Mk als auch von Q bezeugt. Es gibt keinen Grund, die Historizität dieses Sachverhaltes zu bestreiten. Somit ist es sehr gut verständlich, daß ihm der Vorwurf der kultischen Unreinheit gemacht wurde.[89]

Es wurde zuletzt der Versuch unternommen, Mk 7,15 aus seinem Kontext soweit wie möglich verständlich zu machen. Jetzt soll gefragt werden, inwieweit die *Exegese des Verses als Einzellogions* führt. Die entscheidende Frage, die es zu beantworten gilt, lautet ja: Hat Jesus bei diesem Wort die Abrogation der alttestamentlichen Speisegesetzgebung[90] vor Augen?

Wieviel an der Beantwortung dieser Frage hängt, dürfte evident sein. Zwar wurde schon bei der Behandlung einzelner Antithesen gezeigt, wie Jesus Recht und Ethos des Alten Testaments in wesentlichen Punkten modifizierte; doch ginge es Mk 7,15, falls es sich wirklich um die Abrogation der Speisegesetzgebung handeln sollte, um einen schwerwiegenden Eingriff in die jüdische Lebenspraxis, der eher bewußt wird als etwa die Außerkraftsetzung des ius talionis.

Daß das Logion zumindest *implizit* Lev 11 abrogiert, ist keine Frage. Denn mit dem betonten »*Nichts* außerhalb des Menschen...« besagt es mehr, als daß nicht nur bestimmte Dinge oder Personen einen Menschen

[89] Inwiefern er selbst anläßlich einer Einladung durch einen Pharisäer auf die Unterlassung des Händewaschens und somit auf seine kultische Unreinheit angesprochen wurde, ist schwer zu sagen, da wir nicht wissen, ob Lk 11,37f. redaktionelle Konstruktion ist.

[90] neben Lev 11 s. auch Dt 14,3ff.

nicht kultisch verunreinigen können. Hier ist unübersehbar und unbestreitbar ein *grundsätzliche* Aussage gemacht. Jedoch, wie ist diese Grundsätzlichkeit zu verstehen? Eröffnet sich Jesus hiermit lediglich die Möglichkeit, mit allen Sündern Kontakt aufzunehmen – wobei unklar bliebe, was denn nun »das in den Menschen Hineingehende« konkret sein soll? Wird hier nur eine Motivation für das Verhalten gegeben, den Verlorenen nachzugehen? Steht Mk 7,15 einzig im Dienste des Mk 2,17 ausgesprochenen Gedankens? Oder zielt dieses Logion nicht eben doch – bewußt und *explizit!* – auf die Außerkraftsetzung von – gerade im Bewußtsein der Juden! – gravierenden Thorainhalten? Während nach *Klostermann*[91] lediglich der Konsequenz nach die levitische Speisegesetzgebung beiseite geschoben sei, Jesus aber selbst diese Konsequenz nicht gezogen zu haben brauchte, hat ja, wie bereits gesagt, *Haenchen* eben diese Absicht für Jesus behauptet[92].

Zur Beantwortung dieser Frage ist es nötig, die möglichst älteste Form dieses Logions zu eruieren. In einer der jüngsten Abhandlungen über diesen Vers hat *Carlston* bestritten, daß Mk 7,15 in der vorliegenden Form von Jesus stammen könne; denn sein dann offenkundiger Bruch mit dem Gesetz wäre von Freund und Feind als vollendet betrachtet worden. Deshalb habe Jesus diese Parabel »in a much less specific form« ausgesprochen.[93] Fragen wir aber zunächst nicht danach, ob die Reaktion von Freund und Feind unerklärlich werde, wenn wir die Authentizität der *Form* von Mk 7,15 annehmen – so wichtig und unverzichtbar diese Frage auch ist. Setzen wir vielmehr beim Vergleich von Mk 7,15 mit Mk 7,18.20 an. Hier ist nämlich eine *Dublette* zu v. 15 gegeben, die folgendermaßen lautet:

18 παν το εξωθεν εισπορευομενον εις τον ανθρωπον ου δυναται αυτον κοινωσαι,

20 το εκ του ανθρωπου εκπορευομενον, εκεινο κοινοι τον ανθρωπον.

Der Unterschied zu v. 15 besteht zunächst darin, daß die dort betonte Negation ουδεν εστιν εξωθεν ersetzt ist durch παν το εξωθεν... ου. Der Grad der Negation ist aber in v. 18 genauso radikal wie in v. 15. Beide Male ist die Formulierung nämlich *exklusiv*. Es ist schwer zu sagen, ob ουδεν oder παν mehr den Eindruck einer Übersetzung aus dem Semitischen macht. Von daher sollte man auf dieses sprachliche Argument verzichten. Wohl aber fällt der casus pendens v. 20 auf – im Gegensatz zu v. 15! Bezeichnenderweise bedient sich *Lindsey* bei der Übertragung von Mk 7,15b ins Hebräische des casus pendens[94]:

אלא היוצא מן האדם
הוא המטמא אותו.

[91] *Klostermann*, Mk, 79
[92] so auch *Merkel*, Jesus und die Pharisäer, NTS 14, 205f.
[93] *Carlston*, NTS 15, 95
[94] *Lindsey*, 113

Das entspricht aber dem το... εκπορευομενον, εκεινο κοινοι τον ανθρωπον v. 20. Von daher macht das Doppellogion v. 18.20 den ursprünglicheren Eindruck.[95] Schon *Lohmeyer* fiel die »zersagte« Form von v. 15 auf.[96] Allerdings meinte er, die Urform nicht in Mk 7,18.20, sondern in Mt 15,11 finden zu können; dieser Mt-Vers sei ein streng gebauter Zweizeiler, die Form des Spruches bei Mk sei demgegenüber gelockert: »... wohl bleibt der allgemeine Gegensatz ουδεν ...αλλα, aber keine einzige Satzbestimmung der ersten Zeile entspricht genau dem (sic!) der zweiten.«[97] So richtig diese Beobachtungen auch sind, Mt 15,11 ist dennoch keinesfalls älter als Mk 7,15. Der synoptische Vergleich ergibt vielmehr, daß Matthäus seine Vorlage Mk 7,18–20 gekürzt hat. Die Dublette verschwindet.
Lediglich Mk 7,20 wird in interpretierter Weise (Mt 15,18: + εκ της καρδιας) beibehalten. Wenn also Mt 15,11b den für das Semitische charakteristischen casus pendens bringt, dann hat er ihn wahrscheinlich in etwas veränderter Form (τουτο statt εκεινο) aus Mk 7,20 übernommen. Und daß εις το στομα/εκ του στοματος Mt 15,11 matthäische Interpretation von εις τον ανθρωπον/εκ του ανθρωπου Mk 7,15 ist, liegt zumindest sehr nahe.
Es ist daher zu vermuten, daß der von Markus auseinandergerissene Satz *Mk 7,18.20 der Urgestalt des Logions näherkommt als Mk 7,15*. Dann aber *lagen dem ältesten Evangelisten* (oder gar schon seiner Tradition!) *zwei Versionen dieses Wortes vor*, die *beide* in ihrer Aussage *exklusiv* sind: *Nichts*, was von

[95] Es ist m.E. bezeichnend, daß *Delitzsch* und *Lindsey* in der Übersetzung von Mk 7,15 stark differieren, jedoch nicht so sehr bei der von Mk 7,18.20:
v. 20 bei *Delitzsch*: היוצא מן האדם
הוא מטמא את האדם.
v. 20 bei *Lindsey*: היוצא מן האדם
הוא המטמא את האדם.
Vielleicht vermag man diesen Tatbestand als Indiz dafür anzusehen, daß sich die ältere und somit ursprünglichere Tradition in Mk 7,18.20 erhalten hat – vor allem, wenn man mit der Möglichkeit rechnet, daß sich Jesus in Diskussionen mit pharisäischen Schriftgelehrten zuweilen der hebräischen Sprache bedient hat; s. *Ott*, Um die Muttersprache Jesu, NovTest 9,19ff. Damit soll jedoch keinesfalls *Birkelands* überspitzte These verteidigt werden. Zum Problem der Sprache Jesu: neben *Dalman*, Jesus-Jeschua, 25–34 (vor allem 28ff., Abschn. VI: »Der hebräische Einfluß der Schriftgelehrten und der Schule«); *Manson*, Teaching, 47–50; *Black*, Approach, 16; s. auch *Rüger*, ZNW 59, 113–122; 122: »Der neutestamentliche Befund legt es nahe, als *Sprache der ›Haggada‹* einen aramäischen Dialekt anzusetzen... Als *Sprache der ›Halacha‹* aber scheint am ehesten das Mischnisch-hebräische in Frage zu kommen.« Allerdings dürfte *Rügers* Interpretation von παρεκτος λογου πορνειας, Mt 5,32, von Git IX, 10 her für das Hebräische als Sprache der halakhischen Worte *Jesu* nicht beweiskräftig sein, da es sich bei dieser Wendung gerade nicht um ein Wort des historischen Jesus, sondern um einen redaktionellen Einschub des Matthäus handelt (ib. 122).
[96] *Lohmeyer*, Mk, 142; dagegen *Haenchen*, Weg Jesu, 269
[97] *Lohmeyer*, Mk, 141

außen in den Menschen hineingeht, macht ihn unrein. *Alles*, was von außen in den Menschen hineingeht, ist zur Verunreinigung unfähig. Mt 15,11 dürfte mit seinem einfachen ου eine Abschwächung bringen. Die exklusive Aussage ist also die älteste Form, die wir eruieren können.

Die Frage, wie die übrige Überlieferungsgeschichte in Mk 7,14–23 vorzustellen ist, bedarf in diesem Zusammenhang keiner weiteren Erörterung. Daß wir hier mit Ausnahme der eben behandelten v. 15.18.20 späteren Zuwachs vor uns haben, wird allgemein angenommen. Und daß es bei diesem Zuwachs nicht ohne Banalität und Trivialität vor sich gegangen ist, wird immer wieder herausgestellt.[98] Auch die Charakterisierung von v. 21f. als hellenistischem Lasterkatalog bedarf keiner erneuten Begründung.[99]

Und schließlich ist es unerheblich, ob die Wendung καθαριζων παντα τα βρωματα v. 19 mit *Hirsch* I,69, als Glosse anzusehen ist oder nicht.[100] Denn *Markus* (ob auch Jesus, ist noch zu untersuchen!) versteht ja das hier diskutierte Logion von der Speisegesetzgebung her – auch ohne v. 19c.[101] Allerdings zeigt die wohl auf den Evangelisten zurückzuführende Zusammenfassung v. 23, daß es diesem weniger auf die Abrogation der alttestamentlichen Speisegesetzgebung ankommt – zumal sie expressis verbis nicht genannt wird! – als vielmehr auf all das Böse, das aus dem Inneren des Menschen, εσωθεν, herauskommt, und daß es dieses ist, welches den Menschen verunreinigt.

Es wurde versucht zu zeigen, daß dem Evangelisten oder vielleicht schon der ihm überkommenen Tradition zwei Versionen des hier zu behandelnden Logions vorlagen. Beide sind exklusiv formuliert. Eine ältere Form ohne exklusive Formulierung zu postulieren ist reine Spekulation, zumal Mt 15,11 nicht den Anspruch auf Ursprünglichkeit erheben kann. Ist aber das Logion exklusiv formuliert, dann ist *zumindest implizit* die Speisegesetzgebung abrogiert. M.a.W., es liegt zumindest in der Tendenz der Aussage Jesu, daß die alttestamentliche Speisegesetzgebung überholt ist. Nun hat *Klostermann*, worauf bereits hingewiesen wurde, die Möglichkeit

[98] u.a. *Haenchen*, Weg Jesu, 265; *Hirsch* I, 71, spricht von »pedantischer Phantasie«.

[99] u.a. *Bultmann*, Trad., 15

[100] *Haenchen*, Weg Jesu, 264 Anm. 3, macht mit Recht darauf aufmerksam, daß die handschriftliche Überlieferung keinen Anhalt für die Annahme einer späteren Glosse ergibt und damit eine solche Vermutung erschwert sei.

[101] Zum Problem Mk 7,19c s. auch *Black*, Approach, 217f.; er betrachtet βρωμα als Fehlübersetzung für das aramäische 'ukhla = excrementum. Sollte diese Vermutung *Black*s zu Recht bestehen, so dürfte die Rückführung in den aramäischen Sprachbereich aus den oben genannten Gründen wohl kaum eine Rückführung auf die Verkündigung des historischen Jesus bedeuten.

erwogen[102], daß Jesus diese Konsequenz nicht unbedingt gezogen zu haben brauchte. Man könnte dafür den auffälligen Tatbestand anführen, daß Jesus in der ganzen Perikope Mk 7,1–23 die levitische Speisegesetzgebung mit keinem einzigen Wort erwähnt oder gar zitiert. Hätte er aber deren Abrogation bewußt intendiert, dann wäre dies sicherlich in aller Deutlichkeit überliefert worden.

Ähnlich folgert *Carlston:* Hätte Jesus Mk 7,15 ausdrücklich mit dem Gesetz des Mose gebrochen, so hätten sich Freund und Feind sicherlich an dieses Logion erinnert.[103] In der Tat ist es ja für den, der die Meinung vertritt, Jesus habe mit gewissen Inhalten der Thora bewußt gebrochen, nicht ganz leicht zu erklären, warum dann überhaupt noch Gesetzesdebatten die frühen Christengemeinden so sehr erschütterten. Wenn Jesus in aller Deutlichkeit fundamentale Inhalte der Thora außer Kraft setzte, wie konnte dann das Judenchristentum eine solch massive Gesetzesfrömmigkeit vertreten? Wie konnte dann aus seiner Mitte ein Satz wie Lk 16,17/Mt 5,18 entstehen? Hatte Jesu leiblicher Bruder Jakobus, der doch später die führende Funktion in der Jerusalemer judenchristlichen Gemeinde innehatte, nie etwas von der Radikalität vernommen, mit der Jesus bestimmte Gesetzesbestimmungen beiseite schob? *Haenchen* erklärt, Jesu eigene Gemeinde habe sein Wort nicht begrffen und also nicht befolgt.[104] Aber gerade das ist so schwer vorstellbar: daß seine Gemeinde den Provokateur nicht begriffen haben sollte – *und trotzdem* seine radikalen Logien tradiert hat! Und so klingt es auch zunächst wenig überzeugend, wenn *Haenchen* schreibt: »Jesus stellt vielmehr seinen eigenen Spruch, einprägsam geformt, und der Wahrheit sicher, einfach vor die Hörer hin. Die Gemeinde hat ihn freilich nicht befolgt – aber auch nicht vergessen. Paulus freilich scheint ihn nicht gekannt zu haben. Er hat aus eigener Erkenntnis den gleichen (!) kühnen Schritt getan.«[105] Die Beweislast liegt dann doch wohl auf Seiten derer, die behaupten, Jesus habe – zumindest in entscheidenden Partien – mit der Thora gebrochen. Zumindest ist eine glaubhafte Möglichkeit für das Verhalten der judenchristlichen Gemeinden *trotz* der postulierten Einstellung Jesu aufzuzeigen. Ein derartiger Versuch soll im folgenden unternommen werden.

Mk 7,15 bzw. 18.20 ist als *isoliertes Logion*, also ohne szenische Einrahmung, überliefert worden. Wir besitzen weder die ursprüngliche Situationsangabe noch eine später geschaffene »ideale Szene«.[106] Daß Markus das Wort an das Streitgespräch über die unreinen Hände anhängt, hat, wie sich zeigte,

[102] *Klostermann*, Mk, 79
[103] *Carlston*, 95
[104] *Haenchen*, Weg Jesu,266
[105] ib. 266
[106] Die Kommentierung v. 19.21–23 (selbst falls z. T. vormarkinisch) beseitigt nicht den Charakter als isoliertes Logion, da hierdurch keine Situationsangabe geschieht.

seine formale Parallele in Mk 10,2ff./11f., wo auch ein isoliert umlaufendes Logion um der gleichen Thematik willen mit einem Streitgespräch verbunden wurde. In Mk 7 besteht die gemeinsame Thematik für alle Teile unserer Perikope in der Reinheitsfrage schlechthin. Doch ist es nicht mehr möglich, herauszufinden, *welche* Reinheitsfrage in v. 15 ursprünglich zur Debatte stand – ob es in der Tat um Lev 11 ging oder etwa um die Teilnahme am Mahl mit kultisch unreinen Menschen (Zöllnern!).[107] Die exklusive Formulierung (die älteste uns bekannte Tradition!) spricht zunächst dafür, daß Jesus, indem er sich an *irgendeinem* Punkte über die Schranken der Reinheitsgebote hinwegsetzte, *grundsätzlich* diese Schranken als nicht gegeben sah.[108] *Klostermann* geht aber auf die exklusive Formulierung nicht ein.[109] Vergegenwärtigt man sich des weiteren das *Gottesverständnis* Jesu – Gott in seiner Liebe geht dem »unreinen« Sünder nach; er, Jesus, verkörpert dieses Nachgehen Gottes[110] – , so fällt es schwer, anzunehmen, daß Jesus die Konsequenz des Logions nicht bedacht habe. Eine derartige Annahme kann nur unter der Voraussetzung geschehen, daß man Jesus zutraut, in den *entscheidenden* Punkten seiner Verkündigung nicht recht nachgedacht zu haben! Ist aber der Kern seiner Predigt, ist das eigentliche agens seiner Predigt dieses Gottesverständnis, ist also Jesus in seinem ganzen Denken, Reden und Handeln davon durchdrungen, so dürfte ein derartiges Zu-kurz-denken kaum in Frage kommen.[111]

[107] Natürlich mag man auch erwägen, ob die Zöllner in Galiläa, mit denen Jesus verkehrt hat, sich nicht auch über Lev 11 hinweggesetzt haben. Man denke an die hellenistische Bevölkerung Galiläas, etwa in Sepphoris oder Tiberias, man denke an die heidnische Bevölkerung der Dekapolis, mit der galiläische Zöllner in Kontakt kamen, man denke an die Schweinezucht in der Dekapolis (u. a. *Sauer*, Art. »Schwein«, Bibl.-hist. Handwörterbuch, III, 1748f.).

[108] παν ... ου könnte im Aramäischen vielleicht כל ... לא entsprechen, ουδεν εστιν vielleicht לית oder למא = לא מא; *Dalman*, Grammatik, 223

[109] *Klostermann*, Mk, 79

[110] Charakteristisch für die Verkündigung Jesu ist u. a. Mt 21,31: »Die Zöllner und die Dirnen gehen vor euch in die Gottesherrschaft«, also Menschen, die sich nicht um Reinheitsgebote scheren – im Gegensatz zu den auf kultische Reinheit so bedachten Pharisäern! cf. *Kümmel*, Die Gottesverkündigung Jesu und der Gottesgedanke des Spätjudentums = Aufs., 107–125, vor allem 122ff.

[111] Auch *Haenchen*, Weg Jesu, 266, spricht davon, daß Jesu Haltung gegenüber den alttestamentlichen Reinheitsgeboten das Gottesbild und den Glauben Israels nicht unverändert lasse: »Der Gott, den das AT zumeist zeigt, hat jene ›kultischen‹ Gebote und Verbote gegeben.« Jesus aber bringe demgegenüber einen neuen und fremden Gottesglauben. *Haenchen* dürfte hier aber zu undifferenziert urteilen. Es stimmt einfach nicht, daß das Alte Testament »zumeist« den kultisch gebietenden und verbietenden Gott bringt. Ist der Jahwe des J oder der Gott der Propheten so zu verstehen? Amos oder Jesaja sind nicht P! Damit ist nicht behauptet, daß erst die nachexilische Zeit das kultische Denken hervorbrachte! Wohl aber, daß kultisches Denken in nachexilischer Zeit einen wesentlich stärkeren Akzent trägt.

Wurde aber Mk 7,15 bzw. 18.20 als isoliertes Logion tradiert, so erhebt sich die Frage, warum ein zu vermutender ursprünglicher Bezug – direkter oder indirekter Art – auf die alttestamentliche Speisegesetzgebung verlorenging bzw. warum Markus keine neugeschaffene »ideale Szene« in der auf ihn überkommenen Tradition vorfand, in der dieser Bezug expressis verbis ausgesprochen war.[112] Auf jeden Fall sollte man bewußt zur Kenntnis nehmen, daß im Verlauf der synoptischen Tradition der Bezug auf die Speisegesetzgebung verschwunden ist.[113] Wie aber hat man dann das Logion außerhalb dieses Bezugs verstanden?

Wir stoßen beim Versuch, Licht in jenes überlieferungsgeschichtliche Dunkel zu bringen, schon allein deshalb auf erhebliche Schwierigkeiten, weil bei den hier anzustellenden Überlegungen eine Reihe von Unbekannten gegeben ist. Man vermag wohl *innerhalb des synoptischen Traditionsprozesses* eine *einsichtige Entwicklung* aufzuzeigen; aber insofern ist allzu leicht die Gefahr eines circulus vitiosus gegeben, als diese Entwicklung *nicht aufgrund uns bekannter, nachprüfbarer Entwicklungen innerhalb der Geschichte des Urchristentums bestätigt werden kann.* Für die ersten Jahrzehnte kann eben nichts mit Sicherheit gesagt werden. Es gilt deshalb, durch das Gestrüpp entgegengesetzter und widersprüchlicher Vermutungen und Behauptungen hindurch einen einigermaßen gangbaren Pfad – wohl kaum einen ausgebauten Weg – zu finden. Wir müssen an dieser Stelle, gerade weil es sich um ein so grundsätzliches Logion handelt, zu einer *Grundsatzfrage* ausholen. Wir dürfen uns nicht an die – unbeantwortbare – Detailfrage verlieren, wie und in welchem Kontext dieses Wort tradiert sein könnte. Hier wäre man ja doch nur aufs Raten angewiesen. Was es aber – im Rahmen des Möglichen – zu klären gilt, ist, wie gesetzeskritisch man zur Zeit des Entstehens der ersten christlichen Gemeinden gewesen ist. Daß wir gerade an diesem Punkte weithin nur hypothetisch argumentieren können, mag man bedauern. Aber um so mehr ist zu fragen, ob die immer wieder vorgebrachte Meinung, die erste Gemeinde habe sich strikt zu Tempel und Gesetz gehalten, wirklich so apodiktisch behauptet werden kann.[114] *Denn dachte die erste Gemeinde nomistisch, so wird die Tradierung von Logien wie Mk 7,15 zum Problem.*

Im Grunde sind es – um im eben gebrachten Bild zu bleiben – zwei Pfade, die wir betreten können. Der *erste* bietet eine bestechende Lösung: *Jesus stand auf dem Boden der Thora.* Er wollte sie radikalisieren, er wollte unter

[112] Daß Markus die Szene strich und lediglich das Logion überlieferte, ist wenig wahrscheinlich. Welchen Grund sollte er auch gehabt haben, den Bezug auf Lev 11 zu tilgen?

[113] v. 19c ist wohl kaum vor Mk anzusetzen.

[114] u. a. *Bultmann*, ThNT, 56ff.; etwas zurückhaltender *Kümmel*, Art. »Judenchristentum I. Im Altertum«, RGG III, 968

Wahrung ihres Absolutheitsanspruchs ihren tieferen Sinn aufdecken, der seiner Überzeugung nach weithin verschüttet war. Dieser tiefere Sinn besitzt seine Wurzeln im Liebesgebot. *Erst anläßlich der Heidenmission brach in urchristlichen Gemeinden die Thoradiskussion auf.*[115] Jetzt erst verwandelte man Jesu thoraakzentuierende Predigt in thorakritische Verkündigung. Das Bestechende dieser Konzeption liegt zweifellos in ihrer Konsequenz und Einlinigkeit. Die Paulusbriefe, aber auch Apg 10f. (Der Heilige Geist muß eigens eingreifen, damit Petrus versteht: Die levitischen Reinheitsgesetze hat Gott selbst aufgehoben.) lassen sich als Ausgangsbasis einer solchen Hypothese gut verstehen.

Die *zweite*, dieser Auffassung entgegengesetzte Lösung – *Jesus hat die Thora großenteils außer Kraft gesetzt* – geht davon aus, daß *sich viele thorakritische Worte als im frühesten synoptischen Überlieferungsstadium befindlich verstehbar machen lassen.* Allerdings ist der Preis dafür der Verzicht auf die eben genannte konsequente Einlinigkeit: *Zweimal* muß der Kampf um das Gesetz ausgefochten werden. Gewissermaßen wiederholt Paulus, wenn auch in ziemlich modifizierter Weise und unter anderen Perspektiven, was Jesus bereits getan hat – anscheinend ohne Kenntnis seiner Thorakritik (cf. Gal 4,4: γενομενον υπο νομον!).

Während sich also die erste Konzeption – etwas überspitzt formuliert – auf die Paulinen und z.T. auf Apg berufen kann, gibt den Hintergrund für die zweite Konzeption eine traditionsgeschichtliche Analyse des synoptischen Materials. Sicherlich ist dies zu schematisch gesagt, aber der heuristische Wert von Schematismen sollte nicht verkannt werden.

Es wurde schon gesagt, daß wir gerade von den ersten Jahrzehnten der urchristlichen Entwicklung herzlich wenig wissen. Mit Recht stellt *Kümmel* heraus, daß das palästinensische Judenchristentum ein bunteres und geographisch weiter verzweigtes Bild bot, als uns die Quellen erkennen lassen, ja, daß wir nur von der judenchristlichen Gemeinde in Jerusalem Kenntnis haben.[116] Charakteristisch für diese Unkenntnis aufgrund der völlig unzureichenden Quellenlage sind die unterschiedlichen Antworten auf die Frage nach dem *Sitz der ersten christlichen Gemeinde.* Während z.B. *Marxsen* kategorisch erklärt: »Von einer ›Ur‹-gemeinde in Galiläa (wie *Lohmeyer* sie postuliert hat) wissen wir nichts«[117], sieht *Schmithals* die Heimat der ersten Christen in Galiläa[118]. Man könnte über dieser Differenz zur Tagesordnung übergehen, wenn nicht gerade an diesem Punkte schon so vieles hinge. Denn eine gesetzesfreiere oder gar gesetzeskritische erste Gemeinde

[115] Gerade der Kampf des Paulus um eine gesetzesfreie Heidenmission läßt sich in diese Konzeption bestens einordnen.

[116] *Kümmel*, RGG III,968

[117] *Marxsen*, Markus, 60

[118] *Schmithals*, Paulus und Jakobus, 15

ist vielleicht eher in Galiläa als in Jerusalem denkbar. Hat doch kein Geringerer als Jochanan ben Sakkai aus achtzehnjähriger Erfahrung den bekannten Satz gesprochen: »Galiläa, Galiläa, du hassest die Lehre; du wirst schließlich zu den Räubern gehören!« (pSchab 16,15^{d},50) Doch vermag *Billerbeck* (I,156ff.) keinen Beleg zu bringen, wo den Galiläern schwerwiegende Verstöße gegen die mosaische Thora vorgeworfen werden! Alle von ihm zitierten Beispiele haben Zweitrangiges, wenn nicht gar Drittrangiges zum Inhalt. Dennoch wäre für eine Gemeinde, die sich zuerst in Galiläa konstituiert, eine größere Distanz zur Thora denkbar als in Jesusalem. Fragen wir also zunächst in aller Vorsicht: Könnte diese galiläische Gemeinde oder könnten diese galiläischen Gemeinden – *sofern* mit ihnen die Geschichte des Christentums begann! – Träger und Bewahrer der thorakritischen Worte Jesu gewesen sein?

Doch selbst der sicherlich unumstößliche Tatbestand, daß *Jesus Galiläer* war, kann im Blick auf sein Verhältnis zum Gesetz zunächst nichts besagen. Allein die unterschiedlichen Auffassungen von *Albrecht Alt* und *Walter Bauer* sind symptomatisch. Letzterer erklärt ausdrücklich: »Der Galiläer wuchs außerhalb des Bannkreises von Schriftgelehrsamkeit und Pharisäismus auf, *in ziemlicher Freiheit vom Gesetz* und ohne die quälende Angst, daß die Nähe des Heiden beflecken müsse.«[119]

Und was vom Galiläer schlechthin gilt, trifft besonders auf Jesus zu: »Von levitischer Reinheit hält er nichts.«[120] Also: »Der Galiläer Jesus vertrat das Judentum in einer dem allgemein Menschlichen zugewandten, oder, wenn man so will, in einer synkretistisch erweichten Form.«[121] Und daß in den Evangelien niemals berichtet wird, Jesus habe eine hellenistische Stadt wie Sepphoris oder Tiberias betreten, beruht für *Bauer* nur auf Zufall.[122] Anders *Alt!* In seinem Aufsatz »Die Stätten des Wirkens Jesu in Galiläa«[123] stellt er betont heraus, daß Jesus da gewirkt habe, wo die alten Ordnungen des Lebens, der Religion und des Rechts noch nicht außer Kraft gesetzt waren. Deshalb auch seine Übersiedlung von Nazareth nach Kapernaum.[124] Zumindest habe er das Schwergewicht seines Wirkens nicht in die hellenistisch geprägten Orte verlegt.[125]

119 *Bauer*, Jesus der Galiläer = Aufs., 102; Hervorhebung von mir; so auch *Enelow*, 28ff.

120 *Bauer*, Aufs., 103 121 ib. 104 122 ib. 106

123 = *Alt*, Kl. Schr. II, 436–455 124 ib. 451

125 ib. 450; gegen *Alt* wiederum *Marxsen*, Markus, 60; *Schreiber*, Theologie, 170ff., sieht die markinische Darstellung der galiläischen Wirksamkeit Jesu unter lediglich theologischem Aspekt: So müsse man zu dem »ganzen Galiläa«, dem Galiläa der Heiden, auch Tyrus, Sidon und die Dekapolis rechnen. *Schreiber*, dessen Anliegen ebenso wie das von *Marxsen* redaktionsgeschichtlich orientiert ist, verzichtet aber – im Gegensatz zu diesem – auf jegliche historische Fragestellung.

Das Stichwort »Galiläa« hilft also nicht weiter. Weder besagt es etwas über das Verhältnis des Galiläers Jesus zum Gesetz, noch ist überhaupt gesichert, daß die erste christliche Gemeinde in Galiläa entstand. Doch sollte man dieses negative Ergebnis nicht nur negativ werten. Zeigt es doch zumindest, daß man einer allzu einlinigen Lösung mit Skepsis gegenüberstehen sollte. Die Möglichkeit, daß mit einer vielleicht in der allerersten Zeit vorgenommenen Verlegung der Urgemeinde von Galiläa nach Jerusalem eine Beeinflussung im legalistischen Sinn gegeben war, ist keinesfalls auszuschließen. Und weiterhin ist zu fragen, ob nicht durch die Osterereignisse der Schwerpunkt von der Weiterverkündigung der Predigt Jesu auf die Verkündigung des Auferstandenen gelegt wurde. Im Lichte der Osterereignisse sah man in Jesus den Messias.[126] In der Auseinandersetzung mit Juden aller Richtungen ging es um das Bekenntnis: »Jesus ist der Messias, der Christus.« Jesu Thorakritik trat demgegenüber in den Hintergrund, in den Schatten dieses Bekenntnisses. Indem aber der Messias nun auch durch die Schrift erwiesen wird, zu der doch die Thora gehört, ist ein Verblassen der gesetzeskritischen Predigt Jesu durchaus möglich und vorstellbar. Doch wird sie nicht völlig aus dem Glaubensbewußtsein verdrängt. Allerdings wird derjenige, der etwa mit Mt 5,18 operierte, nicht gerade Mk 7,15 im Munde geführt haben – und umgekehrt.

Noch einmal: Wir befinden uns wieder im Bereich des Hypothetischen. Aber mit dieser Hypothese könnte verständlich gemacht werden, wie *einerseits* die Exegese der Synoptiker auf den gesetzeskritischen Jesus hinweist und wie *andererseits* der Kampf um das Gesetz in der Tat zweimal geführt werden mußte.

Aber selbst dann, wenn sich die christliche Urgemeinde in Jerusalem und nicht in Galiläa konstituiert hätte, wäre die Thorakritik Jesu nicht als unhistorisch erwiesen. Denn der Konflikt der Jerusalemer Hellenisten mit der Synagoge (Apg 6ff.) war ein Konflikt um die Geltung der Thora. Sicher hat *Schmithals* recht, wenn er die Gesetzeskritik der Hellenisten als Kritik »grundsätzlicher Natur« begreift.[127] Ähnlich versteht *Conzelmann* diese Gruppe: »Sie müssen mit der Gesetzeshaltung des Judentums in Konflikt gekommen sein, d.h. *sie dürften die Linie Jesu klarer als die Zwölf fortgeführt haben.*«[128] Somit sind es also die Hellenisten, die die gesetzeskritische Haltung Jesu tradieren.[129] Ob es sich bei diesen Christen um

[126] Daß Jesus sich nicht als Messias verstand, sei hier vorausgesetzt, denn dieser Titel konnte vor Ostern nur im politischen Sinne verstanden werden (cf. *Dinkler*, Petrusbekenntnis und Satanswort = Zeit und Geschichte, 135ff.).

[127] *Schmithals*, Paulus und Jakobus, 15

[128] *Conzelmann*, Apg, 43; Hervorhebung von mir; ähnlich schon vorher *Haenchen*, Apg,221

[129] *Conzelmann*, Geschichte,44

»Juden griechischer Muttersprache« (*Conzelmann*[130]) oder um »gesetzesfrei lebende Christen..., seien sie nun jüdischer oder griechischer Herkunft und Sprache« (*Schmithals*[131]), handelt, ist schwerlich endgültig zu entscheiden. Jedenfalls hat es sehr früh in der Jerusalemer Gemeinde gesetzeskritische Gemeindeglieder gegeben. Da Paulus Christen um ihrer Gesetzeshaltung willen verfolgte (Gal 1,13f. im Zusammenhang mit der Gesamtthematik des Gal), dürfte die Verfolgung der Hellenisten bereits vor der Bekehrung des Paulus anzusetzen sein.[132]

Die gesetzeskritische Haltung ist also bereits in den dreißiger Jahren innerhalb der christlichen Gemeinden anzutreffen. Dabei braucht diese Gesetzeskritik keineswegs im universalistischen Sinn verstanden zu werden. Es ist durchaus möglich, daß Jesus seine Thorakritik mit der Überzeugung verband: »Ich bin nur zu den verlorenen Schafen des Hauses Israel gesandt.« (Mt 15,24) Und erst allmählich wurde man sich darüber klar, daß man die Gesetzeskritik Jesu im Sinne der Heidenmission interpretieren kann.

Wie dem auch sei, auf keinen Fall läßt sich, wie es zunächst schien, aus dem neutestamentlichen Schrifttum die These beweisen: Erst im Zuge der Heidenmission macht man aus Jesus einen Gesetzeskritiker. Paulinen und Apg sind durchaus offen für das hier bisher erarbeitete Verständnis der synoptischen Tradition.

Von daher dürfte es sich nahelegen, Mk 7,15 bzw. 18.20 als ein Wort der Kritik an Lev 11 im eigentlichen, expliziten Sinn oder zumindest im *bewußt* impliziten Sinn zu verstehen. Weder aus exegetischer noch aus historischer Sicht bestehen dagegen ernsthafte Bedenken, ja, gerade vom Exegetischen her spricht alles für die hier angenommene Auffassung. Mk 7,1–23 fügt sich also bestens ins Ergebnis der bisherigen Kapitel.[133]

[130] *Conzelmann*, Apg,43

[131] *Schmithals*, Paulus und Jakobus, 19

[132] s. auch *Stuhlmacher*, Das Ende des Gesetzes, ZThK 67, 29; cf. *Merkel*, Jesus und die Pharisäer, NTS 14, 196f.

[133] In seinem programmatischen Vortrag von 1953 »Das Problem des historischen Jesus« hat *Käsemann* treffend formuliert (EVuB I, 207f.): »Aber wer bestreitet, daß die Unreinheit von außen auf den Menschen eindringt, trifft die Voraussetzung und den Wortlaut der Thora und die Autorität des Moses selbst. Er trifft darüber hinaus die Voraussetzung des gesamten antiken Kultwesens mit seiner Opfer- und Sühnepraxis. Anders gesprochen: Er hebt die für die gesamte Antike grundlegende Unterscheidung zwischen dem Temenos, dem heiligen Bezirk, und der Profanität auf und kann sich deshalb den Sündern zugesellen. Des Menschen Herz entläßt für Jesus die Unreinheit in die Welt. Daß des Menschen Herz rein und frei werde, ist die Erlösung der Welt und der Beginn des gottwohlgefälligen Opfers, des wahren Gottesdienstes, wie es zumal die paulinische Paränese entfalten wird. Endlich zerschlägt Jesus mit diesem Worte die Grundlagen der antiken Dämonologie, die ja auf der Auffassung beruht, daß der Mensch von den Mächten der Welt bedroht wird und darüber die Bedrohung der Welt durch den Menschen zutiefst verkennen läßt.«

2. Matthäus

Der Blick auf Mk und die in diesem Evangelium verarbeiteten Traditionen ist getan. Das Ergebnis konnte zwar nur als hypothetisches vorgetragen werden, doch vermag es, wenn auch nicht in allen Einzelheiten, einen hohen Wahrscheinlichkeitsgrad aufzuweisen: Bereits *Jesus* hat den Geist von Lev 11 überwunden; *Markus* denkt etwa vierzig Jahre danach genauso – trotz aller voraufgegangenen nomistischen Tendenzen judenchristlicher Gemeinden. Zur Zeit des ältesten Evangelisten konnte man also bereits auf eine Phase der »Rejudaisierung« – um einmal *Stauffer*s Terminologie aufzugreifen – *zurück*blicken. Doch bedeutete Ende der sechziger Jahre die gesetzliche Haltung vor allem der Gemeinde in Jerusalem für die Gesamtkirche keine Gefahr mehr. Seit dem sog. Apostelkonzil sind immerhin bald zwei Jahrzehnte vergangen. Gehen wir davon aus, daß Mt höchstwahrscheinlich in den achtziger Jahren geschrieben wurde[134], so kann die hier zu stellende Frage nur lauten, ob in dieser Zeit die *erneute* Gefahr entstand, der Thora Prädominanz zu verschaffen. Um beim Thema dieses Kapitels zu bleiben: Hat Matthäus bzw. hat seine Gemeinde in der für das jüdische Leben und für die jüdische Praxis so entscheidenden Frage der alttestamentlichen Speisegesetzgebung den klaren Standpunkt Jesu und des Markus erweicht?

Das Ergebnis des *synoptischen Vergleichs* läßt sich in acht Punkten zusammenfassen:

1. Das *markinische Nacheinander zweier Antworten* auf die pharisäische Frage (Mk 7,5; 1. Antwort: Mk 7,6–8; 2. Antwort: Mk 7,9–13) wird von Matthäus zu einem *organischen Ganzen* zusammengefaßt: Mt 15,3–9 antwortet Jesus zunächst mit dem Qorban-Beispiel, das abschließende Jes-Zitat hat die Funktion, diese Antwort unter die Autorität der Heiligen Schrift zu stellen – damit wird die Argumentation mit der Thora (Ex 20,12; 21,17) durch einen Prophetenspruch bestätigt.
   Diese Straffung erweist sich auch in der Änderung der Frage seiner Gegner: Statt ου περιπατουσιν, Mk 7,5, heißt es παραβαινουσιν, Mt 15,2. Diese Änderung ermöglicht eine genauso scharfe Replik Jesu: δια τι και υμεις παραβαινετε[135] ...Mt 15,3. Auf gleicher Linie liegt, daß Mt 15,4 anstelle von »*Mose* sagte«, Mk 7,10, »*Gott* sagte« schreibt: Die Pharisäer und Schriftgelehrten widersprechen Gott!
2. Matthäus *übergeht* die *Erklärung jüdischer Bräuche* für die heidenchristlichen Leser des Mk in Mk 7,3f.

[134] so u. a. *Kümmel*, Einl., 70: »die Zeit zwischen 80 und 100«; *Marxsen*, Einl., 136

[135] Hat Matthäus dabei 2 Chr 24,20 vor Augen gehabt: למא אתם עוברים את המצות יהוה; LXX: τι παραπορευεσθε τας εντολας του κυριου;

3. Im Unterschied zu Mt 19,3–9, wo das Einzellogion Mk 10,11(f.) als integrierender Bestandteil in das ebenfalls aus Mk übernommene Streitgespräche eingebaut ist (Mt 19,9), *bleibt* Mt 15,10 der *typisch markinisch-redaktionelle Anschluß erhalten:* και προσκαλεσαμενος τον οχλον ειπεν αυτοις· ακουετε και συνιετε. An dieser Stelle beläßt Matthäus also die markinische Zäsur. Daß damit für ihn kein inhaltlicher Neuanfang intendiert ist, zeigt der das Ergebnis zusammenfassende v. 20, der inhaltlich v. 2 aufgreift (s. Punkt 8).
4. Matthäus *präzisiert* Mk 7,15: εις τον ανθρωπον/εκ του ανθρωπου in εις το στομα/εκ του στοματος, Mt 15,11. Dementsprechend dürfte er seine Mk-Vorlage so verstehen, daß Jesus eine Verunreinigung des Menschen durch unreine *Speisen* ablehnt. Diese Präzisierung bedeutet aber, daß Matthäus den für Markus äußerst wichtigen Satz Jesu bewußt übernimmt. Also wird man bei der Exegese dieser Perikope auch davon ausgehen müssen, daß v. 11 für den ersten Evangelisten *von entscheidender Bedeutung* war. Es ist auf keinen Fall möglich, hier lediglich ein Mitschleppen aus irgendwelchen Gründen der Tradition oder Pietät zu vermuten. Allerdings ist die exklusive Formulierung von Mk 7,15: ουδεν... *abgeschwächt* in ου....[136]
5. Die *Ausdeutung* von Mt 15,11 wird gegenüber der Mk-Vorlage *gekürzt.* Ist in Mk der ursprüngliche Text des Logions von der wahren Reinheit Mk 7,18.20 und nicht Mk 7,15 erhalten, so ist Mt 15,15–20a die Mk-Vorlage Mk 7,16–23 so gestrafft, daß eine Dublette zu Mt 15,11 nicht mehr besteht. v. 15 ist Petrus als nach dem Sinn von v. 11 Fragender eingeführt. Vor allem ist aber festzuhalten, daß Matthäus – wohl mit Absicht – *Mk 7,19c übergeht:* καθαριζων παντα τα βρωματα.
6. Zwischen das Logion Mt 15,11 und dessen Deutung Mt 15,15–20 ist eine scharfe *polemische Äußerung* Jesu *gegen* die *Pharisäer* eingefügt; diese sind eine Pflanzung, die der himmlische Vater nicht gepflanzt hat.
7. Der hebräische Ausdruck *Qorban* wird aus Mk *nicht übernommen,* sondern nur die griechische Übersetzung δωρον.[137] Ebenfalls fällt auf, daß Matthäus den Semitismus Mk 7,11: εαν ειπῃ ανθρωπος τῳ...[138] Mt 15,5 in besseres Griechisch umwandelt: ος αν ειπῃ τῳ...

[136] cf. *Guelich,* 69: »In 15,11 he simplifies the construction and clarifies the meaning of the saying in Mk. 7,15.«

[137] s. *Strecker,* 20f.: Ebenso wurden getilgt: in Mt 9,25 ταλιθα κουμ (Mk 5,41), Mt 15,30 εφφαθα (Mk 7,34), Mt 10,2 Βοανηργης (Mk 3,17), Mt 20,33 ραββουνι (Mk 10,51) und Mt 26,39 αββα (Mk 14,36). ib. 21: »Mit Recht hat daher auch *Kilpatrick* geschlossen, daß aramäische Sprachkenntnisse nicht vorauszusetzen sind.« Genauso gut könnte man aber auch vermuten, Matthäus, selbst des Aramäischen kundig, habe bei seinen Lesern solche Sprachkenntnisse nicht vorausgesetzt. *Streckers* auf *Kilpatrick,* 104f., gestützte Argumentation kann daher nicht überzeugen.

[138] *Black,* Approach, 107

8. Vor allem ist aber darauf hinzuweisen, daß Mt 15,20 die Frage der Pharisäer und Schriftgelehrten von v. 2 aufgegriffen und damit die *ganze Perikope unter das Thema* »Verunreinigt es den Menschen, wenn er mit *ungewaschenen Händen* ißt?« gestellt wird. Bei Mk dagegen wechselt das Thema sozusagen unter der Hand. Mag auch Mk 7,15 noch die Frage von v. 5 im Blick haben, so spielt sie bei ihm am Ende der Perikope jedenfalls keine Rolle mehr. Ihm ist vielmehr wichtig, was den Menschen verunreinigt, nicht, was ihn nicht verunreinigt.

Dieser synoptische Befund läßt die Frage, ob Matthäus eine Mk gegenüber *selbständige Tradition* vorlag, mit ziemlicher Sicherheit beantworten. Bereits im ersten Teil dieses Kapitels wurde darauf verwiesen, daß dem ursprünglichen Logion wohl eher Mk 7,18.20 nahekommt als Mk 7,15. Matthäus aber verstümmelt augenscheinlich Mk 7,18.20. Also ein erster Fingerzeig für die Priorität des Mk-Textes! Weiterhin zeigte sich, daß Matthäus gern seine Vorlagen strafft. Wir sahen dies bei Mt 10,3ff.[139] So läßt sich auch von diesem Gesichtspunkt aus die Umgestaltung des Streitgesprächs Mt 15,1–8 erklären. Es ist also kaum anzunehmen, daß Matthäus hier eine Sonderüberlieferung vorlag.[140]

Geht man aber von der Voraussetzung aus, daß für Mt 15,1–20 lediglich Mk 7,1–23 als literarische Quelle anzusehen ist, so kommen alle eben herausgestellten Modifikationen in der Mt-Perikope auf das Konto des Redaktors Matthäus (mit Ausnahme des Verses Mt 15,14, den er aus Q (=Lk 6,39) übernahm; Mt 15,13 ist S-Mt). Folglich läßt sich gerade hier bestens die Intention des ersten Evangelisten kontrollieren; und da es sich um einen Text handelt, der das Gesetz zum Thema hat, läßt sich hier vorzüglich ablesen, ob Matthäus der Versuchung einer Repristinierung, und zwar einer inhaltlichen Repristinierung des mosaischen Gesetzes erlegen ist.

Nun scheint die Mt-Perikope eine inhaltliche *Unausgeglichenheit*, wenn nicht gar einen *Bruch* aufzuweisen. Denn einmal wird durch den Schlußsatz v. 20b: το δε ανιπτοις χερσιν φαγειν ου κοινοι τον ανθρωπον, die gesamte Perikope unter das bereits v. 2 ausgesprochene Thema gestellt: Die ganzen Ausführungen Jesu stehen im Dienste dieser und nur dieser Frage. Geht es aber darum, ob man mit ungewaschenen, also rituell unreinen Händen essen darf, so steht keine Gesetzesfrage auf dem Spiel, sondern lediglich die »Überlieferung der Ältesten« – mag auch aus pharisäischer Perspektive

[139] s. auch *Held*, 155ff.

[140] anders *Lohmeyer*, Mt, 244: »Die Selbständigkeit des Mt-Berichtes neben Mk läßt sich hier nicht aus den einzelnen Sätzen ableiten, da es sich vor allem um Spruchgut handelt, wohl aber aus der Anordnung der einzelnen Abschnitte.« Für die alleinige Abhängigkeit des Mt von Mk treten fast alle Exegeten ein: u. a. *Grundmann*, Mt, 370; *Strecker*, 30f.; *Hummel*, 46ff.; *Walker*, 140ff.; *Guelich*, 64ff.

diese Überlieferung als mündliche Thora betrachtet worden sein.[141] Ja, Jesus betrachtet ausdrücklich das Befolgen der Überlieferung als Verstoß gegen Gottes Gebot (v. 3). Andererseits ist er es aber, der in v. 11 die Thora außer Kraft setzt![142] Das *Problem* besteht also darin: Wie kann Matthäus die ganze Perikope unter das Thema »die Überlieferung der Ältesten über das Händewaschen« stellen, wenn es ihm doch, wie die Präzisierung in v. 11, also der bewußt redaktionelle Eingriff, zeigt, um eine Abrogation des Satzes geht, daß unreine Speisen den Menschen zu verunreinigen vermögen? Nur wenn diese Problematik in aller Schärfe erkannt ist, kann man dem Rätsel von Mt 15,1–20 auf die Spur kommen. Ganz kurz formuliert: *Wie verträgt sich v. 11 mit v. 20b?*

Es wundert daher nicht, wenn die Meinungen über diesen Abschnitt hart aufeinanderstoßen. So bestreitet etwa *G. Barth*, daß sich Mt 15,11 gegen das Mosegesetz selbst richte; daher habe Matthäus dieses Wort keinesfalls »in seinem vollen Sinn genommen«.[143] *Hummel* geht sogar so weit, daß er in v. 20b eine »spezielle Halacha über das Händewaschen formuliert« sieht, ja, daß er behauptet, für Matthäus und seine Kirche habe die »schriftgelehrte Tradition«, die als solche nicht verworfen werde, »grundsätzlich Autorität«.[144] Demgegenüber steht die Auffassung *Strecker*s, der Akzent liege klarer auf dem »christlichen« Sittengesetz im Gegensatz zur Zeremonialgesetzlichkeit; der von Matthäus redigierte v. 11 mit der eindeutig antizeremonialgesetzlichen Aussage könne schwerlich der matthäischen Konzeption abgesprochen werden.[145] Und *Walker* versteht diese Perikope gar unter der Perspektive der Heilsgeschichte: In der »Gesetzesdebatte« werde Israel das Gericht angesagt; Israels rituelles und Jesu »ethisches« Verständnis der menschlichen Unreinheit ständen sich als einander schroff ausschließende Möglichkeiten gegenüber.[146]

Es geht also um das Verständnis von v. 11: Ist der Gegensatz des Gesamtduktus der Perikope zu diesem Vers ein wirklicher oder nur ein scheinbarer? Nun sollte man solange von der Behauptung eines offensichtlichen Widerspruchs Abstand nehmen, wie es möglich ist, mit nicht gerade an den Haaren herbeigezogenen Argumenten die gedankliche Einheit einsichtig zu machen. Dazu dürfte jene Unterscheidung hilfreich sein, die bereits bei der Behandlung der Mk-Parallele ins Blickfeld geriet: Speisen können sowohl aufgrund des Verbots von Lev 11 grundsätzlich unrein als auch im Einzelfall rituell verunreinigt worden sein. Ruft man sich in Erinnerung, daß Matthäus zu jener Zeit schrieb, in der u.a. R. Eli'eser ben Hyrkanos

[141] u. a. *Kümmel*, Traditionsgedanke = Aufs., 22ff.

[142] Und das, obwohl er Jesus den Pharisäern gegenüber den Vorwurf aussprechen läßt: Ihr übertretet Gottes Gebot um eurer Überlieferung willen!

[143] *G. Barth*, 83ff. [144] *Hummel*, 46ff.

[145] *Strecker*, 30ff.; 245 [146] *Walker*, 140ff.

und R. Jehoschua ben Chananja über Reinheitsfragen und insonderheit über Reinheitsgrade ihre Kontroversen führten, so liegt es durchaus nahe, daß der erste Evangelist von rabbinischen Lehren über Verunreinigung von Speisen und Händen gehört hatte, daß er vielleicht sogar genauer Bescheid wußte. Bezeichnenderweise ist z.B. Sab V, 1 in fast einem Atemzuge von der Verunreinigung sowohl von Speisen und Getränken als auch von Händen die Rede. Gleichzeitig heißt es, daß in diesem speziellen Falle[147] der Mensch nicht verunreinigt wird. Zur Zeit der Niederschrift des Mt wird also in rabbinischen Kreisen über die verschiedenen Empfänglichkeiten von Unreinheiten diskutiert. Und gerade bei diesen Debatten wird herausgestellt: Was Hände und Speisen verunreinigt, muß nicht unbedingt auch den Menschen verunreinigen. Unterstellt man einmal, daß Matthäus diese Perikope nicht ohne Seitenblick auf rabbinische Diskussionen gestaltete, so hätte er aus ihnen bestimmte Vorstellungen entliehen: Verunreinigte Hände (Mt 15,2) und im Zusammenhang damit verunreinigte (nicht aufgrund von Lev 11 unreine!) Speisen (Mt 15,11)[148] verunreinigen nicht den Menschen (Mt 15,20b). Er hätte sich damit in der Tat auf den Boden halakhischer Kontroversen gestellt, ohne jedoch das formal halakhische Element als spezifisch für die Pharisäer zu werten (Mt 15,12–14!).
So könnte man zwar mit *Hummel* von einer »speziellen Halacha über das Händewaschen«[149] sprechen, jedoch auf keinen Fall mit ihm sagen: »Für Matthäus und seine Kirche hat die schriftgelehrte Tradition grundsätzlich Autorität.«[150] Nein, Matthäus bedient sich wohl gewisser pharisäisch-rabbinischer Vorstellungen, das Eigentliche seines Denkens ist aber von dem ihren toto coelo verschieden (s.u.).
Der Gewinn dieser Anleihe des Matthäus bei den Rabbinen liegt auf der Hand: Indem hier nicht unreine Speisen aufgrund einer Deklaration des mosaischen Gesetzes, sondern *verunreinigte Speisen* in den Blick gefaßt sind, ist der *Evangelist nicht gezwungen*, das *in v. 2 formulierte Thema zu verlassen*. Es bleibt alles unter diesem einem Thema. In Mt 15,11 wird die *alttestamentliche Speisegesetzgebung* eben *nicht abrogiert*. Zwar sieht sich Matthäus, wie die Erörterungen der Antithesen gezeigt haben, durchaus in der Lage, entscheidende Inhalte der Thora als außer Kraft gesetzt zu

[147] Sab V, 1: R. Jehoschua sagt als Regel: »Jeder, der Kleider während seiner Berührung verunreinigt, verunreinigt Speisen und Getränke, daß sie unrein ersten Grades werden, und Hände, daß sie unrein zweiten Grades werden. Er verunreinigt aber weder einen Menschen, ואינו מטמא לא אדם, noch irdene Geräte.«
[148] Daß jedoch gerade die Verunreinigung von Speisen durch unreine Hände nicht ganz unproblematisch ist, zeigte sich bei dem im Blick auf die Mk-Parallele angestellten Versuch, die Möglichkeit einer ursprünglichen Einheit Mk 7,5.15 einmal durchzuspielen.
[149] *Hummel*, 46
[150] ib. 47

betrachten. Aber wenn es nicht unbedingt nötig ist, dann ergreift er die Gelegenheit, das Gesetz in Geltung zu lassen.

Bestätigt werden dürfte die hier vorgetragene Sicht durch die bereits erwähnte Änderung in v. 11: Die exklusive Formulierung des Mk wird abgeschwächt. Das ουδεν des Mk impliziert mit Notwendigkeit die Negierung von Lev 11; der Zungenschlag des matthäischen ου ist jedoch ein anderer.[151] Trotz *Guelich:* »Therefore it seems difficult to imagine that Matthew did not ›fully‹ understand the implication of 15,11 or his tradition Mk 7,15.17 –20«[152] werden wir eher damit rechnen können, daß rabbinische Diskussionen Matthäus die Möglichkeit gaben, seine Vorlage Mk 7,15 nicht mehr »in vollem Sinne« verstehen zu müssen. Er *wollte* so *nicht verstehen.* Daher ist es nur konsequent, daß er Mk 7,19c καθαριζων παντα τα βρωματα gestrichen hat; denn das exklusive παντα ist in seinem Verständnis falsch. Mit *Guelich* einfach typische Kürzung durch den Evangelisten anzunehmen[153], ist vielleicht doch etwas zu billig. Doch ist ihm aber andererseits zuzustimmen, wenn er im Blick auf Mt 15,19 erklärt: »...Matthew... *emphasizes the Decalogue* and uses this as his determinating principle for what defiles one.«[154]

Halten wir fest: Der Hauptunterschied zwischen Mk 7 und Mt 15 ist, daß *Markus* mit Jesus die *alttestamentliche* Speisegesetzgebung für abgetan erklärt, während *Matthäus* höchstwahrscheinlich diesen radikalen Schritt dadurch zu vermeiden versteht, daß er – unausgesprochen – mit der *rabbinisch-pharisäischen* Vorstellung der verunreinigten Speisen operiert. Ist letzteres auch nicht expressis verbis ausgesagt[155], so sprechen m.E. genügend Indizien dafür[156].

Das aber bedeutet, daß in diesem Fall für Matthäus tatsächlich eine »Rejudaisierung« zu konstatieren ist, nämlich in dem Sinne: Eine für das Judentum unverzichtbare Gesetzespraxis wird im Gegensatz zur Verkündigung Jesu nicht als überwunden erklärt. Doch gilt es sofort zu beachten, daß in Mt 15 keinesfalls gegen jene polemisiert wird, die anders

[151] Daß, streng genommen, auch Mt 15,11 die Abrogation von Lev 11 impliziert, soll hiermit natürlich nicht abgestritten werden. Aber daß der Ton in Mt anders geworden ist, sollte man nicht übersehen. Daß in Mt 15,11 die exklusive Formulierung redaktionall bewußt gestrichen ist, weist doch wohl darauf hin, daß die matthäische Parallele in einem anderen Geist geschrieben wurde.

[152] *Guelich*, 72

[153] ib. 73

[154] ib. 73 (Hervorhebung von mir); ähnlich u. a. *G. Barth*, 75; *Hummel*, 48; *Strecker*, 30f.; anders *Lohmeyer*, Mt, 250 Anm. 1

[155] Eine derartige Formulierung expressis verbis hätte unsere Überlegungen überflüssig gemacht!

[156] anders *Guelich*, 75: »Therefore, we can conclude that Matthew did modify his Marcan tradition in 15,1–20 cf. Mk. 7,1–23, but this was almost exclusively for stylistic reasons.«

denken. Matthäus steckt zurück, er scheut Konsequenzen, die bereits vor ihm gezogen wurden. Er bringt es fertig, seine ihm in Mk 7,15 vorgegebene Tradition mit der aus Q überkommenen (Mt 5,18!) zu vereinbaren. Er entfesselt aber keinen Glaubenskrieg um die Speisegesetze, die er ja überhaupt nicht nennt! *Strecker*, der die »eindeutig antizeremonialgesetzliche Aussage« in Mt 15,11 behauptet[157], ist insofern recht zu geben, als die Tendenz dieser Perikope bei aller Wahrung der Thora in *antizeremoniale*, wenn auch *nicht* antizeremonial-*gesetzliche* Richtung geht. *Die Speisegesetzgebung wird nicht angegriffen, ihr ritueller Hintergrund ist aber aufgegeben.* Somit ist *Stauffer*s These von einer in Mt 15 offenkundigen »Rejudaisierung« nur in einem recht äußerlichen Sinne aufrechtzuerhalten. Es zeigt sich wieder, was bereits mehrfach Ergebnis dieser Studie war: Rejudaisierung im Sinne einer progressiven Vergesetzlichung kann für Matthäus ediglich in einem formalen Sinn behauptet werden.[158]

3. Lukas

Im Gegensatz zu Mt bringt Lk keine Parallele zu Mk 7,1–23. Über diese Perikope hinaus fehlt bekanntlich bei Lk das Stück Mk 6,45–8,26 (die sog. »große Auslassung«). Das kann entweder dadurch bedingt sein, daß Lukas diesen Abschnitt nicht kannte[159] oder daß er ihn bewußt überging[160]. Im ersten Fall würde das für unsere Untersuchung bedeuten, daß wir die Einstellung des Lukas gerade im Blick auf die Thematik von Mk 7 nicht überprüfen können. Im andern Fall wäre zu fragen, warum er zusammen mit der »großen Auslassung« auch Mk 7,1–23 überging: Wollte er Dubletten vermeiden? Hat er sich am Inhalt gestoßen? Haben beide Gründe zusammengewirkt?

Weiter in dieser Frage führen zwei Aufsätze von *Schürmann*, die beide als »Ein Beitrag zur Verdeutlichung des lukanischen Redaktionsverfahrens«

[157] *Strecker*, 245

[158] Die Beziehungen des Traditionsstückes Mt 23,25ff./Lk 11,39ff. zu der Mt 15,1ff. zugrundeliegenden Perikope Mk 7,1ff. werden im Zusammenhang mit der Frage, warum Lukas diese Perikope überging, behandelt. Daß auch für Matthäus Mt 23,25ff. nicht ohne Beziehung zu Mt 15,1ff. ist, geht aus der beiden Stellen gemeinsamen Polemik gegen die Pharisäer (Mt 15,12–14!) hervor; cf. u. a. *Trilling*, 201; *Grundmann*, Mt, 494.

[159] *Streeter*, 172ff.: Lukas hatte ein verstümmeltes Exemplar vor sich; *Hirsch* I, 52ff.: »zufällige Lücke« (ib. 53); *Grundmann*, Lk, 189

[160] so die große Mehrzahl der Exegeten: u. a. *Wernle*, 5; *Wrede*, 168; *Taylor*, Behind the Third Gospel, 91; *Conzelmann*, Mitte, 45–48; *Kümmel*, Einl., 31; *Rengstorf*, Lk, 7; vor allem *Schürmann*, Dublettenvermeidungen = TrU., 280f.; unentschlossen: *Bultmann*, Trad., 387 Anm. 2; *Michaelis*, Einl., 65

bezeichnet werden: »Die Dubletten im Lukasevangelium«[161] und »Die Dublettenvermeidungen im Lukasevangelium«[162]. Ihr Ergebnis läßt sich so zusammenfassen: Lukas schafft von sich aus bewußt keine Dubletten; er läßt es höchstens zu, daß bei seinem sehr schematischen Kompositionsverfahren[163] solche in wenigen Fällen entstehen[164]. Andererseits gibt es ohne Zweifel Fälle bewußter lukanischer Dublettenvermeidung.[165] *Schürmann* deckt eine »eindeutige lukanische Praxis« auf (die er auch genauestens belegt hat und die deshalb hier als bewiesen angesehen wird): »Mit Ausnahme von Mk 3,20–30 beseitigt Lukas bei seiner Mk-Wiedergabe eine einzelne Einheit um ihres Dubletten-Charakters nur dann, wenn er eine gleiche oder ähnliche Einheit schon vorher eingefügt hatte, nie aber sonst in Vorausschau auf eine später zu bringende Nicht/Mk-Überlieferungsform... Lukas hat keine Übersicht über seine Quellen, kennt kein vorausschauendes Disponieren und bringt es daher nicht zu einer vorausschauenden Dublettenvermeidung.«[166]

Für unsere Überlegungen ist weiterhin wichtig, was *Schürmann* über die Kürzung der Mk-Vorlage des Lukas herausstellt: Dieser »fühlt... sich bezeichnenderweise zu komplexeren Auslassungen[167] immer anläßlich seiner Einfügungen in die Mk-Wiedergabe veranlaßt, gleichsam als wolle er sich Raum und Berechtigung schaffen für jene Einfügungen.«[168] Als

[161] *Schürmann*, TrU., 272–278 [162] ib. 279–289

[163] ib. 273f.: »Ganz offensichtlich läßt Lukas die Mk-Vorlage insofern seine Hauptvorlage sein, als er sie im eigentlichen Korpus seines Evangeliums Lk 4,31–22,14 (= Mk 1,21–14,18a) bei einigen Kürzungen, aber ohne jede Umstellung von Perikopen zum tragenden Skelett macht. Er lagert dieser seiner Hauptvorlage aber umfangreichen Nicht/Mk-Stoff vor (Lk 1,5–2,52; wahrscheinlich in der Hauptsache auch Lk 3,1–4,30, bei evtl. einigen Nachträgen aus Mk) und nach (Lk 24,13–53; es wäre zu erforschen, wie weitgehend auch Lk 22,15–24,11) und arbeitet ihr aus Nicht/Mk-Stoff die ›kleine Einschaltung‹ Lk 6,12–8,3 (luk S+Q), die ›große Einschaltung‹ Lk 9,51–18,14 (luk S+Q) und die kleineren Einfügungen Lk 5,1–11 (luk S), Lk 19,1–27 (luk S+Q?), 19,39–44 (luk S oder Q), ferner den Nachtrag (aus Mk) Lk 8,19–21 ein. Dieses komplexe und schematische Kompositionsverfahren ließ naturgemäß leicht Dubletten entstehen.«

[164] ib. 276: »Lukas hat in diesen Fällen nicht ein einzelnes Traditionsstück als Dublette zu einer schon vorher gebrachten Einheit von sich aus bewußt eingeführt, vielmehr hat er das Zustandekommen einer Dublette nicht durch bewußte Streichung verhindert.«

[165] ib. 287: »Während bei Lk ungefähr 15 Dubletten gezählt werden konnten, könnten etwa 24 Einheiten um ihres Dublettencharakters willen fortgelassen sein.«

[166] ib. 288f.

[167] *Schürmann* unterscheidet zwischen »Beseitigung von Einzelperikopen« und »komplexen Streichungen«, ib. 280.

[168] ib. 280; er belegt dies wie folgt: »An Stelle der ›kleinen Einschaltung‹ 6,12–8,3 fällt Mk 3,7–35 aus; an Stelle der ›großen Einschaltung‹ Lk 9,51–18,14 fällt Mk 9,41–10,12 aus; dem Mk-Nachtrag Lk 8,19–21 muß Mk 4,26–34 weichen, der Nicht/Mk-Einfügung Lk 19, 39–44 wiederum Mk 11,11–25.« Zustimmend *Kümmel*,

wahrscheinliches Motiv für die Auslassungen von Einzelperikopen in der lukanischen Mk-Wiedergabe gibt er Dublettenvermeidung an.[169] Jedoch sieht er sich nicht in der Lage, mit Sicherheit zu sagen, »wie weitgehend bei den komplexen Auslassungen im einzelnen auch Dublettenscheu mitgesprochen hat«; das gelte vor allem für die »große Auslassung« Mk 6,45 –8,26.[170] Was *Schürmann* hier über diese Auslassung sagt, steht unter dem Vorzeichen des weithin nur Vermuteten: So könnte es etwa sein, daß Lukas ursprünglich den zweiten Brotvermehrungsbericht Mk 8,1–10 nach Lk 9,10–17 par. Mk hätte einsparen wollen. Das sei dann wohl der Anlaß dafür gewesen, die Auslassung wie nach vorn, so auch nach rückwärts großzügig zu erweitern. Die hier besonders interessierende Perikope Mk 7,1–23 sei für den lukanischen Leserkreis »wohl nicht mehr von so akutem Interesse« gewesen, und Mk 7,24–30 habe vielleicht der heidenchristlichen Tendenz des Lukas nicht mehr genügend entsprochen.[171] Wesentlich bestimmter argumentiert *Schürmann* neuerdings in seinem Lukas-Kommentar: Die Gründe für die »große Auslassung« werden als einsichtig dargestellt: redaktioneller Kompositionswille, Dublettenvermeidung und Auslassen nicht mehr geeigneter bzw. akuter Perikopen.[172]

In der Tat dürfte *Schürmann* die Frage nach der Redaktion des Lk um ein großes Stück weiter nach vorn gebracht haben. Jedoch kann das, was er über das Ausscheiden von Mk 7,1–23 durch Lukas sagt, nicht überzeugen. Er behauptet, dieser habe die Perikope nicht mehr für geeignet bzw. akut gehalten. Diese Behauptung begründet er jedoch nicht. Daß auch das Händewaschen vor dem Essen in Lk eine Rolle spielt, zeigt deutlich Lk 11,37–41. *Schürmann* läßt diesen Einwand jedoch nicht gelten: Die Beseitigung von Mk 7,1–23 müsse als Ganzheit verständlich gemacht werden. Also dürfe man nicht so argumentieren, daß Mk 7,2–5 in Vorschau auf Lk 11,38 S (Q-Tradition?) in Wegfall gekommen sei.[173] Warum aber muß die Beseitigung der Perikope als Ganzheit erklärt werden? Erst Matthäus hat aus ihr eine inhaltlich geschlossene Ganzheit gemacht (s. o.), in Mk dagegen schieben sich zwei divergente Themen ineinander: Händewaschen vor dem Essen als Überlieferung der Ältesten und Abrogation der alttestamentlichen Speisegesetzgebung. Warum sollte das nicht auch Lukas aufgegangen sein? Ließe sich nun zeigen, daß er diese beiden Themen an verschiedenen Stellen seines Werkes *unabhängig voneinander* aufgreift, so wäre der Forderung *Schürmanns*, die Beseitigung müsse als »Ganzheit« verständlich gemacht werden, insofern Genüge getan, als – allerdings

Einl., 80 (gegen *Jeremias*, Abendmahlsworte, 91f.: Lk hat den Mk-Stoff in 4 Blöcken sekundär in seine Sonderquelle eingefügt).

[169] ib. 280 [170] ib. 281 [171] ib. 281; 281 Anm. 19

[172] *Schürmann*, Lk, 525ff.

[173] *Schürmann*, TrU., 281

wahrscheinlich anders, als er in TrU., 281, den Begriff »Ganzheit« faßt – beide Themen von Mk 7,1–23 berücksichtigt sind.
Dazu ist es aber nötig, Apg in diese Überlegungen mit einzubeziehen. Denn, um das Ergebnis kurz vorwegzunehmen, Lukas verteilt die beiden Mk 7 zu Worte kommenden Themen in der Tat auf die beiden Bücher seines Doppelwerkes: Lk 11,37–41 geht um das Essen mit unreinen Händen, Apg 10f. um die Abrogation von Lev 11. Dann aber ist der Grund für die Streichung von Mk 7,1–23 nicht, daß Lukas diese Perikope für seine Hörer nicht mehr für geeignet bzw. akut hielt, sondern, daß – gerade im Sinne *Schürmanns*! – Dublettenvermeidung das Motiv war[174], darüber hinaus aber auch, daß das Mk 7,15 Gesagte für Lukas erst vom Beginn der Heidenmission durch Petrus gilt.

a) Zu Lk 11,37ff.

Für unsere Fragestellung wichtig ist der Abschnitt Lk 11,37–41.44/Mt 23,25–28. Während Matthäus diese Verse als fünften und sechsten Weheruf seiner Rede gegen die Schriftgelehrten und Pharisäer bringt, leitet sie Lukas durch eine szenische Darstellung ein: Jesus ist von einem Pharisäer eingeladen.[175] Ob diese einleitende Szene von Lukas gebildet oder von ihm bereits vorgefunden wurde, ist wohl kaum zu entscheiden. *Hirsch* nimmt an, der Rahmen stamme nicht von ihm; daß er zur Rede äußerst schlecht paßt – »Zu dieser Brandrede gehört ein öffentlicher Schauplatz und eine große Hörerschaft« –, brauche nicht gesagt zu werden; vielleicht habe Lu I ihn geschaffen.[176] Nach *Bultmann* hat Lukas hier, wie auch sonst, eine selbständige Einleitung gebildet, deren Motiv er den Worten, die er bringen wollte, entnahm; vielleicht habe er die Pharisäerrede aus Q durch die Gastmahlssituation und das Motiv des Händewaschens nach Mk 7,1ff. eingeleitet.[177] Entweder hat also Lukas neben Mk 7,1ff. noch eine zweite Überlieferung mit dem Thema »Essen mit unreinen Händen« vorgelegen, oder er hat die Pharisäerrede, die u.a. das Thema rein – unrein bringt, sekundär mit Mk 7,1ff. verbunden. In beiden Fällen wäre erwiesen, daß Lukas die Thematik von Mk 7,5 nicht übergeht. Somit

[174] Dabei ist der Ausnahmefall gegeben, daß Lukas wegen einer Dublettenvermeidung doch einmal eine Mk-Perikope in Voraussicht auf eine später zu bringende Nicht/Mk-Überlieferung streicht! (cf. *Schürmann*, TrU., 288) Allerdings geschieht dieser Vorgang nicht als Streichung einer einzelnen Einheit, sondern im Zusammenhang der »großen Auslassung«.

[175] zum traditionsgeschichtlichen Problem u. a.: *Bultmann*, Trad., 118f.; *Hirsch* II, 106–114; *Haenchen*, Matthäus 23 = Gott und Mensch, 29–54; *Kümmel*, Weherufe = Antijudaismus im NT?, 135–147

[176] *Hirsch* II, 106

[177] *Bultmann*, Trad., 359; cf. auch *Schmidt*, Rahmen, 259

kann man dann nicht mit *Schürmann* behaupten – jedenfalls nicht für das erste Thema von Mk 7,1–23 –, Lukas habe diese Perikope nicht mehr für geeignet bzw. akut gehalten (s.o.).
Lukas läßt die Rede gegen die Pharisäer anläßlich der Verwunderung des gastgebenden Pharisäers über das Verhalten Jesu – Essen mit ungewaschenen Händen – bezeichnenderweise mit dem Thema rein–unrein beginnen. Da diese Rede gegen die Pharisäer bzw. ab Lk 11,46, eingeleitet durch die Frage eines Schriftgelehrten v. 45, gegen die Schriftgelehrten weithin mit Mk 23 übereinstimmt, dürfte, wie allgemein angenommen wird, Q als gemeinsame Quelle in Frage kommen.
Mit dieser Feststellung ist aber das in diesem Zusammenhang wichtigste Problem noch nicht gelöst. Denn da die Vorwürfe gegen die Pharisäer Lk 11,39–42.44 bzw. gegen die Pharisäer und Schriftgelehrten Mt 23,25–28 nicht nur in der Formulierung, sondern auch im Inhaltlichen differieren, ist eine genauere traditionsgeschichtliche Analyse erforderlich. Dabei soll mit *Jeremias*[178] und *Kümmel*[179] festgehalten werden, daß Lukas mit seiner Aufteilung der Weherufe auf Pharisäer und Gesetzesgelehrte Priorität zukommt, weil diese verschiedene Adressierung der Weherufe dem jeweiligen Inhalt dieser Vorwürfe entspricht.
Nach *Hirsch* haben beide Evangelisten an einem schwierigen Text »herumgebessert«. Durch Streichung einiger Worte des Lk-Textes glaubt er, den ursprünglichen Q-Text rekonstruieren zu können: Lk 11,39 streicht er υμων, v. 40 alles außer αφρονες und v. 41 πλην und υμιν. In v. 39 ersetzt er πονηριας durch das matthäische ακρασιας.[180] So entsteht also folgender Text:

> 39... νυν υμεις οι Φαρισαιοι το εξωθεν του ποτηριου και του πινακος καθαριζετε, το δε εσωθεν γεμει αρπαγης και ακρασιας. 40.41αφρονες, τα ενοντα δοτε ελεημοσυνην, και ιδου παντα καθαρα εστιν.

Daraus will *Hirsch* den ursprünglichen Sinn gewinnen, demgemäß die Pharisäer aus rituell gereinigten Schüsseln essen, die aber dann deshalb wieder unrein sind, weil sie mit Essen gefüllt sind, das mit dem den Witwen und Armen Ausgepreßten und Geraubten bezahlt ist. Also, »nicht durch rituelle Reinigung der Schüsseln, sondern durch Austeilen der Speise darin« gefalle man Gott. Erst Lu I habe damit den anderen Gedanken verknüpfen wollen, daß das Inwendige, das Herz, für die Reinheit entscheidend sei.[181] Da auch Mt 23,25 das Äußere des Bechers dem Inneren des Bechers als dem Inneren der Pharisäer gegenüberstellt, ist *Hirsch* gezwungen, für beide Evangelisten den gleichen Vorgang der Umdeutung des unreinen Inneren des Bechers auf das unreine Innere des Menschen

178 *Jeremias*, Jerusalem, 287f.; ders., Theol. I, 144
179 *Kümmel*, Weherufe = Antijudaismus im NT?, 138.145
180 *Hirsch* II, 112 181 ib. 112

anzunehmen. Das aber ist wenig wahrscheinlich. Eher ist vorauszusetzen, daß in Q bereits das Innere des Bechers das von Raub strotzende Innere der Pharisäer symbolisieren sollte; der Becher wird als Bild für den Menschen verstanden.[182]

Lk 11,40 mit seinem »barbarischen Griechisch« (*Hirsch*) zieht die Konsequenz aus dem zuvor Gesagten: Es genügt nicht, das Äußere zu reinigen. Vielleicht kann man sinngemäß etwa so übersetzen: »Muß man nicht das Äußere *und* das Innere reinigen?«[183] Es ist möglich, daß Matthäus mit diesem Satz aus Q wenig anfangen konnte und deshalb verdeutlichend schrieb: »Reinige zuerst das Innere des Bechers, damit sein Äußeres rein wird.« (Mt 23,26) Daß dieser Satz, wie zuvor v. 25, nur dann einen guten Sinn ergibt, wenn er mit *Haenchen* als Bild für den Menschen verstanden wird, liegt auf der Hand.

Aber nicht nur Lk 11,40 kann als Parallele zu Mt 23,26 aufgefaßt werden, sondern auch Lk 11,41. Bereits *Wellhausen* hat in seinem »brilliant conjecture«[184] vermutet, daß die synoptischen Varianten καθαρισον (Mt 23,26) und δοτε ελεημοσυνην (Lk 11,41) auf die aramäischen Verben דכי und זכי zurückgehen[185]. Die lukanische Version wäre dann in einer Verwechslung der beiden aramäischen Worte begründet. Auch *Hirsch* greift auf diese Erkenntnis *Wellhausen*s zurück. Doch benutzt er sie, indem er für die griechische Form von Q δοτε ελεημοσυνην annimmt und für καθαρισον in Mt 23,26 einen »Einfluß einer Q auf aramäisch benutzenden anderen Vorlage« als erwiesen betrachtet.[186] Also nicht die Verwechslung von דכי mit זכי, sondern der bewußte Austausch dieser beiden Verben! Dann liegt es aber vielleicht näher, umgekehrt zu argumentieren: Matthäus lag eine Q-Version ähnlich Lk 11,39–41 vor. Während Mt 23,25 in etwa Lk 11,40 darstellen soll, hat der erste Evangelist Lk 11,41 gar nicht übernommen, da ihm dieser Vers aufgrund der Verwechslung der beiden aramäischen Verben sinnlos erschien.[187]

Letzte Klarheit über diesen Abschnitt ist wohl kaum zu erreichen. Doch kann der hier angestellte Versuch gegenüber *Hirsch*s Analyse darauf verzichten, sowohl für Mt als auch für Lk unabhängig voneinander den gleichen Prozeß annehmen zu müssen.

182 *Haenchen*, Mt 23 = Gott und Mensch, 40; *Hirsch* II, 112: (für Mt): Becher und Schlüssel als Allegorie des Menschen gefaßt

183 anders *Rengstorf*, Lk, 154: er bezieht ο ποιησας auf Gott als den Schöpfer. *Grundmann*, Lk, 247, läßt offen, ob Gott oder Mensch Subjekt des ποιειν ist.

184 *Black*, Approach, 2: (it) »has survived criticism«; mit Recht gegen *Dalman*, Worte Jesu, 50.70.372f.

185 *Wellhausen*, Einl., 27

186 *Hirsch* II, 112

187 anders *Bultmann*, Trad., 139; ähnlich, aber nur im Blick auf Mt: *Haenchen*, Mt 23 = Gott und Mensch, 41

Wichtiger ist aber, wie der *Redaktor* Lukas das Lk 11,38 anklingende Thema »essen mit unreinen Händen« und die Lk 11,39–41 ausgesprochene Gegenüberstellung: innere und äußere Reinheit, verbindet. Hatte Markus das Essen mit unreinen Händen als Sonderfall kultischer Reinheit betrachtet, die in Mk 7,15 als solche generell abrogiert wurde, so hat auch Lukas die grundsätzlichen Aussagen über die Reinheit Lk 11,39–41 mit der speziellen Frage v. 38 präludiert. Allerdings ist hier weder der Begriff »Überlieferung der Ältesten« verwendet, noch wird die Speisegesetzgebung, also das Gesetz, angegriffen. Da es aber v. 39–41 dem Inhalt nach um pharisäische Überlieferungen geht, die um ihrer Äußerlichkeiten für überflüssig und unsittlich, die für Praktiken von Toren erklärt werden, zeigen szenische Einleitung und Antwort, wie weit Lukas von pharisäischem Denken entfernt ist, also jenem Denken, das für das Judentum nach der Zerstörung Jerusalems dominierend geworden ist.[188]

Fragt man nun, inwieweit die generelle Antwort Lk 11,39–41 die Haltung Jesu wiedergibt, so wird man das, was *Haenchen* im Blick auf Mt 23 ausführt, weithin auch von dem, was Lukas aus Q übernommen hat, gelten lassen müssen:Hier sind nicht die historischen Gegner Jesu gezeichnet. Diese waren nicht Männer, die vom Raube lebten! »Nein, das Schwere für Jesus war, daß er nicht mit einer Bande von ehrgeizigen, verlogenen, sich selbst schonenden und gewissenlosen Egoisten und berechnenden Heuchlern im Streit lag, sondern – aufs Ganze gesehen – mit Männern, welche die Forderungen Gottes bitter ernst nahmen und sich den Gehorsam nicht leicht machten. Nicht Immoralisten, sondern gerade ›Moralisten‹ waren seine Feinde, weil just sie es nicht begriffen, daß er zu den Zöllnern und Sündern ging. Daß er damit Gottes Willen und Art zu folgen behauptete, mußte ihnen als Lästerungen erscheinen.«[189]

Halten wir fest: Lukas hat die Frage nach der (im Sinne der Pharisäer, nicht des Alten Testaments verstandenen!) kultischen Reinheit in scharfer Polemik negativ beantwortet. Hier steht dieser Evangelist dem zeitgenössischen jüdischen Denken so fern wie irgend möglich. Er bedient sich bei dieser negativen Antwort sogar antipharisäischer Traditionen, die die Pharisäer völlig verzeichnen. Im Gegensatz zu Jesus hat Lukas diese Männer mit ihrem religiösen Bemühen nicht mehr verstanden. Zwar lehnt Lukas, genau wie Jesus, die pharisäischen Reinheitsvorstellungen ab, die Motive sind aber wesentlich verschieden. Da nun Lukas diese Vorstellungen

[188] Ein weiteres Indiz dafür, daß Lukas hier Mk 7 verarbeitet hat, ist: Mk 7,5 ist die Rede von ungewaschenen Händen, Mk 7,15 von εξωθεν und εσωθεν; Lk 11,38 von ungewaschenen Händen, Lk 11,39f. von εξωθεν und εσωθεν.

[189] *Haenchen*, Mt 23 = Gott und Mensch, 51; trotz gelegentlicher Kritik an *Haenchen* ähnlich *Kümmel*, Weherufe = Antijudaismus im NT?, 146: »... irrtümliche Verzeichnung der Wirklichkeit, ... Verrat an Jesu Gebot der Feindesliebe ...«

bekämpft, kann man nicht mit *Schürmann* sagen, diese Frage sei zur Zeit des dritten Evangelisten nicht mehr akut. Inwiefern sich aber Lukas von seiner Mk-Vorlage im Sachlichen unterscheidet, zeigt Apg 10f.

b) Zu Apg 10f.

Daß die Frage nach rein und unrein in der Corneliusgeschichte der Apg eine dominierende Rolle spielt, ist unbestritten. Jedoch sind Wesen und Funktion der dem Petrus widerfahrenen Vision bzw. Audition kontrovers: Will sie alle *Speisen* oder alle *Menschen* für rein erklären[190]? Weiterhin: Ist die Vision zur Veranschaulichung der Lehre Apg 10,28 vom Schriftsteller Lukas selbst entworfen, wie z.B. *Haenchen* meint[191], oder hat er sie anderswo vorgefunden, wie *Conzelmann* damit zu begründen versucht, daß ihre ursprüngliche Intention der lukanischen Auswertung nicht konform sei[192]? Wegen dieser Diskrepanz von ursprünglicher Intention und lukanischer Auswertung spricht *Wikenhauser* vom bildlichen Sinn der Vision[193], *Stählin* versteht sie als göttliche Gleichnishandlung[194]. Und schließlich: *Wann* hat Gott die unreinen Speisen für rein erklärt (Apg 10,15: εκαθαρισεν)? Im Augenblick der Vision[195]? Oder bereits vorher? Darf etwa εκαθαρισεν gar nicht zeitlich fixiert werden[196]?
Die Frage, ob Lukas die Vision als solche bereits als Traditionselement übernommen hat, ist kaum noch zu beantworten. Zweifellos zielt sie zunächst einmal auf Reinerklärung aller *Speisen*.[197] Aber gleichzeitig ist mitzubedenken, daß im allgemeinen »unreine« Speisen von »unreinen« *Menschen*, also Heiden, gegessen werden. Somit sind nicht erst zur Zeit der Niederschrift der Apg »die beiden Themen (Mensch und Speisen) schon verschmolzen«.[198] Und gerade weil *Conzelmann* sagt, die Verschmelzung sei zu dieser Zeit bereits geschehen, ist sein Einwand gegen *Haenchen*

[190] zur Diskussion: *Haenchen*, Apg, 301ff.
[191] ib. 307
[192] *Conzelmann*, Apg, 61
[193] *Wikenhauser*, Apg, 120
[194] *Stählin*, Apg, 152
[195] *Stählin*, Apg, 152f.; für *Haenchen*, Apg, 293, ist durch die Stimme Apg 10,15 der Augenblick der »Proklamation dieser Reinerklärung« bezeichnet.
[196] *Conzelmann*, Apg, 63: »εκαθαρισεν ›für rein erklärt hat‹; gemeint ist nicht: eben jetzt durch die Vision; auf den Zeitpunkt der Erklärung ist nicht reflektiert«; im grundsätzlichen Sinn meint wohl auch *Wikenhauser* v. 15 verstehen zu müssen, 119: »Aber die Stimme bedeutet ihm, daß er das, was Gott für rein erklärt, nicht unrein nennen dürfe, d. h. wenn Gott ihm diese Tiere zu essen befehle, *sie nicht unrein sein können.*« (Hervorhebung von mir) Diese Formulierung ist etwas vage; sie ist prinzipiell offen für verschiedene Interpretationen. Da aber nicht gesagt ist »sie können *nun nicht mehr* unrein sein«, ist eher anzunehmen, daß W. meint, die Stimme wolle sagen, sie seien immer schon rein.
[197] *Conzelmann*, Apg, 61; anders *Haenchen*, Apg, 293 Anm. 5
[198] *Conzelmann*, Apg, 61

gegenstandslos: Wurde nämlich in den achtziger Jahren nicht zwischen der Unreinheit von Menschen und der Unreinheit von Speisen unterschieden, dann konnte Lukas die Vision unreiner Tiere bestens als Aussage dafür brauchen, daß auch unreine Menschen in Wirklichkeit rein sind. Der Fortgang der Cornelius-Geschichte zeigt, wie sehr in der Praxis das Problem »unreine Tiere« mit dem »unreine Menschen« verbunden ist. Apg 11,3 wird Petrus in Jerusalem vorgeworfen, er habe mit Heiden, also unreinen Menschen, gegessen. Und Petrus verteidigt sich, indem er auf den göttlichen Befehl verweist: Iß von dem, was du unrein nennst und was Gott selbst für rein erklärt hat (v. 7–9)! Die Vision soll also im Sinne des Lukas besagen: Speisen *und* Menschen sind rein.[199] Es ist also gar nicht nötig, anzunehmen, daß er eine überkommene Tradition »umfunktioniert« hat. Fand er die Vision wirklich als Traditionselement vor, wie *Conzelmann* meint, so hat er sie nicht gegen ihre ursprüngliche Intention verwendet, sondern deren Implikationen entfaltet. Im Sinne des Lukas heißt das: Mit der Vision ist kultische Unreinheit *als solche* aufgehoben. Im Sinne des Lukas heißt das aber auch: Spätestens mit dem göttlichen Eingriff Apg 10 sind Lev 11 und die dahinterstehenden religionsgeschichtlichen Vorstellungen als von Gott selbst aufgehoben erklärt. Apg 10f. ist also die Annullierung dieser alttestamentlichen Gesetze. Haben *Lake/Cadbury*, Beg. IV,115, doch recht gehabt, als sie in Apg 10,15 eine Anspielung auf Mk 7,14ff. vermuteten?[200] [201]

Noch ist aber die Frage nicht erklärt, *wann* Gott Unreines für rein erklärt hat. Faßt man εκαθαρισεν mit *Haenchen*[202] und *Stählin*[203] (aber auch mit *Conzelmann*[204]!) als »für rein erklären«, so ist damit ausgesagt, daß etwas bisher Unreines als in einem bestimmten Augenblick rein geworden deklariert wird. Nimmt man ferner mit *Stählin* an, daß die Stimme die des erhöhten Christus ist[205], so ergäbe sich, daß die *Abrogation von Lev 11* aus der Zeit des irdischen Lebens Jesu in die Zeit des Wirkens des erhöhten Herrn durch seinen Geist (Apg 2,33) *verschoben* wurde. Das fügt sich bestens in die Gesamtkonzeption des Apg: »Die Anfangszeit der Kirche ist durch das ausnahmlose Verbleiben im Gesetz gekennzeichnet.«[206] Die

[199] War sich Lukas bewußt, daß »alle Tiere« (Apg 10,12) auch die reinen Tiere einbegreift? Wenn ja, hatte er dann auch die Tischgemeinschaft von Judenchristen, die nur »reine« Speisen essen, mit Heidenchristen, die auch »unreine« Speisen essen, vor Augen? cf. Gal 2, 11ff.

[200] gegen *Haenchen*, Apg, 293 Anm. 5

[201] Apg 11,8 klingt Mt 15,11 an: εις το στομα. Ist, da Matthäus und Lukas einander sicher nicht kannten, irgendeine mündliche Überlieferung mit dieser Version umgelaufen, die dann beide biblischen Schriftsteller beeinflußt hat?

[202] *Haenchen*, Apg, 293

[203] *Stählin*, Apg, 147, 152f.

[204] *Conzelmann*, Apg, 63

[205] *Stählin*, Apg, 152

[206] *Conzelmann*, Mitte, 137

Erklärung, warum die heidenchristliche Kirche das Gesetz dann doch nicht hält, wird in der Cornelius-Geschichte und der Schilderung des sog. Apostelkonzils gegeben. Also: »Das Bewahren des Gesetzes ist einer bestimmten Entwicklungsphase der Kirche zugeordnet.«[207] Hätte aber Lukas bereits in seinem Evangelium Jesus die alttestamentlichen Speisegesetze aufheben lassen, so wäre er mit dieser Konzeption der Apg in Konflikt geraten. Die Abrogation der Speisegesetze durfte – unter der Voraussetzung, daß Lukas bei der Niederschrift seines Evangeliums zumindest das Grundgerüst der Apg vor Augen hatte – auf keinen Fall vor der Anfangsphase der jungen Kirche erfolgen.[208]

Dann aber bedeutet die Auslassung von Mk 7,1–23 in Lk weder, daß die Frage der levitischen Reinheit nicht mehr akut war, noch, daß Lukas in Nomismus zurückgefallen wäre. Es geht vielmehr darum, daß er *der Abrogation von Lev 11 den angemessenen heilsgeschichtlichen Platz zuweist.*

In der Tat ist also der Inhalt von Mk 7,1–23 auf Lk und Apg verteilt. Lk 11 erscheint die Frage nach dem Essen mit ungewaschenen Händen, verbunden mit der Polemik gegen die Pharisäer; Apg 10f. bringt die Abrogation von Lev 11 als Abrogation eines wesentlichen Teils des mosaischen Gesetzes. Das sog. Aposteldekret Apg 15,28f. mit seinem Kompromiß ändert an dieser Sicht nichts; vielmehr wird Apg 15 auch noch die Beschneidung, also eine weitere fundamentale alttestamentliche Verpflichtung, als für den Heidenchristen außer Kraft gesetzt betrachtet.

4. Qumran

In diesem Kapitel wurde bisher wiederholt auf das Alte Testament, auf die jüdische Praxis und auf pharisäisch-rabbinische Vorstellungen und Diskussionen rekurriert. Die kultischen Reinheitsvorstellungen Qumrans blieben aber außer acht. Da in dieser Arbeit jedoch neben der mehr allgemeinen Frage nach der Rejudaisierung auch die spezielle nach der Requmranisierung innerhalb der synoptischen Tradition gestellt ist, darf gerade bei dem so wichtigen Problem des Kultisch-Rituellen die Literatur Qumrans nicht übergangen werden.

Stauffer stellt antithetisch gegenüber: »14. Die Wüstenleute vom Toten Meer nehmen die alttestamentlichen Speisegebote sehr ernst und lassen sich lieber zutode martern als zu dem Genuß von Schweinefleisch zwingen. – Jesus von Nazareth hat die mosaischen Speisegebote praktisch ignoriert

[207] ib. 137

[208] Insofern ist *Conzelmann*, Apg, 63, in gewisser Weise sich selbst gegenüber inkonsequent, als er Apg 10,15 nicht als Zeitpunkt der Reinerklärung aller Speisen und Menschen annimmt.

und grundsätzlich abgeschafft.«[209] Er beruft sich dafür auf Ass. Mos. 9,6[210] und Josephus, bell. Jud. II,8,10,152f.[211] Allerdings ist damit nichts spezifisch Qumranisches ausgesagt, wie u.a. die bekannte Stelle 1 Makk 1,62f. zeigt. So ist es bezeichnend, daß auch *Stauffer* bei der Behandlung von Mk 7,15 lediglich auf die alttestamentlichen Speisegebote und die Praxis des jüdischen Lebens zu sprechen kommt, nicht aber auf Qumran. Er nennt Jesu Verhalten gegenüber Zacchäus (Lk 19,1ff.) eine »Demonstration gegen Moses«: »Und wenn Jesus sich überraschend an seinen Tisch setzte, so konnte er gewiß nicht erwarten, daß die aufgetragenen Speisen allesamt koscher waren.«[212]

Eher könnte man vermuten, daß *Stauffer*s nächste Antithese das für die Sekte Charakteristische herausstellt: »15. In Qumran beherrschen die rituellen Waschungen das ganze Leben der Ordensgemeinde. – Jesus lehnt solche Reinigungszeremonien kompromißlos ab.«[213] Als Beleg für Jesu Einstellung nennt er vor allem Mk 7.[214] M.a.W., Qumran ist durch und durch (»beherrschen«) auf kultische Reinheit bedacht – Jesus ist durch und durch antikultisch eingestellt. Aber einerseits ist zu fragen, ob in Qumran das kultische Denken wirklich so auf die Spitze getrieben wurde. Andererseits ist zu klären, wie in diese extreme Antithetik die Taufe Jesu – zweifellos ein Ritus! – eingeordnet werden kann, wenn *Stauffer* den Ritualismus Qumrans von den rituellen Waschungen her bestimmt.

Zunächst: Wie verstehen die Bewohner Qumrans die kultisch-rituelle Reinheit? Wir können uns zur Beantwortung dieser Frage weitgehend auf *Braun* stützen. Er stellt heraus, daß das Kultisch-Rituelle in CD, verglichen mit 1 QS, gesteigert ist; denn CD enthält nicht, wie 1 QS, eine Kritik an dem Bestreben, den Bekehrungsgehorsam durch kultische Reinheit zu ersetzen.[215] 1 QS ist also bei aller augenfälligen Wiederholung kultischer Termini – etwa קדוש, טהר, טהרה, קודש[216] – auch *kultkritisch* eingestellt: »Die Reinheit scheint durch ein – nicht einmaliges – Wasserbad oder eine Wassertaufe vermittelt (Man 5,13). Aber nicht das steht im Vordergrund der Ausführungen, sondern die durchgehend starke Betonung, daß *rechte Reinheit nicht rituell, sondern erst durch Bekehrungswandel im* יחד *möglich ist*... Die Einschränkung der dem Ritualismus zu-

[209] *Stauffer*, Botschaft, 15

[210] *Meyer*, RGG III, 337: Ass. Mos. ist wohl der Gruppe um Qumran zuzurechnen; ähnlich *Eissfeld*, 846

[211] *Stauffer*, Botschaft, 148 Anm. 25 [212] ib. 28

[213] ib. 15 [214] ib. 148 Anm. 27

[215] *Braun*, Radikalismus I, 106 Anm. 2; ib. 106 Anm. 1: »Die Bedeutsamkeit des Kultisch-Rituellen in der Dam erhellt schon aus der Terminologie ...«

[216] s. *Kuhn*, Konkordanz, zu den jeweiligen Begriffen; *Braun*, Radikalismus I, 29 Anm. 5

gewiesenen starken Position ist deutlich.«[217] Damit ist der Gedanke der *kultischen Reinheit* für 1 QS nicht negiert, wohl aber *relativiert*. Manche pharisäisch-rabbinische Reinheitsdebatte steht dem Mk 7,15 zum Ausdruck Kommenden wesentlich ferner als 1 QS. Die Vorstellung einer dinglichen Reinheit und Heiligkeit prägt viele Stellen der Mischna[218] wesentlich mehr als 1 QS. Qumran ist eben nicht schlechthin die höchste Eskalation des Ritualismus! In gewisser Weise ist also Mk 7,15 eine Radikalisierung von bereits in 1 QS zutage tretenden Tendenzen. So schroff, wie *Stauffer* meint, sind die Gegensätze Qumran–Jesus nicht. Daß damit die bestehenden gravierenden Unterschiede nicht verschleiert werden sollen, braucht wohl nicht eigens betont zu werden.

Was die Taufe Jesu angeht, so hat sich *Stauffer* nicht gerade eindeutig geäußert. 1956 sieht er in seinem Aufsatz »Probleme der Priestertradition«[219] die Taufe des Johannes als »eine *spezifische Weiterbildung levitischer Reinigungsbräuche*, die in den rituellen Waschungen der Wüstenleute vorbereitet ist«[220]. Danach wäre die Taufe, mit der Johannes Jesus getauft hat, zumindest nicht ganz ohne den Hintergrund levitischer Reinheit zu verstehen; außerdem müßte man eine nicht geringe Entwicklung Jesu von seiner Taufe bis zu seinem Diktum Mk 7,15 postulieren. Eine solche nimmt *Stauffer* in der Tat in seinem 1957 gedruckten Taschenbuch »Jesus, Gestalt und Geschichte« an: »Jesus ist aus dem Täuferkreis, der Täufer aber aus der Qumranbewegung hervorgegangen. Die Qumranleute aber waren Thorarigoristen schroffster Observanz.«[221] Zwar war Jesus »wohl nie ein Thorarigorist im Sinne der Qumranleute«, sicherlich aber »ein frommer Thorajude im Sinne der Täuferbewegung«.[222] Ohne daß es hier ausgesprochen ist, wird man daraus schließen können, daß Jesus in diesem seinem anfänglichen Thoragehorsam auch die levitischen Reinheitsvorstellungen der Thora geteilt habe. Somit müssen wir folgern: Als Jesus später mit dem mosaischen Gesetz brach – *Stauffer* vermag diesen Bruch sogar mit Hilfe von Joh 5 zu datieren![223] –, hat er auch mit diesem Reinheitsdenken radikal Schluß gemacht.

Im selben Jahr 1957 erscheint aber auch sein Taschenbuch »Jerusalem und Rom«. Auch hier ist noch davon die Rede, daß die Gedankenwelt der Wüstenemigranten von Qumran die geistige Heimat des Täufers sei.[224] Jedoch wird nun seine Taufe von den rituellen Waschungen Qumrans scharf

[217] *Braun*, Radikalismus I, 30, Anm. 5 von S. 29; Hervorhebung von mir

[218] vor allem Seder Toharoth

[219] ThLZ 81, 135–150

[220] ib. 144; Hervorhebung von mir; er schreibt weiter: »Dazu stimmt die Nachricht von den Streitgesprächen der Täuferjünger περι καθαρισμου.« ib. 144 Anm. 55: »J. 3, 25; vgl. die καθαροι Ιωαννου μαθηται in Ps. Clem. Rec. 1,54,8«

[221] *Stauffer*, Jesus, 63

[222] ib. 63

[223] z. B. ib. 64: »geistesgeschichtliche Wende«!

[224] *Stauffer*, Jerusalem, 89

abgesetzt: »Johannes der Täufer ist aber auf der Höhe seines Wirkens kein Wüstenheiliger, der in der Eremitenklause oder Klostergemeinschaft ein Büßerdasein führt und *allerlei rituelle Waschungen vollzieht*, sondern ein Bußprediger, der das Volk durch seine eschatologische Alarmbereitschaft zur Bußtaufe aufruft.«[225]

Der Gedanke, der bei *Stauffer* auf jeden Fall durchgehalten wird, ist, daß Johannes und seine Taufe ohne Qumran nicht verstanden werden können.[226] Was aber diese Johannesinterpretation angeht, so sei lediglich das Resümee *Braun*s aufgrund der von ihm verarbeiteten Literatur zitiert: »Die bisherigen Überlegungen haben so wenig wirklich stichhaltige Berührungspunkte zwischen Qumran und dem Täufer in unseren Blick gebracht, daß der Versuch, *biographisch konkrete Qumranbeziehungen für den Täufer* den Texten zu entnehmen, von vornherein zur Aussichtslosigkeit verurteilt scheint.«[227] Daß »die Johannestaufe als Buße und Vergebung wirkendes eschatologisches Sakrament« verstanden werden muß, hat m.E. über-

[225] ib. 90; Hervorhebung von mir; doch kurz danach heißt es mit Verweis auf ThLZ 81, 144f. doch wieder: »Im Namen Gottes verkündete er die Bußtaufe zur Vergebung der Sünden, die *zweifellos eng mit den Tauchbädern der Wüstenleute zusammenhängt.*« (Hervorhebung von mir) Er stellt dann vier Punkte heraus, in denen seine Taufe über die Waschungen von Qumran hinausgeht: »Erstens ist die Geltung der Täufertaufe gebunden an die persönliche Legitimation des Täufers. Zweitens ist die Täufertaufe keine Selbsttaufe, sondern wird vom Täufer oder seinen Jüngern vollzogen. Drittens ist sie ein einmaliger und unwiederholbarer Akt. Viertens gilt sie nicht nur dem Gottesvolk, sondern allen Menschen. Kurz, die Täufertaufe ist der einmalige Aufnahmeakt in die eschatologische Bundesgemeinde, die sakramentale Versiegelung aller, die der nahen Endkatastrophe entrinnen wollen, Juden und Heiden.« (ib. 90) In diesen vier Punkten ist aber nicht einmal implizit das kultisch-rituelle Denken überwunden. Im Gegenteil! *Stauffer* spricht von »*sakramentaler* Versiegelung«. Wie unscharf sein Täuferverständnis ist, zeigt ein Vergleich der zuletzt zitierten Stelle (»... verkündete ... die Bußtaufe zur Vergebung der Sünden«) mit seiner Äußerung, die Taufe des Johannes als spezifische Weiterbildung levitischer Reinheitsbräuche Qumrans stimme zu dem Bild der Taufe in Josephus, Ant. 18,5,2,117. Bekanntlich heißt es dort, daß die Taufe des Johannes »nicht zur Sühnung irgendwelcher Sünden, sondern zur Heiligung des Leibes« diene. Man wird zumindest sagen dürfen, daß *Stauffer*s Terminologie nicht genügend präzise ist. Oder ist es doch mehr als bloß die Terminologie? cf. auch sein Buch, Jesus war ganz anders, 75–85

[226] cf. u. a. auch *O. Betz*, Was wissen wir von Jesus?, 26: »Als der Sohn eines Priesters war Johannes – genau wie die von Priestern geführten Essener – auf die levitische Reinheit seiner Person bedacht ... An die Stelle täglicher Waschungen, wie man sie im Qumran vollzog, trat das einmalige Tauchbad, das, wie in Qumran, auf die Taufe mit dem Heiligen Geist als den endzeitlichen und vollkommenen Reinigungsakt gerichtet war (Markus 1,8).«

[227] *Braun*, Qumran II, 20; s. auch 21; zur weiteren Auseinandersetzung mit *Stauffer*s Täuferverständnis s. ib. § 1 passim.

zeugend *H. Thyen* dargelegt.[228] Bedenkt man nun, daß Jesus nie mit Johannes gebrochen hat[229], so dürfte er die Taufe des Johannes zu keiner Zeit als kultische Zeremonie verstanden haben. Noch einmal sei *Braun* zitiert: »... in Qumran wird die Vergebung nicht durch die Bäder gewährt, wie die genannten Autoren behaupten; bei dem Täufer der Synoptiker aber durch die Taufe sehr wohl. Dagegen schaffen die qumranischen Bäder, verbunden mit dem Gehorsam gegen die Tora und gegen die qumranischen Satzungen, freilich die rechte Reinheit; dem Täufer jedoch geht es nicht um die Reinheit... Kurz: die priesterlich-levitische Tradition verbindet Qumran und den Täufer nicht.«[230]

Somit entspricht das Bild, das *Stauffer* vom Verhältnis Johannes–Jesus zeichnet, nicht dem historischen Sachverhalt. Recht hat er jedoch mit seiner Beurteilung der Entwicklung von Mk 7 zu Mt 15: Dort werden die mosaischen Speisegesetze außer Kraft gesetzt, hier aber wird nur die rabbinische Halakha bekämpft.[231] Er spricht jedoch bei dieser »vermittlungstheologischen Umdeutung des Jesuslogions von Mk 7,15«[232] – wiederum mit Recht – nicht von Qumranisierung – bezeichnend für jenes so wichtige Thema der kultischen Reinheit! Obwohl er Jesus und Qumran im Blick auf die kultische Reinheit antithetisch gegenüberstellt, behauptet er hier für die synoptische Tradition keine Qumranisierung.[233]

[228] *Thyen*, Βαπτισμα = Zeit und Geschichte, 98; allerdings stimme ich nicht mit ihm überein, daß ο ισχυροτερος (Mk 1,7) »jüd. Umschreibung des Gottesnamens« (ib. 100 Anm. 15) sei. Seine Begründung: »Hier ist kein Platz mehr für irgendeine auf Johannes folgende messianische Figur, weder für den politischen Messias noch für den apokalyptischen Menschensohn.« (ib. 100) Der apokalyptische Menschensohn ist aber im strengen Sinn des Wortes keine »messianische«, also geschichtlich wirkende Figur, sondern das die göttliche Funktion des Endgerichts vollziehende transzendente, präexistente Wesen, das keinen Platz in der Geschichte braucht!

[229] Während Mt 11,11a: ... ουκ ... μειζων Ιωαννου ... Aussage des historischen Jesus ist, gibt Mt 11,11b: ... μικροτερος ... μειζων αυτου ... die Auffassung der späteren Gemeinde wieder, für die der erste Teil dieses Verses unerträglich war.

[230] *Braun*, Qumran II,16

[231] *Stauffer*, Jesusforschung = Gottes ist der Orient, 172; Mt 15,31f. ist wohl Druckfehler, richtig: Mt 15,11f.

[232] ib. 172

[233] Indirekt polemisiert er gegen die christliche Taufe als Bindung der Gnade an einen kultischen Ritus: *Stauffer*, Jesus war ganz anders, 274f.: »So kehrten dann die Mittelsmänner mit fliegenden Fahnen zurück und nahmen die Zuteilung der göttlichen Gnade alsbald wieder in ihre amtliche Regie ... Und sie banden die göttliche Vergebung in altbewährter Weise an Ordnungen und Gesetze, *Riten* und Gnadenmittel aller Art (... Mk 16,16 ...). Wenige Jahre nach Jesu Tod war die *Medialisierung der Religion* wieder perfekt.« (Hervorhebung von mir)

FÜNFTES KAPITEL

Die Autorität Jesu

Die Untersuchung einzelner das Thema »Gesetz« beinhaltender synoptischer Stellen und Perikopen ist mit dem 4. Kapitel abgeschlossen. Versuchen wir nun, in einem nach einzelnen synoptischen Traditionsschichten aufgefächerten Rückblick die Konsequenzen zu ziehen. Die Frage nämlich, die sich aufdrängt, lautet: Wie wurde in diesen Traditionsschichten jeweils die *Autorität Jesu* verstanden, kraft deren er die Thora positiv aufgreift oder außer Kraft setzt? Gehen wir dabei den Weg rückwärts von Matthäus und Lukas bis zum historischen Jesus!

1. Matthäus als Redaktor

Matthäus übernimmt aus Q das Logion von der Unvergänglichkeit aller Gesetzesbestimmungen (Mt 5,18/Lk 16,17), vielleicht auch die Abschwächung Mt 5,19. Doch interpretiert er den dem Wortlaut nach judaistischen Satz Mt 5,18 durch den Redaktionsvers Mt 5,17: Das Gesetz (und die Propheten) werden durch Jesus erfüllt. Diese Erfüllung bedeutet aber, wie die Antithesen zeigen, Modifikation.

Matthäus macht also in gewissem Sinne eine *»Rejudaisierung« rückgängig.* Allerdings beläßt er den Begriff »Gesetz« in einer Schlüsselposition. So besteht die bessere Gerechtigkeit gegenüber den Pharisäern (Mt 5,20, Redaktionsvers) in der Ausrichtung des Gesetzes auf das Liebesgebot, das im Gebot der Feindesliebe gipfelt (Mt 5,43). Gegenüber Hillel, der in der negativ formulierten Goldenen Regel die ganze Thora konzentriert sah[1], bedeutet aber diese Ausrichtung zugleich Kritik an bestimmten Thorainhalten. Also geht es nicht um das Gesetz um des Gesetzes willen, sondern um ein *kritisches Materialprinzip:* Erfüllung des Gesetzes bedeutet, Freund und Feind zu lieben. In diesem Sinne hat Matthäus auch die beiden Sabbatperikopen Mt 12,1–8.9–14 gestaltet. Obwohl Matthäus Mk 2,27 übergeht, kommt dessen Inhalt sehr deutlich zum Ausdruck: Der Sabbat ist um des Menschen willen da, also ist das Gesetz um des Menschen willen da! Bezeichnend ist, daß die Forderung Gottes nach Erbarmen (Mt 12,7 = Hos 6,6) redaktionell ist. Andererseits ist aber auch typisch, daß es Mt 12,5 heißt: »Habt ihr nicht im Gesetz gelesen?« Und wo Matthäus seine Vorlage so umgestalten kann, daß gesetzeskritische Stellen abgeschwächt,

[1] Schab. 31a; s. auch *Bill.* I, 907

domestiziert werden, da tut er es: Mk 7 wird so umgestaltet, daß es nicht mehr um die Außerkraftsetzung von Lev 11 geht. Vor allem aber ist der Stürmerspruch durch den Zusatz επροφητευσαν entschärft (Mt 11,13).

Also: Matthäus bewahrt die Autorität der Thora oder stellt sie nach Möglichkeit wieder her.[2] Charakteristisch für seine Tendenz ist die Hinzufügung in der Perikope vom größten Gebot; Mk 12,28: ποια εστιν εντολη πρωτη παντων; wird umgewandelt in Mt 22,36: ποια εντολη μεγαλη εν τῳ νομῳ; Skopus ist der Redaktionsvers 40: εν ταυταις ταις δυσιν εντολαις ολος ο νομος κρεμαται και οι προφηται. Wo ihm aber eine Tradition vorliegt, nach der Jesus eine solche Gesetzesbestimmung außer Kraft setzt, die der Radikalisierung des Liebesgebotes im Wege steht, da beläßt er die Abrogation und nimmt die damit gegebene Spannung zur behaupteten Gesetzesautorität in Kauf. So kollidiert beispielsweise der eben genannte Versuch, das Gesetz als im Gebot der *Nächsten*liebe gipfelnd zu verstehen (ganz im Sinne Hillels!), mit Mt 5,43f.

Die *Modifikation* des Gesetzes *bedarf aber der Begründung*. Daß dem Redaktor nicht bewußt war, daß Entscheidendes im mosaischen Gesetz durch Jesus abrogiert wurde, sollte man erst gar nicht versuchen anzunehmen.[3] Nein, eben wegen dieser Abrogation mußte Mt 5,18 durch Mt 5,17 interpretiert werden!

Schon *Otto Michel* hat die Worte des *Auferstandenen* Mt 28,18–20 als Schlüsseltext und eine Art von Summarium des ganzen Mt bezeichnet.[4] *Bornkamm* beruft sich in seinem Aufsatz »Der Auferstandene und der Irdische« auf dieses Verständnis.[5] In der Tat wird vom Osterglauben der Schlußperikope aus das ganze Evangelium des Matthäus transparent. Ausdrücklich wird Mt 28,20 auf die Predigt des Irdischen verwiesen: ενετειλαμην.[6] Daß gerade in Mt der historische Jesus als der Predigende besonders hervorgehoben wird, zeigt das mühevolle redaktionelle Verfahren, mit dem der Evangelist die großen Reden aus den ihm vorliegenden

[2] So übernimmt er auch unbefangen jene Passagen, in denen die Autorität der Schriftgelehrten und der Pharisäer behauptet (Mt 23,2f.) oder die Tempelsteuer bejaht wird (Mt 17,24–27); (S-Mt). Mt 23,23 zeigt wieder seine Tendenz, innerhalb des Gesetzes Akzente zu setzen; er fügt ein: τα βαρυτερα του νομου.

[3] *Davies*, Setting, 102 (im Anschluß an *Daube*): »... we cannot speak of the Law being annulled in the antitheses, but only (!) of its being intensified in its demands, or reinterpreted in a higher key.«

[4] *Michel*, Der Abschluß des Mt-Ev, EvTh 10,21

[5] *Bornkamm*, Auferst., 291

[6] ib. 305f.: zu ενετειλαμην: »Das bedeutet: der Auferstandene und Erhöhte macht das Wort des irdischen Jesus für die Kirche auf Erden für alle Zeiten bis zum Ende der Welt verpflichtend. *Hier* liegt der oft genug übersehene Skopus des ganzen matthäischen Textes.«

Überlieferungen nach thematischen Gesichtspunkten zusammenstellt.[7] So beauftragt der Auferstandene die elf Jünger – genau wie Mt 5,1 auf einem Berg! –, alle Völker zu Jüngern zu machen, und zwar durch Taufe und Lehre (διδασκοντες). Wie der Irdische gelehrt hat (u. a. Mt 5,2; 7,28: διδαχη), so sollen es nun im Auftrag des Auferstandenen die Elfe tun. Ehe Jesus als eben dieser Auferstandene seinen Missionsbefehl gibt, spricht er von seiner Vollmacht: εδοθη μοι πασα εξουσια (Mt 28,18). Diese Vollmacht ist zwar in kosmische Dimensionen gesteigert[8], jedoch steht sie in der Kontinuität mit der immer wieder auch vom Irdischen ausgesagten εξουσια. Gerade zum Abschluß der Bergpredigt wird sie betont. Die Massen erschrecken ob seiner Lehre, *denn* er lehrte sie wie einer, der Vollmacht, der Autorität besitzt, die »ihren Schriftgelehrten« bestritten wird (Mt 7,28f.).[9] Vor allem ist aber der aus Q übernommene Abschnitt 11,25–27 von besonderer Wichtigkeit. Darin geht es um die Offenbarung, die Jesus vom Vater übergeben ist: παντα μοι παρεδοθη.[10] Zwar fehlt hier der Begriff εξουσια. Schwerlich kann man aber deshalb eine inhaltliche Korrespondenz von Mt 11,25–27 mit Mt 28,18–20 bestreiten.[11] Da der erste Evangelist Mt 28,18–20 zumindest redaktionell umgestaltet hat[12], ergibt sich, daß er diese Korrespondenz bewußt intendierte. Er hat demnach den aus Q übernommenen Abschnitt 11,25–27 aufgewertet, indem er wesentliche Elemente desselben für das betonte Schlußwort verwandte.

[7] Die These *Bacons*, *Kilpatricks*, *Stendahls* u.a., daß die fünf Reden des Mt den fünf Büchern des Mose entsprechen, kann nicht aufrechterhalten werden. Zur Kritik s. vor allem die ausführliche Auseinandersetzung *Davies*, Setting, 14ff.; auch *Kümmel*, Einl., 60. Vor allem wiegt m.E. der Einwand, daß die Fünfgliederung der Reden aufgrund der stereotypen Abschlußformel in 7,28; 11,1; 13,53; 19,1; 26,1: και εγενετο οτι ετελεσεν ο Ιησους τους λογους τουτους o.ä. schon deshalb nicht als Argument dienen können, weil damit die große Pharisäerrede (mit Mt 23,2f. u. 23!) übergangen wird.

[8] *Strecker*, 209

[9] s. auch Mt 9,6.8: Sündenvergebung

[10] *Bultmann*, Trad., 171

[11] ib. 172; *Bultmann* vermutet sogar, daß Mt 11,27 ursprünglich als Wort des Auferstandenen überliefert wurde; *Tödt*, 236, sieht dies als sicher an. – Daß allerdings in Mt 28,18 nicht die Qualifikation des Offenbarers, sondern die Inthronisation zum Kyrios über Himmel und Erde umschrieben ist, wie *Bornkamm*, Auferst., 291f., sagt, schließt auch nach ihm den engen Zusammenhang nicht aus; *Strecker*, 210 Anm. 3: »Der Nachdruck liegt also auf der Wahrnehmung des Auftrags des Kyrios, nicht auf der Inthronisation, so sehr diese auch deren Voraussetzung ist.« *McConnel*, 98: »Panta and exousia are probably not to be equated because panta concerns the revelation of the Father's will ... and exousia refers to Jesus' exercizing of divine government and his right to empower the disciples with a world-mission.« *Jeremias*, Abba, 51

[12] Im Blick auf die Traditionsgeschichte von Mt 28,16ff. differieren die Meinungen: *Bornkamm*, Auferst., 291ff.; *G. Barth*, 124 Anm. 3; *Strecker*, 208ff.; *Trilling*, 21ff. Die Unterschiede sind aber für unsere Untersuchung unwesentlich: mit Recht *Grundmann*, Mt, 573: »Die Frage, ob sie (sc. die betr. Verse) eine Vorlage haben

So kann *Bornkamm* mit Recht schreiben: »Das Vollmachtsmotiv als solches dient also noch nicht der Unterscheidung des Auferstandenen vom Irdischen, sondern verbindet sie gerade. Dementsprechend sagt Mt. 11,27 schon der Irdische: Παντα μοι παρεδοθη υπο του πατρος μου, womit ebenso wie Mt. 28 der *Anspruch der Lehre Jesu begründet* ist, wie denn auch an beiden Stellen die Anerkennung seiner Vollmacht sich im Gehorsam des Jüngers erweist (μαθειν 11,29 – μαθητευειν 28,19).«[13] *Strecker*, der an entscheidenden Punkten anders als *Bornkamm* und seine Schule denkt, kommt jedoch hier deren Auffassung sehr nahe: Auch er stellt »Entsprechungen« zur Begabung des Auferstandenen mit der εξουσια in der Darstellung des Irdischen fest; ein grundsätzlicher Unterschied bestehe also nicht.[14] Schon der Irdische besitze gemäß Mt 9,6 die »eschatologische Dimension jener εξουσια«[15]. Also habe Matthäus die vorgefundene Vorstellung von der Gegenwärtigkeit des Erhöhten mit der »eschatologischen Forderung verbunden«.[16]

Für Matthäus begründet demnach *Ostern* die Predigt der Kirche als Weitergabe der Predigt des irdischen Jesus.[17] Damit ist aber ein doppeltes, einander entsprechendes Gefälle gegeben: *Jesus ist alles* (παντα, Mt 11,27) *vom Vater gegeben*, alle Vollmacht (Mt 28,18), in der er zur Weitergabe seines Wortes beauftragt. Jesus spricht aus geschenkter, verliehener Vollmacht. Seine Autorität ist im Offenbarungswillen des Vaters begründet (Mt 11,25.27). *Den Jüngern ist* aber *alles von Jesus gegeben*: »und wem der Sohn es offenbaren will« (Mt 11,27).[18]

Im Zusammenhang mit Mt 11,25.27 muß auch Mt 16,17 gesehen werden. Simon Petrus konnte sein Bekenntnis zur Gottessohnschaft nur ablegen, weil es ihm nicht Fleisch und Blut, sondern Jesu Vater im Himmel offenbarte, derjenige also, der den Sohn kennt.[19] In allen drei Versen erscheint das Verb αποκαλυπτειν. Erwägt man, daß Jesus als der den Vater Kennende dessen Willen[20] lehrt, diese Lehre aber Jesu εξουσια kundmacht, so

oder Matthäische Bildung darstellen, ist infolge der unverkennbaren Matthäischen Spracheigentümlichkeiten gewiß dahin zu entscheiden, daß, wenn eine Vorlage dem Evangelisten gegeben war, dieser sie wesentlich geprägt hat.« ib. 573ff. eine gute Übersicht über die Forschungssituation.

[13] *Bornkamm*, Auferst., 293; Hervorhebung von mir

[14] *Strecker*, 211

[15] ib. 127

[16] ib. 213

[17] Daß διδασκειν und κηρυσσειν in Mt »sachliche Entsprechung« aufweisen und daß demgemäß »Lehre« und »Verkündigung« nicht voneinander zu scheiden sind, wird hier mit *Strecker*, 40, angenommen; s. auch ib. 127: In Mk sind beide Verben synonym gebraucht, Mt engt διδασκειν gegenüber κηρυσσειν etwas ein, und zwar speziell auf die »Gesetzeslehre Jesu«.

[18] Mt 11,25–27 in Verbindung mit Mt 28,16ff. ergibt nahezu den johanneischen Gedanken Joh 20,21: καθως απεσταλκεν με ο πατηρ, καγω πεμπω υμας.

[19] so auch u. a. *Grundmann*, Mt, 386

[20] Darauf dürfte sich in Mt 11,27 παντα beziehen, jedenfalls im Sinne des Matthäus.

dürfte sich das αποκαλυπτειν von Mt 16,17 nicht abseits der Predigt Jesu ereignen, sondern eben *durch* die Predigt Jesu. Mt 11,27d und Mt 16,17 bilden von daher eine inhaltliche Einheit.[21]

Wir können zunächst zusammenfassen: Für den *Redaktor* und Evangelisten Matthäus besteht die Autorität Jesu in der *Macht seiner Predigt*. Vom *Osterglauben* aus wird sie für den irdischen Jesus proklamiert. *Im Hören* des Wortes wird dem Hörer *gegeben*, die Jesus vom Vater verliehene Autorität als ihn (den Hörer) bestimmende Macht anzunehmen. Damit ist auch nach Matthäus ein Zugang zur Verkündigung der Kirche von außen, also aus neutraler Distanz, unmöglich. Ein verobjektiviertes depositum fidei kann man sich niemals aneignen.[22]

Man mag einwenden, dem stehe dreierlei entgegen: 1. das die Predigt Jesu begleitende *Wunder*, 2. die doch wieder *formale Berufung auf* das *Alte Testament*, wie sie gerade in den sog. Erfüllungszitaten für den ersten Evangelisten in bezeichnender Weise zum Ausdruck kommt, und 3. der durchgehende Hinweis auf das *Jüngste Gericht* (*Lohn* und *Strafe*), der doch als Motivation des ethischen Handelns verstanden werden könnte.

Zunächst zum *Wunder*! In der Tat steht θεραπευειν parataktisch neben διδασκειν und κηρυσσειν (Mt 4,23; 9,35[23]). Auf das (redaktionelle!) Summarium Mt 4,23 folgt die Feststellung, daß sich Jesu Ruf (ακοη) in ganz Syrien verbreitet hat (Mt 5,24); kurz vor dem nahezu mit Mt 4,23 wortgleichen (ebenfalls redaktionellen!) Summarium Mt 9,35 heißt es aufgrund der Erweckung der Jairus-Tochter wiederum: Sein Ruf (φημη) verbreitete sich in jenem Lande (Mt 9,26). Gerade die Mt 4,23f. genannten Heilungen haben zur Folge, daß viel Volk ihm folgte (Mt 4,25). Und dieses Volk kommt aus Galiläa, der Dekapolis, Jerusalem, Judäa und der Gegend jenseits des Jordans. Welche Bedeutung aber gerade das Nachfolgen (ακολουθειν) Jesu für Matthäus hat, ist bekannt.[24] Die Massen aus aller Herren Länder sind Jesus also um der Wunder willen nachgefolgt. Und Matthäus baut aus ihnen jenes große Auditorium auf, das dann mit Staunen die Bergpredigt vernimmt. Allerdings ist schließlich Jesu εξουσια nicht wegen seiner Wunder Mt 4,23f. ausgesagt, sondern wegen seiner διδαχη (Mt 7,28f.). Insofern liegt die *eigentliche* Begründung der Autorität nicht im Wunder,

[21] Dieser Interpretation des Petrusbekenntnisses kommt nahe, was *Strecker*, 193f., über die »Idealisierung« der Jünger durch den Redaktor Matthäus sagt. Allerdings bringt er in seiner Exegese von Mt 16,17–19, ib. 201ff., die eben herausgestellte Interpretation des ακοκαλυπτειν in Mt 16,17 nicht.

[22] Dies haben *Bultmann* und seine Schule besonders herausgestellt. Mit Recht, weil es gut biblisch ist! Inwiefern sich *Bultmann* hier auf Luther berufen kann, s. meine Dissertation, Rechtfertigung und Heilung in Luthers Römerbriefvorlesung, passim.

[23] für die Jünger Mt 10,7f.: θεραπευετε neben κηρυσσετε

[24] *Bornkamm*, Sturmstillung; *Strecker*, 230ff. 230 Anm. 4

sondern in der Predigt – trotz der grammatisch koordinierten Verwendung von διδασκειν/κηρυσσειν und θεραπευειν.[25]

Dieser Befund wird zum einen dadurch bestätigt, daß die erste Aufforderung zur Nachfolge (an Simon Petrus, Andreas, Jakobus und Johannes, Mt 4,18–22) nicht aufgrund eines Wunders erfolgt. Mt 4,17 ist nur die Rede davon, daß Jesus seine öffentliche Tätigkeit mit der Predigt von der Umkehr und der nahen Himmelsherrschaft beginnt. Vielleicht soll aber gerade dadurch zum Ausdruck gebracht werden, daß im Gegensatz zu den Volksmassen die Jünger des Wunders als Anlaß zur Nachfolge nicht bedürfen.[26] Zum andern fällt auf, daß vom irdischen Jesus den Jüngern Auftrag und Vollmacht erteilt werden, Wunder zu tun (Mt 10,1.8), vom Auferstandenen aber nicht (Mt 28,19f.)[27] – ohne daß damit allerdings ein Wunderwirken in der Gemeinde bestritten wird (Mt 7,22)[28].

Was die *alttestamentliche Bezeugung Jesu* angeht, so sind gerade in letzter Zeit die sog. Erfüllungszitate eingehend Gegenstand der Diskussion gewesen.[29] In die Einzelheiten dieser Auseinandersetzung soll hier nicht eingegriffen werden. Lediglich sei gesagt, daß die Hypothese, Matthäus habe eine Testimoniensammlung wie 4 QTest benutzt, an Wahrscheinlichkeit gewonnen hat.[30] Sicher sind die Einleitungsformeln redaktionellen Ursprungs.[31] Die Zitate sollen »Einzelheiten des Bios Jesu alttestamentlich begründen«.[32] »Aus allem folgte, daß Matthäus die Zitate zur Interpretation der Geschichte Jesu als eines zeitlich zurückliegenden und geographisch fernen, einmaligen Geschehens verwendet.«[33]

Diese matthäischen Reflexionszitate geben klar zu erkennen, daß Matthäus in den von ihm zitierten Stellen des Alten Testamentes Gott selbst als Redenden sieht; ausdrücklich heißt es zweimal in der redaktionellen Ein-

[25] mit Recht *Strecker*, 176: »Obwohl das Wunderwirken Jesu ausdrücklich hervorgehoben wird ..., erhält es kein Eigengewicht.«

[26] cf. Mt 9,9: Die Perikope Mt 9,9–13 ist mit der vorhergehenden Mt 9,2–8 nicht durch das Wundermotiv verbunden, sondern durch die Vergebung der Sünden bzw. Jesu Verhalten dem Sünder gegenüber.

[27] Ganz im Gegensatz zum unechten Markusschluß Mk 16,17f.!

[28] *Strecker*, 176: »Dem Wunder kommt nur relative Bedeutung zu; es ist dem Rechttun untergeordnet.«

[29] u.a. *Stendahl*, School; ders., Quis et unde? = Judentum, Urchristentum, Kirche, 94–105; *Gärtner*, The Habakuk Commentary and the Gospel of Mt, StTh 8,1–24; *Fitzmyer*, 4 QTest and the NT, ThSt 18, 513–537; *Lindars*; *Hillyer*, Mt's Use of the OT, EvQuart 36, 12–26; *Braun*, Qumran II § 18, 301ff.; *Hummel*, 128ff.; *Strecker*, 49ff.; *McConnel*, 101ff.; *Rothfuchs*; *Pesch*, atl. Ausführungsformel, BZ, 1966, 220–245; 1967, 79–95; ders., Gottessohn, Bibl 48, 395–420

[30] Mit *Strecker*, 83, scheint mir das Problem einer vormatthäischen »Schultradition« durchaus noch offen zu sein.

[31] ib. 84 [32] ib. 84f. [33] ib. 85

leitungsformel: το ρηθεν υπο κυριου (Mt 1,22; 2,15).[34] Auch das Passiv το ρηθεν sagt unmißverständlich die göttliche Urheberschaft jenes Redens aus.[35] Wir können deshalb mit *McConnel* festhalten: »It is clear that to Matthew the Old Testament was the authoritative source for the revelation of the divine will.«[36] Doch geht er zu weit, wenn er meint, Matthäus erachte die alttestamentlichen Prophetien nur insoweit für wichtig (»important insofar«), als sie auf das Leben Jesu bezogen werden können.[37] Vielmehr geht es doch darum, daß in der Auffassung des ersten Evangelisten die Propheten deshalb Christus prophezeiten, weil sie Werkzeuge Gottes (δια του προφητου!) waren.[38] Sowohl die Propheten als auch der Messias Jesus haben ihre Offenbarung von Gott (vgl. etwa Mt 1,22 mit Mt 11,27!). Dabei betrachtet Matthäus die Reflexionszitate – wie Qumran – als Weissagungen der im Augenblick erfüllten Endzeit.[39]

Erweisen somit die redaktionellen Zitationsformeln der Reflexionszitate deren absolute göttliche Autorität, nämlich die göttliche Autorschaft, so darf doch nicht übersehen werden, daß es sich grundsätzlich um Prophetentexte, nicht aber um Stellen aus der Thora im eigentlichen Sinne handelt. Die Propheten galten aber im damaligen Judentum (zumindest in der rabbinischen Tradition) lediglich als Interpreten der Thora und standen somit nicht auf der gleichen Stufe kanonischer Geltung.[40] Bei Matthäus jedoch verheißt Gott durch die Propheten denjenigen, der es kraft göttlich verliehener Vollmacht vermochte, die Thora zu modifizieren. Somit liegt in Mt die zwar nicht ausgesprochene, aber immanent angelegte Tendenz vor, daß die *Propheten* sogar *über der Thora* stehen – im Gegensatz zum zeitgenössischen Rabbinismus![41]

[34] *McConnel*, 136f.; *Rothfuchs*, 40ff.; ib. 41: Im Kontext beider Erfüllungszitate findet sich die verhältnismäßig häufige Bezeichnung Gottes als κυριος.

[35] *Rothfuchs*, 40

[36] *McConnel*, 136; mit Recht ib. 136: »There is a tension between Matthew's use of Scripture as the authoritative basis for regarding Jesus as the Messiah and his own authority as the interpreter who discovers the divine intention imbedded in Scripture.« cf. auch ib. 137

[37] ib. 138

[38] *McConnel* sagt aber ib. 138: »Old Testament prophecies were not regarded as authoritative in themselves so that it was believed by the early Church that Jesus had to fulfill them. Rather, the prophecies which were important were determined by the life of Jesus.«

[39] zum Problem Auslegung des Alten Testaments bei Qumran und Matthäus s. u.a.: *Braun*, Qumran II § 18, vor allem 306f.; *Wolf*, The Gospel to the Essenes, BiblRes 3, 28–48; *McConnel*, 139ff.; *Rothfuchs*, 139ff. (hier besonderere Betonung der Differenz!); für Qumran speziell vor allem: *Elliger*, Habakuk-Kommentar, vor allem 150ff.; 157–164 Auseinandersetzung mit *Brownlee*s 13 hermeneutischen Grundsätzen; *Betz*, Offenbarung, passim. Mit *Rothfuchs*, 141f., ist festzuhalten, daß Matthäus sich im Gegensatz zum Lehrer der Gerechtigkeit nicht auf eigene Offenbarungen beruft.

[40] u.a. *Meyer*, Art. προφητης, ThW VI, 817ff.

[41] Von daher kann *McConnel*, 216, sagen: »It has been seen that Matthew has

Schließlich ist noch dem dritten und letzten Einwand zu entgegnen: Die von Jesus erhobenen Forderungen sind nach Matthäus durch den Hinweis auf *Lohn* und *Strafe* am Tage des Gerichtes motiviert. *Preiskers* ThW-Artikel μισθος und *Bornkamms* Aufsatz »Der Lohngedanke im Neuen Testament« unterscheiden zu wenig zwischen dem Redaktor Matthäus und seinen Traditionen; doch können wir z. T. auf ihren Ergebnissen aufbauen.[42] [43] Unter redaktionsgeschichtlichen Gesichtspunkten bringt *Strecker* in seiner Monographie über die Theologie des Matthäus den Abschnitt »Die eschatologische Begründung«.[44] Nach *Strecker* wird die eigentliche Begründung der ethischen Forderung Jesu durch den Hinweis auf das Gericht nach den Werken gegeben. Allerdings spricht er an anderer Stelle vom »imperativischen Indikativ«[45]. Damit will er zum Ausdruck bringen, daß die indikativische Ansage der βασιλεια und die Selbstaussage des Kyrios Mt 11,28–30 die »eschatologische Begründung« des Imperativs relativieren.[46] In diesem Sinne könnte auch seine Formulierung verstanden werden, daß – nach Matthäus – Jesu Ankündigung des Gerichts nach den Werken *und* der βασιλεια seine Forderung verschärfe, ihr eine »Begründung aus der Zukunft« gebe und die Notwendigkeit des Gehorsams motiviere.[47] Doch entfällt wieder der Gesichtspunkt der Gottesherrschaft (also der indikativischen Begründung! cf. Mt 5,3!), wenn es in sehr grundsätzlicher Diktion heißt: »Das Sein (!) der Gläubigen stellt sich in den Worten Jesu so dar, daß es auf das Ende ausgerichtet ist, um dort das gerechte Urteil zu erwarten.«[48] Das *eigentliche* Motiv für diese Forderung sind dann doch Lohn und Strafe! Nach *Strecker* hat Matthäus diese eschatologische Motivation bereits vorgefunden, sie aber durch Eingriff in die Vorlagen verstärkt.[49]
Einig ist sich *Strecker* mit *Bornkamm*, daß Mt bzw. dem Neuen Testament die Vorstellung (*Strecker*: »idealistische Erwägung«) des Guten, das um seiner selbst willen getan werden muß, unbekannt ist.[50] Trotz dieser Übereinstimmung, die für beide Ausdruck ihrer Absicht ist, die Ethik Jesu nicht mit der Ethik des Idealismus koinzidieren zu lassen, unterscheidet sich *Bornkamm* von *Strecker*. Das, was er über das Verhältnis ethisches Handeln,

portrayed Jesus as the Godsent interpreter of the old Law. Matthew, however, has not intentionally described Jesus as the interpreter of Old Testament prophecy.« Nicht aber stimme ich ihm zu, wenn er schreibt, 218: »According to Matthew, even as Jesus' teaching is the authoritative interpretion of the Law, so his life and ministry is the means by which Old Testament prophecy is interpreted.«

[42] Immerhin unterscheidet *Preisker* deutlich zwischen der synoptischen Tradition und dem von Jesus Gesagten; andererseits ist zu bedenken, daß *Bornkamms* Aufsatz bereits 1943, also vor dem eigentlichen Aufkommen der redaktionsgeschichtlichen Fragestellung, geschrieben wurde.

[43] s. 2. Kap. Anm. 232, 234 u. 235

[44] *Strecker*, 158ff.

[45] ib. 166ff.

[46] ib. 166ff.

[47] ib. 158

[48] ib. 158

[49] ib. 158f.

[50] ib. 164; *Bornkamm*, Lohngedanke = Aufs. II, 73

– Lohn im Blick auf die Predigt des historischen Jesus sagt, gilt auch für Mt, da er sich zum großen Teil auf dieses Evangelium stützt. Mit Recht erklärt er: »Der Inhalt der Forderung wird also nirgends aus den Folgen – Lohn und Strafe – begründet.«[51] Er verweist auf die »Ahnungslosigkeit« der Gesegneten Gottes in der Gerichtsrede vom Weltgericht (Mt 25,31ff.).[52] Und gerade Mt 20,1ff., eine nur bei Mt befindliche Perikope, streicht den Gedanken des bei Gott genau berechenbaren Lohnes, auf den man Anspruch hat, radikal durch. Dieses im Grunde paradoxe und für ökonomische Denkweise ärgerliche Gleichnis schaltet somit jegliches Verdienstdenken aus. Wenn irgendwo, dann ist hier jenes pharisäische Denken[53], das das Gesetz zum Mittel zur Sicherung von Verdiensten mißbraucht, tödlich getroffen[54]. *Bornkamm* ist zuzustimmen: Der Lohngedanke kann niemals Motiv echten Gehorsams sein und ist es auch in Mt nicht. »Wer den Lohn zum Motiv seines Gehorsams macht, der tut eben das, was Jesus verwehrt; er läßt die Rechte wissen, was die Linke tut; während die Linke die Tat vollbringt, streckt schon die Rechte sich aus, den sicheren Lohn zu erhalten.«[55] Vielmehr ist der Lohngedanke für Jesus – wir können hinzufügen: auch für Matthäus – Ausdruck der Tatsache, daß alles Tun des Menschen unwiderrufliche Folgen hat.[56] Indem vom Lohn gesprochen wird, ist der Mensch als sittlich handelndes Wesen ernst genommen; indem der Lohngedanke vom Verdienst- und Berechnungsgedanken befreit wird, ist aber zugleich Gott in seiner Gottheit ernst genommen.

Matthäus hat also den Lohn (bzw. die Vermeidung der Strafe) als *Folge*, nicht als *Ziel* des durch Jesus geforderten Handelns verstanden.[57] Im selben Augenblick aber, in dem dieses konsekutive Denken durch ein finales ersetzt wird, ist die neutestamentliche, hier matthäische Ethik in der Wurzel vergiftet. Wie sehr gerade an diesem Punkte *Strecker* Matthäus nicht gerecht wird, zeigt sein Verständnis von Mt 19,27. In der Mk-Vorlage des ersten Evangelisten stand lediglich die Aussage des Petrus: »Siehe, wir haben alles verlassen und sind dir nachgefolgt.« (Mk 10,28; cf. Lk 18,29) Matthäus aber ergänzt: τι αρα εσται ημιν; *Strecker* kommentiert: »Schon

[51] *Bornkamm*, Aufs. II, 80

[52] ib. 80; in diesem Zusammenhang zitiert *Bornkamm*, ib. 80 Anm. 17, *Schniewinds* Formulierung vom »Gnadenlohn« (Mt, 254). Ist es bezeichnend, daß *Strecker*, Gerechtigkeit, 165, behauptet, dieser Gedanke sei im ersten Evangelium unbekannt?

[53] s. aber Ab I, 3!

[54] cf. auch *Preisker*, ThW IV, 722ff.

[55] *Bornkamm*, Aufs. II, 80

[56] ib. 74; nach *Schmid*, Mt, 116, geschieht nicht Beseitigung, sondern »Umgestaltung des Lohngedankens« durch Jesus: »Die Lehre von der Verantwortlichkeit des Menschen gegenüber Gott hat Jesus nicht beseitigt.«

[57] Daß z.B. Mt 19,16 das finale ινα σχω ζωην αιωνιον steht, ist dadurch zu erklären, daß es sich um Tradition (Frage eines im Lohngedanken Befangenen), nicht Redaktion handelt. Bezeichnenderweise findet sich nirgends die Konstruktion: Imperativ + ινα μισθον εχητε!

darin wird sichtbar, daß der Lohngedanke allgemeines Motiv der Forderung Jesu ist.«[58] Nein! Petrus stellt diese Frage, *nachdem* er bereits alles verlassen hat.[59]

Also gerade die Aufnahme des Lohn- und Strafgedankens aus seinen Vorlagen (vor allem aus seinem Sondergut!) zeigt aufs deutlichste: Matthäus hat besonderen Wert darauf gelegt, den zeitgenössischen pharisäisch-legalistischen Verdienstgedanken zu torpedieren. Doch ist damit die eigentlich entscheidende Frage noch gar nicht in den Blick gekommen: Warum kann nach Matthäus Jesus gerade Lohn und Strafe vom Befolgen *seines* Wortes abhängig machen? Die Frage, inwieweit Lohn und Strafe Motivationen für das ethische Handeln abgeben, überspringt die davorliegende: Warum sind ausgerechnet *Jesu* Forderungen die Forderungen Gottes?

Überschauen wir also die letzten Überlegungen, so dürfte – trotz der drei Einwände – das bereits formulierte Ergebnis im Prinzip festzuhalten sein: *Für den Redaktor Matthäus besteht die Autorität Jesu in der Macht seiner Predigt*. Kraft dieser Autorität vermag er die Thora zu modifizieren. Die *Wunder* besitzen zur Bestätigung dieser Autorität nur untergeordnete Bedeutung. Die *Reflexionszitate* als Wort Gottes bestätigen den, der mit Vollmacht über der Thora steht. Matthäus hat allerdings nicht das Verhältnis von bzw. die Spannung zwischen dem in den Prophetentexten formal vorgegebenen Wort Gottes und dem Wort Gottes, das sich als solches in der Predigt Jesu erweist, reflektiert. Hier liegt ein gewisser Bruch beim ersten Evangelisten vor. Keinesfalls begründet aber bei Matthäus der durchgehende Hinweis auf das *Jüngste Gericht* die Autorität Jesu.[60]

Matthäus hat Jesus als Erfüller des Gesetzes dargestellt. Läßt sich von daher etwas zu der Frage sagen, ob es sich um einen *judenchristlichen* oder *heidenchristlichen* Verfasser handelt? Fest steht, wie z. B. Mt 5,18 (= Q) und 23,2ff. (= Sondergut) zeigen, daß »judaistische« Aussagen auf vorgegebene Tradition zurückgehen. Hierin ist *Strecker* auf jeden Fall recht

[58] *Strecker*, 164; 164 Anm. 3

[59] zur Berufung des Petrus s.o. Ein eventueller Einwand, die Frage könne auch jetzt noch verraten, aus welchen Motiven Petrus *vorher* gehandelt habe, versteht diese Frage isoliert von dem, was Matthäus sonst über den Lohngedanken sagt.

[60] Lediglich angedeutet werden soll, daß in Mt der die Predigt Jesu hörende Jünger als in der Leidensgemeinschaft mit seinem Herrn stehend betrachtet wird (cf. Mt 10,17ff.). In der Verfolgung erfährt er den Beistand des göttlichen Geistes; ihm wird gegeben (wiederum δοθησεται!), was er sagen soll (Mt 10,19). Indem sich also der Jünger auf die Botschaft Jesu einläßt, wird er selbst in der Verfolgung, ja gerade in der Verfolgung, dieses göttlichen Ursprungs in besonderem Maße gewiß. Jedoch ist andererseits zu bedenken, daß, obwohl das Thema der Verfolgung in den Makarismen betont anklingt (Mt 5,10–12), gerade die Antithesen nicht von diesem Gedanken beherrscht werden (s. 2. Kap.). Zu den παντα οσα ενετειλαμην υμιν (Mt 28,20) gehört sowohl die Lehre als auch die Ankündigung der Leidensexistenz für die Jünger.

zu geben. Mt von Mt 5,18 aus zu interpretieren sollte eigentlich der Vergangenheit angehören! Demgegenüber ist es aber völlig überspitzt und widerspricht der ausgleichenden Tendenz des ersten Evangelisten, diesen als »radikalen Antinomisten« zu bezeichnen (*Walker*).[61] Eine solche Charakterisierung verrät simplifizierende Einseitigkeit. Die Frage lautet also: Spricht die Absicht des Matthäus, dem mosaischen Gesetz durch Übernahme von Mt 5,18 u. a. – trotz gleichzeitiger Modifikation – möglichst absolute Geltung zu verschaffen, für einen judenchristlichen Standpunkt? Und weiterhin: Spricht dafür das – jedenfalls in einem gewissen Ausmaß – anzunehmende Vertrautsein des Evangelisten mit rabbinischen Diskussionen? Umgekehrt kann aber auch gefragt werden: Muß denn eine gesetzesfreundliche Haltung in den achtziger Jahren unbedingt auf Judenchristentum verweisen? Immerhin wird wenige Jahre nach der Niederschrift des Mt in 1 Clem von levitischen Gesetzesbestimmungen her das christliche Amtsverständnis interpretiert[62], ohne daß man seinen Verfasser als Judenchristen betrachten müßte[63]. Bereits zur Zeit der Abfassung des Röm war die römische Gemeinde, in deren Namen 1 Clem geschrieben ist, überwiegend heidenchristlich geprägt.[64] Somit dürften in den neunziger Jahren in Rom Juden- und Heidenchristen in *einer* Gemeinde integriert gewesen sein. Hält man sich dieses Beispiel vor Augen, so besagt diese oder jene Haltung gegenüber dem mosaischen Gesetz herzlich wenig für die Frage, ob es sich jeweils um die eine oder andere der beiden genannten Gruppen handelte. Das gilt auch für die Gemeinde des Matthäus. So schreibt auch *Trilling*: »Jedoch ist zu fragen, ob man überhaupt in dieser Alternative heiden-judenchristlich denken darf. Wenn das Evangelium Selbstzeugnis einer Kirche und ihrer langen Überlieferungstätigkeit ist und für sie selbst bestimmt ist, dann ist in der Phase der Endredaktion damit zu rechnen, daß diese Kirche verschieden zusammengesetzt war und die Unterschiede zwischen Heiden- und Judenchristen keine wesentliche Rolle oder überhaupt keine mehr spielten. Es wäre nur rückschließend möglich, zu bestimmen, wie die Kirche in dieser Zwischenzeit der Tradierung zusammengesetzt war und in welchem Milieu sich dieser Prozeß vollzogen hat. Das scheint allerdings ein überwiegend judenchristlich geprägtes Milieu gewesen zu sein.«[65] Im übrigen wäre für diese Frage das Verhältnis des Matthäus zu Israel zu untersuchen. Das aber geht über unsere Fragestellung hinaus.[66]

[61] *Walker*, 135 [62] 1 Clem 40ff. [63] *Fischer*, 18

[64] *Kümmel*, Einl., 221; *Friedrich*, Art. Römerbrief, RGG V, 1137; anders *Manson*, The Epistle to the Hebrews, 172ff.

[65] *Trilling*, 223f.

[66] s. ib. passim; s. auch *Käsemann*, Die Anfänge christlicher Theologie = EVuB II, 82–104

Was das *Sondergut* des Mt angeht, so sei hier auf eine genauere Charakteristik verzichtet, da über diese Traditionsschicht keine bisher überzeugende Auffassung vorliegt.[67] Einiges im Blick auf S-Mt wurde bereits in diesem ersten Abschnitt des fünften Kapitels gesagt.
Daher mag es genügen, herauszustellen: In S-Mt finden sich *gesetzesbejahende* (z. B. Mt 5,21ff.27ff.) und *gesetzesverneinende* Aussagen (z. B. 5,38.39a). Obwohl die Autorität der Rabbinen grundsätzlich nicht bestritten wird (Mt 23,2f.), werden die Pharisäer abgelehnt (Mt 15,12f.), ohne daß jedoch in erkennbarer Weise grundsätzlich zwischen Schriftgelehrten und Pharisäern unterschieden würde. Über die Begründung der Autorität Jesu in S-Mt kann naturgemäß nichts Endgültiges gesagt werden, solange wir über diese Schicht als solche im dunkeln tappen.
Vor Q und Mk, den mit Sicherheit literarischen Quellen des Mt, soll nun erst Lukas Gegenstand der Untersuchung sein.

2. Lukas als Redaktor

Auch der dritte Evangelist übernimmt widersprüchliches Material. Er verarbeitet in seinem Evangelium einerseits Aussagen, die dem Inhalt, nicht aber der Form nach alttestamentliche Gesetzesbestimmungen außer Kraft setzen: so das ius talionis in Lk 6,27ff. (Q) und die Dt 24,1 zugrunde liegende Möglichkeit der Scheidung in Lk 16,18 (Kombination aus Mk und Q). Doch werden die betreffenden alttestamentlichen Texte weder genannt noch zitiert. Andererseits bringt er das typisch judenchristliche Logion Lk 16,17 (Q).[68] Da er unmittelbar danach Lk 16,18 als implizite Abrogation von Dt 24,1 anschließt, ist anzunehmen, daß er diese Implikation nicht wahrhaben will. Vielleicht hat er das Streitgespräch Mk 10,2ff. nicht übernommen, weil dort Gen 1,27; 2,24 der Gesetzesbestimmung Dt 24,1 gegenübergestellt werden, er aber in seinem Evangelium *alles vermeiden* will, *was nach Abrogation des mosaischen Gesetzes in der Predigt des irdischen Jesus aussehen könnte.* So wird der Satz »Das Gesetz und die Propheten reichen (nur) bis Johannes« (Lk 16,16a) uminterpretiert in: Bisher gab es »nur« Gesetz und Propheten, von nun an aber »auch« die Predigt vom Reich. Trotz der offensichtlichen Tendenz, antinomistische Spitzen aus dem Munde Jesu zu vermeiden, ist aber Lukas selbst nicht Nomist. Er läßt

[67] *Kümmel*, Einl., 62ff.
[68] Aus Q werden z.B. auch die Bestimmungen des Verzehntens übernommen: Lk 11,42. Hier werden sie der κρισις und der αγαπη του θεου als den wichtigeren Forderungen gegenübergestellt, die aber im Gegensatz zu Mt 23,23 *nicht* als wichtigste Forderungen des *Gesetzes* qualifiziert werden. Verzehnten ist wichtig und unerläßlich, steht aber hinter Wichtigerem zurück.

Jesus nur deshalb nicht die Thora außer Kraft setzen, weil dies der Zeit der Kirche vorbehalten bleibt. So übergeht er bewußt Mk 7,1ff., bringt aber dann die Aufhebung der kultischen Reinheit in Apg 10. Die Pflicht zur Beschneidung für die Heidenchristen erlischt Apg 15.

Wie ist die *Autorität Jesu* in Lk begründet? Diese Frage steht für das dritte Evangelium insofern unter einem anderen Vorzeichen, als ja *Lukas Jesus* gerade *nicht* als den versteht, der die *Vollmacht* zur *Außerkraftsetzung der Thora für sich beansprucht*. In seine Konzeption von der Abrogation des Gesetzes – zumindest der Abrogation wesentlicher Teile des Gesetzes – in erst nachpfingstlicher Zeit paßt sich die Berufung auf die Erfüllung bestimmter Gesetzesvorschriften in Lk 1 und 2 (S-Lk) bestens ein: Bereits die Eltern des Vorläufers Jesu[69] sind δικαιοι ... εναντιον του θεου; denn sie wandelten untadelig εν πασαις ταις εντολαις και δικαιωμασιν του κυριου (Lk 1,6). Dem korrespondiert, daß der letzte, der sich um den irdischen, inzwischen toten Jesus kümmert, nämlich Josef von Arimathäa, ebenfalls als δικαιος bezeichnet wird. Gleichzeitig heißt es von diesem Gerechten, er habe die Gottesherrschaft empfangen (Lk 23,51).[70] Wichtiger ist in diesem Zusammenhang Lk 2. Simeon, der wiederum als δικαιος (und ευλαβης[71]) charakterisiert wird, spricht seine prophetischen Worte (Lk 2,29–32) anläßlich der im Gesetz des Mose angeordneten Reinigung.[72] Der Anfang des Lebens Jesu[73] steht somit unter dem κατα τον νομον[74]. Auch das Osterkapitel (weithin: S-Lk) bringt ausdrücklich den Bezug des Sterbens und Auferstehens auf das Alte Testament, wobei Mose expressis verbis genannt wird: Den Emmaus-Jüngern legt der Auferstandene die Schrift aus: αρξαμενος απο Μωυσεως (Lk 24,27); Sterben und Auferstehen stehen unter dem göttlichen δει, demgemäß alles, was εν τῳ νομῳ Μωυσεως, den Propheten und den Psalmen geschrieben steht, erfüllt werden muß (Lk 24,44). Das *Gesetz* ist damit für Lukas *in* das *Schema Verheißung – Erfüllung hineingestellt*. Was das Gesetz, allerdings im Rahmen des ganzen Alten Testaments[75], bedeutet, wird also erst von Ostern aus deutlich. Der Auferstandene muß seinen Jüngern »den Verstand (νουν) eröffnen«, damit sie die Schriften verstehen (Lk 24,45).[76] Und dies geschieht erst, nachdem sie, Zweifler an der Auferstehung Jesu, durch geradezu handgreifliche Beweise (ψηλαφησατε, Lk 24,39) zum Glauben ge-

[69] Lk 1,76 [70] cf. Lk 18,17!

[71] cf. Apg. 22,12: ευλαβης κατα τον νομον

[72] Lk 2,22: κατα τον νομον Μωυσεως, 2,27: κατα το ειθισμενον του νομου, 2,39: και ως ετελεσεν παντα τα κατα τον νομον κυριου.

[73] καθαρισμου αυτων: Wird auch Jesus als unrein betrachtet?

[74] cf. Gal 4,4: γενομενον υπο νομον

[75] Kap. 24 wird ja keine Stelle aus dem Gesetz zitiert, es wird ganz global genannt!

[76] cf. auch *Grundmann*, Lk, 452; *Conzelmann*, Mitte, 148 Anm. 1, spricht in diesem Zusammenhang mit Recht von der »*prophetischen* Funktion des Gesetzes«.

bracht worden sind! *Der Osterglaube bedarf der Demonstration*: Der Auferstandene ißt erst einmal Fisch, um seine Existenz als körperliches Wesen zu beweisen (Lk 24,41 ff.). Das klingt so ganz anders als bei Matthäus. Auch da gab es angesichts des Auferstandenen Zweifel (εδιστασαν, Mt 28,17). Aber Jesus spricht sein Wort von der εξουσια – und es ist gar nicht mehr nötig zu sagen, daß die Zweifelnden nun Glaubende geworden sind.

Um es so zu formulieren: Der Auferstandene bedarf für Lukas zum Erweis seiner Autorität des – wir würden heute sagen: objektivierbaren – Beweises. Das Wort allein tut's nicht. *Erst Demonstration – dann Schriftauslegung*!

Von der auf diese Weise hergestellten Autorität des Auferstandenen her muß auch die *Autorität des Irdischen* bei Lukas verstanden werden. Erst Ostern verstehen (συνιεναι, Lk 24,45) die Jünger das Entscheidende: πληρωθηναι παντα τα γεγραμμενα = Karfreitag und Ostern. Von daher ist alles vorösterliche Erfassen und alle vorösterliche Reaktion auf Jesu Handeln und Reden etwas Vorläufiiges, um nicht zu sagen: am Kern des Eigentlichen Vorbeigehendes.

Bezeichnend für den Unterschied Matthäus – Lukas an dieser Stelle ist: Matthäus legt den Akzent auf die Kontinuität der mit εξουσια geschehenen Verkündigung durch den Irdischen in die nachösterliche Zeit hinein (Mt 28,20). Lukas hingegen stellt betont das Leiden des Christus, dessen Auferstehung am dritten Tage und die Vergebung der Sünden in seinem Namen (Lk 24,46 f.) heraus. Lukas hat damit – sicherlich ungewollt – die Predigt des vorösterlichen Jesus abgewertet.

Inwiefern auf alles vorösterliche Verstehen ein Schatten von Ostern aus fällt, zeigt Lk 9,43 ff. Jesus gebietet einem unreinen Geist und heilt so einen Knaben. Die Reaktion aller besteht im Erstaunen (dem typischen εξεπλησσοντο) über die μεγαλειοτης του θεου. Als sich nun alle über sein Tun (εποιει) wundern, spricht er zu seinen Jüngern (!), indem er das Erstaunen des Volkes herabwürdigt und eine Korrektur, und zwar eine ganz wesentliche Korrektur, anbringen will: θεσθε υμεις εις τα ωτα υμων τους λογους τουτους (Lk 9,44). Und dann folgt eine Leidensweissagung; doch selbst die Jünger verstehen dieses Wort (ρημα) bezeichnenderweise nicht. Die Korrektur nützt nichts. Und wenn dann ihr Nichtverstehen damit begründet wird, daß es ihnen verborgen (παρακεκαλυμμενον) sei, *damit* (ινα μη) sie es *nicht* verstehen, so ist also auf das spätere, österliche Verstehen verwiesen.[77]

Und doch spielt in Lk das Wunder eine größere Rolle für die Begründung der Autorität des irdischen Jesus als in Mt – analog zu dem, was für die Darstellung der Osterereignisse in beiden Evangelien gilt: Lukas bedient

[77] so schon *Wrede*, 171; *Grundmann*, Lk, 196, will ινα nicht final, sondern konsekutiv verstehen.

sich der Demonstration, Matthäus nicht. An zwei Beispielen sei dies verdeutlicht, erstens an Petrus und zweitens an der Feldrede.
Markus beginnt die Darstellung der öffentlichen Tätigkeit Jesu mit dem Summarium Mk 1,14f.: Jesus *predigt* das Evangelium Gottes von der Erfüllung der Zeit und der deshalb nahegekommenen Gottesherrschaft. Die erste Reaktion ist die Bereitschaft des *Petrus* und dreier anderer, Jesus nachzufolgen (Mk 1,16–20). Erst Mk 1,29–31 wird der Familie des Petrus eine Heilung zuteil. So also sah die literarische Vorlage des Lukas aus. Dieser korrigiert sie jedoch in für ihn typischer Weise: Petrus wird zum ersten Mal anläßlich der Heilung seiner Schwiegermutter erwähnt (Lk 4,38f.). Als einer, der bereits auf diese Art Jesu Hilfe erfahren hat, wirft er auf dessen Wort[78] hin in – vom Standpunkt des Fachmanns aus – törichter Weise die Netze aus (Lk 5,5). Und wiederum geschieht ein Wunder, das ihn nun zur Selbsterkenntnis, aber auch zur Nachfolge führt (Lk 5,8.11). Lukas gestaltet also die Berufung des für ihn so wichtigen Apostels Petrus[79] um, indem er ein zweifaches Wunderwiderfahrnis vorschaltet. Doch selbst in der nachpfingstlichen Zeit bedarf dieser Jünger noch des göttlichen Eingreifens mittels einer Vision, um zu verstehen, daß Gott auch Heiden in seine Kirche ruft (Apg 10,9ff.). Demonstration über Demonstration!
Für die *Feldrede* des Lukas gilt zunächst ähnliches wie für die Bergpredigt des Matthäus: Viel Volk kommt von ganz Judäa und Jerusalem, ja selbst vom Küstengebiet Tyrus' und Sidons zusammen, um ihn zu hören und von ihm geheilt zu werden (Lk 6,17ff.).Das Hauptmotiv ihres Kommens ist aber wohl der Wunsch nach Heilung; geht doch von Jesus eine Kraft (δυναμις) aus, die alle von ihren Krankheiten zu befreien vermag (Lk 6,19).[80] Während nun Matthäus für die Schilderung der Wirkung der Bergpredigt Mk 1,27 verwendet, sagt Lukas nichts von einer Reaktion des Volkes auf die Feldrede (s. Lk 7,1). Man könnte zwar einwenden, bereits Lk 4,31f. bringe der Evangelist das Erstaunen der Menschen über Jesu Lehre, zumal dann die redaktionelle Wendung folgt: οτι εν εξουσιᾳ ην ο λογος αυτου (v. 32).[81] Jedoch ist es bezeichnend, daß auch im Blick auf den unmittelbar darauf erfolgenden Exorzismus der Begriff εξουσια (in Verbindung mit δυναμις[82]) verwandt und der Exorzismus als Funktion des λογος verstanden wird (v. 36). Also: Das Wunder führt zum Hören der mit Vollmacht ausgesprochenen Lehre Jesu, Jesu Wort aber wirkt seinerseits wieder das Wunder des Exorzismus. Der Kreis hat sich geschlossen. Hat Lukas viel-

[78] wie Lk 9,45: ρημα
[79] cf. Lk 22,31f.; 24,34; Apg 1,15ff.; 2,14ff.; 10,1–11,18; 15,7ff.
[80] War dieser Aufmarsch der Massen um der Heilungen willen in Q gegeben?
[81] gegenüber Mk 1,27: διδαχη καινη κατ' εξουσιαν
[82] cf. Lk 6,19!

leicht bewußt keine Reaktion in Lk 7,1 gebracht, weil die in der Feldrede ausgesprochene Belehrung mit dem sonst für ihn so wichtigen Thema der Bekämpfung des Satans nichts zu tun hat?

Wie wichtig dieser Kampf im Rahmen des Lk ist, zeigen Kap. 9 und 10. Jesus gibt seinen Jüngern δυναμιν και εξουσιαν επι παντα τα δαιμονια και νοσους θεραπευειν (Lk 9,1). Erst nach Verleihung dieser Vollmacht erteilt er ihnen den Auftrag, die Gottesherrschaft zu verkündigen (κηρυσσειν) und zu heilen (Lk 9,2).[83] Als die Jünger freudig zurückkehren und Jesus berichten, daß ihnen die Dämonen in der Tat untertan sind, da erklärt er geradezu programmatisch: »Ich sah den Satan wie einen Blitz vom Himmel fallen.« (Lk 10,18) Die Jünger kämpfen also gegen einen Gegner, der bereits verloren hat. Deshalb sollen sie sich über das freuen, was hinter diesem Sieg über die dämonische Macht steht: »Freuet euch, daß eure Namen im Himmel eingeschrieben sind!« (Lk 10,20)[84]

Jesu Vollmacht ist also für Lukas wohl die Vollmacht seines Wortes, seiner Lehre; aber diese konkretisiert sich und erweist sich im Sieg über die satanischen Mächte. So demonstrativ *diese* Vollmacht des Irdischen ist, letzten Endes geht es gar nicht so sehr um sie; entscheidend ist vielmehr die Ostern wiederum mit Hilfe von Demonstration geschenkte Einsicht in die göttliche Notwendigkeit, wie sie vom mosaischen Gesetz und den anderen Schriften des Alten Testaments prophezeit wurde und nun in Erfüllung ging. Für *Lukas* gilt also: *Jesus ist von der Autorität des Gesetzes getragen, nicht aber steht er autoritär über dem Gesetz.* Erfüllung des Gesetzes bedeutet für den dritten Evangelisten nicht Erfüllung durch Lehre im Sinne der Modifikation, sondern das Geschehensein dessen, was im Gesetz prophezeit wurde.

Für das *Sondergut* des Lk gilt im Rahmen dieser Untersuchung ähnliches wie für S-Mt. Das Problem dieses Traditionselementes ist noch nicht ausdiskutiert.[85] Es würde über den Rahmen unserer Fragestellung hinausgehen, sollte hier in diese Debatte eingegriffen werden.

[83] Hier ist also die Reihenfolge: 1. Predigt, 2. Heilung; ebenso z.B. Lk 9,6; umgekehrt jedoch Lk 10,9. Von Jesus heißt es Lk 9,11: 1. ελαλει ... 2. ιατο. Man beachte auch, wie nahe für Lukas Heilung und Exorzismus liegen, wie z.B. Lk 9,37–43 deutlich zeigt.

[84] In gewisser Weise entspricht diese Korrektur der in Lk 9,44. – In diesem Zusammenhang ist auch zu fragen, ob der aus Q übernommene Ausruf Jesu »παντα μοι παρεδοθη...« (Lk 10,22; cf. das zu Mt 11,27 Gesagte!) hier von Lukas vornehmlich im Blick auf die unmittelbar zuvor erwähnte Macht Jesu über den Satan verstanden wurde, also nicht im Blick auf seinen ursprünglichen Sinn (Offenbarung).

[85] u.a. *Hirsch* II, passim: Luk → Lu I → Q (s. Schema: II, 339); *Rehkopf*, Die lukanische Sonderquelle, 1959; kritisch dazu *Schürmann*, Protolukanische Spracheigentümlichkeiten, zum ersten Mal veröffentlicht 1961 in BZ 5, 226ff. = TrU., 209-227; *Kümmel*, Einl., 80ff., ablehnend gegenüber Rehkopf

3. Logienquelle

Für die Logienquelle gilt zunächst das bereits für Lk Gesagte: Sie enthält im Blick auf das Gesetz widersprüchliche Aussagen. Auf der einen Seite bringt diese literarische Quelle den streng judenchristlich-nomistischen Satz Mt 5,18/Lk 16,17. Auf der anderen Seite finden sich in ihr auch Aussagen, die Bestimmungen der Thora, ohne daß diese eigens genannt oder gar zitiert werden, außer Kraft setzen, so Dt 24,1 in Mt 5,32 oder das ius talionis in der Feldrede. Jedoch fehlen allem Anschein nach in Q bewußt antithetische Gegenüberstellungen Gesetz – Ausspruch Jesu. (Dabei ist vorausgesetzt, daß die nichtantithetischen Formulierungen in Lk denen von Q eher nahekommen als die antithetischen in Mt.) Jesus wird also nicht als der das Gesetz Abrogierende dargestellt. Da aber Lk 16,16a sicherlich als die ursprüngliche Formulierung der einen Hälfte des Stürmerspruchs angesehen werden dürfte, ist in Q zumindest *ein* Logion enthalten, in dem das Ende des Gesetzes ausgesprochen ist. Jedoch besteht die Schwierigkeit darin, daß wir nicht sagen können, ob bereits in Q Lk 16,16 und 16,17 aufeinanderfolgten.[86] Wahrscheinlich ist aber der Lk 16,16f. gegebene Zusammenhang erst von Lukas hergestellt worden.

Nun ist es bisher nicht gelungen, die Logienquelle als überzeugende *Gesamt*rekonstruktion vorzulegen.[87] Von daher dürften Versuche, in Q zwischen Tradition und Redaktion zu unterscheiden, des nötigen Fundaments entbehren.[88] So ist es m. E. leider auch nicht möglich zu erkennen, in welchem Verhältnis in Q der Jubelruf Jesu Mt 11,25–27/Lk 10,21f., in dem sein Verhältnis zum Vater und die darin gegebene Vollmacht zum Ausdruck kommt, zum Stürmerspruch stand. M. a. W., wir sind wohl in der Lage, Einzelabschnitte, vielleicht sogar größere zusammenhängende Partien[89] von Q zu rekonstruieren; nicht aber können wir den redaktionallen Gesichtspunkt, unter dem sie einmal zusammengestellt wurden, in den Griff bekommen[90]. Deshalb sind wir auch nicht in der Lage zu beurteilen,

[86] s. 1. Kap. dieser Untersuchung

[87] *Kümmel*, Einl., 35

[88] so z.B. *Lührmann*, Die Redaktion der Logienquelle; die weithin intensiv geführte Diskussion über Q soll in unserer Untersuchung nicht aufgegriffen werden; s. *Tödt*, passim; *J. M. Robinson*, Λογοι σοφων = Zeit und Geschichte, 77ff.; im übrigen s. die bei *Lührmann*, 11ff., angegebene Literatur, außerdem *Bammel*, Das Ende von Q = Verborum Veritas, 39–50

[89] *Kümmel*, Einl., 37: Lukas hat den Q-Stoff vermutlich in der Hauptsache in zwei großen Blöcken (6,20–7,35; 9,57–13,34) seinem Evangelium einverleibt.

[90] eine »einheitliche theologische Gesamtaussage« von Q behauptet auch *S. Schulz*, Markus und das AT, ZThK 58,185; »die umfangreiche Logiensammlung der immer stärker nomistisch werdenden Urgemeinde« (189). Ist Lk 16,17 wirklich so bestimmend für Q, wie *Schulz* annimmt (189f.)? Daß Markus wegen dieser nomistischen (und außerdem halakhischen und apokalyptischen) Tendenz, die das »Credo der Jerusalemer Urgemeinde« ausmache, Q übergangen habe (189f), ist eine reichlich

ob *von Campenhausen* recht hat, wenn er schreibt: »Hier (sc. in Q) scheint das Problem der Autorität Jesu im Verhältnis zur alten Schrift und zum Gesetz noch kaum als solches bemerkt zu sein.«[91] Abgesehen davon, daß sich in der Wendung »noch kaum« eine bestimmte, von uns nicht vertretene Ansicht von der ältesten Geschichte des Urchristentums verrät, wird die Möglichkeit, Q als Ganzes in den Blick zu bekommen, postuliert. Wir stellen hier also lediglich fest: In der »ältesten Quelle»[92] zeigt sich, daß bereits vor ihrer Niederschrift hinsichtlich des Verhältnisses Jesus – Gesetz unterschiedliche, ja widersprüchliche Traditionen umliefen[93].
Die Antwort Jesu auf die Anfrage des Täufers (Mt 11,2–6/Lk 7,18–23) vermag im Blick auf seine Autorität nicht weiterzuführen. Denn er verweist für seine Legitimation sowohl auf seine Wunder als auch auf seine Predigt. Auch für seine Jünger gilt das Nebeneinander von der εξουσια über die unreinen Geister (Mt 10,1/Lk 9,1)[94] und der Sendung zur Ansage der Gottesherrschaft (Mt 10,7/Lk 9,2), ohne daß es möglich sein dürfte, hier das jeweilige Schwergewicht der Akzente herauszufinden. Wir müssen uns also damit begnügen festzustellen, daß sich bereits in diesem frühen Stadium der Überlieferung mehrere Tendenzen hinsichtlich des Gesetzesverständnisses bemerkbar machen.

4. Markus als Redaktor

Von besonderer Bedeutung für das Thema »Gesetz« erwiesen sich die drei Perikopen: Mk 2,23–28; Mk 7,1–23 und Mk 10,2–12. Mk 2,23ff. wird der Mensch dem Gesetz übergeordnet, an den beiden anderen Stellen geht es darüber hinaus um die Abrogation von Thorainhalten. Dennoch wird in allen drei Perikopen mit alttestamentlichen Zitaten argumentiert. Da Markus die Abrogation nicht nur en passant aus der Überlieferung übernommen, sondern bewußt in sein Evangelium eingebaut haben dürfte, stellt sich auch für dieses als das älteste Evangelium die Frage, wie in ihm die Autorität Jesu verstanden und worin sie begründet wird. Dabei ist es unumgänglich, die Gesamtkonzeption des Mk in unsere Überlegungen mit

kühne Hypothese, die den Begriff »Credo« überspannt (Hat 1 Kor 15,3ff. nichts mit der Jerusalemer Urgemeinde zu tun?) und Akzente in Q setzt, die durch nichts gerechtfertigt sind. – Nicht bestritten werden soll, daß mit *Tödt*, 212ff., und *Bornkamm*, RGG II, 759f., bestimmte christologische Konzeptionen ersichtlich sind. Hier geht es aber *nur* um das Verhältnis Jesus–Thora.

91 *von Campenhausen*, 11 92 ib. 11

93 Auf die im 3. Kap. ausgesprochene Vermutung, daß in Q auch eine Variante von Mk 2,23ff. tradiert wurde, sei hier nicht eingegangen.

94 Mt 10,1/Lk 9,1 dürfte gegenüber Mk 6,7 eigenständige, nämlich Q-Tradition sein.

einzubeziehen und somit die genannten Perikopen auf ihr Verhältnis zum »Messiasgeheimnis«[95] zu untersuchen.
Mk 7,1ff. bringt zunächst die Kontroverse Jesu mit den Pharisäern und Schriftgelehrten, dann die Ansage der παραβολη an das Volk und schließlich deren Deutung für die Jünger. Mk 10,2ff. schildert das Streitgespräch mit den Pharisäern, nachdem zuvor (v. 1) Jesus die Volksmassen gelehrt hatte. Doch spielt das Volk in der Auseinandersetzung v. 2ff. keine Rolle. Wohl aber fragen die Jünger, wie Mk 7,17, nach dem Sinn des Streitgesprächs. Mk 2,23ff. schildert wieder eine Auseinandersetzung mit den Pharisäern. Eine Sonderbelehrung der Jünger entfällt. Vom Volk ist keine Rede.
Somit ist in jeder dieser Perikopen ein anderes Gegenüber für Jesus gegeben und folglich ein je anderes Verhältnis zur Gesamtkonzeption des Mk zu vermuten. Denn die Pharisäer (und Schriftgelehrten)[96], das Volk[97] und die Jünger sind jene typischen Gruppen, mit denen es Jesus in diesem Evangelium laufend zu tun hat. Diese Gruppen stehen aber in je besonderer Beziehung zum Messiasgeheimnis. Die Pharisäer sind blind von vornherein[98], und dem Volk wird das Geheimnis des Gottesreiches vorenthalten[99] – so jedenfalls die gängige Meinung. Beide stehen »außerhalb« (εκεινοις δε τοις εξω, Mk 4,11; Parabeltheorie!). Den Jüngern wird aber in esoterischer Belehrung das dem Volk in Parabeln (in Rätseln[100]) bewußt vorenthaltene Geheimnis geschenkt (δεδοται, Mk 4,11). In Kontrast dazu steht die Mk 6,52; 8,17 ausgesprochene Verhärtung ihres Herzens, worin sie gerade den Todfeinden Jesu, die auf seine Vernichtung hinarbeiten, gleichen (Mk 3,5!).
Schon bei dieser sehr flüchtigen Skizze der in den drei Perikopen auftretenden Gruppen ergeben sich Ungereimtheiten. Um nun das Thema »Gesetz« in Mk in den Griff zu bekommen, empfiehlt es sich, vor allem auf Mk 7,1ff. zu blicken, da hier die Pharisäer und Schriftgelehrten, das Volk und die Jünger bewußt genannt werden.
Noch eine Vorbemerkung: Im ganzen Markus-Evangelium taucht der Begriff νομος kein einziges Mal auf.
Es wurde bereits im 4. Kapitel darauf hingewiesen, daß *Lohmeyer* Mk 7,1–23 nach dem Gegenüber Jesu gliedert: v. 1–13 richtet sich an die Pharisäer, v. 14–15 an das Volk und v. 17–23 an die Jünger.[101] Im Streitgespräch mit den Pharisäern und Schriftgelehrten steht die Geltung der Thora über-

[95] Der von *Wrede* geprägte Begriff soll hier traditionsgemäß übernommen werden, ohne daß er damit als prägnante Formulierung anerkannt ist.
[96] Die Sadduzäer erscheinen in diesen Perikopen nicht.
[97] οχλος sowohl im Singular als auch im Plural
[98] *Wrede*, 120f: In Mk gibt es keine Steigerung des Gegensatzes zwischen Jesus und seinen Feinden [99] ib. 56 [100] ib. 55
[101] *Lohmeyer*, Mk, 137

haupt nicht zu Debatte, die Diskussion geht nur um die Überlieferung der Ältesten, die von Jesus als dem Gebot Gottes widersprechend entlarvt wird. Dem Volke aber, das eigens nach typisch markinischer Art herbeizitiert wird, sagt Jesus jenes Bildwort. Sie ist als grundsätzliche Antwort auf eine spezielle Frage verstanden. Eine Deutung wird den Jüngern dann in dem wiederum für Markus typischen Haus gegeben.

Es wird nicht gesagt, ob das Volk die Parabel verstanden hat. Eine negative Reaktion auf die Aufforderung Jesu: συνετε (Mk 7,14), wird nicht berichtet. Wohl aber werden die Jünger als unverständig (ασυνετοι) gescholten (Mk 7,18). Zum Schluß der Perikope wird nicht erklärt, daß die Jünger nun aufgrund der von Jesus gegebenen Deutung der Parabel verständig geworden sind, jedoch auch nicht, daß sie unverständig geblieben sind. Also: Sowohl für das Volk als auch für die Jünger bleibt das Ergebnis der Belehrung Jesu offen. Man müßte die übliche Theorie des Messiasgeheimnisses hier schon sehr schematisch anwenden, um zu dem Resultat zu gelangen: Das Volk bleibt unverständig, die Jünger aber werden aufgrund der esoterischen Haus-Belehrung verständig. Da sich aber Markus, wie bereits *Wrede* bemerkte[102], immer wieder in Widersprüche verstrickt, verbietet sich solch schematische Anwendung.

Schauen wir deshalb auf den größeren Abschnitt Mk 6,30–8,26![103] In der Abgrenzung folgen wir dabei *Lohmeyer* und in etwa *Hirsch*. Mk 7,1–23 liegt, wie sich bereits im 4. Kapitel zeigte, zwischen Dubletten.[104] Mk 6,32–44 entspricht Mk 8,1–9; Mk 6,45–52 entspricht Mk 8,10–21 im Blick auf das Thema »verhärtete Herzen«; Mk 7,31–37[105] entspricht Mk 8,22–26. Wichtig für die Beurteilung von Mk 7,1–23 ist die Sicht des *Volkes* und der *Jünger* in den *beiden Perikopenreihen* zuvor und hernach. Jesus sieht Mk 6,34 das viele Volk; er erbarmt sich seiner, indem er zu lehren beginnt. Seine Lehre ist somit Akt des Erbarmens. Von einer Absicht, durch diese Lehre in die Verstockung zu führen, ist hier nichts zu merken, ja, eine solche Absicht würde der Intention dieser Stelle widersprechen. Mk 6,34 ist zugleich der Schlüssel zum Verständnis des Speisungswunders. Das Brot ist nämlich Bild für die Gottesgabe der Offenbarung in Jesu Lehre (*Schweizer*).[106] Steht aber das Wunder ganz im Dienst der Veranschaulichung

[102] *Wrede*, 124ff.

[103] *Wellhausen*, Mk, 44: »II A. Jesus auf unsteter Wanderung.« (= Mk 6,14–8,26); *Taylor*, 108, sieht in Mk 6,14–8,26 den 4. großen Abschnitt des Mk: »The Ministry beyond Galilee.« *Lohmeyer*, Mk, 121: »III. Das Brotwunder (6,30–8,26).« *Hirsch* I, 51ff. (6,32–8,26); *Schweizer*, Mk, 70: »IV. Jesu Wirken bis zu den Heiden und die Blindheit der Jünger 6,6b–8,26«

[104] *Hirsch* I, 55ff.; *Schürmann*, Dublettenvermeidungen = TrU, 279ff.

[105] Diese Perikope steht allerdings bereits nach Mk 7,1–23. Insofern liegt Mk 7,1–23 nicht ganz genau zwischen den beiden Dubletten.

[106] *Schweizer*, Mk, 79

dessen, daß Jesus Spender göttlicher Offenbarung aus göttlichem Erbarmen ist[107], dann darf nicht übersehen werden, daß die Speisung den gewünschten Erfolg zeitigt: »Sie aßen alle und wurden satt.« (v. 42) Also ist *bildlich ausgesagt*, daß Jesus mit Erfolg gelehrt hat; m. a. W., daß das »*viele Volk*« (v. 34) *Jesus verstanden* hat! In Mk 6,32–43 ist nicht die geringste Spur jener Vorstellung zu finden, daß das Volk zu den εκεινοις τοις εξω (Mk 4,11) gehört. Diesen Gedanken in die Speisungsgeschichte eintragen zu wollen würde heißen, in unmethodischer Weise den Skopus einer Perikope in eine andere hineinzulesen.

In Kontrast zur Darstellung des Volkes steht unmittelbar danach (Mk 6,45–52) die Schilderung des Unverstandes, ja der Herzensverhärtung der *Jünger*. Sie sind es, die »über den Broten« (v. 52) *nicht verständig* geworden sind. Daß die Herzenshärte als der Grund ihres Unverständnisses von Markus als gottgewollt verstanden wird, kann aus dem Kontext nicht erwiesen werden. Zwar werden die Jünger nun mit fast gleichen Worten disqualifiziert wie die verstockten Pharisäer Mk 3,5, so daß es fast so aussieht, als seien sie die εκεινοι οι εξω. Aber Mk 4,11 heißt es doch gerade, daß den Jüngern das Geheimnis der Gottesherrschaft gegeben sei! Ihnen ist göttliche Offenbarung zuteil geworden (δεδοται). *Sie* stehen nicht draußen. Macht man die Parabeltheorie zum Ausgangspunkt der Erklärung der markinischen Redaktion, so bleibt das Motiv des Jüngerunverstandes ein Rätsel.[108] Mk 6,45–52 jedenfalls vermag selbst Jesu Zuspruch (θαρσειτε, εγω ειμι· μη φοβεισθε, v. 50) nichts zu bewirken.[109] Halten wir fest: In der Perikopenfolge Mk 6,32–52 erscheinen die Jünger in einem wesentlich ungünstigeren Licht als das Volk. So steht ihr Verhalten nicht nur im Gegensatz zu dem des Volkes Mk 6,31, sondern auch zu dem Wort Jesu Mk 4,11.

Ein ähnliches Bild ergibt sich bei der Betrachtung von Mk 8,1–10.11–21. Mk 8,1–10 differiert insofern von der Parallele Mk 6,30–43, als das Motiv der Lehre nicht erscheint.[110] Dennoch dürfte sich Markus Jesus auch hier

[107] *Lohmeyer*, Mk, 125

[108] *Wrede*, 114, faßt das »Ergebnis der gesamten bisherigen Untersuchungen« so zusammen: »Wir finden bei Markus zwei Gedanken: 1) Jesus hält seine Messianität, so lange er auf Erden ist, geheim. 2) Den Jüngern freilich offenbart er sich im Gegensatz zum Volke, aber auch ihnen bleibt er in seinen Offenbarungen einstweilen unverständlich.« Jedoch wird er damit dem δεδοται (Mk 4,11) nicht gerecht. Denn mit diesem Begriff soll nicht nur gesagt werden, daß sich Jesus den Jüngern offenbart, sondern daß es ihnen gegeben ist, diese Offenbarung zu verstehen! Und Mk 4,34 ist doch wohl vorausgesetzt, daß das επιλυειν Jesu bei den Jüngern ankommt! Während also Mk 4,11.34 im Blick auf die Jünger noch Positives ausgesagt wird, kommen sie bereits Mk 4,35–11 (vor allem v. 40f.) schlecht weg. Aber bereits Mk 4,13 stößt sich mit den unmittelbar zuvorstehenden v. 11f.!

[109] *Schreiber*, Theologie, 97

[110] *Hirsch* I, 56: Kap. 8 ist die ursprüngliche Erzählung, Kap. 6 die spätere Stilisierung. Jedoch *Bultmann*, Trad., 232: Die Variante in Kap. 8 ist sekundär: 1. be-

als Lehrenden gedacht haben. Warum hätte das Volk sonst drei Tage bei ihm bleiben sollen? Nachdem jedoch Jesus die Zeichenforderung der Pharisäer – doch wohl im Beisein der Jünger, cf. v. 10: Jesus kommt mit ihnen nach Dalmanutha! – abgelehnt hat, verstehen diese seine Warnung vor dem Sauerteig der Pharisäer und des Herodes nicht. So entspricht dem ου ... συνηκαν Mk 6,52 das zweimalige ουπω συνιετε; Mk 8,17.21. Mk 6,52 und Mk 8,17 ist von der καρδια πεπωρωμενη der Jünger die Rede. Ja, der Vorwurf, der Mk 4,11 denen gegenüber, die draußen sind, erhoben wurde, gilt nun ihnen! Es ist wiederum wie Mk 6: Das *Volk* wird *nicht getadelt*, weil kein Grund dazu besteht, *wohl aber* in schärfsten Worten die *Jünger*.[111] Das also ist der Kontext zu Mk 7,1–23![112] Mk 7,18 werden die Jünger ausdrücklich (wie Mk 8,17.21!) als ασυνετοι bezeichnet – weil sie die an das Volk (!) gerichtete Parabel (v. 15) nicht verstanden haben. Welcher Grund besteht aber, wenn man sich den ganzen Komplex Mk 6,30–8,26 vergegenwärtigt, das in Mk 7,14 herbeigerufene Volk als unverständig zu bezeichnen, zumal gerade ihm die Aufforderung zuteil wird: »Höret auf mich alle und verstehet!«? Der Zusammenhang des genannten Komplexes läßt vielmehr darauf schließen, daß das *Volk sehr wohl verstanden* hat, *die Jünger aber nicht*.[113] Noch einmal: Mit Mk 4,11 kann man hier nicht operieren, weil für die Jünger gerade das Gegenteil von dem dort in bezug auf sie Gesagten zutrifft. Warum soll dann aber das Volk zu den εκεινοις τοις εξω gehören? Überblicken wir nun den Abschnitt Mk 6,30–8,26, so stellt sich heraus, daß Mk 7,15 die einzige Stelle ist, wo die Predigt Jesu an das Volk inhaltlich

ginnt hier die Handlung mit der eigenen Initiative Jesu; 2. ist aus dem Referat εσπλαγχνισθη 6,35 (!) direkte Rede σπλαγχιζομαι 8,2 geworden; 3. ist aus der Aufforderung der Jünger 6,36 eine Reflexion Jesu 8,3 geworden. Dafür spricht auch *Schweizer*s Hinweis auf 1 Kor 11,24 für Mk 8,6: Die Fische sind hier zunächst um der Parallele zum Abendmahl willen weggelassen und erst in v. 7 nachgetragen – obwohl zum ursprünglichen Bestandteil der Geschichte gehörend (*Bultmann*, Trad., 232, rechnet dagegen mit einem nachträglichen Einschub) –, um nicht die Parallele zum Abendmahl zu stören (Mk, 88).

111 Unmittelbar vor Mk 4 (Parabeltheorie) erfährt das Volk höchstes Lob. Von ihm (Mk 3,32 expressis verbis genannt) gilt das Mk 3,35 Gesagte: »Wer den Willen Gottes tut, der ist mir Bruder, Schwester und Mutter.«!

112 Außerdem ist noch auf folgendes zu verweisen: Mk 6,53–56 ist von Markus gebildetes Summarium (so z. B. *Schweizer*, Mk, 80). In ihm wird das Volk als επιγνοντες αυτον (v. 54) bezeichnet, was wohl mehr besagen soll als: sie erkannten, daß es Jesus ist. Denn wer immer von ihnen Jesus berührte, wurde geheilt. Mk 5,34 wird diese Haltung von Jesus als rettende πιστις gelobt! Mk 7,24–31 wird der Glaube der Syrophönikerin belohnt (v. 29).

113 gegen *Wrede*, 139: »Die Menge hat nichts von dem Gespräche mit den Gesetzesmännern gehört, bekommt dann aber eine Parabel zu hören, die sich auf das Nichtgehörte bezieht, und muß sich mit der Parabel selbst abspeisen lassen, denn die Deutung und Bedeutung ist wieder nichts für sie!«

expliziert wird.[114] Und das ist eben, wie sich bei der Einzelexegese im 4. Kapitel herausgestellt hat, die Abrogation von Thorainhalten, und zwar von solchen, die für das derzeitige Judentum von entscheidender Bedeutung waren. Von da aus dürfte Mk 7,15 ein besonderes Gewicht im Aufbau des Mk besitzen. Dieser Vers bzw. die ihn enthaltende Perikope steht nahezu in der Mitte zwischen zwei fast gleichlautenden Aussagereihen.

Schauen wir nun aber über den Gesamtkomplex Mk 6,30–8,26 hinaus. Ab Mk 8,27 wird die vorher von Volk und Jüngern direkt (z. B. τις αρα ουτος εστιν; Mk 4,41) und indirekt (z. B. τι εστιν τουτο; Mk 1,27) gestellte Frage nach dem Wesen Jesu von diesem selbst aufgenommen.[115] Erst jetzt werden seine Vollmacht als Menschensohn (Mk 8,38), aber auch sein Leiden und Auferstehen (Mk 8,31; 9,31; 10,32–34) und die Bedingung zum Verständnis dessen, nämlich die Nachfolge im Leiden (Mk 8,34ff.), vorgetragen.[116] Mit Recht sagt *Schweizer*, Mk 8,27–9,1 zeige, daß nur der Jesus versteht, der sich von ihm in die Nachfolge rufen läßt.[117]

So geht aus Mk 8,27ff. hervor, daß in den zuvorstehenden Kapiteln nicht sein Geschick und erst recht nicht der Anteil an seinem Geschick Inhalt der Lehre Jesu gewesen sein können. Somit ist auch ein dahingehendes Mißverständnis bis Mk 8,26 ausgeschlossen. Schaut man aber vom Komplex Mk 6,30–8,27 rückwärts, so bestätigen programmatische Stellen das Gesagte. Zunächst zeigt sich eine Parallele zu Mt; Jesus beginnt mit der Verkündigung von der Umkehr und der Nähe der Gottesherrschaft. Und sofort erklären sich vier Männer auf Anruf zur Nachfolge bereit (Mk 1,14f. 16–20/Mt 4,17.18–22). Es bedarf keines Wunders, um die ersten Jünger zu berufen. Anders als in Mt aber folgt in Mk nun jene Stelle, die Matthäus teilweise ans Ende der Bergpredigt placiert: Jesus predigt am Sabbat in der Synagoge: και εξεπλησσοντο επι τη διδαχη αυτου· ην γαρ διδασκων αυτους ως εξουσιαν εχων, και ουχ ως οι γραμματεις (Mk 1,21f.). Es ist die Predigt als solche, die Jesu Vollmacht und Autorität erkennen läßt. So sind διδαχη und εξουσια zugeordnete Begriffe. Bis Mk 1,22 hat Jesus noch kein Wunder gewirkt. *Die Lehre als solche heischt Autorität.* Doch wird über ihren Inhalt noch nichts gesagt.

Wenn es dann im Blick auf den ersten Exorzismus heißt: διδαχη καινη κατ' εξουσιαν (Mk 1,27), so ist Jesu εξουσια jetzt allerdings auch mit dem Wunder begründet; doch ist der primäre Bezug auf die Lehre keineswegs

114 Mk 6,34 heißt es nur: ηρξατο διδασκειν αυτους πολλα

115 *Kümmel*, Einl., 50f.

116 Wiederum versagt ein Jünger, Petrus: Mk 8,32f. Die Bedingung zum Verständnis des v. 31 Gesagten wird dem abermals herbeigerufenen Volk gesagt. Auch jetzt ist vom Unverständnis des Volkes keine Rede!

117 *Schweizer*, Mk, 99ff. Auch hier wieder ein Gedanke, der präziser Joh 7,17 formuliert ist: εαν τις θελη το θελημα αυτου ποιειν, γνωσεται περι της διδαχης, ποτερον εκ του θεου εστιν η εγω απ' εμαυτου λαλω, cf. auch Joh 3,21.

aufgegeben.[118] Am anderen Morgen kommen Petrus und seine Begleiter zu Jesus: »Alle suchen dich.« Er aber entgegnet: »Laßt uns anderswohin in die benachbarten Orte ziehen, ινα και εκει κηρυξω. εις τουτο γαρ εξηλθον.« (Mk 1,36ff.) Seine Sendung besteht also hauptsächlich und wesentlich in der Predigt. Daß diese Predigt grundsätzlich dazu bestimmt ist, mißverstanden zu werden, kommt hier nicht im geringsten zum Ausdruck.[119] Auch Mk 2,13 ist keine Rede von einem Mißverständnis. Wer die εξουσια Jesu nicht begreift, sind die in der zuvorstehenden Perikope (Mk 2,1–12) erwähnten Schriftgelehrten (v. 6), die auch fassungslos vor der Mahlgemeinschaft Jesu mit Zöllnern und Sündern stehen (Mk 2,14–18). Wenn er Mk 2,17 sagt: ηλθον καλεσαι ... αμαρτωλους, so ist ihm das in der Tat gelungen!

Das Problem ist somit nicht, wie das bisher Ausgeführte zu Mk 4,11 paßt, sondern eher umgekehrt: Was soll diese Stelle angesichts der doch gar nicht so vergeblichen Predigt Jesu an das Volk? Und weiter: Warum versagen die Jünger so oft und nicht das Volk?[120] Doch kann es nicht unsere Aufgabe sein, angesichts des hier zu behandelnden Themas das Problem der Parabeltheorie des Markus zu behandeln.[121] Auch würde es den Rahmen

[118] Während Lk 4,36 die εξουσια als Macht über die unreinen Geister verstanden wird, stehen Mk 1,27 parataktisch, mit και verbunden, nebeneinander: διδαχη κατ' εξουσιαν und και τοις πνευμασιν ... επιτασσει.

[119] Mk 1,39 werden Exorzismen *lediglich* als Folgeerscheinung der Predigt Jesu berichtet (και τα δαιμονια εκβαλλων wirkt angehängt); Mk 1,38 ist davon nicht die Rede. Es fällt auf, daß keiner der beiden anderen Synoptiker diesen Akzent des Mk so aufgegriffen hat. Beide haben Mk 1,38f. nicht wörtlich übernommen.

[120] Dem darf nicht das Versagen des Volkes in der Passionsgeschichte entgegengehalten werden. Denn erstens ist nicht gesagt, daß der Mk 15,8 auftauchende οχλος mit dem sonst in Mk erwähnten identisch ist. Und zweitens erbittet dieses Volk Mk 15,11ff. den Barabbas nur deshalb, weil die Hohenpriester es dazu aufgewiegelt haben. Die Schuld liegt also eindeutig mehr auf der Seite der Hohenpriester; anders Mt (27,25!).

[121] Erwägenswert ist *Schweizer*s Beitrag zu Mk 4,11 in seinem in ZNW 56, 1ff. veröffentlichtem Aufsatz »Zur Frage des Messiasgeheimnisses bei Markus«. Er versucht, diese Stelle einerseits als Markus überkommene Tradition zu verstehen, andererseits aber auch als vom Evangelisten in seine Gesamtkonzeption eingebaut zu begreifen. Die Parabelrede sei Antwort auf die Haltung der eigenen Familie wie der offiziellen Vertreter des Judentums. Mk 4,33f. werde die für Markus charakteristische Parabelrede als die einzige den Menschen angemessene Kommunikationsmöglichkeit gesehen: *nur* in der Parabel als Bild könne der Mensch Gott erfassen. Aber dies gelte sowohl für das Volk als auch für die Jünger; für diese allerdings in konsequenterer Weise (4f.). Demnach besteht für *Schweizer* in der Konzeption des Markus ein *nur gradueller Unterschied zwischen Volk und Jüngern*! Er erklärt, in Mk 6,6b–8,26 erweisen sich die Jünger blind »wie die Welt« (3), und verweist dabei ähnlich, wie es in unserer Untersuchung geschieht, auf den Mk 7,1–23 enthaltenden Abschnitt des Mk; jedoch hat sich in unseren Ausführungen gezeigt, daß hierin die Jünger sogar schlechter davonkommen als das Volk. Grundsätzlich stimme ich aber

dieser Untersuchung sprengen, sollte eine Erklärung für das sog. Messiasgeheimnis gegeben werden.[122]

Schweizer hat in seinem Aufsatz »Anmerkungen zur Theologie des Markus« sein Augenmerk auf jenen Wortschatz des Mk gerichtet, der ausschließlich oder fast ausschließlich in den redaktionellen Abschnitten dieses Evangeliums vorkommt. Er nennt als erste Gruppe: κηρυσσειν, διδασκειν, θεραπευειν, εκβαλλειν (δαιμονια).[123] Sein Ergebnis kommt dem unseren nahe: »Jesu Besonderheit, in der er sich vom Täufer und von der Kirche unterscheidet, ist sein Lehren, und zwar der Akt des Lehrens in Vollmacht selbst.«[124] Ganz zuzustimmen ist ihm, wenn er schreibt: »Der besondere theologische Beitrag des Markus liegt in der Betonung des Lehrens Jesu,

Schweizer zu, wenn er in Mk 4,11 eine Differenz gegenüber dem übrigen Mk-Ev gegeben sieht. Von daher kann ich *Schreiber*s Kritik (Theol., 138 Anm. 235) an *Schweizer*s hier kurz skizziertem Aufsatz nicht folgen. – Für markinische Urheberschaft von Mk 4,11f. treten u. a. ein: *Bultmann*, Trad., 351 Anm. 1; *Marxsen*, Parabeltheorie, ZThK 52, 255ff.: Der Evangelist hat v. 11f. in die »Gleichnisquelle« eingefügt. *Haenchen*, Weg Jesu, 161 Anm. 2; *Linnemann*, 179 Anm. 1. Dagegen faßt *Lohmeyer*, Mk, 84, ινα nicht final als »damit«, sondern kausal als »weil«: »Eine ›Verstockungstheorie‹ hat also an dem ινα des Mk keinen Anhalt.« *Jeremias*, Gleichnisse, 11, hat aufgrund der Übereinstimmung des Zitates von Jes 6,9f. in Mk mit dem Targum gezeigt, daß Mk 4,11f. ein »sehr altertümliches Logion« ist. Damit ist wohl erwiesen, daß diese Stelle keinesfalls von Markus neu gebildet sein kann, nicht aber, daß sie authentisches Jesuswort ist (14: Die Zeit nach dem Petrusbekenntnis, die Zeit der esoterischen Predigt Jesu). Auf *Jeremias* aufbauend, will *Peisker*, ZNW 59, 126f., ινα auf dem Hintergrund des hebr. למען konsekutiv verstehen, und zwar für das ursprüngliche Verständnis des Logions. Doch dürfte auch er für *Markus* ινα als final auffassen.

Tyson, The Blindness of the Disciples in Mark, berücksichtigt bezeichnenderweise Mk 4,11 überhaupt nicht; lediglich heißt es im Blick auf Mk 4,1–20.33f.: ». . . they are characteristically unable to understand parables.« (JBL 80, 262)

[122] gegen *Wrede*s Erklärung u. a. *Kümmel*, Einl., 50f. *Schreiber*s Erklärung (Christologie, ZThK 58, 154ff.; Theol., vor allem 218ff.) vermag ich nicht zu folgen, da m. E. Mk die Vorstellung der Präexistenz nicht bringt. Ich stimme ihm wohl weitgehend in der Deutung des markinischen αναβαινειν (Mk 10,32f.) zu: Jesus steigt bewußt zur Kreuzigung nach Jerusalem hinauf (Theol., 43). Doch ist in Mk von καταβαινειν im gnostischen Sinne nirgends die Rede. Ein καταβαινειν wird Mk 1,10 nur vom πνευμα, das mit Jesus nicht personidentisch ist, ausgesagt. Insofern wäre es möglich, daß Markus den Mythos vom ab- und aufsteigenden salvator-salvandus gekannt hat (*wenn* es ihn in den sechziger Jahren in dieser Form überhaupt gegeben hat!, s. *Colpe*, Religionsgesch. Schule), daß er aber καταβαινειν und αναβαινειν auf das πνευμα und Jesus verteilt hat. Als Beweis für die Präexistenz in Mk kann m. E. auch nicht das Winzergleichnis Mk 12,1ff. gelten. Das von *Schreiber* (Christologie, 167) herangezogene αποστελλειν wird nicht nur vom υιος αγαπητος, sondern auch von den sicher nicht präexistent gedachten δουλοι ausgesagt. *Vielhauer*s These von der Inthronisationshypothese für Mk (Erwägungen zur Christologie = Zeit und Geschichte, 127ff.) dürfte nicht entkräftet sein.

[123] *Schweizer*, Theol. des Mk = Neotestamentica, 93

[124] ib. 96

nicht der ihm überlieferten Dämonenaustreibungen. Diese dienen ihm vielmehr dazu, den Charakter des Lehrens Jesu als einer göttlichen Vollmachtstat zu verstehen und zu beschreiben.«[125]

Stimmt es jedoch, daß, wie *Schweizer* meint, nach Mk das Lehren der Kirche gegenüber dem Jesu deutlich zurücktritt? *Marxsen* hat herausgestellt, daß Markus das Substantiv ευαγγελιον in die synoptische Tradition hineingebracht und denselben Begriff über sein ganzes Werk gestellt hat.[126] Für die Exegese von Mk 8,35 stützt er sich auf *Wellhausen*: ενεκεν του ευαγγελιου bedeutet nahezu dasselbe wie ενεκεν εμου.[127] Mit *Schweizer*[128] und *Grundmann*[129] betrachtet er (ενεκεν) και του ευαγγελιου als Erweiterung durch Markus; das και sei epexegetisch: »Nun ist zwar das ενεκεν εμου an sich eindeutig genug. Gleichviel, wenn Markus es noch interpretieren will, das dann mit einem terminius der Missionsprache tut, dann heißt das eben, daß für ihn der Herr im Evangelium da ist. Wer heute um des Evangeliums willen leidet oder um des Evangeliums willen die Güter dieser Welt verläßt, der tut es um des Herrn willen.«[130] So kann *Marxsen* auch sagen: »... wo eine Verkündigung geschieht, da wird das Verkündigte Gegenwart.«[131] Und da *das* Verkündigte, inhaltlich gefaßt, *der* auferstandene Jesus ist, heißt es dann: »Das Evangelium ist für Markus ... die Form, in der Jesus vergegenwärtigt wird«, wie dann auch »das ... Evangelium Repräsentant für ihn« ist.[132] Der Grundgedanke ist also die *repraesentatio*. *Marxsen* geht noch einen Schritt weiter: Nicht nur wird im Evangelium der Auferstandene präsent; es ist dieser selbst, der *sich* vergegenwärtigt.[133] Somit ist das Evangelium – und implizit das Markus-Evangelium! – die Anrede des Auferstandenen an uns.[134]

[125] ib. 96f.; von da aus hat *Rohde*, 119, recht, wenn er *J. M. Robinsons* Auffassung (Das Geschichtsverständnis des Mk), dergemäß die Konzeption des Mk aus dem Kampf mit dem Satan verstanden werden soll, als einseitig bezeichnet.

[126] *Marxsen*, Mk, 83 [127] *Wellhausen*, Mk, 67

[128] *Schweizer*, Mk, 99f.

[129] *Grundmann*, Mk, 176; jedoch 176 Anm. 8: »Das εμου και fehlt P 45 D 28 it syr^{sin}, es muß also auch da mitgerechnet werden, daß Markus las: um des Evangeliums willen, Matthäus und Lukas statt dessen um meinetwillen, was dann wieder in den Text des Markus eingedrungen ist.«

[130] *Marxsen*, Mk, 85. Nach *Bultmann*, Trad., 97, haben dagegen Matthäus und Lukas in ihrer Mk-Ausgabe και του ευαγγελιου noch nicht gelesen. Dagegen spricht, daß für beide Evangelisten eine einleuchtende Erklärung für das Übergehen dieser Wendung besteht: Matthäus braucht nie das Substantiv ευαγγελιον absolut (*Marxsen*, Mk, 84; 92ff.), Lukas bedient sich dieses Substantivs überhaupt nicht, sondern nur des Verbs ευαγγελιζεσθαι (95ff.).

[131] *Marxsen*, Mk, 86 [132] ib. 85 [133] ib. 87

[134] ib. 87; *Marxsens* Verständnis vom Evangelium als identisch mit dem Auferstandenen (92 die kürzeste Formulierung: »Das Evangelium ist Jesus«; nicht: Jesus ist das Evangelium! So nach *Marxsen* zuvor Paulus, 91) kommt *Bultmanns* bekannter Heidelberger Formulierung sehr nahe: Jesus ist ins Kerygma auferstan-

Sehen wir nun auf Mk 13,10 und Mk 14,9, wonach das Evangelium εις παντα τα εθνη bzw. εις ολον τον κοσμον verkündigt wird, so geschieht gerade nach Auffassung des ältesten Evangelisten in der Kirche und gerade in der Kirche die Verkündigung des Auferstandenen; ja, in der Verkündigung der Kirche verkündigt der Auferstandene sich selbst. Von daher dürfte *Schweizer*s Auffassung, Jesu Besonderheit, in der er sich von der Kirche unterscheide, sei sein Lehren[135], zu korrigieren sein.

Schreiber distanziert sich darin von *Marxsen*, daß er Mk nicht als Zeugnis der Naherwartung verstehen zu dürfen glaubt.[136] Wir können diese Frage hier auf sich beruhen lassen. Für unsere Fragestellung wichtiger ist vielmehr die weitgehende Übereinstimmung beider Autoren in ihrem Verständnis des markinischen Evangeliums. So heißt es bei *Schreiber:* »Und in der Tat, hat das Evangelium den Gekreuzigten, also das entscheidende eschatologische Geschehen, zum Inhalt, so ist klar, daß die Vergegenwärtigung dieses Geschehens durch die Verkündigung wiederum selbst eschatologisches Geschehen ist und in diesem Sinne zum Geschehen der Endzeit gehört.«[137]

Halten wir also fest: In zwei der wichtigsten redaktionsgeschichtlichen Studien über Mk ist die gemeinsame Auffassung zu finden: In der Verkündigung des Evangeliums als dem eschatologischen Geschehen[138] ist Jesus als der Gekreuzigte (*Schreiber*) und Auferstandene (*Marxsen*) gegenwärtig[139]. Zu dieser Verkündigung gehört aber auch, durch redaktionelle

den; Exegetica, 469: »Mehrfach und meist als Kritik wird gesagt, daß nach meiner Interpretation des Kerygmas Jesus ins Kerygma auferstanden sei. Ich akzeptiere diesen Satz. Er ist völlig richtig, vorausgesetzt, daß er richtig verstanden wird. Er setzt voraus, daß das Kerygma selbst eschatologisches Geschehen ist; und er besagt, daß Jesus im Kerygma wirklich gegenwärtig ist, daß es *sein* Wort ist, das den Hörer im Kerygma trifft.«

135 *Schweizer,* Neotestamentica, 96

136 *Schreiber,* Theol., vor allem 126ff.

137 ib. 131; 141: zu Mk 13,30: »Denn im Wort, im Evangelium, in der Verkündigung ist der Gekreuzigte selbst gegenwärtig, um Gericht und Heil, die Mission, das Eschaton, also ›dieses alles‹ (V. 30) zu wirken. Die unverständigen Jünger von 13,28f. werden 13,30f. (vgl. 13,33ff.) noch einmal belehrt, wie (und wann!) das Endgericht geschieht: Es geschieht immer und da sofort, wo das Wort Jesu ergeht.« Allerdings zeigt sich in diesem letzten Zitat wieder die Differenz zwischen *Schreiber* und *Marxsen.* Es geht *Schreiber* – mit *Wellhausen,* Mk, 107 – darum, daß die Parusie für v. 31 »überflüssig gemacht« sei, während *Marxsen* die in Mk geschehende Verkündigung durch Jesus so überschreibt: »Ich komme bald.« (Mk, 89)

138 so für *Paulus Bultmann,* ThNT, § 34; *Marxsen,* Mk, 92, sieht das »Evangelium« des Markus als Kommentar zu dem Begriff Evangelium, der meist unerklärt bei Paulus vorkommt.

139 Doch kann auch *Schreiber* von der »gegenwärtige(n) Ankunft des *Erhöhten* bei seiner Gemeinde« sprechen (93; Hervorhebung von mir). »In der Verkündigung des Evangeliums (13,10) geschieht schon die Gegenwart des Kyrios (13,35)!« (93) Er beruft sich dafür auf *Marxsen,* Einl., 129.

Mittel besonders hervorgehoben, Mk 7,15. Ist Mk 1,15 die unmittelbar bevorstehende Gottesherrschaft eigentlicher Inhalt des Evangeliums, so impliziert sie die Abrogation gewisser Thorainhalte, wenn nicht sogar der Thora selbst (s.u.). Von dieser Abrogation spricht Jesus zum Volke (Mk 7,14), *ehe* er ihm erklärt, daß das Wesen der Gottesherrschaft nur in der Nachfolge des leidenden Menschensohnes erfahrbar ist (Mk 8,34). Denn über Mk 7,15 und Mk 8,34ff. steht als Programm aller Verkündigung Jesu (und des Auferstandenen!) Mk 1,14f. So läßt sich für Markus fast tautologisch sagen: Die *Autorität Jesu ist* die *Autorität des Evangeliums*. Die *Autorität des Evangeliums* bedeutet aber die *Abrogation der Autorität des Gesetzes*.

Im 3. Kapitel zeigte sich, daß der nur bei Mk stehende Vers Mk 2,27 noch keine Abrogation des Sabbats bzw. des Gesetzes besagt, sondern dessen Stellenwert angeben will. *Schreiber* versucht aber zu zeigen, daß im Sinne des Evangelisten mehr ausgesagt ist. Er spricht von einer »massive(n) Abwertung der jüdischen Sabbatfrömmigkeit«.[140] Er sieht Mk 2,27 in größerem redaktionellen Zusammenhang: Daß Jesus am Sabbat heilt (Mk 3,4), veranlaßt seine Feinde, am Sabbat ihren ersten Mordplan gegen ihn zu beraten (Mk 3,6). Am Sabbat findet er in seiner Vaterstadt keinen Glauben (Mk 6,1–6). Am Sabbat ruht er im Grab (Mk 15,42ff.).[141] Man könnte jedoch fragen, ob es nicht an der Art der Beispiele liegt, daß sich das Berichtete am Sabbat ereignet. Man kommt eben am Sabbat in der Synagoge zusammen. Und daß Jesus an einem Freitag gekreuzigt wurde und somit an einem Sabbat im Grabe gelegen hat, ist schon in der vormarkinischen Tradition gegeben. Diese Einwände verlieren in dem Maße an Durchschlagskraft, wie man *Schreiber*s übriger Argumentation (Passa, Abend, Nacht usw.) zu folgen bereit ist; denn die Sabbatbeurteilung ist lediglich *ein* Glied in der Kette der Gesamtdarlegung.[142] Hat aber Jesus nach Markus die Thora gemäß Mk 7,15 an empfindlicher Stelle getroffen, so wäre durchaus denkbar, daß im Sinne des Evangelisten gilt: »Markus lehnt den Sabbat (und damit die ganze Thora) radikal als ›Nacht‹ ab.«[143] Nach *Schreiber* gilt die markinische Gleichung: Sabbat = Nacht.[144]

Sollte diese Sicht zu Recht bestehen, dann wäre damit eine weitere Bestätigung unserer Beurteilung von Mk 7,15 im Ganzen des Mk gegeben.

[140] *Schreiber*, Theol., 87 [141] ib. 87

[142] s. auch seine Deutung von Mk 15,42: »Die theologische Auswertung jüdischer Festbezeichnungen durch Markus wird besonders an der zweiten Zeitbestimmung in 15,42 (επει ην παρασκευη, ο εστιν προσαββατον) deutlich. Daß es Abend war, *weil* (επει) es Rüsttag, d. h. der Tag *vor* dem Sabbat war, ist nur von der oben ermittelten Bedeutung des Sabbats her zu verstehen. Ohne die Beachtung dieser Bedeutung kann man nur mit *Wellhausen* sagen: ›Was das im Neuen Testament immer kausale επει hier begründen soll, verstehe ich nicht.‹« (ib. 88; *Wellhausen*, Mk, 133f.)

[143] *Schreiber*, Theol., 88 [144] ib. 88

Aber selbst wenn *Schreiber*s Auffassung zu weit ginge und des Markus Absage an die Thora nicht so radikal wäre, würde unbestreitbar gegeben sein, daß dieser wesentliche ihrer Inhalte als dem Willen Gottes widersprechend erklärt. Das wird auch durch Mk 10,2ff. erhärtet. Gilt aber einerseits das mosaische Gesetz nicht mehr – zumindest in entscheidenden Partien – und ist andererseits eben dieses der für das seinerzeitige Judentum wichtigste Teil der Schrift, so stellt sich mit Notwendigkeit die Frage: Wie kann Markus – und zwar gerade in der Passionsgeschichte![145] – sagen: αλλ' ινα πληρωθωσιν αι γραφαι (Mk 14,49)?[146] Wie kann er darüber hinaus sein ganzes Evangelium unter das (einzige) Reflexionszitat Mk 1,2f. stellen? Überzeugend hat *Marxsen* dargelegt, daß der Täufer als Vorläufer Jesu[147] nach dem Urteil des Evangelisten in das Evangelium hineingehört[148]. Johannes wiederum hat seine Vorgeschichte im prophetischen Reden des Alten Testaments.[149] Somit ist die alttestamentliche Prophetie αρχη του ευαγγελιου Ιησου Χριστου (Mk 1,1).[150] Doch geht *Marxsen* zu weit, wenn er behauptet, erst von Jesus her könne die alttestamentliche Prophetie wirkliche Prophetie werden.[151]

Erfüllung der Schriften und *Abrogation der Thora* stehen also bei Markus *unverbunden nebeneinander*. Man kann natürlich fragen, ob er Gesetz und Propheten gegeneinander ausspielen will. Das ist aber schon aufgrund von Mk 7,10 (= Ex 20,12; Ex 21,17) und Mk 10,7f. (= Gen 1,27; 2,24) sehr unwahrscheinlich. Und wenn *Schulz* davon spricht, daß Markus sich zur kritischen Auswahl, zur Reduktion auf einen Kanon im alttestamentlich-jüdischen Schriftkanon bekenne[152], so gibt zwar Mk 10,2ff. dazu gewissen

[145] Gerade für Mk gilt die Formulierung *Kähler*s von den Evangelien als »Passionsgeschichten mit ausführlicher Einleitung« (sog. hist. Jesus, 60 Anm. 1 von S. 59)!

[146] s. auch Mk 12,24

[147] *Marxsen*, Mk, 23

[148] ib. 25

[149] ib. 24

[150] ib. 25; cf. auch ib. 24f.

[151] ib. 25; sicherlich hat *Marxsen* recht, wenn er αρχη als Anfangspunkt begreift, auf den hin etwas Bestehendes zurückverfolgt werden kann (24). Nehmen wir jedoch – mit *Marxsen* – den syntaktischen Zusammenhang an: καθως γεγραπτει... – εγενετο Ιωαννης..., so ist die prophetische Voraussage etwas Vorgegebenes. *Suhl*, der als Schüler *Marxsen*s dessen Konzeption weiterführen und erhärten (7) will, greift sie ausgerechnet an dieser brüchigen Stelle auf und kommt so zu der konstruierten, aber Mk nicht gerecht werdenden Antithese: »Man kann nun mit *Lohmeyer* sagen, daß das Schriftwort, ›wie das καθως andeutet, die Norm, nach der das zu berichtende Geschehen sich richtet‹, ist – aber eben nicht als die Norm der weissagenden Prophetie, nach der sich im Nacheinander von Weissagung und Erfüllung das ›erfüllende‹ Geschehen zu richten hat, sondern als die Norm, die der Glaube in diesem Geschehen selbst findet.« (136) Kann man wirklich sagen: »καθως sagt noch nicht viel« (137)? S. wird somit *Marxsen* nicht gerecht; dieser begreift nämlich den Täufer als den *Erfüller* alttestamentlicher prophetischer *Vorhersage* (Mk, 22)!

[152] *Schulz*, Mk und das AT, ZThK 58, 193

Anlaß. Jedoch wird gerade da, wo es um die Erfüllung der Schriften geht, nirgends von einer solchen Aufgliederung in abrogierte und in noch gültige Schriftstellen gesprochen. Was bei Markus fehlt, ist eben eine Reflexion über das Verhältnis von Gesetz und Gesetzesbestimmungen, von Gesetz und Altem Testament.[153] Darf man vielleicht anläßlich des so unvermittelten Übergangs von der Polemik gegen die pharisäische Gesetzesinterpretation (Mk 7,6–13), die immerhin für die Pharisäer die Geltung der schriftlichen Thora besaß[154], zur Polemik gegen die Thora selbst (Mk 7,14ff.) – mit aller Vorsicht! – fragen, ob dem Heidenchristen Markus das Alte Testament als Corpus so bekannt war, wie wir es heute vor uns haben? Oder projizieren wir unsere Vorstellungen vom Alten Testament in diesen Evangelisten hinein, der doch wohl erst nach seiner Konversion zum Christentum etwas von den »Schriften« gehört hat und sie nicht unbedingt gelesen zu haben braucht?[155] Hat er die als abrogiert angesehenen Thorainhalte überhaupt als Teile des Alten Testaments betrachtet? Hatte er, als er Mk 7,15 niederschrieb, Lev 11 als *biblische* Gesetzesbestimmung vor Augen? Wir können diese Fragen nicht beantworten. Aber vielleicht sollte man sie doch einmal aussprechen.

Ein letztes Wort zu Mk 10,1ff.! Inzwischen hat Jesus öffentlich die Abrogation wesentlicher Thorainhalte verkündet (Mk 7), hat öffentlich zur

[153] Da in Mk ausdrücklich Gottes Gebot (generisch für Gottes Gebote, cf. Mk 7,10) als verpflichtend angesehen wird, kann man kaum mit *Schulz*, ib. 195, sagen: »Das Gesetz, *seine Gebote* und Verbote, sind nach Markus Menschensatzung ...« (Hervorhebung von mir) Allerdings differenziert er dann selbst: »... ja, *insofern* es dem Gotteswillen, dem genannten Gebot (!) widerspricht, muß es aufs schärfste abgelehnt werden.« (195; Hervorhebung von mir)

Im übrigen sehe man für das Mk-Verständnis von *Schulz* den Abschnitt »Der Wille Gottes und das mosaische Gesetz« in »Die Stunde der Botschaft«. Hier wird die Vollmacht Jesu, das mosaische Gesetz außer Kraft zu setzen, mit dem Hoheitstitel »Menschensohn« begründet (82). Doch leuchtet seine Interpretation von Mk 2,1ff. nicht ein. Wenn es v. 7 heißt: »Wer vermag Sünden zu vergeben als Gott allein?«, so ist hier keinesfalls an den Hohenpriester und die durch ihn erteilte Sündenvergebung am Versöhnungstag gedacht (81). Folglich wendet sich diese Perikope auch nicht gegen die betreffenden Kultgesetze des Alten Testaments. Auch die Exegese von Mk 11,15ff. (Tempelreinigung als Negation des Opfers, 89f.) ist nicht zwingend. Auf keinen Fall kann man Mk 12,18ff. (Sadduzäer-Perikope!) für die Meinung des Markus anführen, Gott habe die pharisäische (!) Mischna Menschenwerk genannt (88). Vollends dürfte *Schulz* Markus nicht gerecht werden, wenn er dessen Gesetzesauffassung wegen der »völlige(n) Abwesenheit der dialektischen Zuspitzung von Gesetz und Rechtfertigung allein aus dem Glauben« (93) als werdenden Frühkatholizismus abwertet! Ist die paulinische Gesetzeslehre (nicht: der Kern der paulinischen Rechtfertigungslehre!) die Norm der neutestamentlichen Gesetzeslehre?

[154] *Kümmel*, Traditionsged. = Aufs., 20ff.

[155] Bei dieser Überlegung wurde die altkirchliche Tradition über den Evangelisten Markus als nicht der geschichtlichen Wirklichkeit entsprechend unberücksichtigt gelassen.

Nachfolge (Voraussetzung zum Verständnis des Menschensohngeheimnisses!) aufgefordert (Mk 8) und hat öffentlich den Vater des epileptischen Knaben zum Glauben ermahnt und die Wirkung des Glaubens an der Heilung demonstriert (Mk 9). Trotzdem haben die Pharisäer, wie Mk 10,2ff. zeigt, nicht begriffen, daß sie das Gesetz nicht mehr als Argument für ihre dem Willen Gottes widersprechende Lehre bringen können. Somit steht ihr Nichtverstehen der Außerkraftsetzung der durch Dt 24,1 legitimierten Scheidungspraxis unter einem strengeren Gericht als ihr Nichtverstehen der Außerkraftsetzung von Lev 11. Ihre Blindheit ist somit im Aufbau des Mk an dieser Stelle gravierender als zuvor. Dessen ungeachtet sind aber auch die Jünger immer noch blind. Sie haben es schon wieder nötig zu fragen (Mk 10,10)! Selbst nach der dritten Leidensvorhersage (Mk 10,32–34) kommen Jakobus und Johannes mit ihrem so törichten Wunsch (Mk 10,35ff.); sie haben aus Mk 10,13–16 nichts gelernt!

Fassen wir zusammen: Markus denkt nicht im geringsten nomistisch. Eher sind Anzeichen dafür vorhanden, daß er das Gesetz als solches ablehnt. Doch kann diese Aussage nicht mit letzter Bestimmtheit gemacht werden.

5. Jesus

Q, Mk und S-Mt (bzw. Mt) berichten übereinstimmend, daß Jesus wesentliche Teile des mosaischen Gesetzes außer Kraft gesetzt hat: das ius talionis (formal: wahrscheinlich S-Mt; material: Q), die Speisegesetzgebung (Mk) und das Scheidungsrecht (Q, Mk). Folglich spricht alles dafür, daß dies der historischen Wirklichkeit entspricht. Während also *in nahezu allen synoptischen Traditionsschichten die Abrogation von Gesetzesinhalten durch Jesus offen ausgesprochen wird*, läßt sich für die nicht in solch breiter Streuung vorfindlichen thorabejahenden Aussagen Jesu leicht eine glaubhafte Erklärung für ein Entstehen im Verlauf der ersten Jahrzehnte des Urchristentums finden. Somit spricht alles dagegen, etwa Mt 5,18[156] oder Mt 23,2f.

[156] anders *Allen*, 46: »V. 18 finds a parallel in an artificial context in Lk 16,17. It is therefore (!) a well-authenticated traditional utterance of Christ.« Nach *Allen* ist demnach ein Logion allein deshalb schon authentisch, weil es in Q stand! *Montefiore* II, 51, lehnt diese Ansicht *Allen*s ausdrücklich ab: »More probably neither 18 nor 19 is authentic. They not only seem inconsistent with the attitude of Jesus to the Law taken as a whole, but they reflect ... later disputes.« Für die Authentizität von Mt 5,18 auch: *Goppelt*, Aufs., 104, 105 Anm. 5; *Davies*, Mélanges Biblique, 428ff.; ders., Setting, 334: »... a word of Jesus himself in which the full validity of the Law is recognized, but only ... until the death of Jesus inaugurates finally the New Covenant.« *Descamps*, Mt 5,17–48, Stud. Evang. 1, 170: »Mais il reste vrai, ... que même le v. 18 pourrait s'expliquer à partir de déclarations paradoxales du Maître.« *Manson*, Sayings, 135, betrachtet Lk 16,17 als authentisches Jesuswort,

als Worte des historischen Jesus anzusehen. Nun hat sich im Verlaufe dieser Untersuchung aber auch *Brauns* These von der Ungrundsätzlichkeit der Thoraabrogation durch Jesus als wenig wahrscheinlich erwiesen, da sie das Gewicht der abrogierten Gesetzesbestimmungen (z.B. Lev 11!) nicht genügend berücksichtigt. Dies alles zwingt zu der Frage, ob sich denn Jesus nicht grundsätzlich zu dieser Außerkraftsetzung geäußert hat. Besitzen wir nun in Q, also der ältesten literarischen Quelle der Synoptiker, eine solche Äußerung, nämlich Lk 16,16a, so liegt es nahe, sie dem historischen Jesus zuzuschreiben. Man müßte schon in der Lage sein, sehr schwerwiegende Gründe anzuführen, um ihre Authentizität zu erschüttern. Solche Gründe könnten lediglich im Inhalt von Mt 11,12 gegeben sein.[157] Doch liegt gerade der Sinn dieses Verses im dunkeln. Man kann aber schlecht diesem Teil des Stürmerspruchs, dessen ursprünglicher Sinn sich nur noch vermuten, aber nicht mehr sicher ermitteln läßt, ein Kriterium gegen die Authentizität des Gesamtlogions entnehmen, zumal sich der andere Teil, dessen Verständnis keine Schwierigkeit bietet, bestens in unsere exegetische Gesamtkonzeption einfügen läßt. Aus diesem Grunde betrachten wir das Wort »Das Gesetz und die Propheten reichen (nur) bis Johannes« als Wort des irdischen Jesus, das in programmatischem Sinne zu verstehen ist.

Damit hat Jesus *zurück*geblickt: Seit Johannes ist eine völlig neue Situation gegeben. Er hat aber auch *voraus*geschaut: Das ewige Schicksal entscheidet sich am Verhalten zum Worte Jesu (Mk 8,38).[158] Auf die hiermit gegebene

aber nicht als Votum für rabbinisches Denken, sondern als bittere Ironie: »The tittle then is the part of that scribal traditions which Jesus so often criticised. The saying thus comes to mean: It is easier for heaven and earth to pass away than for the scribes to give up the smallest bit of that tradition by which they make the Law none effect.« Matthäus habe jedoch dieses Wort aus Q in sein Gegenteil verkehrt: »In its present form and context the saying is an affirmation of the permanent validity of the Law in its minutest details.« (154) Auch für *Hirsch* II, 66, sind Lk 16,16f. eine ursprüngliche Einheit im Munde Jesu: Dem stürmischen Verlangen der Menschen nach dem Reiche Gottes steht die Macht des Gesetzes gegenüber, die nur Gott zerbrechen kann: »Es ist eines der tiefsten und am wenigsten vestandenen Worte Jesu.« »Bei Matth ... hat sich der Sinn der Aussage nahezu in sein Gegenteil verkehrt. Aus dem Verkündiger der unendlichen Überwindung des Gesetzes ist Jesus der Hüter und Erfüller des Gesetzes geworden.« *Manson* und *Hirsch* stimmen demnach darin überein, daß Luk 16,17 als authentisches Jesuswort den Legalismus bekämpft, Matthäus aber gerade dies nicht erkannt hat.

[157] so z. B. *Grässer*, 182f.: Das Logion könne auch Gemeindebildung sein, da der hier vorliegende Basileiabegriff auch der sonst von Matthäus gebrauchte sei, nämlich die in der Gemeinde sich repräsentierende Gottesherrschaft. Dafür spreche auch, daß offenbar die Tage des Johannes bereits der Vergangenheit angehörten. Außerdem weise ein vielleicht hier vorfindliches Zwei-Äonen-Denken in eine spätere Zeit

[158] s 2. Kap. Anm. 233

Problematik Lohn–Strafe als Motivation ethischen Handelns wurde bereits im 1. Abschnitt dieses Kapitels (Redaktion des Matthäus) eingegangen. Das dort für den ersten Evangelisten Gesagte gilt mutatis mutandis auch für Jesus. Hervorgehoben werden muß aber der auffällige Tatbestand, daß weder in den Antithesen noch Mk 2,23ff. noch Mk 7,1ff. das ethische Handeln mit der drängenden Basileia motiviert wird. Die genannten Stellen machen deshalb nicht den Eindruck einer »Interimsethik« im Sinne der konsequenten Eschatologie. Doch ist mit dieser Feststellung das Problem des gegenseitigen Verhältnisses von Eschatologie und Ethik in der Verkündigung Jesu noch nicht gelöst.

Gerade dieses Problem ist es aber, das sich auch im Blick auf den eben erwähnten Stürmerspruch stellt. Denn soviel ist sicher: Jesus spricht hier sowohl vom Ende des Gesetzes als auch von der Basileia. Sähen wir, was den Inhalt dieses Logions angeht, klarer, so wären wir sicher ein gehöriges Stück weiter in der Beantwortung der Frage, wie Jesus selber seine Autorität über die Thora begründet sah. Doch auch abgesehen vom Stürmerspruch gilt es, dem Verhältnis Ankündigung der Gottesherrschaft und ethische Predigt bei Jesus nachzugehen. Seit *Johannes Weiß* ist dieses Thema in der theologischen Diskussion immer wieder behandelt worden. Einen guten Überblick über diese Debatte gibt neuerdings z.B. *George Eldon Ladd*[159], der aufgrund dessen den Schluß zieht: »This survey makes it obvious that Jesus' ethical teaching and his view of the Kingdom must be studied together.«[160] Doch können wir uns dieser Aufgabe hier nicht stellen. Es ist nämlich nicht möglich, im Rahmen dieser Studie das so komplexe Thema der Gottesherrschaft in extenso zu behandeln. Hier konnten nur Voraussetzungen für eine etwaige Monographie über das Thema »Jesus und das Gesetz« geschaffen werden. Deshalb sei im folgenden nur einiges Grundsätzliche kurz skizziert.[161]

159 *Ladd*, 274ff.; er behandelt auf diesen Seiten u. a. *A. Schweitzer*, *H. C. King*, *Manson*, *Dodd*, *Windisch*, *Dibelius*, *Bultmann*, *Wilder*, *W. Schweitzer*. – Außerdem haben sich über die Ethik Jesu bzw. Ethik und Eschatologie bei Jesus außer den in dieser Studie Genannten u. a. geäußert: *Aldrich*, The Mosaic Ten Commandments Compared to their Restatements in the NT, BibSacr 118, 251–258: die Zehn Gebote des AT binden nicht als solche, da das moralische Gesetz Gottes nicht mit ihnen identisch ist; *Rhys*, The Form of Our Lord's Ethical Teaching, AnglTheolRev 43, 131–144: Jesus griff nur Interpretationen des Gesetzes an; *Owen*, Eschatology and Ethics in the NT, ScotJournTheol 15, 369–382: die zeitliche Nähe des Gerichtes ist nur zusätzliche Motivation der ethischen Predigt Jesu; *Harrington*, The Law, the Prophets and the Gospel, IrTheolQuart 31, 283–302: die Erfüllung des Gesetzes bedeutet nicht seine Ablehnung; *Ryrie*, The End of the Law, BibSacr 124, 239–247: das mosaische Gesetz als solches ist für immer abgetan; insofern es Teil des Gesetzes Christi ist, bindet es auch heute.

160 *Ladd*, 279

161 s. neuestens *Bornkamm*, Wandlungen im a.- und ntl. Gesetzesverständnis,

Grässer stellt die entscheidende Frage: »Kann der eschatologische Prophet zugleich Rabbi sein?«[162] und beantwortet sie zu Recht mit: sowohl Prophet als auch Rabbi. Beide »extreme(n) Lösungsmöglichkeiten« sind falsch: Jesus war *nur* Rabbi – Jesus war *nur* eschatologischer Prophet.[163] Im Rahmen unserer Überlegungen wäre *Grässers* Frage dahingehend weiterzuführen, daß man formuliert: Kann Jesus als Prediger mit der Autorität des eschatologischen Propheten und zugleich mit der Autorität eines Rabbi ausgestattet sein? Oder anders gesagt: Wie verhält sich die Autorität des eschatologischen Propheten Jesus zur Autorität des Rabbi Jesus? Um sofort ein mögliches Mißverständnis auszuräumen: Jesus als Rabbi bedeutet natürlich nicht Jesus als Ausleger des Gesetzes, sondern als Lehrer der neuen Ethik, der als solcher über dem Gesetz steht. Der Titel Rabbi ist also nur im uneigentlichen Sinn gebraucht.[164]

Daß beide Aspekte der Autorität in engster Verbindung miteinander zu sehen sind, dürfte im selben Augenblick einleuchten, in dem man sich die ungeheure Wucht der Ansage der Gottesherrschaft durch Jesus vergegenwärtigt. Mag auch vor allem der einzelne Inhalt der ethischen Predigt nicht von der nahenden Gottesherrschaft her motiviert sein, so wird man doch generell mit *Grässer* sagen können: »Die ethische Botschaft Jesu aber ist ganz und gar im Lichte seiner eschatologischen Verkündigung zu sehen«[165] und: »Gerade der Interimscharakter verleiht ihr (sc. der ethischen Botschaft Jesu) unbedingte Geltung.«[166] Oder mit *Conzelmann*, der sich im Grunde nur um Nuancen von *Grässer* unterscheidet: »Um so dringlicher wird die Frage, ob sich in Gotteslehre, Ethik und Eschatologie ein einheitlicher Existenzsinn erkennen läßt. Das ist in der Tat der Fall. Die Intention geht überall auf die Konfrontation des Menschen mit Gott ohne Zwischeninstanz ... Entscheidend ist die Beobachtung, daß die Nähe des Reiches zwar den generellen Bußruf motiviert, daß aber keine inhaltlichen Forderungen aus *ihr* abgeleitet werden, sondern aus dem im Gebot offenbarten Willen Gottes. Auch wenn in der Tat jetzt letzte Stunde ist, so will doch Gott heute nichts anderes, als was er immer schon wollte. – Es bestätigt sich also, daß Eschatologie und Ethik einander nicht logisch unter- und übergeordnet sind, sondern daß beide *analoge* Durchführung der direkten Konfrontation darstellen. Die materiale Forderung ist nicht erst durch das Medium der Eschatologie mit dem Gottesgedanken verbunden,

V. Abschn.: Reich-Gottes-Botschaft und Gesetz in Jesu Verkündigung = Aufs. IV, 98–103

[162] *Grässer*, 68 [163] ib. 69f.

[164] Nach *Hengel*, Nachfolge, 46, erschien »Jesus keinesfalls als Schriftgelehrter rabbinischer Prägung«; der Begriff »Rabbi« sei zur Charakterisierung Jesu äußerst mißverständlich. ib. 49: Prophet und Lehrer dürfen nicht als Gegensätze betrachtet werden.

[165] ib. 72 [166] ib. 73

sondern unmittelbar - sei es, daß einfach das at. Gebot angeführt wird, sei es, daß betont wird, daß Gott Rechenschaft fordert (Gleichnis von den anvertrauten Pfunden Mt 24,24ff/Lk 19,11ff), sei es, daß auf seine Fürsorge hingewiesen wird, wodurch wir in die Freiheit von der Sorge gelangen und die Liebe üben können.«[167]
Mit dem zuletzt Angeführten sollte keine neue Antwort gegeben, sondern nur dargelegt werden, wo weiterzuarbeiten ist.[168]

6. Nochmals: Die Antithesen und ihr Prolog

Jesus hat sich also in wesentlichen Punkten von der Thora abgesetzt. Er hat Äußerungen getan, die *bewußt* Bestimmungen der Thora außer Kraft setzten. Von daher wäre es sehr einleuchtend, wenn er sich dabei der antithetischen Formel »Den Alten wurde gesagt ... ich aber sage euch« bedient hätte. Jedoch, darf man diese Formel auf Jesus zurückführen?
Wie bereits zu Beginn des 2. Kapitels gesagt, ist eine große Zahl von Exegeten mit *Albertz*, *Bultmann*, *Kümmel*, *Bornkamm* und *G. Barth* der Meinung, daß die erste, zweite und vierte Antithese ursprüngliche Antithesen sind, während die dritte, fünfte und sechste diesen nachgebildet wurden. Die erste Gruppe überbietet nach den meisten Autoren die Thora, die zweite setzt sie außer Kraft.
Dieses Ergebnis ist zu modifizieren. Denn zumindest für die fünfte Antithese stimmt nicht, daß sie in Q in nichtantithetischer Form erscheint. Weder für das im Vordersatz stehende ius talionis des mosaischen Gesetzes noch für den im Nachsatz erscheinenden Imperativ μη αντιστηναι τῳ πονηρῳ gibt es eine synoptische Parallele. Dann müßte man aber fragen, ob nicht auch die fünfte Antithese zu den ursprünglichen zu zählen ist. Das würde jedoch bedeuten, daß die ursprünglichen Antithesen sowohl aus uneigentlichen, weil lediglich radikalisierenden, als auch aus einer eigentlichen, weil thoraabrogierenden, beständen. Man hat darauf verwiesen, daß die antithetische Formel von Jesus nicht im strengen Sinn

[167] *Conzelmann*, RGG III, 637; s. auch *Hengel*, Nachfolge, 74–79, vor allem 78f.
[168] Zu erwägen wäre noch, ob Mt 11,27 dem historischen Jesus zuzuschreiben ist. Dagegen u. a. *Bultmann*, Trad., 172: »spezifisch hellenistisches Offenbarungswort«, der sich auf *Dibelius*, 90, beruft; *Kümmel*, Aufs., 216 Anm. 39, 304 Anm. 71, 388; ders., Verheißung, 34f. Für die Authentizität traten u. a. ein: *Manson*, Teaching, 109ff.; vor allem *Jeremias*, Abba, 47ff., der mit beachtlichen Argumenten auf den »ausgesprochen semitisierende(n) Charakter ... sowohl in der Sprache wie im Stil« (48) verweist. Jedenfalls widerspricht der von *Jeremias* herausgestellte Skopus von v. 27a »Gott hat mir die volle Offenbarung übermittelt« (51) nicht in geringster Weise dem in dieser Untersuchung erzielten Ergebnis, wenn Offenbarung Erkenntnis des Willens Gottes bedeuten sollte.

des Wortes »antithetisch« verstanden sein konnte, weil sich unter den ursprünglichen Antithesen keine thoraabrogierende befinde.[169] Sollte man aber nun die fünfte Antithese doch zu den ursprünglichen rechnen – es sei zugegeben, daß es sich dabei um eine Ermessensfrage handelt; doch kann man m.E. nicht mehr sagen, daß diese Antithese auf jeden Fall dem Redaktor Matthäus zuzuschreiben sei! –, dann ist jene so eingängige Einteilung der Antithesen in zwei Gruppen nicht mehr möglich: 1. ursprüngliche = thoraradikalisierende Antithesen; 2. nachgebildete = thoraabrogierende Antithesen. Führt man also mit *Kümmel*[170] u.a. die ursprünglichen Antithesen auf Jesus zurück, so wäre dies dann auch für die fünfte, also eine thoraabrogierende, zu erwägen.

Dazu ermuntert zweierlei. Erstens würde in diesem Falle die fünfte Antithese mit ihrer Außerkraftsetzung des mosaischen ius talionis als authentisches Jesuswort denselben Geist atmen wie das authentische Logion Mk 7,15, das die mosaische Speisegesetzgebung abrogiert. Zweitens ist sie mit der als authentisch angenommenen vierten Antithese formal verwandt: Mt 5,34: μη ομοσαι..., Mt 5,39: μη αντιστηναι...

Es gibt also zumindest schwerwiegende Gründe anzunehmen, daß sich Jesus nicht nur implizit durch den Inhalt seiner Lehre in Gegensatz zu wesentlichen Bestimmungen der Thora setzte, sondern daß auch die antithetische *Form*, wie sie Mt 5,21–48 vorliegt, für vier der dort gegebenen Beispiele auf ihn zurückzuführen ist. Dem wird allerdings von *Daube* entgegengehalten, daß gerade diese Form den rabbinischen Geist des Mt verrate: »Matthew's is a Rabbinic gospel.«[171] Und *Daube*s Beurteilung der Antithesen wird in der Literatur immer wieder positiv aufgegriffen, so etwa von *Stauffer*[172] und *Davies*[173]. Prüfen wir daher die Argumentation *Daube*s!

Nach *Daube* entspricht die antithetische Formel »Ihr habt gehört, daß den Alten gesagt wurde ... ich aber sage euch ...« in ihren beiden Teilen rabbinischer Terminologie. Der erste Teil würde auf hebräisch lauten: שמעתם מה שנאמר.[174] Doch sei dies »not technical enough.« Vielmehr müsse man die in der rabbinischen Diskussion übliche Formel שומע אני

169 so etwa *Klostermann*, Mt, 42; *Braun*, Radikalismus II, 9 Anm. 2 von S. 7, der gerade die ursprünglichen Antithesen, weil hier »dem Spätjudentum gegenüber gar keine inhaltliche Verschärfung« vorliege, nicht dem historischen Jesus zuschreiben will, sieht sich dann aufgrund des Tatbestandes, daß die an Q kontrollierbaren Antithesen die nichtantithetische Redeweise Jesu verraten, in seiner Auffassung von der »Ungrundsätzlichkeit« der Thoraabrogation durch Jesus bestätigt. Wo nämlich »eine wirkliche Verschärfung gegenüber dem offiziellen Judentum« ein echtes Jesuswort signalisiere, lege sich aufgrund der nichtantithetischen Form diese Ungrundsätzlichkeit nahe.

170 *Kümmel*, Traditionsged. = Aufs., 31

171 *Daube*, Rabbinic Judaism, 60

172 *Stauffer*, Botschaft, 39

173 *Davies*, Setting, 101f.

174 *Daube*, Rabbinic Judaism, 55; so übersetzt auch *Bacher* I, 190 Anm. 3

heranziehen, die eine abzuweisende Interpretation einer zu wörtlich verstandenen Schriftstelle einleitet. »Der Hörende« ist nach dieser Terminologie derjenige, der an der oberflächlichen, wörtlichen Bedeutung festhält. Folglich bedeute der erste Teil der matthäischen Formel: »Ihr habt im wörtlichen Sinne verstanden.«[175]
Der zweite Teil der Formel besitzt nach *Daube* ebenfalls rabbinische Parallelen, allerdings in der 2. Person Singular: אמרת = aber du mußt sagen. Meist werde damit eine andere Schriftstelle, zuweilen aber auch ein Schluß a minori ad maius eingeleitet.[176] So folgert er: »Evidently, there is a Rabbinic form expressing a contrast between the ›hearing‹, the ›literal understanding‹, of a rule and what we must ›say‹ it actually signifies. Here lies the source of Matthew's pattern.«[177] Es wäre nicht schwer, an dieser Stelle von *Daube*s Darlegungen Einwände zu bringen. Doch sei darauf verzichtet, weil er seine These selbst modifiziert. Er spricht nämlich bereits wenige Zeilen danach von »striking differences between the Rabbinic form and the Matthean«.[178] Für beide Formeln müsse nämlich ein je verschiedener »Sitz im Leben« angenommen werden. In der rabbinischen Formel spreche der vorsichtige, gelehrte, ehrfürchtige Interpret der Heiligen Schrift, dessen »Sitz im Leben« ein akademischer sei; in der matthäischen Formel gehe es dagegen in prophetischem Tone um eine mit höchster Autorität erklärte Festsetzung durch Jesus, nämlich um die Proklamation des wahren Gesetzes.[179]
Nachdem *Daube* so die matthäische von der rabbinischen Formel abgesetzt hat, führt er sie doch wieder näher zueinander und erklärt den Abgrund zwischen beiden für wesentlich kleiner (»the gulf is very much smaller«[180]); die rabbinische Formel sei weniger akademisch und die matthäische weniger revolutionär. Den Grund für letzteres sieht er darin gegeben, daß gerade diese matthäische Formel Jesus als den erweist, der das Gesetz aufrechterhält, nicht aber zerstört.[181] So ist es gerade der Vers Mt 5,17, der ein weiteres Glied in der Kette der Argumente *Daube*s für die Meinung abgibt: »The second member (sc. of the Matthean form) unfolds rather than sweeps away the first.«[182] Mit Emphase heißt es dann: »Matthew's is a Rabbinic gospel.«[183] Also könne es nur auf flüchtigem, ja oberflächlichem (superficial) Lesen beruhen, wenn man die matthäische Formel im Sinne des Evangelisten als antithetisch im eigentlichen Sinne versteht.
Denn auch das »erfüllen« in Mt 5,17 wird auf rabbinische Terminologie zurückgeführt: קִיֵּם. Dieser Begriff besage dort als terminus technicus, daß der Text in Übereinstimmung zur Lehre eines Rabbinen stehe.[184] Also,

175 *Daube*, Rabbinic Judaism, 55f.
176 ib. 56f.
177 ib. 57
178 ib. 57
179 ib. 57f.
180 ib. 59
181 ib. 59f.
182 ib. 60
183 ib. 60
184 ib. 60

sowohl der die Antithesen einleitende v. 17 als auch diese selbst erklären sich bestens aus der rabbinischen Terminologie! Und mögen auch die herangezogenen rabbinischen Parallelen frühestens aus der Zeit R. Jischma'els (+ ca. 135) stammen, so ist nach *Daube* doch damit zu rechnen, daß Matthäus mit einer früheren und nur leicht abweichenden Form vertraut war.

In der Tat bietet *Daube*, wie man unbedingt zugeben muß, eine in sich geschlossene, folgerichtige Darlegung. Dennoch vermag sie nicht zu überzeugen. Schon die Rückführung von שמעתם מה שנאמר auf שומע אני ist problematisch. Nach *Bacher* leitet שומע אני, an das auszulegende Textwort anknüpfend, eine mögliche Auffassung desselben ein, um die Unhaltbarkeit derselben *aus einem anderen Textwort*, mit dem Ausdruck תלמוד לומד eingeleitet, zu beweisen.[185] Abgesehen davon, daß in der zweiten, dritten, vierten und fünften Antithese durch ηκουσατε οτι ερρεθη o.ä. nur ein alttestamentliches Zitat – ohne Interpretation! – eingeführt wird, ist Jesu Entgegnung nirgends durch ein dictum probans aus dem Alten Testament begründet. Nun korrigiert zwar *Daube* mit Recht *Bacher*: Das zweite Glied der Argumentation müsse nicht unbedingt auf eine andere Schriftstelle rekurrieren, sondern könne auch aus einer logischen Deduktion, etwa einem Schluß a minori ad maius, bestehen.[186] Doch weder bedient sich Jesus in diesen Antithesen einer solchen logischen Deduktion als Entgegnung[187], noch kann man bestreiten, daß die Formel שומע אני gemäß ihrer meist gebrauchten Funktion auf eine Widerlegung kraft eines biblischen Zitates tendiert. Daß ερρεθη dem נאמר als der häufigsten Form der Zitierung von Bibelstellen[188] entspricht[189], ist richtig. Andererseits erscheint aber gerade dieses נאמר nicht in der Formel שומע אני. Doch *Daube* vermutet, die Rabbinen hätten sich wahrscheinlich ursprünglich einer »volleren Version« bedient.[190] Angesichts der soeben gegen ihn angeführten Argumente ist diese seine Vermutung allzu hypothetisch.

Wie *Dalman*[191], den er in diesem Zusammenhang jedoch nicht zitiert, faßt also *Daube* πληρωσαι Mt 5,17 als קיים[192], und dieses wiederum wie *Bacher* im Sinne von: aufrechterhalten, bestätigen, ein Wort oder eine Verheißung betätigen, erfüllen[193]. Nun ist jedoch diese Rückübersetzung nicht unumstritten. *Delling* entscheidet sich für מלא: Jesus erfüllt durch sein *Tun*

185 *Bacher* I, 189

186 *Daube*, Rabbinic Judaism, 57

187 das sagt *Daube* selbst: ib. 58

188 *Bacher* I, 6

189 so auch ib. 6 Anm. 1

190 *Daube*, Rabbinic Judaism. 62, der sich hier auf *Schechter*, Jewish Quarterly Review, 10 (1898), Anm. 3, beruft; gegen *Schechter* s. *Bacher* I, 190 Anm. 3; gegen *Bacher* wiederum *Daube*, Rabbinic Judaism, 62

191 *Dalman*, Jesus-Jeschua, 53: hebr. קִיֵּם (geschr. קיים), aram. קַיֵּים

192 *Daube*, Rabbinic Judaism, 60

193 *Bacher* I, 170

als Akt des Gehorsams Gottes Verheißung.[194] Doch dürfte er dabei Mt 5,17 zu sehr von Mt 3,15 her exegesieren; »erfüllen« in Mt 5,17 bedeutet aber, wie im 1. Kapitel bereits ausgeführt wurde, »erfüllen durch Lehre«.[195] Damit fällt aber auch seine Option für מלא als Äquivalent für πληρωσαι.[196] Es ist jedoch fraglich, ob man überhaupt nach einer hebräischen oder aramäischen Rückübersetzung suchen sollte. Selbst wenn Matthäus für Mt 5,17 einen gewissen Kern aus seiner Tradition übernehmen konnte[197], so ist damit noch nicht gesagt, daß je eine semitische Fassung existiert hatte[198]. Sollte aber Matthäus – gegen *Kilpatrick* und *Strecker* – aramäische Sprachkenntnisse gehabt haben, so dürfte am ehesten doch קיים anzunehmen sein.[199] Grundsätzlich gilt: Der Sinn des matthäischen πληρωσαι muß von Mt her erschlossen werden, da der Evangelist diesen Begriff als Programmwort verwendet.[200]

[194] *Delling*, Art. πληροω, ThW VI, 292, 28ff.

[195] so die Formulierung *G. Barths*, 64; ähnlich schon vorher *Kümmel*, Traditionsged. = Aufs., 34 (unter Berufung auf *Hänel*, 156ff.)

[196] Für מלא auch *Ljungmann*, 25ff., mit Vehemenz und scharfer Polemik gegen *Dalman*; bezeichnend für ihn ist, daß er *Dalman* vorwarf, er habe bei der Rückübersetzung von πληρωσαι Mt 5,17 nicht Mt 3,15 berücksichtigt (31). Im Grunde geschieht der Angriff auf *Dalman* aber von einer mit diesem gemeinsamen Basis aus: Mt 5,17 ist authentisches Jesuswort. *Schlatter*, Mt, 153f., nimmt trotz der Betonung des Tuns Jesu קיים an. – Positiv zu *Ljungmann* äußert sich *Moule*, Fulfilment-Words in the N. T. = NTS 14, 313f.

[197] s. 1. Kap. dieser Untersuchung

[198] *Strecker*, 145: »Der Rückgriff auf eine aramäische Grundlage trägt bei diesem matthäischen Vers natürlich nichts aus.« Damit geht *Strecker* weiter als wir; für ihn besaß ja Matthäus keine aramäischen Sprachkenntnisse (21). Das allerdings ist nicht so sicher.

[199] *Kümmel*, Traditionsged. = Aufs., 34 Anm. 86: Möglich sind mit *Dalman* בטל und קיים für καταλυσαι und πληρωσαι. Jedoch: »Die syrischen Übersetzungen lesen freilich שרא und מלא ...« Entscheidend fällt ins Gewicht, daß die Targume das biblische מלא, LXX πληρωσαι, mit קיים übersetzen, *Bacher* I, 171 Anm. 1. Darauf verweist aber auch *Ljungmann*, 28! Jedoch schreibt er dann, 29: »Die Kühnheit, mit der *Dalman* zuwegegeht, wenn es sich darum handelt, die palästinische Terminologie hinter den Worten von 5,17 zu rekonstruieren, muß in Erstaunen setzen.«

[200] Das gilt auch für die Wendung τον νομον η τους προφητας Mt 5,17. Nach *Merx*, 73ff., war der Übersetzer des in syr^{sin} erhaltenen Textes mit jüdischer Terminologie vertraut. »Er unterscheidet daher auch in der Wiedergabe von ο νομος das Gesetz als Ganzes oder als Lehrbuch von der einzelnen Gesetzesbestimmung. Das Gesetz als Ganzes nennt er אוריתא, *Lehre*, *Thora*, die einzelne Gesetzesbestimmung נמוסא.« (74) Mt 5,17 haben syr^{sin} und syr^{crt} aber נמוסא (und (!) Propheten; Pesch: oder Propheten). Der syrische Übersetzer habe dies mit Absicht getan, es ging ihm nicht um das Gesetz als Ganzes, sondern um die einzelne Gesetzesbestimmung. Als den ursprünglichen griechischen v. 17 rekonstruiert er dann: Μη νομισητε οτι ηλθον λυσαι νομον, ουκ ηλθον λυσαι αλλα πληρωσαι. Mt 5,17 wird – wie die von Glossen befreiten v. 18–20 – als authentisches Jesuswort beurteilt.

Nehmen wir einmal mit *Daube* hypothetisch an, πληρωσαι setze קיים voraus! Dann entspräche der Wendung πληρωσαι τον νομον im Sinne von πληρωσαι το ρηθεν[201] לקיים מה שנאמר.[202] Gerade diese Formel aber besagt: »... die Aussage irgendeiner Bibelstelle (wird) durch eine an einer anderen Bibelstelle berichtete oder durch die Auslegung in ihr erkannte Tatsache bestätigt ....«[203] Also Bestätigung der Bibel durch die Bibel! Das aber geschieht gerade in den Antithesen nicht! Also wird, falls πληρωσαι auf קיים zurückgehen sollte, dieses nicht im rabbinisch technischen Sinn verstanden.

Vor allem aber ist *Daube* entgegenzuhalten, daß er nicht zwischen thoraradikalisierenden und thoraabrogierenden Antithesen unterschieden hat. Bezeichnend ist, daß er seine Auffassung an der ersten Antithese exemplifiziert.[204]

Sicherlich hat Matthäus in den Antithesen stilisiert. Diese Stilisierung jedoch einzig aus rabbinischem Denken abzuleiten ist eine zu kühne Hypothese. Wir werden umgekehrt damit zu rechnen haben, daß sich *in* der *antithetischen Form* von Mt 5 die *antithetische Verkündigung Jesu widerspiegelt*. Daß es dabei nicht möglich ist, im Einzelfall die genaue Formel zu rekonstruieren, braucht wohl nicht eigens betont zu werden. Man kann also nicht mit *Daube* im Blick auf die von ihm angeführten rabbinischen Formeln sagen: »Here lies the source of Matthew's pattern.«[205] Wiederum ein Grund, mit der Behauptung vom rabbinischen Charakter des Mt sehr vorsichtig zu sein![206]

Der Sinn ist: »Jesus erklärt, es sei nicht seine Aufgabe, ein einzelnes Gesetz – also nicht τον νομον – zu lösen ..., sondern er habe die einzelnen Gesetze voll zu machen. Denn das Gesetz besteht vollständig, bis Alles wird, d. h. bis das Himmelreich, das nahe bevorsteht, herbeigekommen sein wird.« (80) Auch hier dürfte *Merx* wieder den Wert von syr^{sin} für die Rekonstruktion der »erreichbar älteste(n) Form der Evangelien« (VII) überschätzt haben. So geistreich die Unterscheidung von אוריתא und נמוסא auch ist – auf diese Weise an die ipsissima vox Jesu zu gelangen, dürfte nicht möglich sein. – Übrigens hat Mt 11,13 syr^{sin} das Gesetz nicht, folglich sieht *Merx* es im griechischen Text als interpoliert an (190f.); syr^{crt} und Pesch haben אוריתא.

201 ρηθεν im Sinne des sechsmaligen ερρεθη der Antithesen!

202 *Bacher* I, 170

203 ib. 170

204 *Daube*, Rabbinic Judaism, 55f.

205 ib. 57

206 Neuestens hat auch *E. Lohse* einen Aufsatz über die Formel »Ich aber sage euch« publiziert (»Ich aber sage euch = Der Ruf Jesu, 189–203). Als dem griechischen Satz εγω δε λεγω υμιν vergleichbar wertet er den von den Rabbinen benutzten Ausdruck ואני אומר (196). Die Tannaiten bedienten sich nämlich dieses Ausdrucks, »um eine Äußerung einzuleiten, die von der herrschenden Auffassung oder der Meinung eines angesehenen Gelehrten abweicht oder ihr widerspricht« (196). Doch mußte sich ein solcher Opponent auf das Zeugnis der Schrift berufen. Dies jedoch tut Jesus gerade nicht: »... noch begründet er es (sc. sein Wort) durch eine Schriftexegese, die die Legitimation für seine Auffassung vorweist... Sein An-

spruch wird durch keinen Hoheitstitel gedeckt, sondern sein Wort erweist seine Wahrheit, indem es trifft« (198f.).

Insoweit dürfte L.s Ansicht mit der unseren übereinstimmen: Die teilweise Übereinstimmung rabbinischer und jesuanischer Terminologie bedeutet noch lange nicht eine Übereinstimmung in rabbinischer Denkweise. L. differiert aber mit uns, wenn er erklärt, in der Verkündigung Jesu werde »nirgendwo grundsätzlich« über das Gesetz gehandelt (199). So kann er sogar sagen: »Ebenso hat Jesus auch die Reinheitsvorschriften des Gesetzes nicht einer grundsätzlichen Kritik unterworfen, sondern die Forderung der Reinheit radikalisiert und damit inhaltlich neu bestimmt.« (199)

NACHWORT

Angemessene Begriffe?

*Stauffer*s These von der Requmranisierung und Rejudaisierung im Verlauf der Entwicklung der Evangelien gab den ersten Anstoß zu der hier vorliegenden Arbeit, mag sie auch in ihrem größeren Teil das Gespräch mehr mit anderen Autoren gesucht haben. Da aber immerhin *Stauffer*s Terminologie in den Untertitel unserer Untersuchung eingegangen ist, soll nun zum Schluß exkursartig die Frage gestellt werden: Ist diese Begrifflichkeit überhaupt angemessen?

Zunächst zur »*Requmranisierung*«! Die Frage, ob sich im Laufe der synoptischen Tradition ein wachsender Einfluß Qumrans zeigte, muß eindeutig mit nein beantwortet werden. Mag auch die Thoraradikalisierung ein wesentliches Merkmal qumranischer Haltung und Frömmigkeit gewesen sein, so ist sie doch nicht ihr Spezifikum. Qumran war priesterlich geprägt. Differenzen im Blick auf Tempel, Kult und Festkalender führten zum Verlassen Jerusalems. Von diesen Vorstellungen findet sich aber nichts in der synoptischen Tradition. Und nur aufgrund des כול in den Sektenschriften läßt sich wahrlich kein qumranischer Einfluß auf jener Stufe der synoptischen Überlieferung erschließen, in der etwa Mt 5,18 gebildet wurde. Außerdem befänden wir uns hier doch nicht am Ende, sondern ziemlich am Anfang des synoptischen Prozesses (Q!)! Man kann und soll die Frage nach qumranischem Einfluß in der synoptischen Tradition stellen. Die Frage ist berechtigt. Gerade die Werke von *Herbert Braun* haben ihre Fruchtbarkeit zur Genüge erwiesen. Aber die Antwort heißt wohl eindeutig: Keine Requmranisierung! Die Frage ist also mit einem verständlichen, angemessen Begriff gestellt, die Antwort kann genauso verständlich und präzise gegeben werden.

Anders aber steht es mit dem Begriff »*Rejudaisierung*«. Das Wort klingt schon schlecht. Ja, es könnte böse mißverstanden werden: Re-*juda*-isierung als negative Qualifizierung der neutestamentlichen Entwicklung! Aber ganz abgesehen davon, daß dieses Wort böse Assoziationen erzeugen, Wunden aufreißen und Emotionen erwecken könnte – was auch *Stauffer* sicherlich nicht will! –, ist es zu allgemein. Welch buntes Bild bietet auf religiösem (und somit nicht nur auf religiösem!) Gebiet das Judentum zur Zeit Jesu von Nazareth! Es darf nicht nur negativ gesehen werden. Das wäre nämlich ein ungerechtfertigte und maßlose Übertreibung!

Nur wenige Beispiele dafür, daß sich selbst in rabbinischen Dokumenten Aussagen befinden, die entscheidenden Inhalten des Neuen Testaments nahekommen! Ab I, 2 wird von Schim'on dem Gerechten der Ausspruch berichtet: »Auf drei Dingen steht die Welt: auf der Thora, auf dem

Gottesdienst und auf der Liebeserweisung.« Die Taten der Liebe werden gleichrangig neben dem mosaischen Gesetz genannt! Man mag einwenden, Schim'on habe ungefähr 300 Jahre vor Jesus gelebt. Wichtig ist jedoch, daß dieses Wort in der rabbinischen Überlieferung aufbewahrt wurde. Nach Ab I, 3 sagte Antigonos von Socho: »Seid nicht wie Knechte, die dem Herrn dienen in der Absicht, Lohn zu empfangen!« Es ist unnötig, neutestamentliche Parallelen zu zitieren. Und wer denkt nicht sofort an Jesu Predigt, wenn er den Ausspruch Hillels hört: »Wer seinen Namen auszubreiten strebt, verliert seinen Namen« (Ab I, 13)?

Zweifellos, diese rabbinischen Zitate sind bewußt einseitig ausgewählt. Und sie sind sicherlich nicht typisch. Weithin gilt in der Tat vom Traktat Aboth, was *Braun* »Ethik der Mediokritäten«[1] genannt hat. Aber in Ab ist Gottes Souveränität doch nicht nur »die des genau rechnenden Krämers«, nicht überall sind hier »Gott und Mensch ... domestiziert«[2]! So zeigt sich nochmals, daß die generalisierende Bezeichnung »Rejudaisierung« als Disqualifizierung völlig ungeeignet ist.

Was aber will *Stauffer*? Er will nachweisen, daß im Laufe der synoptischen Tradition die Thora immer mehr an Gewicht gewinnt. Dann aber spräche man besser von »*Rethoraisierung*«.[3] Sicher ist es angemessen zu fragen, ob im Verlauf der synoptischen Entwicklung eine Rethoraisierung erfolgt. Vor allem ist diese Frage wesentlich präziser. Nun will *Stauffer* sicherlich mehr. Er fragt auch nach einem Prozeß zunehmenden halakhischen Denkens. Also, findet auch eine »Rehalakhisierung« statt? Da jedoch gerade für rabbinisches Denken die Halakha einen integrierenden Teil der Thora darstellt, ist das Wort-Monstrum »Rehalakhisierung« unnötig. Eine zusätzliche Bestimmung zur Rethoraisierung ist somit überflüssig.

Stellen wir also die Frage nach der »Rethoraisierung« in der synoptischen Tradition! Auf jeden Fall hat *Stauffer* etwas Richtiges gesehen. Sein Anliegen ist berechtigt im Blick auf jene, die allzu leicht den matthäischen Gesetzeserfüller Jesus mit dem historischen Jesus identifizieren. Gegenüber der Schule *Goppelt*s, in der der Unterschied zwischen Altem und Neuem Testament bzw. zwischen dem Gesetz des Alten Testamentes und der Predigt Jesu doch etwas eingeebnet wird, vermag *Stauffer* ein Korrektiv zu bieten. Aber er geht zu weit, viel zu weit! Vielleicht sogar in der Art und Weise der Darstellung, wenn er etwa die Linie *Mose–Paulus*[4]*–Ignatius–Kant*–Auschwitz-Kommandant *Rudolf Höss* zieht.[5] Aber das mag vielleicht auch Sache des Geschmacks sein. Und: de gustibus non est disputandum.

[1] *Braun*, Radikalismus I, 10 [2] ib. 14

[3] Im Laufe dieser Untersuchung wurde dieser Begriff bereits mehrfach verwendet.

[4] *Stauffer*, Botschaft, 18: »Die paulinische Gehorsamsethik hat mit Jesus von Nazareth nichts zu tun.«

[5] ib. 17ff.

Zweifellos, bis zu Matthäus und Lukas geschieht eine gewisse Rethoraisierung. Und wenn man mit *Ebeling*[6] Kirchengeschichte als Auslegungsgeschichte der Heiligen Schrift auffaßt, so muß man darüber hinaus zugeben, daß z.B. ein nomistisch verstandener Matthäus verheerende Folgen zeitigte. Vergesetzlichung verfälschte das Evangelium zuweilen bis zur Unkenntlichkeit. Aber immerhin hat gerade Luther Matthäus sehr geschätzt – nicht nur Paulus![7] Und Matthäus seinerseits war alles andere als ein Nomist. Er hat Jesu Anliegen im Gewand der Thorabejahung gewahrt. Nur seine Exegeten haben ihn oft nicht mehr richtig verstanden. Dazu gehört leider auch *Stauffer*, nur, daß er völlig andere Konsequenzen zieht als jene, die einem nomistisch interpretierten Matthäus auf dem Weg des Nomismus folgten. In seiner Leidenschaftlichkeit schießt er weit über das Ziel hinaus! Und weil er Matthäus falsch interpretierte, blieb es nicht aus, daß auch sein Jesusbild schief ist.

[6] *Ebeling*, Kirchengeschichte als Geschichte der Auslegung der Heiligen Schrift

[7] allein in der Römerbriefvorlesung hat Luther mehr als 120 mal Mt zitiert! WA 56, XLIIIf.

LITERATURVERZEICHNIS

(Abkürzungen in der Regel wie in RGG³)

Abrahams, I., Studies in Pharisaism and the Gospels, Vol. I and II, New Vork 1968

Adam, A., Antike Berichte über die Essener, Berlin 1961

Alberti, A., Il divorzio nel Vangelo di Matteo, DivThom 60 (1957), 398–410

–, Matrimonio e Divorzio nella Bibbia, Mailand 1962

Albertz, M., Die synoptischen Streitgespräche, Berlin 1921

Aldrich, R. L., The Mosaic Ten Commandments Compared to their Restatements in the New Testament, BibSac 118 (1961), 251–258

Allegro, J. M., Die Botschaft vom Toten Meer, Hamburg 1957 = Fischer-Bücherei 183

Allen, W. C., A Critical and Exegetical Commentary on the Gospel according to St. Matthew, Edinburgh 1951⁴ = ICC

Alt, A., Kleine Schriften zur Geschichte des Volkes Israel, I, München 1963³, II, 1959²

–, Die Ursprünge des israelitischen Rechts = Kl. Schr. I, 278–332

–, Zur Talionsformel = Kl. Schr. I, 341–344

–, Die Stätten des Wirkens Jesu in Galiläa territorialgeschichtlich betrachtet = Kl. Schr. II, 436–456

Antijudaismus im Neuen Testament? Exegetische und systematische Beiträge, hg. *W. Eckert*, *N. P. Levinson* und *M. Stöhr*, München 1967

Auer, W., »Jota unum aut unus apex non praeteribit a lege ...« (Mt 5,18), BibKirche 14 (1959), 97–103

Babylonische Talmud, Der. Neu übertragen durch *L. Goldschmidt*, Berlin 1964²

Bacher, W., Die exegetische Terminologie der jüdischen Traditionsliteratur, Zwei Teile, Darmstadt 1965 (= I 1899; II 1905)

Baltensweiler, H., Die Ehe im Neuen Testament, Exegetische Untersuchungen über die Ehe, Ehelosigkeit und Ehescheidung, Zürich-Stuttgart 1967 = AThNT 52

–, Die Ehebruchsklauseln bei Matthäus, Zu Matth. 5,32; 19,9, ThZ 15 (1959), 340–356

Bammel, E., Is Luke 16,16–18 of Baptist's Provenience?, HThR 51 (1958), 101–106

–, Markus 10,11f. und das jüdische Eherecht, ZNW 61 (1970), 95–101

–, Das Ende von Q = Verborum Veritas, 39–50

Bardtke, H., Die Handschriftenfunde am Toten Meer, Berlin 1958

Bartsch, H. W., Feldrede und Bergpredigt, Redaktionsarbeit in Luk. 6, ThZ 16 (1960), 5–18

Barth, G., Das Gesetzesverständnis des Evangelisten Matthäus = *Bornkamm–Barth–Held*, 54–154
Bauer, J. B., Die matthäische Ehescheidungsklausel (Mt 5,32 und 19,9), BibLit 38 (1964/65), 101–106
–, De coniugali foedere quid edixerat Matthaeus?, VerbDom 44 (1966), 74–78
Bauer, W., Griechisch-deutsches Wörterbuch zu den Schriften des Neuen Testaments und der übrigen urchristlichen Literatur, Berlin 1958[5]
–, Aufsätze und kleine Schriften, hg. *G. Strecker*, Tübingen 1967
–, Jesus der Galiläer = Aufsätze 91–108
Baur, F. Chr., Lehrbuch der christlichen Dogmengeschichte, Darmstadt 1968[4]
Beare, F. W., The Sabbath Was Made for Man?, JBL 79 (1960), 130–136
Becker, J., Das Heil Gottes, Göttingen 1964 = StUNT 3
Beilner, W., Christus und die Pharisäer, Untersuchung über Grund und Verlauf der Auseinandersetzungen, Wien 1959
Belkin, S., Dissolution of Vows and the Problem of Antisocial Oaths in the Gospel and Contemporary Jewish Literature, JBL 55 (1936), 227–234
Ben-Chorin, Sch., Jesus im Judentum, Wuppertal 1970 = Schriftenreihe für christlich-jüdische Begegnung, Bd. 4
Benoit, P., L'Evangile selon Saint Matthieu, Paris 1950
Berger, K., Hartherzigkeit und Gottes Gesetz (Mc 10,5), ZNW 61 (1970), 1–47
–, Zu den sogenannten Sätzen Heiligen Rechts, NTS 17 (1970), 10–40
Bergsträsser, G., Einführung in die semitischen Sprachen, Darmstadt 1963 (= 1928)
Bertram, G., Art. υψιστος, ThW VIII, 613ff.
Betz, O., Jesu heiliger Krieg, NovTest 2 (1957), 208–223
–, Offenbarung und Schriftforschung in der Qumransekte, Tübingen 1960 = WUNT 6
–, The eschatological Interpretation of the Sinai-Tradition in Qumran and in the New Testament, RevQum 6 (1967), 89–108
–, Was wissen wir von Jesus?, Stuttgart 1967[2]
–, Rezension von *J. Molitor*, Grundbegriffe der Jesusüberlieferung im Lichte ihrer orientalischen Sprachgeschichte, in: ThLZ 95 (1970), 502f.
Bibel und Qumran, Festschrift *H. Bardtke*, hg. *S. Wagner*, Berlin 1968
Bietenhardt, H., Sabbatvorschriften von Qumran im Lichte des rabbinischen Rechts und der Evangelien = Qumran-Probleme, 53–74
Black, M., The Scrolls and Christian Origins, Edinburgh 1961
–, An Aramaic Approach to the Gospels and Acts, Oxford 1967[3]
Blass–Debrunner, Grammatik des neutestamentlichen Griechisch, Göttingen 1965[12]
Blinzler, J., Εισιν ευνουχοι. Zur Auslegung von Mt 19,12, ZNW 48 (1957), 254–270
Bonnard, P., L'Evangile selon Saint Matthieu, Paris 1963
Bonsirven, J., Le divorce dans le Nouveau Testament, Paris 1948

Bornhäuser, K., Die Bergpredigt, Versuch einer zeitgenössischen Auslegung, Gütersloh 1923
Bornkamm, G. - Barth, G. - Held, H. J., Überlieferung und Auslegung im Matthäus-Evangelium, Neukirchen 1965 = WMANT 1
Bornkamm, G., Evangelien, synoptische, RGG³ II, 753–766
–, Jesus von Nazareth, Stuttgart 1960 = Urban-Taschenbuch 19
–, Enderwartung und Kirche im Matthäusevangelium = *Bornkamm–Barth–Held*, 13–47
–, Der Auferstandene und der Irdische = *Bornkamm–Barth–Held*, 284–310
–, Studien zu Antike und Christentum = Gesammelte Aufsätze II, München 1963
–, Der Lohngedanke im Neuen Testament = Aufs. II, 69–92
–, Geschichte und Glaube, Erster Teil = Gesammelte Aufsätze III, München 1968
–, Geschichte und Glaube, Zweiter Teil = Gesammelte Aufsätze IV, München 1971
–, Wandlungen im alt- und neutestamentlichen Gesetzesverständnis = Aufs. IV, 73–119
Bousset–Gressmann, Die Religion des Judentums im späthellenistischen Zeitalter, Tübingen 1966 = HNT 21
Brandt, W., Jüdische Reinheitslehre und ihre Beschreibung in den Evangelien, Gießen 1910 = BZAW 19
Braun, H., Qumran und das Neue Testament, 2 Bände, Tübingen 1966
–, Gesammelte Studien zum Neuen Testament und seiner Umwelt, Tübingen 1967²
–, »Umkehr« in spätjüdisch-häretischer und in frühchristlicher Sicht = Studien, 70–85
–, Die Bedeutung der Qumranfunde für das Verständnis Jesu von Nazareth = Studien, 86–99
–, Jesus, der Mann aus Nazareth und seine Zeit, Stuttgart-Berlin 1969 = Themen der Theologie 1
–, Spätjüdisch-häretischer und frühchristlicher Radikalismus, Jesus von Nazareth und die essenische Qumransekte, 2 Bände, Tübingen 1969² = BHTh 24
Bruppacher, H., Was sagte Jesus in Matthäus 5,48?, ZNW 58 (1967), 145
Buchanan, G., Some Vow and Oath Formulas in the NT., HThR 58 (1967), 319–326
Büchsel, F., Art. λυω, ThW IV, 329ff.
Bultmann, R., Glauben und Verstehen, 4 Bände, Tübingen 1933ff.
–, Die Geschichte der synoptischen Tradition, Göttingen 1961⁵ = FRLANT 12
–, Theologie des Neuen Testaments, Tübingen 1968⁶
Burchard, Ch., Das doppelte Liebesgebot in der frühen christlichen Überlieferung = Der Ruf Jesu, 39–62
Burkill, T. A., The Hidden Son of Man in St. Mark's Gospel, ZNW 52 (1961), 189–213

Burrows, M., Die Schriftrollen vom Toten Meer, München 1960[3]
–, Mehr Klarheit über die Rollen, München 1958
Bussmann, W., Synoptische Studien I–III, Halle 1925–1931

Campenhausen, H. Freiherr von, Die Entstehung der christlichen Bibel, Tübingen 1968 = BHTh 39
Carlston, C., The Things that Defile (Mc 7,14) and the Law, in Mt and Mc, NTS 15, 75–96
Charles, R. H., The Teaching of the New Testament on Divorce, London 1921
Clavier, H., Matthieu 5,39 et la non-resistance, RHPhR 37 (1957), 44–57
Colpe, C., Die religionsgeschichtliche Schule, Göttingen 1961
–, Art. ο υιος του ανθρωπου, ThW VIII, 403–482
Considine, T., »Except it be for Fornication«, AusCRec 33 (1956), 214–233
Conzelmann, H., Art. Jesus Christus, RGG[3] III, 619–653
–, Die Apostelgeschichte, Tübingen 1963 = HNT 7
–, Die Mitte der Zeit, Studien zur Theologie des Lukas, Tübingen 1964[5] = BHTh 17
–, Grundriß der Theologie des Neuen Testaments, München 1967
–, Geschichte des Urchristentums, Göttingen 1969 = NTD Ergänzungsband 5
Cross, F. M., Die antike Bibliothek von Qumran, Neukirchen 1967
Currie, S. D., Matthew 5,39a – Resistance or Protest? HThR 57 (1964), 140–145

Dalman, G., Grammatik des jüdisch-palästinischen Aramäisch, Darmstadt 1960[3]
–, Die Worte Jesu, Darmstadt 1965 (= 1930[2])
–, Jesus-Jeschua, Die drei Sprachen Jesu, Darmstadt 1967 (= 1922)
Daniel, C., Les »Hérodiens« du Nouveau Testament sont-ils des Esséniens?, RevQum 6 (1967), 31–53
–, Esséniens et Eunuques (Matthieu 19,10–12), RevQum 6 (1968), 353–390
Daube, D., The New Testament and Rabbinic Judaism = Jordan Lectures in Comparative Religion, London 1956
–, Evangelisten und Rabbinen, ZNW 48 (1957), 119–126
Davies, W. D., Matthew 5,17–18, in: Mélanges biblique, redigés en l'honneur de Andre Robert, Paris 1957, 428–456
–, The Setting of the Sermon on the Mount, Cambrigde 1966
Delling, G., Art. πληροω, ThW VI, 283–309
–, Art. τελος, ThW VIII, 50–88
–, Das Logion Mark. 10,11 (und seine Abwandlungen) im Neuen Testament, NovTest 1 (1956), 263–274
Delitzsch, F., Das Neue Testament, übertragen in die hebräische Sprache, London 1954 (= 1878[1])
Delorme, J., Sens du texte de S. Matthieu (5,31–32) sur le divorce, Ami de Clergé 66 (1956), 772–774

Derret, J. D. M., Κορβαν, ο εστιν δωρον, NTS 16 (1969/70), 364–368
Der Ruf Jesu und die Antwort der Gemeinde, Exegetische Untersuchungen *Joachim Jeremias* zum 70. Geburtstag gewidmet von seinen Schülern, hg. *E. Lohse, Ch. Burchard* und *B. Schaller*, Göttingen 1970
Descamps, A., Essai d'interpretation de Mt. 5,17–48. »Formgeschichte« ou »Redaktionsgeschichte«? = Studia Evangelica Vol. 1, ed. *K. Aland, F. L. Cross, J. Danielou* and *W. C. van Unnik*, Berlin 1959, 156–173
Dibelius, M., Die Formgeschichte des Evangeliums, Tübingen 1966[5]
Dinkler, E., Petrusbekenntniss und Satanswort. Das Problem der Messianität Jesu = Zeit und Geschichte, 127–154
Dodd, C. H., The Epistle of Paul to the Romans, London 1968 = Fontana Books 1158[5]
Dubarle, A. M., Mariage et divorce dans l'Evangile, OrientSyr 9 (1964), 61–73
Dupont, J., Les Béatitudes, Louvain 1958
–, Mariage et divorce dans l'Evangile Matthieu 19,3–12 et paralléles, Bruges 1959
–, L'appel à imiter Dieu en Matthieu 5,48 et Luc 6,36, RivBib 14 (1966), 137–158
Dupont-Sommer, A., Apercus préliminaires sur les manuscrits de la mer Morte, Paris 1950
–, Die essenischen Schriften vom Toten Meer, Tübingen 1960 (zitiert als: *Dupont-Sommer*)

Ebeling, G., Kirchengeschichte als Geschichte der Auslegung der Heiligen Schrift, Tübingen 1947
Eissfeld, O., Einleitung in das Alte Testament, Tübingen 1964[3]
Elliger, K., Studien zum Habakuk-Kommentar vom Toten Meer, Tübingen 1953 = BHTh 15
–, Leviticus, Tübingen 1966 = HAT Erste Reihe, Bd. 4
Emerton, J. A., Did Jesus Speak Hebrew?, JThS 12 (1961), 189–202
Enelow, H. G., A Jewish View of Jesus, New York 1931

Fahy, T., St. Matthew 19,9 – Divorce or Separation?, IrThQ 24 (1957), 173f.
Falk, Z. W., On Talmudic Vows, HThR 59 (1966), 309–312
Fascher, E., Textgeschichte als hermeneutisches Prinzip, Halle 1953
Feine-Behm-Kümmel, Einleitung in das Neue Testament, Heidelberg 1965[14]
Filson, F. V., The Gospel According to St. Matthew's, London 1960 = Black's NT Comm.
Fischer, J. A., Schriften des Urchristentums I: Die Apostolischen Väter, Darmstadt 1959[3]
Fitzmyer, J. A., 4 Q Testimonia and the New Testament, ThSt 18 (1957), 513–537
–, The Aramaic Qorban Inscription from Jebel Hallet et Tûri and Mark 7,11/Mt 15,5, JBL 78 (1959), 60–65

–, The Use of Explicit Old Testament Quotations in Qumran Literature and in the New Testament, NTS 7 (1961), 297–333

Flusser, D., A New Sensitivity in Judaism and the Christian Message, HThR 61 (1968), 107–127

–, Jesus in Selbstzeugnissen und Bilddokumenten, rowohlts monographien 140

Foerster, W., Art. εχϑρος, ThW II, 810–815

–, (mit *Fohrer, G.*) Art. σωζω, ThW VII, 966–1024

Fohrer, G., Das sogenannte apodiktisch formulierte Recht und der Dekalog, KuD 11 (1965), 49ff.

–, Geschichte der israelitischen Religion, Berlin 1969

Fridrichsen, A., Excepta fornicationis causa, SEA 9 (1944), 54–58

Friedrich, G., Art. Römerbrief, RGG[3] V, 1137–1143

Fuchs, E., Zur Frage nach dem historischen Jesus, Tübingen 1965[2] = Gesammelte Aufsätze II

–, Das Zeitverständnis Jesu = Aufs. II, 304–376

–, Die vollkommene Gewißheit = Aufs. II, 126–135

Gärtner, B., The Habakkuk-Commentary (DSH) and the Gospel of Matthew, StTh 8 (1954), 1–24

Gerstenberger, E., Wesen und Herkunft des »apodiktischen Rechts«, Neukirchen 1965 = WMANT 20

Gesenius-Buhl, Hebräisches und aramäisches Handwörterbuch über das Alte Testament, Berlin 1954 (= 1915[17])

Gese, H., Beobachtungen zum Stil alttestamentlicher Rechtssätze, ThLZ 85 (1960), 147ff.

Gils, F., »Le sabbat a été pour l'homme et non l'homme pour le sabbat« (Mc, 2,27). Rèflexions à propos de Mc, 2,27–28, RevBib 69 (1962), 506–523

Gnilka, J., Die Kirche des Matthäus und die Gemeinde von Qumran, BibZeit 1963, 43–63

Goppelt, L., Christologie und Ethik, Aufsätze zum Neuen Testament, Göttingen 1968

–, Das Problem der Bergpredigt, Jesu Gebot und Wirklichkeit in dieser Welt = Aufsätze, 28–43

–, Die Herrschaft Christi und die Welt = Aufsätze, 102–136

Gottes ist der Orient, Festschrift für *O. Eissfeld*, hg. *A. Lehmann*, Berlin 1959

Gould. E. P., A Critical and Exegetical Commentary on the Gospel according to St. Mark, Edinburgh 1896 = ICC

Grässer, E., Das Problem der Parusieverzögerung in den synoptischen Evangelien und in der Apostelgeschichte, Berlin 1960[2] = BZNW 22

Greeven, H., »Wer unter euch ... ?« = WuD N.F. 3 (1952), 86–101

–, Zu den Aussagen des Neuen Testaments über die Ehe, ZEE 1957, 109–125

–, Art. πλησιον, ThW VI, 309f. 314–316

–, Ehe nach dem Neuen Testament, NTS 15 (1968/69), 365–388

Grintz, J. M., Hebrew as the Spoken and Written Language in the Last Days of the Second Temple, JBL 79 (1960), 32–47
Grünebaum, E., Die Sittenlehre des Judenthums andern Bekenntnissen gegenüber, Mannheim 1867, Straßburg 1878²
Grundmann, W., Das Evangelium nach Matthäus, Berlin 1968 = ThHK 1
–, Das Evangelium nach Markus, Berlin 1962 = ThHK 2
–, Das Evangelium nach Lukas, Berlin 1963² = ThHK 3
Guelich, R. A., »Not to annul the Law rather to fullfill the Law and the Prophets«, An Exegetical Study of Jesus and the Law in Matthew with Emphasis on 5,17–48, Diss. Hamburg 1967
Güttgemanns, E., Offene Fragen zur Formgeschichte des Evangeliums, München 1970
Gundry, R. H., The Use of the Old Testament in St. Matthew's Gospel with Special Reference to the Messianic Hope, Leiden 1967 = Sup NovTest 18
Gutbrod, W., Art. νομος, ThW IV, 1016–1084

Haenchen, E., Die Apostelgeschichte, Göttingen 1959¹² = MeyerK III
–, Judentum und Christentum in der Apostelgeschichte, ZNW 54 (1963), 155–187
–, Gott und Mensch, Gesammelte Aufsätze, Tübingen 1965
–, Matthäus 23 = Gott und Mensch, 29–54
–, Der Weg Jesu, Berlin 1966 = Sammlung Töpelmann, Zweite Reihe, Bd. 6
Harder, G., Art. πονηρος, ThW VI, 546–566
Harrington, W., The Law, the Prophets and the Gospel, IrThQ 31 (1964), 283–302
Hasler, V., Gesetz und Evangelium in der alten Kirche bis Origines, Zürich 1953
–, Das Herzstück der Bergpredigt, Zum Verständnis der Antithesen in Matth. 5,21–48, ThZ 15 (1959), 90–106
Hauck, F., Art. μοιχευω, ThW IV, 737–743
Hauck–Schulz, Art. πορνη, ThW VI, 579–595
Held, H. J., Matthäus als Interpret der Wundergeschichten = *Bornkamm–Barth–Held*, 155–285
Hengel, M., Nachfolge und Charisma, Eine exegetisch-religionsgeschichtliche Studie zu Mt 8,21 f. und Jesu Ruf in die Nachfolge, Berlin 1968 = BZNW 34
–, Mc 7,3 πυγμη: Die Geschichte einer exegetischen Aporie und der Versuch ihrer Lösung, ZNW 60 (1969), 182–198
Herbert, G., The Problem of the Gospel According to Matthew, ScotJournTh 14 (1961), 403–413
Herford, T., Die Pharisäer, Köln 1961
Herrmann, S., Das »apodiktische Recht«, MIOr 15 (1969), 249–261
Hesse, F., Das Verstockungsproblem im Alten Testament, Berlin 1955 = BZAW 74
Hillyer, N., Matthew's Use of the Old Testament, EvQ 36 (1964), 12–26

Hirsch, E., Frühgeschichte des Evangeliums, Tübingen, Bd. 1, 1951[2], Bd. 2, 1941
Honeyman, A. M., Matthew 5,18 and the Validity of the Law, NTS 1 (1954/55), 141f.
Horst, F., Art. Segen und Fluch II, Im AT, RGG[3]V, 1649–1651
Hübner, H., Rechtfertigung und Heiligung in Luthers Römerbriefvorlesung, Witten 1965
–, Zölibat in Qumran?, NTS 17 (1970/71), 153–167
–, Anthropologischer Dualismus in den Hodayoth?, NTS 18 (1971/72), 268-284
Hummel, R., Die Auseinandersetzung zwischen Kirche und Judentum im Matthäusevangelium, München 1966[2]

Jeremias, J., Die aramäische Vorgeschichte unserer Evangelien, ThLZ 74 (1949), 527–532 (Rez. *Black, M.*, Approach)
–, Unbekannte Jesusworte, Göttingen 1965[4]
–, Die Abendmahlsworte Jesu, Göttingen 1967[4]
–, Die älteste Schicht der Menschensohn-Logien, ZNW 58 (1967), 159–172
–, Abba, Studien zur neutestamentlichen Theologie und Zeitgeschichte, Göttingen 1967[4]
–, Zur Hypothese einer schriftlichen Logienquelle Q = Abba, 90–92
–, Jerusalem zur Zeit Jesu, Göttingen 1969[3]
–, Die Gleichnisse Jesu, Göttingen 1970[8]
–, Neutestamentliche Theologie, Erster Teil, Die Verkündigung Jesu, Gütersloh 1971
Johnson, S. E., The Gospel According to St. Mark, London 1960, Black's NT Comm
Judentum–Urchristentum–Kirche, Festschrift für *Joachim Jeremias*, hg. *W. Eltester*, Berlin 1964[2]
Jüngel, E., Paulus und Jesus, Tübingen 1964[2] = HermUTh 2

Kaegi, A., Kurzgefaßte griechische Schulgrammatik, Berlin 1967[69]
Kähler, M., Der sogenannte historische Jesus und der geschichtliche, biblische Christus, neu herausgegeben von *E. Wolf*, München 1961[3] = TB II
Käsemann, E., Exegetische Versuche und Besinnungen, I Göttingen 1967[5]; II Göttingen 1968[3]
–, Das Problem des historischen Jesus = EVuB I, 187–213
–, Begründet der neutestamentliche Kanon die Einheit der Kirche? = EVuB I, 214–223
–, Neutestamentliche Fragen von heute = EVuB II, 11–30
–, Sackgassen im Streit um den historischen Jesus = EVuB II, 31–68
–, Sätze heiligen Rechts im Neuen Testament = EVuB II, 69–81
Käser, W., Exegetische Erwägungen zur Seligpreisung des Sabbatarbeiters Lk 6,5D, ZThK 65 (1968), 414–430
Kent, H. A., Matthew's Use of the Old Testament, BibSac 121 (1964), 34–43

Kilpatrick, G. D., The Origins of the Gospel according to St. Matthew, Oxford 1950[2]

Kimbrough, S. T., The Concept of Sabbath at Qumran, RevQum 5 (1966), 483–502

–, The Ethic of the Qumran Community, RevQum 6 (1969), 483–498

Klausner, J., Von Jesus zu Paulus, Jerusalem 1950

–, Jesus von Nazareth, Seine Zeit, sein Leben und seine Lehre, Jerusalem 1952[3]

Klostermann, E., Das Markusevangelium, Tübingen 1950 = HNT 3

–, Das Matthäusevangelium, Tübingen 1927 = HNT 4

–, Das Lukasevangelium, Tübingen 1929 = HNT 5

Knox, W. L., The Sources of the Synoptic Gospels, Vol. I: St. Mark, ed. *Chadwick*, Cambrigde 1953, Vol. II: St. Luke & St. Matthew, ed. *Chadwick*, Cambrigde 1957

Koch, K., Sdq im Alten Testament - Eine traditionsgeschichtliche Untersuchung, Diss. theol. Heidelberg 1953

–, Was ist Formgeschichte?, Neukirchen 1967[2] (zitiert als: *Koch*)

Kraeling, C. H., John the Baptist, New York–London 1951

Kretschmar, G., Ein Beitrag zur Frage nach dem Ursprung frühchristlicher Askese, ZThK 61 (1964), 27–67

Kümmel, W. G., Verheißung und Erfüllung, Untersuchungen zur eschatologischen Verkündigung Jesu, Zürich 1956[3] = AThANT 6

–, Heilsgeschehen und Geschichte, Gesammelte Aufsätze 1933–1964, Marburg 1965

–, Jesus und der jüdische Traditionsgedanke = Aufs., 15–35

–, Die Gottesverkündigung Jesu und der Gottesgedanke des Spätjudentums = Aufs., 107–125

–, Die älteste Form des Aposteldekrets = Aufs., 278–288

–, Diakritik zwischen Jesus von Nazareth und dem Christusbild der Urkirche = Aufs., 382–391

–, »Das Gesetz und die Propheten gehen bis Johannes« - Lukas 16,16 im Zusammenhang der heilsgeschichtlichen Theologie der Lukasschriften = Verborum Veritas, 89–102

–, Die Weherufe über die Schriftgelehrten und Pharisäer (Matthäus 23,13–36) = Antijudaismus, 135–147

–, Art. Judenchristentum, I. Im Altertum, RGG[3] III, 967–972

Kuhn, K. G., Konkordanz zu den Qumrantexten, Göttingen 1960

–, Giljonim und sifre minim = Judentum, Urchristentum, Kirche, 24–61

Ladd, G. E., Jesus and the Kingdom, The Eschatology of Biblical Realism, London 1966

Lake–Cadbury, The Beginnings of Christianity, Vol. 4, London 1933

Lehmann, M. R., Gen 2,24 as the Basis for Divorce in Halakhah and New Testament, ZAW 72 (1960), 263–267

Leitsch, J. W., Lord also to the Sabbath, ScotJournTh 19 (1966), 426–433

Levy, J., Neuhebräisches und Chaldäisches Wörterbuch, I–IV, Leipzig 1876–1889
Lindars, B., New Testament Apologetic, The Doctrinal Significance of the Old Testament Quotations, London 1961
Lindeskog, G., Die Jesusfrage im neuzeitlichen Judentum, Ein Beitrag zur Geschichte der Leben-Jesu-Forschung, Leipzig–Uppsala 1938
Lindsey, R. L., A Hebrew Translation of the Gospel of Marc, Jerusalem 1970
Linnemann, E., Gleichnisse Jesu, Einführung und Auslegung, Göttingen 1966[4]
Linton, O., St. Matthew 5,43, StTh 18 (1964), 66–79
Ljungmann, H., Das Gesetz erfüllen, Matth. 5,17ff. und 3,15 untersucht, Lund 1954 = LUÅ NF 50
Lohmeyer, E., Das Evangelium des Matthäus, Nachgelassene Ausarbeitungen und Entwürfe zur Übersetzung und Erklärung, hg. v. *Werner Schmauch*, Göttingen 1967 = MeyerK Sonderband
Lohse, E., Die Texte aus Qumran, Hebräisch und deutsch, Darmstadt 1964
–, Jesu Worte über den Sabbat = Judentum, Urchristentum, Kirche, 79–89
–, Art. σαββατον, ThW VII, 1–35
–, »Ich aber sage euch« = Der Ruf Jesu, 180–203
Lührmann, D., Die Redaktion der Logienquelle, Neukirchen 1969 = WMANT 33

Mach, R., Der Zaddik in Talmud und Midrasch, Leiden 1957
Mahoney, A., A New Look at the Divorce Clauses in Mt 5,23 and 19,9, CBQ, Jan. 1968
Maier, F. W., Die drei ältesten Evangelien, Berlin 1912 = Bonner Bibel I
Maier, J., Die Texte vom Toten Meer, 2 Bände, München 1960
Manson, T. W., Ethics and the Gospel, New York 1960
–, The Sayings of Jesus, London 1964 = 1937[1]
–, The Teaching of Jesus, Cambrigde 1967 = 1935[2], 1931[1]
Manson, W., The Epistle to the Hebrews, An Historical and Theological Reconsideration, London 1961[4]
Marxsen, W., Redaktionsgeschichtliche Erklärung der Parabeltheorie des Markus, ZThK 52 (1955), 132ff.
–, Der Evangelist Markus, Studien zur Redaktionsgeschichte des Evangeliums, Göttingen 1959[2] = FRLANT 49
–, Rezension von *E. Stauffer*, Die Botschaft Jesu damals und heute; ThLZ 86 (1961), 38–41
–, Einleitung in das Neue Testament, Eine Einführung in ihre Probleme, Gütersloh 1963
McArthur, H. D., Understanding the Sermon of the Mount, New York 1960
McConnel, R. S., Law and Prophecy in Matthew's Gospel, Basel 1969
Merkel, H., Jesus und die Pharisäer, NTS 14 (1967/68), 194–208
Merx, A., Das Evangelium Matthäus nach der syrischen, im Sinaikloster gefundenen Palimpsesthandschrift erläutert, Berlin 1902

Meyer, R., Art. καθαρος C. Rein und unrein außerhalb des NT: Zweiter Teil: im Judentum ,ThW III, 421–427
–, Art. Himmelfahrt Moses, RGG[3] III, 337
–, (u. a.), Art. προφητης, ThW VI, 781–863
Michaelis, W., Einleitung in das Neue Testament, Bern 1961[3]
Michel, O., Der Abschluß des Matthäusevangeliums, EvTh 10 (1950/51), 16–26
–, Der Brief an die Römer, Göttingen 1957[11] = MeyerK IV
Mieses, M., Der Ursprung des Judenhasses, Leipzig 1923
Mischnajot, Die sechs Ordnungen der Mischna, Hebräischer Text mit Punktation, deutscher Übersetzung und Erklärung, Basel (Victor Goldschmidt Verlag) 1968
M'Neile, A. H., The Gospel According to St. Matthew, London 1955[6]
Moingt, J., Le divorce »pour motif d'impudicitè« (Matthieu 5,32; 19,9), RechSR 56 (1968), 337–384
Molin, G., Matthäus 5,43 und das Schrifttum von Qumran = Bibel und Qumran, 150–152
Molitor, J., Grundbegriffe der Jesusüberlieferung im Lichte ihrer orientalischen Sprachgeschichte, Düsseldorf 1968
Montefiore, C. G., The Synoptic Gospels, Vol. I–II, London 1927[2]
Moore, G. F., The Covenanters of Damascus, HThR 4 (1911), 334
–, Judaism in the First Centuries of the Christian Era, Vol. I–III, Cambridge 1966[10] (zitiert als: *Moore* I bzw. II)
Moule, C. F. D., Fulfilment-Words in the New Testament: Use and Abuse, NTS 14 (1967/68), 293–320
Moulton–Turner, A Grammar of N. T. Greek III, Edinburgh 1963
Müller, D. H., Die Bergpredigt im Lichte der Strophentheorie, Wien 1908 = Biblische Studien 4

Neyrink, F., Het evangelisch echtscheidingsverbod, CollBrugGrand 4 (1958), 25–46
Noth, M., Gesammelte Studien zum Alten Testament, TB 6, München 1957[2]
–, Die Gesetze im Pentateuch = Gesammelte Studien, 9–141
–, Geschichte Israels, Göttingen 1970[7]

Odeberg, H., Pharisaism and Christianity, trans. J. M. Moe, St. Louis 1964
Oppen, D. v., Das personale Zeitalter, Gütersloher Taschenausgabe 39, 1967
Ott, H., Um die Muttersprache Jesu, Forschungen seit Gustaf Dalman, NovTest 9 (1967), 1–25
O'Rourke, J. J., The Fulfillment Texts in Matthew, CBQ 24 (1962), 394–403
Owen, H. P., Eschatology and Ethics in the New Testament, ScotJournTh 15 (1962), 369–382

Patai, R., Sitte und Sippe in Bibel und Orient, Frankfurt 1962
Percy, E., Die Botschaft Jesu. Eine traditionskritische und exegetische Untersuchung, Lund 1943 = LUÅ NF 49

Perrin, N., The Kingdom of God in the Teaching of Jesus, Philadelphia 1963

Pesch, W., Der Lohngedanke in der Lehre Jesu, verglichen mit der religiösen Lohnlehre des Spätjudentums, Münchener Theol. Studien, I. Hist.Abt., 7. Bd., München 1955

–, Die neutestamentliche Weisung für die Ehe, BibLeb 9 (1968), 208–221

–, Eine alttestamentliche Ausführungsformel im Matthäus-Evangelium, Redaktionsgeschichtliche und exegetische Beobachtungen, BZ, 1966, 220–245; 1967, 79–95

–, Der Gottessohn im matthäischen Evangelienprolog (Mt 1–2), Beobachtungen zu den Zitatsformeln der Reflexionszitate, Bibl 48 (1967), 397–420

Peisker, C. H., Konsekutives ἵνα in Markus 4,12, ZNW 59 (1968), 126f.

Preisker, H. (mit *E. Würthwein*), Art. μισθος, ThW IV, 699–736

Quesnell, G., »Made Themselves Eunuchs for the Kingdom of God« (Mt 19,12), CBQ 30 (1968), 335–358

Qumran-Probleme, Vorträge des Leipziger Symposions über Qumran-Probleme vom 9. bis 14. Oktober 1961, ed. *H. Bardtke*, Berlin 1963

Rabin, Ch., The Zadokite Documents, Oxford 1958[2]

Rabinowitz, I., »Be Opened = ›Ephphata‹« (Mark 7,34): Did Jesus speak Hebrew?, ZNW 53 (1962), 229–238

Rad, G. v., Theologie des Alten Testaments, München, Band 1, 1969[6], Band 2, 1968[5]

Rehkopf, F., Die lukanische Sonderquelle, Ihr Umfang und Sprachgebrauch, Tübingen 1959 = WUNT 5

Rengstorf, K. H., Art. κορβαν, ThW III, 860–866

–, Das Evangelium nach Lukas, Göttingen 1963 = NTD 3

Reventlow, H. Graf, Das Heiligkeitsgesetz, formgeschichtlich untersucht, Neukirchen 1961 = WMANT 6

Reynolds, S. M., πυγμῃ (Mark 7,3) as »Cupped Hand«, JBL 85 (1966), 87–88

Rhys, H., The Form of Our Lord's Ethical Teaching, AngThRev 43 (1961), 131–144

Richards, H. J., Christ on Divorce, Scripture 11 (1959), 22–32

Rigaux, F. B., Révélation des mystère et la perfection à Qumran et dans le Nouveau Testament, NTS 4 (1958), 237–262

Robinson, J. M., Das Geschichtsverständnis des Markus-Evangeliums, Zürich 1956 = AThANT 30

–, Λογοι σοφων, Zur Gattung der Spruchquelle Q = Zeit und Geschichte, 77–96

Rohde, J., Die redaktionsgeschichtliche Methode, Einführung und Sichtung des Forschungsstandes, Hamburg 1966

Roloff, J., Das Kerygma und der irdische Jesus, Historische Motive in den Jesus-Erzählungen der Evangelien, Göttingen 1970

Rordorf, W., Der Sonntag. Geschichte des Ruhe- und Gottesdiensttages im ältesten Christentum, Zürich 1962 = AThANT 43

Rothfuchs, W., Die Erfüllungszitate des Matthäus-Evangeliums, Eine biblisch-theologische Untersuchung, Stuttgart 1969 = BWANT 8
Rüger, H. P., Zum Problem der Sprache Jesu, ZNW 59 (1968), 113–122
Ryrie, C. C., The End of the Law, BibSac 124 (1967), 239-247

Salomonsen, B., Einige kritische Bemerkungen zu *Stauffer*s Darstellung der spätjüdischen Ketzergesetzgebung, StTh 18 (1964), 91–118
Sauer, G., Art. Schwein, BHHW III, 1748f.
Schaller, B., Ehescheidung und Wiederheirat in der synoptischen Überlieferung = Der Ruf Jesu, 226–246
Schlatter, A., Der Evangelist Matthäus, Seine Sprache, sein Ziel, seine Selbständigkeit, Stuttgart 1933[2]
Schmid, J., Das Evangelium nach Matthäus, Regensburg 1956[3] = RNT 1
–, Das Evangelium nach Markus, Regensburg 1954[3] = RNT 2
Schmidt, K. L., Der Rahmen der Geschichte Jesu, Darmstadt 1964 (= 1919)
Schmithals, W., Paulus und Jakobus, Göttingen 1963 = FRLANT 85
Schnackenburg, R., Die Ehe nach dem Neuen Testament = Theologie der Ehe, 9-36
Schniewind, J., Das Evangelium nach Markus, Göttingen 1963 = NTD 1
–, Das Evangelium nach Matthäus, Göttingen 1963 = NTD 2
Schreiber, J., Die Christologie des Markusevangeliums, ZThK 58 (1961), 154–183
–, Theologie des Vertrauens, Eine redaktionsgeschichtliche Untersuchung des Markusevangeliums, Hamburg 1967
Schrenk, G., Art. βιαζομαι, ThW I, 608-613
–, Art. δικαιοσυνη, ThW II, 194–214
Schubert, K., Die Gemeinde vom Toten Meer, Ihre Entstehung und ihre Lehren, München/Basel 1958
Schürmann, H., Traditionsgeschichtliche Untersuchungen zu den synoptischen Evangelien, Düsseldorf 1968
–, Sprachliche Reminiszenzen an abgeänderte oder ausgelassene Bestandteile der Redequelle im Lukas- und Matthäusevangelium = TrU, 111–125
–, »Wer daher eines dieser geringsten Gebote auflöst ...« Wo fand Matthäus das Logion Mt 5,19? = TrU, 126–136
–, Protolukanische Spracheigentümlichkeiten? Zu *Fr. Rehkopf*, Die lukanische Sonderquelle. Ihr Umfang und Sprachgebrauch = TrU, 209–227
–, Die Dubletten im Lukasevangelium, Ein Beitrag zur Verdeutlichung des lukanischen Redaktionsverfahren = TrU, 272–278
–, Die Dublettenvermeidungen im Lukasevangelium, Ein Beitrag zur Verdeutlichung des lukanischen Redaktionsverfahrens = TrU, 279–289
–, Das Lukasevangelium, Erster Teil, Freiburg–Basel–Wien 1969 = Herders Theol.Komm. zum NT III, 1
Schulz, S., Markus und das Alte Testament, ZThK 58 (1961), 184–197
Schweizer, E., Neotestamentica, Deutsche und englische Aufsätze 1951–1963, Zürich 1963

–, Matth. 5,17–20 – Anmerkungen zum Gesetzesverständnis des Matthäus = Neotestamentica, 399–406
–, Anmerkungen zur Theologie des Markus = Neotestamentica, 93–104
–, Zur Frage des Messiasgeheimnisses bei Markus, ZNW 56 (1965), 1–8
–, Das Evangelium nach Markus, Göttingen 1967 = NTD 1
Seitz, O. J. F., Love your Enemies, NTS 16 (1969/70), 39–54
Sellin–Fohrer, Einleitung in das Alte Testament, Heidelberg 1965[10]
Selwyn, E. G., The Authority of Christ in the New Testament, NTS 3 (1956/57), 83–92
Sickenberger, J., Zwei neue Auffassungen zur Ehebruchsklausel bei Mt, ZNW 42 (1949), 202–209
Smith, M., Aramaic Studies and the Study of the New Testament, JBL 26 (1958), 304–313
–, The Dead Sea Sect in Relation to Ancient Judaism, NTS 7 (1960/61), 347–360
Stählin, G., Die Apostelgeschichte, Göttingen 1963 = NTD 5
Stauffer, E., Art. γαμεω, ThW I, 646–655
–, Probleme der Priesertradition, ThLZ 81 (1956), 135–150
–, Jerusalem und Rom im Zeitalter Jesu Christi, Bern 1957 = Dalp-Taschenbücher 331
–, Jesus, Gestalt und Geschichte, Bern 1957 = Dalp-Taschenbücher 332
–, Die Botschaft Jesu damals und heute, Bern 1959 = Urban-Taschenbuch 333
–, Qumran und die Evangelienforschung, Universitas, 1959, 487–495
–, Neue Wege der Jesusforschung = Gottes ist der Orient, 161–186
–, Rezension von *H. Braun*, Radikalismus, in: ThLZ 84(1959), 284–286
–, Das Evangelium vom Barmherzigen Gott in Qumran und der Botschaft Jesu, DtPfarBl 1960, 74ff.; 103ff.; 126ff.; 150ff.
–, Jesus, Paulus und wir, Hamburg 1960
–, Der jüdische Geheimdienst auf den Spuren Jesu von Nazareth, HomBib 20 (1961), 103–107
–, Jesus war ganz anders, Hamburg 1967
Stendahl, K., Hate, Non-Retaliation, and Love: 1 QS X,17–20 and Rom. 12,19–21, HThR 55 (1962), 343–355
–, Quis et unde? An Analysis of Mt 1–2 = Judentum, Urchristentum, Kirche, 94–105
–, The School of St. Matthew and its Use of the Old Testament, Lund 1968[2] = ASNU 20
Strack–Billerbeck, Kommentar zum Neuen Testament aus Talmud und Midrasch, 4 Bände, München 1965[4]
Strack, H. L., Einleitung in Talmud und Midrasch, München 1961[6]
Strecker, G., Der Weg der Gerechtigkeit, Untersuchung zur Theologie des Matthäus, Göttingen 1966[2] = FRLANT 82 (zitiert als: *Strecker*)
–, Das Geschichtsverständnis des Matthäus, EvTh 26(1966), 57–74
Streeter, B. H., The Four Gospels, A Study in Origins, London 1936[5]

Stuhlmacher, P., Gerechtigkeit Gottes bei Paulus, Göttingen 1966[2] = FRLANT 87
–, »Das Ende des Gesetzes«, ZThK 67 (1970), 14–39
Suhl, A., Die Funktion der alttestamentlichen Zitate und Anspielungen im Markusevangelium, Gütersloh 1965
Sutcliffe, E. F., Hatred at Qumran, RevQum 2 (1960), 345–356

Taylor, V., Behind the Third Gospel, Oxford 1926
–, The Gospel according to St. Mark, London 1959[5] (zitiert als: *Taylor*)
Theologie der Ehe, hg. *H. Greeven, J. Ratzinger, R. Schackenburg, H. D. Wendland*, Regensburg-Göttingen 1969
Thyen, H., Βαπτισμα μετανοιας εις αφεσιν αμαρτιων = Zeit und Geschichte, 97–125
Tödt, H. E., Der Menschensohn in der synoptischen Überlieferung, Gütersloh 1959
Trilling, W., Das wahre Israel, Studien zur Theologie des Matthäus-Evangeliums, München 1964[3]
Tyson, J. B., The Blindness of the Disciples in Mark, JBL 80 (1961), 261–268

Umen, S., Pharisaism and Jesus, New York 1963
Unnik, W. C. van, Die Motivierung der Feindesliebe in Lukas 6,32–35, NovTest 8 (1966), 284–300
Verborum Veritas, Festschrift für *Gustav Stählin* zum 70. Geburtstag, hg. *O. Böcher* u. *K. Haacker*, Wuppertal 1970

Vermes, G., The Use of בר נשא/בר נש in Jewish Aramaic, in: *Black*, Approach, 310ff.
Vielhauer, Ph., Aufsätze zum Neuen Testament, München 1965 = TB 31
–, Gottesreich und Menschensohn in der Verkündigung Jesu = Aufs., 55–91
–, Jesus und der Menschensohn, Zur Diskussion mit *Heinz Eduard Tödt* und *Eduard Schweizer* = Aufs., 92–140
–, Erwägungen zur Christologie des Matthäusevangeliums = Zeit und Geschichte, 155–169

Waitz, H., Das Problem des sogenannten Aposteldekrets, ZKG 55 (1936), 227ff.
Walker, R., Die Heilsgeschichte im ersten Evangelium, Göttingen 1967 = FRLANT 91
Wallis, G., Art. אהב II u. III, ThWAT I, 108–128
Weiss, B., Das Evangelium des Markus und Lukas, Göttingen 1901
Weiss, J., Die Predigt Jesu vom Reiche Gottes, Göttingen 1964[3=2]
Wellhausen, J., Einleitung in die drei ersten Evangelien, Berlin 1905
–, Das Evangelium Marci, Berlin 1909[2]
Wernberg-Möller, P., The Manual of Discipline, Leiden 1957 = Studies on the Texts of the Desert of Judah, ed. by *J. van der Ploeg* O.P.

Wernle, P., Die synoptische Frage, Freiburg 1899
Wikenhauser, A., Die Apostelgeschichte, Regensburg 1961[4] = RNT 5
Wilson, E., The Scrolls from the Dead Sea, London 1966[6] = Fontana Books 160
Windisch, H., Die Dauer der öffentlichen Wirksamkeit Jesu nach den vier Evangelisten, ZNW 12 (1911), 141–175
–, Der Sinn der Bergpredigt, Leipzig 1937[2]
Winter, P., Sadoquite Fragments IV 20,21 and the Exegesis of Genesis 1,27 in late Judaism, ZAW 68 (1956), 71–84
–, Gen 1,27 and Jesus' Sayings on Divorce, ZAW 70 (1958), 260f.
Wolf, C. U., The Gospel to the Essenes, BibRes 3 (1958), 28–48
Wrede, W., Das Messiasgeheimnis in den Evangelien, Zugleich ein Beitrag zum Verständnis des Markusevangeliums, Göttingen 1963[3=2]
Wrege, H. Th., Die Überlieferungsgeschichte der Bergpredigt, Tübingen 1968 = WUNT 9
Würthwein, E., Art. Gesetz II. Im AT, RGG[3] II, 513–515

Zeit und Geschichte, Dankesgabe an *Rudolf Bultmann*, hg. *E. Dinkler*, Tübingen 1964
Zeitlin, S., Korban, JQR 53 (1962), 160–163
Zerwick, M., De matrimonio et divortio in Evangelio, VerbDom 38 (1960), 193–212
Zimmerli, W., Das Gesetz und die Propheten. Zum Verständnis des Alten Testaments, Göttingen 1963 = Kleine Vandenhoeck-Reihe, 166–168
Zimmermann, H., μη επι πορνεια – ein literarisches Problem. Zur Komposition von Mt 19,3–12, Catholica 16 (1962), 293–299

Nachtrag zu Seite 247:

Jeremias, G., Der Lehrer der Gerechtigkeit, Göttingen 1963 = StUNT 2

Nachtrag zu Seite 249:

Lohmeyer, E., Das Evangelium des Markus, Göttingen 1959[15] = MeyerK I, 2

Literaturnachtrag zur 2. Auflage

Banks, R., Jesus and the Law in the Synoptic Tradition (MSSNTS 28), Cambridge / London / New York 1975

Beare, F. W., The Gospel according to Matthew, Translation, Introduction and Commentary, San Francisco 1981

Berger, K., Die Gesetzesauslegung Jesu, Ihr historischer Hintergrund im Judentum und im Alten Testament, Teil I: Markus und Parallelen (WMANT 40) Neukirchen 1972

Betz, H. D., Studien zur Bergpredigt, Tübingen 1985

Black, M., The Christological Use of the Old Testament in the New Testament, NTS 18 (1971/72), 1–14

Braun, H., Erwägungen zu Markus 2,23–28 Par, in: Entscheidung und Solidarität, 53–56

Broer, I., Die Antithesen und der Evangelist Mattäus, BZ 19 (1975), 50–63

–, Freiheit von Gesetz und Radikalisierung des Gesetzes, Ein Beitrag zur Theologie des Evangelisten Matthäus (SBS 98), Stuttgart 1980

Budesheim, T. L., Jesus and the Disciples in Conflict with Judaism, ZNW 62 (1971) 190–209

Chilton, B. D., A Galilean Rabbi and His Bible. Jesus' Use of the Interpreted Scripture of His Time (Good News Studies 8), Wilmington 1984

Dautzenberg, G., Ist das Schwurverbot Mt 5, 33–37; Jak 5, 12 ein Beispiel für die Torakritik Jesu?, BZ N.F. 25 (1981), 47–66

Dietzfelbinger, Ch., Die Antithesen der Bergpredigt (TEH 186), München 1975

–, Die Antithesen der Bergpredigt im Verständnis des Matthäus, ZNW 70 (1979), 1–15

Doughty, D. J., The Authority of the Son of Man (Mk 2, 1–3, 6), ZNW 74 (1983), 161–181

Dunn, J. D. G., Mark 2, 1–3,6: A Bridge between Jesus and Paul on the Question of the Law, NTS 30 (1984), 395–415

–, Jesus and Ritual Purity, A study of the tradition history of Mk 7, 15, in: À cause de l'Évangile, Mélanges offerts à Dom Jacques Dupont (LeDiv 123), Paris 1986, S. 251–276.

Ehrlich, E. L., Tora im Judentum, EvTh 37 (1977), 536–549

Eissfeld, O., Πληρῶσαι πᾶσαν δικαιοσύνην in Matthäus 3, 5, ZNW 61 (1970), 209–215

Entscheidung und Solidarität, Festschrift für *Johannes Harder*, Hg. *H. Horn*, Wuppertal 1973

Fiedler, P., Jesus und die Sünder (BET 3), Frankfurt 1976, 37–95

Frankemölle, H., Jahwebund und Kirche Christi. Studien zur Form- und Traditionsgeschichte des »Evangeliums« nach Matthäus (NTA N. F. 10), Münster ²1984

Gerhardsson, B., »An ihren Früchten sollt ihr sie erkennen«, Die Legitimitätsfrage in der matthäischen Christologie, EvTh 42 (1982), 113–126

Giavini, G., Tra la folla al Discorso della Montagna, Esegesi e vita (Conoscere il Vangelo 7), Padua 1980

Gundry, R. H., Matthew: A Commentary on His Literary and Theological Art, Grand Rapids 1982

Haacker, K., Die Ehescheidung und Wiederverheiratung im Neuen Testament, ThQ 151 (1971), 28–38

–, Der Rechtssatz Jesu zum Thema Ehebruch (Mt 5,28), BZ N.F. 21 (1977), 113–116

Hengel, M., Die Ursprünge der Christlichen Mission, NTS 18 (1971/72), 15–38

Herron, R. W., Mark's Jesus on Divorce: Mark 10,1–12 Reconsidered, JETS 25 (1982), 273–281

Heubült, C., Mt 5,17–20. Ein Beitrag zur Theologie des Evangelisten Matthäus, ZNW 71 (1980), 143–149

Hubaut, M., Jésus et la Loi de Moïse, RTL 7 (1976), 401–425

Hübner, H., Markus 7,1–23 und das »jüdisch-hellenistische« Gesetzesverständnis, NTS 22 (1975/76), 319–345

–, Das Gesetz als elementares Thema einer Biblischen Theologie?, KuD 22 (1976), 250–276

–, Politische Theologie und existentiale Interpretation, Zur Auseinandersetzung Dorothee Sölles mit Rudolf Bultmann, Witten 1973 (im 4. Kap. existentiale Interpretation von Mk 7,15)

–, Art. γραφή, EWNT I, 628–638

–, Art. νόμος, EWNT II, 1158–1172

Keegan, T. J., A Commentary on the Gospel of Mark, New York, Ramsey/NY, Toronto 1981

Kertelge, K., Handeln aus Glauben – Zum Verständnis der Bergpredigt, Renovatio 40 (1984), 73–81

Klein, G., Art. Gesetz, III. Neues Testament, TRE 13, 58–75

Kuhn, H.-W., Ältere Sammlungen im Markusevangelium (StUNT 8), Göttingen 1971

Lambrecht, J., Jesus and the Law, An Investigation of Mk 7,1–23, EThL 53 (1977), 24–52

Limbeck, M., Die Ordnung des Heils, Untersuchungen zum Gesetzesverständnis des Frühjudentums, Düsseldorf 1971

Lindemann, A., »Der Sabbat ist um des Menschen willen geworden ...«, Historische und theologische Erwägungen zur Traditionsge-

schichte der Sabbatperikope Mk 2,23–28 parr, WuD 15 (1979), 79–105
Lührmann, D., ... womit er alle Speisen für rein erklärte (Mk 7,19), WuD 16 (1981), 71–92
Luz, U., Die Erfüllung des Gesetzes bei Matthäus (Mt 5,17–20), ZThK 75 (1978), 398–435
–, Jesus und die Pharisäer, Jud. 38 (1982), 229–246
–, Jesus und die Tora, EvErz 34 (1982), 111–124
–, Die Jünger im Matthäusevangelium, ZNW 62 (1971), 141–171
Manns, F., La Halakah dans l'évangile de Matthieu, Note sur Mt 16,16–19, BiOr 25 (1983), 129–135
Marguerat, D., Le Jugement dans L'Évangile de Matthieu (Le Monde de la Bible), Genf 1981
Martin, B. L., Matthew on Christ and the Law, ThSt 44 (1983), 53–70
Martin, F., Est-il permis le sabbat de faire le bien ou le mal?, LV (L) 32 (1983), 69–79
Marx, A., Les racine du célibat essénien, RevQum 7 (1970), 323–342
Meier, J. P., Law and History in Matthew's Gospel (AnBib 71), Rom 1976
Merklein, H., Die Gottesherrschaft als Handlungsprinzip (fzb 34), Würzburg 1978
Miegge, G., Il sermone sul monte, Rom 1970, 83–161
Müller, U. B., Zur Rezeption gesetzeskritischer Jesusüberlieferungen im frühen Christentum, NTS 27 (1980/81), 158–185
Pamment, M., Singleness and Matthew's Attitude to the Torah, JStNT 17 (1983), 73–86
Paschen, W., Rein und Unrein, Untersuchungen zur biblischen Wortgeschichte (StANT 24), München 1970
Räisänen, H., Jesus and the Food Laws: Reflections on Mark 7,15, JStNT 16 (1982), 79–100
–, Die Parabeltheorie im Markusevangelium (Schriften der Finnischen Exegetischen Gesellschaft 26), Helsinki 1973
–, Das »Messiasgeheimnis« im Markusevangelium (Schriften der Finnischen Exegetischen Gesellschaft 28), Helsinki 1976
Reynolds, S. M., A Note on *Dr. Hengel's* Interpretation of πυγμῇ in Mark 7,3, ZNW 62 (1971), 295 f.
Riches, J., Jesus and the Transformation of Judaism, New York 1982
Sand, A., Das Gesetz und die Propheten (BU 11), Regensburg 1974
Sanders, E. P., Jesus and Iudaism, London 1985 (dazu Rezension von *H. Hübner*, erscheint 1986 in StNTU)
Sauer, J., Traditionsgeschichtliche Überlegungen zu Mk 3,1–6, ZNW 73 (1982), 183–203
Schedl, C., Zur Ehebruchsklausel der Bergpredigt im Lichte der neu gefundenen Tempelrolle, ThPQ 130 (1982), 362–365

Schulz, S., Die Spruchquelle der Evangelisten, Zürich 1972
Schweizer, E., Die Bergpredigt (KVR 1481), Göttingen 1982
Smend, R./Luz, U., Gesetz (Biblische Konfrontationen), Stuttgart/Berlin/Köln/Mainz 1981, 58 ff.
Strecker, G., Die Bergpredigt, Ein exegetischer Kommentar, Göttingen 1984
Stuhlmacher, P., Das Gesetz als Thema biblischer Theologie, ZThK 75 (1978), 251–280 = *ders.*, Aufs. zur bibl. Theol., Göttingen 1981, 136–165
–, Jesu vollkommenes Gesetz der Freiheit, Zum Verständnis der Bergpredigt, ZThK 79 (1982), 283–322
Thiering, B. E., The Gospels and Qumran, A New Hypothesis, Sidney 1981
Wambacq, B. N., Matthieu 5, 31–32, Possibilité de divorce ou obligation de rompre une union illégitime, NRTh 104 (1982), 34–49
Westerholm, St., Jesus, the Pharisees, and the Application of Divine Law, EeT 13 (1982), 191–210
–, Jesus and Scribal Authority, Lund 1978
Wilson, S. G., Luke and the Law (MSSNTS 50), Cambridge/London/New York 1984

AUTORENREGISTER

STELLENREGISTER

Altes Testament

Jüdische Schriften

Schriften aus Qumran

Neues Testament

Christliche Schriften

CORRIGENDA

S. 22,	Abs. 2,	Z. 5:	geradlinig
S. 29,	Abs. 3,	Z. 9:	zusammengestellt
S. 30,	Anm. 82,	Z. 2:	νομος
S. 32,	Anm. 91,	Z. 1:	Recht
S. 33,	Anm. 96,	Z. 4:	νομος
S. 49,	Anm. 31,	Z. 7:	1 Kor 7, 10 ff.
S. 54,	Abs. 3,	Z. 3:	Matthäus
S. 59,	Anm. 86,	Z. 11:	Ez (statt Ex)
S. 78,	Abs. 3,	Z. 10:	vornehmlich
S. 79,	Abs. 2,	Z. 2:	konkrete
S. 111,	Anm. 313,	Z. 2:	Komma hinter BQ I, 4
S. 119,	Abs. 3,	Z. 1:	Hypothese
S. 140,	Abs. 2,	Z. 4 v. u.:	Mt 12, 11
S. 140,	Abs. 3,	Z. 2:	Mt 12, 11
S. 143,	Abs. 2,	Z. 6:	Einteilung (statt Einleitung)
S. 149,	Anm. 32,	Z. 6:	לִי
S. 152,		Z. 1 v. u.:	somit
S. 156,		Z. 2 v. u.:	v. 5 (statt v. 3)
S. 157,	Abs. 1,	Z. 7:	Aramaic
S. 158,	Abs. 2,	Z. 12:	no such
S. 162,	Anm. 82,	Z. 1:	eine
S. 163,	Abs. 4,	Z. 9:	Grades
S. 182,	Abs. 1,	Z. 1 v. u.:	lediglich
S. 186,	Abs. 2,	Z. 2 v. u.:	Mt 23
S. 200,	Anm. 22,	Z. 3:	Heiligung
S. 215,	Abs. 1,	Z. 4:	Es (statt Sie)
S. 216,	Anm. 108,	Z. 2 v. u.:	Mk 4, 35–41
S. 233,	Anm. 191, :		קְיֵּם statt קְיֵם
S. 243,		Z. 2:	Schriftrollen (statt Rollen)

Mehrfach steht irrtümlich ם statt מ; doch ist dies hier nicht eigens aufgeführt.

Hans Hübner

Das Gesetz bei Paulus

Ein Beitrag zum Werden der paulinischen Theologie. (Forschungen zur Religion und Literatur des Alten und Neuen Testaments, Band 119). 3. Auflage 1982. 207 Seiten, kartoniert

„Hier ist zu lernen, daß bei Paulus nicht einfach in allen Briefen ein bestimmtes und fertiges Gesetzesverständnis vorausgesetzt werden darf, sondern daß beim Rekurs auf den Apostel in der systematischen Entfaltung der Gesetzeslehre differenziert werden muß. Insofern ist dieses Werk vor allem auch für die systematische Weiterarbeit in der lutherischen Rechtfertigungslehre unentbehrlich." *Luth. Monatshefte*

„Eine Monographie, die in einer klaren Sprache geschrieben ist, in selbstkritischen Argumentationsgängen, immer wieder auch durch methodologische Zwischenbemerkungen ausgezeichnet, welche zeigen, daß hier nicht einfach über Paulus geredet wird, sondern mit Paulus mitgedacht werden soll." *Theol. Literaturzeitung*

Hans Hübner

Gottes Ich und Israel

Zum Schriftgebrauch des Paulus in Römer 9–11. (Forschungen zur Religion und Literatur des Alten und Neuen Testaments, Band 136). 1984. 171 Seiten, Studienausgabe und Leinen

Das Verhältnis der neutestamentlichen Autoren zum Alten Testament ist gerade in den letzten Jahren zu einem die exegetische Forschung bestimmenden theologischen Thema von großer Brisanz geworden, zumal hierbei auch die Frage nach dem Verhältnis von Judentum und Christentum zueinander impliziert ist.
Der Autor untersucht den theologischen Umgang des Paulus mit dem Alten Testament, indem er jedes Zitat in Röm 9–11 nach Funktion und Inhalt befragt und so Argumentationsablauf und Gesamtkonzeption dieses Abschnitts zu erhellen bemüht ist. Paulus geht es bei seiner Argumentation um das Verhältnis von Gottes Verheißungen und Israel, das er auf theologisch beeindruckende Weise darlegt. Die vom Apostel vorgelegte „Lösung" ist das Ergebnis der im Glauben gelesenen Schrift, vor allem des Buches Jesaja.